CHINA CROSS
BORDER E-COMMERCE
DEVELOPMENT YEARBOOK

2020
中国跨境电商发展年鉴

《中国跨境电商发展年鉴》编委会◎编著

中国海关出版社有限公司 · 北京

图书在版编目（CIP）数据

中国跨境电商发展年鉴.2020/《中国跨境电商发展年鉴》编委会编著.
—北京：中国海关出版社有限公司，2021.8
ISBN 978-7-5175-0494-8

Ⅰ.①中…　Ⅱ.①中…　Ⅲ.①电子商务—产业发展—中国—2020—年鉴
Ⅳ.①F724.6-54

中国版本图书馆 CIP 数据核字（2020）第 265583 号

中国跨境电商发展年鉴（2020）

ZHONGGUO KUAJING DIANSHANG FAZHAN NIANJIAN (2020)

作　　者：《中国跨境电商发展年鉴》编委会
总 策 划：韩　钢
责任编辑：李　多
助理编辑：张诗琳
出版发行：中国海关出版社有限公司
社　　址：北京市朝阳区东四环南路甲 1 号　　邮政编码：100023
网　　址：www.hgcbs.com.cn
编 辑 部：01065194242-7529（电话）
发 行 部：01065194238/5616/4246（电话）
社办书店：01065195616（电话）
www.weidian.com/?userid=319526934（网址）
印　　刷：北京天恒嘉业印刷有限公司　　经销：新华书店
开　　本：787mm×1092mm　1/16
印　　张：23.75　　字数：530 千字
版　　次：2021 年 8 月第 1 版
印　　次：2021 年 8 月第 1 次印刷
书　　号：ISBN 978-7-5175-0494-8
定　　价：300.00 元

《中国跨境电商发展年鉴（2020）》
编委会

河南保税集团

一、发展定位

河南省进口物资公共保税中心集团（简称河南保税集团）是一家全球跨境电商产业园综合服务商。

（一）国有相对控股企业

河南保税集团成立于1992年，位于郑州经济技术开发区，是国有相对控股的中外合资企业。郑州经开投资发展有限公司占股41.43%，香港高鹏（集团）有限公司占股39.81%，深圳东银富海投资合伙企业（有限合伙）占股18.76%。占地约56万平方米，有总资产逾60亿元，有员工760余人。

（二）跨境电子商务产业园运营服务商

河南保税集团是河南保税物流中心运营服务的主体，服务园区内1200余家企业；同时也是EWTO核心功能集聚区（规划面积10.51平方千米）的建设运营单位。集团拥有直接对外投资子公司16家，包括中创综服、中启金服、中大门网络科技、中大门国际物流等；旗下子公司对外投资公司19家，包括广西南大门、新疆丝路西大门、贵阳市跨境电商平台、中大门医药科技等。

集团肩负着“网上丝绸之路”建设的重要使命，带动“陆上丝绸之路”“海上丝绸之路”“空中丝绸之路”协同发展。作为跨境电商产业园区综合服务商，专注于新型国际贸易服务领域，为监管部门提供监管创新方案，为地方政府提供外向型招商运营服务平台，为企业和市场提供综合供应链服务体系，以创新服务闻名业界。

集团正在通过建立“百园（集聚产业）千仓（全球物流体系）万店（全球社区店）”生态支撑体系，全球范围内实现48小时物流商贸供应链服务。

（三）跨境电商综试区“1210”监管模式原创单位

“1210”监管模式原创单位，推动了跨境电商零售进口保税模式的诞生，是中国对跨境电商监管模式做出的重大创新。此模式在 2017年日内瓦 WTO公共论坛及 2018年的WCO公共论坛上发布，成为跨境新型贸易“中国方案”。

“1210”监管模式实现了对跨境电商的有效监管和税款征收，最大限度降低了企业运营成本，为消费者提供不出国门即可平价享受高标准、高质量产品的体验。

二、业务范畴

（一）跨境电商产业园建设和运营服务

1.跨境电商综合服务区的投资、建设、管理与运营。 2.园区代运营服务。

3.外贸综合服务平台入驻。 4.招商服务。 5.教育培训。 6.企业孵化。 7.咨询服务。

（二）产业供应链服务

1.基础物流服务：仓储、仓库管理、场站服务、揽收、运输、一般关务服务、耗材服务、企业备案。

2.特色物流服务：CGL国际专线包机服务、跨境进口电子商务物流服务（数据分拣、代检测、担保、身份代验证、账册管理、清关、城际配送、终端配送等）；出口物流服务（数据分拣、出口境内报关、出口退税代理、出口境外报关、出口海外仓服务、城际配送、国际终端配送服务）。

3.物流供应链服务（货运代理，物流代支付、货款代收、产品供应，世界一站到家进出口服务）；金融供应链服务（代采购、代支付、保险理赔、担保等）；O2O交易服务（产品代销、O2O平台交易系统使用、O2O网店代运营）。

4.金融服务：建立征信体系、物流溯源体系，物流代支付、货款代收、仓储质押、代采购、保险理赔、担保等供应链金融服务。

（三）商贸平台服务

进口方面，以中大门O2O直提新零售模式和跨境进口药品试点为支撑，带动医美大健康等产业的发展；出口方面，以买卖全球网交易平台和丰和联众农产品交易平台为支撑，带动产业制造的发展。

（四）数字贸易服务

依托“秒通关”信息化系统和大数据赋能，为企业提供精准的孵化、咨询和定制服务。

三、取得的成绩

（一）发展成绩

1.国际方面：集团已初步建成全球网络服务体系，已建成洛杉矶、纽约、列日、达拉斯、巴黎、布达佩斯、胡志明、海参崴等9个海外仓服务中心。

2.国内方面：已运营南宁、昆明、乌鲁木齐、呼和浩特、贵阳跨境综合服务平台。

在全球范围内拥有240万平方米仓储面积；运营国内10家购物中心，有36万平方米的展览展示面积；运营郑州—列日、郑州—纽约、郑州—洛杉矶3条国际航线，国际终端配送覆盖77个国家和地区，时效保障72小时，具有成本和时效的核心竞争力。

3.六大品牌：河南保税集团经过多年创新发展，形成六大自有品牌：一是“1210”跨境综试区管理品牌；二是中大门网络O2O跨境新零售品牌；三是中启科技“1210”“秒通关”服务系统；四是EWTO研究院咨询与服务；五是中大门国际物流（CGL）品牌；六是中大门教育品牌。

（二）社会贡献

河南保税物流中心作为全国跨境电商服务试点，自2013年7月15日开始实货测试至2020年11月底，累计验放进出境商品包裹共计3.86亿单，货值545.84亿元，缴纳税款39.17亿元。园区集聚跨境电商产业链企业1200余家，间接服务企业4万余家，社会零售贡献额达400亿元，物流贡献52万吨社会消费贡献30亿元，拉动投资500亿元，带动就业5万人次，业务辐射全球200个国家和地区，服务5000余万终端消费者。

（三）社会荣誉

集团是中国国际经济交流中心会员单位、中国跨境电商协会会长单位、中国物流十大创新园区、中国30强物流标杆企业、中国中部崛起突出贡献奖单位、中国跨境电商重点企业、中国诚信经营示范企业，获得河南省电子商务示范基地等荣誉称号。

四、联系方式

电话：0371—56522099 网址：www.hnblc.com 邮箱：zhb56522101@hnblc.com 地址：中国.河南.郑州 经济技术开发区航海东路1508号

推动澳门
跨境电商发展

澳门特别行政区高度重视跨境电商的建设，
积极鼓励企业利用跨境电商模式拓展内地市场，
抓住内地“双循环”的发展机遇。

■ 逐步培育跨境电商产业

持续优化并落实各项鼓励措施，协助企业转型升级，强化在线营销能力。

■ 协助企业通过电商平台进行销售推广活动

支持澳门中小企业进行科技改革创新，引入国际知名电商，让企业在其平台上推介澳门特色产品，支持澳门制造产品打入内地市场。

■ 支持业界设立跨境电商孵化基地

支持业界为有意拓展跨境电商业务的中小企业设立跨境电商孵化基地，培育有意发展电商业务的企业。

■ 培育及支援电商人才

举办专题讲座、培训及工作坊等活动，协助业界了解内地跨境电商最新发展情况。

经济及科技发展局
Direcção dos Serviços de
Economia e Desenvolvimento Tecnológico

天津港保税区

天津港保税区成立于1991年5月12日。拥有港口、机场双港优势，辖空港、临港、海港三片区域，规划土地面积202.4平方千米，规划港口岸线约70千米，可实现吞吐能力3亿吨。作为京津冀协同发展和“一带一路”国家倡议的重要支点，享有中国（天津）自由贸易试验区先行先试政策，是我国区域功能形态最为完善的区域，对外开放和创新功能优势明显。

天津港保税区跨境产业介绍

天津港保税区（以下简称保税区）不仅是天津市跨境电商的“主战场”，并且已发展成为北方重要的跨境电商产业基地，目前已备案试点企业百余家，包括电商企业、平台企业、支付企业、仓储企业、物流企业、报关企业等。全球知名龙头跨境电商企业京东、菜鸟、唯品会均在保税区设立物流基地。自2016年保税区开展跨境电商业务以来，在相关部门的大力支持下，该产业获得了快速迅猛发展。2018年保税区跨境电商全年总单量为1200万单，占全天津市的70%以上；2019年全年单量超过1600万单，同比增长45.5%，交易额将近28亿元，同比增长53.3%；2020年1~10月，保税区跨境电商进口总单量1616.2万单，同比增长34.6%；总交易额27.35亿元，同比增长31.9%。目前，海、空两港保税区及相关海关特殊监管区域重点发展“1210”项下的“网购保税进口”模式及“9710”“9810”出口模式；航空物流区重点发展“9610”项下的“直购进口”和“一般出口”模式；空港经济区重点发展总部经济、办公楼宇、供应链金融为主的产业配套。多年实践中，保税区摸索出了一套适合区域发展现状的跨境电商业务模式，即在不同区域建立一个海关监管中心，海关进驻监管，围绕中心布局多个卫星库的“一中心、多仓库”方式，便于充分利用现有仓储条件，形成监管合力。目前已有海港保税区、空港保税区、航空物流区三处集中查验中心，用于“1210”和“9610”两种海关监管模式的集中查验。在用和即将使用的卫星库合计面积达20万平方米，为天津市跨境电商产业再上台阶打下坚实基础。

未来，保税区还将继续大力推动跨境电商产业发展，实现“多态并举、海空联动、兼顾进出、中心查验”的全方位跨境电商业务模式，打造跨境电商产业集聚区、网红一条街等新兴经济增长点，使跨境电商产业成为天津保税区进出口贸易高质量发展的新亮点，同时充分利用“1210”“9610”“9710”“9810”四种模式，夯实跨境电商进出口地位。同时继续加大产业扶持力度，强化引育新动能作为高质量发展的核心作用，使跨境电商产业成为保税区进出口贸易高质量发展的新引擎，助力天津港保税区全力构建外向型经济格局。

联系方式

电话：022-24895528
邮箱：zhaoyunze@adm.tjftz.gov.cn
网址：http://www.tjftz.gov.cn
地址：天津空港经济区西三道166号

编辑说明

《中国跨境电商发展年鉴（2020）》（以下简称《年鉴》）是由中国海关出版社有限公司联合主要跨境电子商务试点城市编撰的一部具有史料性、资料性的实用工具书。《年鉴》旨在翔实记载我国跨境电子商务发展状况，重点收录2019年跨境电子商务的国家相关政策及主要城市的发展情况，客观提供相关统计数据；突出宣传创新、规范跨境电子商务企业；对于创新跨境电子商务的海关监管模式进行了研究和探索。《年鉴》为各级政府部门、行业协会、企事业单位和社会各界了解中国跨境电子商务发展、获取资料信息、实施科学决策、进行咨询研究提供全面、系统的参考。本年鉴自2016年起，每年出版一卷，以出版年份标序，今年为第五卷。

《年鉴》采用分类编辑法，力求结构合理、类别分明、层次有序。内容包括“跨境电商综述篇”“跨境电商城市发展篇”“跨境电商专题研究篇”。其中，“跨境电商城市发展篇”分别记载了北京、呼和浩特、长春、哈尔滨、杭州、合肥、厦门、南昌、郑州、武汉、长沙、珠海、成都、西安、兰州15个城市的跨境电商发展现状、配套文件、企业名录、统计数据、典型案例、大事记等。考虑到目前各相关城市跨境电商发展模式不尽相同，故《年鉴》“跨境电商城市发展篇”中不同城市的内容结构会略有不同。“跨境电商专题研究篇”收录了我国跨境电商相关专家、单位及研究机构在跨境电子商务领域的研究成果。

《年鉴》引用的各类数据和资料，未标明时间的，均截至2019年12月31日。“跨境电商综述篇”所用的数据，是根据42个直属海关监管部门的业务统计数据汇总而成的。各城市的跨境电商进出口统计数据，主要由跨境电子商务的口岸办公室、商务局等部门提供。由于数据来源有差别，致使城市所列统计数据的项目内容有所不同。

《年鉴》所列15个跨境电商城市中，各城市依照行政区划顺序进行编排。

《年鉴》中涉及金额的表述，未标明币种的，均为人民币。

由于编辑水平和经验有限，在资料收集、内容编排等方面还有待进一步提高，所以书中难免有不足和疏漏之处，敬请广大读者批评指正，力争明年工作再上一个新台阶。

编者

2020 年 12 月

目录

跨境电商综述篇

跨境电商城市发展篇

跨境电商专题研究篇

跨境电商综述篇

跨境电子商务综合情况

我国高度重视跨境电子商务（简称跨境电商）等国际贸易新业态、新模式，习近平总书记、李克强总理等党和国家领导人多次就加快新业态、新模式发展作出重要批示指示。在移动互联网、5G、大数据、云计算及物流网等基础设施建设不断完善和迅速发展的支撑和推动下，我国综合国力不断增强和人民生活水平不断提高。2019 年我国跨境电商保持十分强劲的发展势头；2019 年也是财政、海关、税务等部门出台的多项涉及跨境电商监管的政策生效之年，相关政府部门继续秉持鼓励创新、包容审慎、协同共管的理念，不断创新发展模式，完善管理政策，健全风险防控，推动跨境电商在发展中规范、在规范中发展，闯出了一条具有中国特色的跨境电商发展之路。

一、跨境电子商务发展举措和成效

2019 年，我国跨境电商零售进出口总值 1862.1 亿元人民币，同比增长 38.3%，规模为跨境电商综试区设立之初的 5 倍以上，跨境电商等新业态正在为我国外贸发展提供新空间、新动能。

（一）不断构建完备有效的政策体系

1. 跨境电商法律法规进一步完善

《中华人民共和国电子商务法》于 2019 年 1 月 1 日起正式施行，作为我国电子商务领域第一部综合性法律，确立了国家对电子商务的监管目的、监管方式、监管原则，填补了我国电子商务领域法律法规的空白。

2. 跨境电商监管要求得以明确

商务部、发展改革委、海关总署等多部门联合印发的《关于完善跨境电子商务零售进口监管有关工作的通知》（商财发〔2018〕486 号），明确了跨境电子商务零售进口商品监管的总体原则，为跨境电商企业送上“定心丸”。海关总署配套出台《关于跨境电子商务零售进出口商品有关监管事宜的公告》（海关总署公告 2018 年第 194 号），融入检验检疫要求，实现了机构改革后海关对跨境电商监管的平稳过渡，更从企业管理、通关监管、税收征缴等多角度明确了海关对跨境电商的监管要求，进一步厘清了跨境电商各主体的责任与义务。

3. 多部门利好政策密集落地

国家税务总局出台《关于跨境电子商务综合试验区零售出口企业所得税核定征收有关问题的公告》（国家税务总局公告 2019 年第 36 号），小型微利企业可享受所得税优惠政策；2019 年 1 月 1 日起执行的跨境电子商务零售进口税收政策提高了单次交易限值和年度交易限值；2019 年版《跨境电子商务零售进口商品清单》扩充了正面清单目录，顺应市场需求，吸引更多海外优质商品通过跨境电商渠道进境。此外，跨境电商出口零售货物无票免税政策陆续在各地真正落地。

（二）不断构建紧密顺畅的跨境电商生态圈

1. 跨部门联动合作机制进一步紧密

海关、商务、税务、外汇管理、网信等部门联动协作更加紧密，探索共建多部门联动的信息交换机制和平台，实时共享监管数据，便利企业。海关与中国人民银行开展深入合作，推动开展跨境电子商务支付数据验核工作，共同打击违规刷单现象，进一步保护消费者利益。

2. 政企协作能力进一步提升

随着一批跨境电商新政落地，各地政府大力配合，通过组织专题培训和推介会，积极开展新政宣传，扶持企业平稳度过政策过渡期，鼓励企业自建海外仓和海外运营中心，有针对性地为跨境电子商务境外注册和国际认证给予帮扶。在退税结汇、物流系统搭建等方面，通过优化系统提升效率，针对痛点专项扶持等方式，提升跨境企业贸易体验，加强跨境电商进出口的竞争力。

3. 跨境电商风险内外协同防控进一步强化

充分发挥跨境电商大数据效能，相关管理部门完善信息共享与数据交换机制，探索建立事后大数据分析运用及案件管理制度。公安、市场监管、海关等部门联合开展收发件人身份信息验核，降低虚假交易风险；海关总署积极推进与人民银行联网开展支付原始数据验核，防范虚假交易、低报价格、刷单等风险；利用跨境电子商务数据全程留痕的特点，海关将海量清单监管、包裹管理前推后移，加强事后风险画像及大数据分析，逐步建立以电商平台（企业）为单元的管理体系。

（三）不断增强跨境行业发展动能

1. 跨境电商综试区范围进一步扩大

2019 年 12 月，国务院批复新增 24 个跨境电商综试区。至此，我国已共有 59 个跨境电商综试区，形成了中部以郑州、西安和成都为代表，南部以粤港澳大湾区为代表，东部以长三角经济带为代表的跨境电商产业带，跨境电商产业生态圈初步形成。

2. 业态新模式创造新机遇

线上线下深度融合，在不突破现有规定的基础上，形成依托保税区的“即买即提”模式；在面对年轻人的新需求时，跨境电商也在逐渐融入如海淘直播、社交电商等年轻元素；在面对国际贸易摩擦等复杂局面时，跨境电商行业逆势增长，以跨境电子商务、外贸综合服务等为代表的外贸新业态相互融合，有效、直接连接国内供给和海外需求，也为中小微企业和青年人创造了普惠和可持续的发展机遇。

3. 物流支撑体系进一步健全

不断推进“跨境快速通关”，提升粤港澳大湾区通关便利水平，广州、深圳等 9 个大湾区内地城市均已开展内地海关“跨境快速通关”与香港海关“多模式联运转运货物便利计划”对接业务，有效推进了粤港澳大湾区建设。哈尔滨开通哈尔滨—满洲里—莫斯科公铁联运跨境电商陆运通道，长沙开通了长沙—二连浩特—俄罗斯线、长沙—凭祥—越南卡航线，进出口物流渠道得到进一步优化完善。

4. 跨境电商政策内涵不断丰富

2019 年 10 月底，国家药监局正式批复北京开展跨境电商进口医药产品试点工作，出台《北京市跨境电商促销医药产品试点工作实施方案》，以“一物一码、物码同追”为基本原则建立跨境医药产品追溯体系，充分发挥企业的主体作用，实现跨境医药产品境内最小包装单元可追溯、可核查，标志着国内跨境电商政策在涉及医药产品方面的一次“破冰”。

（四）不断深化国际合作机制

1. 与“一带一路”沿线国家和地区合作进一步深入

中国与“一带一路”沿线国家和地区电子商务领域的政策沟通不断深入，“一带一路”电商合作机制正逐步建立。宁波跨境电商综试区与拉脱维亚投资发展署合作启动了中国（宁波）—拉脱维亚跨境电商港湾项目，西安开通长安号（西安—明斯克）跨境电商出口专列。据不完全统计，我国跨境电商综试区在80个“一带一路”沿线国家和地区建设了200多个海外仓。

2. 中国国际进口博览会溢出带动效应进一步发挥

在首届中国国际进口博览会建立31个“6天+365天”交易服务平台的基础上，为打造联动长三角、服务全国、辐射亚太的进口商品集散地，经综合平衡运营主体经营能力、对接中国国际进口博览会展商承接能力、进口业务比重等因素，新增了18个“6天+365天”交易服务平台，进一步提升平台承接中国国际进口博览会溢出带动效应的能力。

3. 跨境电商中国模式进一步体现

积极深化国际合作，在世界贸易组织、二十国集团、亚太经济合作组织等多边会谈场合提出跨境电商“中国方案”，积极参与世界贸易组织跨境电子商务议题谈判，与22个国家和地区签署电子商务合作备忘录；推广实施《世界海关组织跨境电子商务标准框架》，充分利用起步早、发展快的优势，总结中国探索经验，积极参与跨境电商国际规则制定；着力推动电子世界贸易平台（eWTP）建设，加快构建新型国际贸易合作网络。

二、跨境电子商务面临的挑战及对策

（一）进一步加强顶层设计

目前，我国跨境电商政策措施主要集中在跨境电商零售进出口领域，对占大多数的跨境电商B2B方式尚未从普通货物中区分出来，缺乏针对性的政策和监管措施。企业普遍反映跨境电商B2B出口在申报、通关、统计等方面与一般贸易出口没有明显差别，希望相关部门出台有针对性的监管制度安排。2020年，跨境电商行业主管部门应根据新业态行业实际，借鉴相对成熟的关于跨境电商零售进出口的经验，研究出台适用跨境电商B2B的系列政策。

（二）优化“碎片化”特征明显的贸易业态监管

跨境电商进出口呈现票数多、单价低的显著特征，由此带来政府相关部门一线监管压力增大和风险明显上升：一是人力资源紧张、工作负荷量大；二是检查手段不适应业务迅猛增长的状况，智慧监管能力水平有待提升；三是涉及健康、武器、毒品等风险高居不下，国际邮件等寄递商品容易夹藏毒品等，虽体量小但危害大；四是存在低报价格、夹带清关、“蚂蚁搬家”等偷逃税风险。负责跨境电商监管的有关部门必须尽快研究并在监管环节综合使用包括大数据、智能检查设备等先进手段和技术，实现“管得住”和“通得快”。

（三）完善跨境商品质量安全风险监测

跨境电商近年来保持高速增长，随之产生的生物安全、质量安全及企业诚信等问题也日益突显。虽然国家先后出台了《关于完善进出口商品质量安全风险预警和快速反应监管体系切实保护消费者权益的意见》（国发〔2017〕43号）等多个文件，对跨境电商零售进出口的风险监测和防控工作作出了全面部署，但目前，跨层级、跨部门、跨渠道的协作配合机制急需建立和完善，在监测数据互通、风险评估、预警通报等方面形成全国统一部署的格局，通畅异地协同调查及风险联动处置。

（四）国际合作有待进一步加强

随着信息技术、互联网技术和跨境物流的不断完善，国内消费者对进口商品及全球消费者对中国优质商品的需求高速增长，跨境电商行业迅速发展。但在国际上，各国海关没有成熟的、统一的监管理念，《世界海关组织跨境电商标准框架》中涉及诸多概念仍然需要进一步明确，国际海关之间对话机制、数据交换标准和具体实施细则仍有待实践，中国海关与他国海关的合作深度和广度均有待提升，多元治理的局面尚未形成。

跨境电子商务配套文件

文件一

关于调整扩大跨境电子商务零售进口商品清单的公告

（财政部、发展改革委、工业和信息化部、生态环境部、
农业农村部、商务部、人民银行、海关总署、税务总局、
市场监管总局、药监局、密码局、濒管办公告2019年第96号）

为落实国务院关于调整扩大跨境电子商务零售进口商品清单的要求，促进跨境电子商务零售进口的健康发展，现将《跨境电子商务零售进口商品清单（2019年版）》予以公布，自2020年1月1日起实施。

本清单实施后，《财政部等13个部门关于调整跨境电子商务零售进口商品清单的公告》（2018年第157号）所附的清单同时废止。

附件：跨境电子商务零售进口商品清单（2019年版）

财政部、发展改革委、工业和
信息化部、生态环境部、
农业农村部、商务部、人民银行、
海关总署、税务总局、
市场监管总局、药监局、
密码局、濒管办
2019年12月24日

附件

跨境电子商务零售进口商品清单（2019年版）

序号	税则号列	货品名称	备注
1	02101900	干、熏、盐制的其他猪肉	仅限网购保税商品
2	02102000	干、熏、盐制的牛肉	仅限网购保税商品
3	03061100	冻岩礁虾和其他龙虾	仅限网购保税商品
4	03061200	螯龙虾（螯龙虾属）	仅限网购保税商品
5	03061490	其他冻蟹	仅限网购保税商品
6	03061500	冻挪威海螯虾	仅限网购保税商品
7	03061611	冻冷水小虾虾仁	仅限网购保税商品
8	03061619	冻其他冷水小虾	仅限网购保税商品

续表1

序号	税则号列	货品名称	备注
9	03061621	冻冷水对虾虾仁	仅限网购保税商品
10	03061711	冻小虾虾仁	仅限网购保税商品
11	03061721	冻对虾虾仁	仅限网购保税商品
12	03061911	冻淡水小龙虾仁	仅限网购保税商品
13	03061919	冻带壳淡水小龙虾	仅限网购保税商品
14	03061990	其他冻甲壳动物	仅限网购保税商品
15	03063290	其他活、鲜或冷的螯龙虾（螯龙虾属）	仅限网购保税商品
16	03063399	活、鲜、冷的其他蟹	仅限网购保税商品
17	03069200	干、熏、盐制的螯龙虾	仅限网购保税商品
18	03069390	干、熏、盐制的其他蟹	仅限网购保税商品
19	03071190	活、鲜或冷的其他牡蛎（蚝）	仅限网购保税商品
20	03071200	冻牡蛎（蚝）	仅限网购保税商品
21	03072200	冻扇贝	仅限网购保税商品
22	03073190	其他活、鲜、冷贻贝	仅限网购保税商品
23	03073200	冻贻贝	仅限网购保税商品
24	03074299	活、鲜、冷的其他墨鱼及鱿鱼	仅限网购保税商品
25	03074390	冻其他墨鱼及鱿鱼	仅限网购保税商品
26	03074990	干、熏、盐制的其他墨鱼及鱿鱼	仅限网购保税商品
27	03075200	冻章鱼	仅限网购保税商品
28	03077200	冻的蛤、鸟蛤及舟贝	仅限网购保税商品
29	03077900	干、熏、盐制的蛤、鸟蛤及舟贝	仅限网购保税商品
30	03078290	活、鲜、冷的凤螺	仅限网购保税商品
31	03078400	冻凤螺	仅限网购保税商品
32	03078800	干、熏、盐制的凤螺	仅限网购保税商品
33	03079190	活、鲜或冷的其他软体动物	仅限网购保税商品
34	03079200	冻的其他软体动物	仅限网购保税商品
35	03079900	冻、干、盐腌或盐渍的软体动物	仅限网购保税商品
36	03081200	冻海参	仅限网购保税商品
37	03081900	冻、干、盐腌或盐渍的海参	仅限网购保税商品
38	04011000	脂肪含量未超1%未浓缩及未加糖的乳及奶油	仅限网购保税商品

续表2

序号	税则号列	货品名称	备注
39	04012000	脂肪含量在1%~6%未浓缩及未加糖的乳及奶油	仅限网购保税商品
40	04014000	按重量计脂肪含量超过6%，但不超过10%的未浓缩及未加糖或其他甜物质的乳及奶油	仅限网购保税商品
41	04015000	按重量计脂肪含量超过10%的未浓缩及未加糖或其他甜物质的乳及奶油	仅限网购保税商品
42	04021000	脂肪含量小于等于1.5%固状乳及奶油	仅限网购保税商品
43	04022100	脂肪量大于1.5%未加糖固状乳及奶油	仅限网购保税商品
44	04022900	脂肪量大于1.5%的加糖固状乳及奶油	仅限网购保税商品
45	04029100	浓缩但未加糖的非固状乳及奶油	
46	04029900	浓缩并已加糖的非固状乳及奶油	
47	04031000	酸乳	
48	04039000	酪乳及其他发酵或酸化的乳及奶油	
49	04041000	乳清及改性乳清	
50	04049000	其他编号未列名的含天然乳的产品	
51	04051000	黄油	
52	04052000	乳酱	
53	04061000	鲜乳酪（未熟化或未固化的）	
54	04063000	经加工的乳酪，但磨碎或粉化的除外	
55	04069000	其他乳酪	
56	04079090	其他蛋	列入《进出口野生动植物种商品目录》的商品除外
57	04089900	其他去壳禽蛋	
58	04090000	天然蜂蜜	
59	04100010	燕窝	
60	04100041	鲜蜂王浆	
61	04100042	鲜蜂王浆粉	
62	04100043	蜂花粉	
63	04100049	其他蜂产品	
64	04100090	其他编号未列名的食用动物产品	列入《进出口野生动植物种商品目录》的商品除外；仅限网购保税商品

续表3

序号	税则号列	货品名称	备注
65	05080010	珊瑚及水产品壳、骨的粉末及废料	列入《进出口野生动植物种商品目录》的商品除外；仅限网购保税商品
66	07129050	干制的大蒜	
67	07129099	干制的其他蔬菜及什锦蔬菜	
68	07132090	其他干鹰嘴豆	
69	08011100	干的椰子	
70	08011990	其他鲜椰子	仅限网购保税商品
71	08012200	鲜或干的去壳巴西果	
72	08013200	鲜或干的去壳腰果	
73	08021100	未去壳扁桃仁	
74	08021200	其他扁桃仁	
75	08022200	鲜或干的去壳榛子	
76	08023100	鲜或干的未去壳核桃	
77	08023200	鲜或干的去壳核桃	
78	08025100	未去壳阿月浑子果	
79	08025200	去壳阿月浑子果	
80	08026190	未去壳其他马卡达姆坚果	
81	08026200	去壳马卡达姆坚果	
82	08029030	鲜或干的松子仁	列入《进出口野生动植物种商品目录》的商品除外
83	08029090	其他鲜或干坚果	列入《进出口野生动植物种商品目录》的商品除外
84	08039000	鲜或干的其他香蕉	仅限网购保税商品
85	08041000	鲜或干的椰枣	仅限网购保税商品
86	08042000	鲜或干的无花果	仅限网购保税商品
87	08043000	鲜或干菠萝	仅限网购保税商品
88	08044000	鲜或干鳄梨	仅限网购保税商品
89	08045010	鲜或干番石榴	仅限网购保税商品
90	08045020	鲜或干芒果	仅限网购保税商品
91	08045030	鲜或干山竹果	仅限网购保税商品
92	08051000	鲜或干橙	仅限网购保税商品
93	08054000	鲜或干的葡萄柚，包括柚	仅限网购保税商品

续表4

序号	税则号列	货品名称	备注
94	08055000	鲜或干的柠檬及酸橙	仅限网购保税商品
95	08059000	其他鲜或干的柑橘属水果	仅限网购保税商品
96	08061000	鲜葡萄	仅限网购保税商品
97	08062000	葡萄干	
98	08081000	鲜苹果	仅限网购保税商品
99	08092900	其他鲜樱桃	仅限网购保税商品
100	08094000	鲜梅及李	仅限网购保税商品
101	08104000	鲜蔓越橘及越橘	仅限网购保税商品
102	08106000	鲜榴莲	仅限网购保税商品
103	08109050	鲜番荔枝	仅限网购保税商品
104	08109090	其他鲜果	仅限网购保税商品
105	08131000	杏干	
106	08132000	梅干及李干	
107	08133000	苹果干	
108	08134010	龙眼干、肉	
109	08134030	干红枣	
110	08134090	其他干果	
111	08135000	木章的什锦坚果或干果	
112	08140000	柑橘属水果或甜瓜的果皮	
113	09011100	未浸除咖啡碱的未焙炒咖啡	
114	09012100	未浸除咖啡碱的已焙炒咖啡	
115	09012200	已浸除咖啡碱的已焙炒咖啡	
116	09019010	咖啡豆荚及咖啡豆皮	
117	09019020	含咖啡的咖啡代用品	
118	09021010	每件净重小于等于 3 千克的花茶	
119	09021090	每件净重小于等于 3 千克的其他绿茶	
120	09022010	每件净重大于 3 千克的花茶	
121	09022090	每件净重大于 3 千克的其他绿茶	
122	09023010	每件净重小于等于 3 千克的乌龙茶	
123	09023020	每件净重小于等于 3 千克的普洱茶	
124	09023090	每件净重小于等于 3 千克的其他发酵、半发酵红茶	

续表5

序号	税则号列	货品名称	备注
125	09024010	每件净重大于3千克的乌龙茶	
126	09024090	每件净重大于3千克的其他红茶（已发酵）及半发酵茶	
127	09030000	马黛茶	
128	09041100	未磨胡椒	
129	09041200	已磨胡椒	
130	09042100	未磨干辣椒	
131	09042200	已磨辣椒	
132	09061900	其他未磨的肉桂及肉桂花	
133	09062000	已磨肉桂及肉桂花	
134	09083200	已磨豆蔻	
135	09096210	已磨八角茴香	
136	09103000	姜黄	
137	09109100	混合调味香料	
138	09109900	其他调味香料	
139	10049000	其他燕麦	
140	10061089	其他稻谷	每人每年进口10061089、10062020、10063020、10063080的商品合计不超过20千克；仅限网购保税商品
141	10062020	长粒米糙米	每人每年进口10061089、10062020、10063020、10063080的商品合计不超过20千克
142	10063020	长粒米精米	每人每年进口10061089、10062020、10063020、10063080的商品合计不超过20千克
143	10063080	其他精米	每人每年进口10061089、10062020、10063020、10063080的商品合计不超过20千克
144	10089090	其他谷物	
145	11010000	小麦或混合麦的细粉	每人每年进口11010000、11031100的商品合计不超过20千克；仅限网购保税商品
146	11022000	玉米细粉	每人每年进口11022000、11042300的商品合计不超过20千克；仅限网购保税商品

续表6

序号	税则号列	货品名称	备注
147	11029029	其他大米细粉	每人每年进口合计不超过 20 千克
148	11029090	其他谷物细粉	
149	11031100	小麦粗粒及粗粉	每人每年进口 11010000、11031100 的商品合计不超过 20 千克；仅限网购保税商品
150	11041200	滚压或制片的燕麦	
151	11041990	滚压或制片的其他谷物	
152	11042200	经其他加工的燕麦	
153	11042300	经其他加工的玉米	每人每年进口 11022000、11042300 的商品合计不超过 20 千克；仅限网购保税商品
154	11042990	经其他加工的其他谷物	
155	11063000	水果及坚果的细粉、粗粉及粉末	
156	11081100	小麦淀粉	
157	11081300	马铃薯淀粉	
158	11082000	菊粉	
159	12024200	未去壳花生	
160	12030000	干椰子肉	
161	12040000	亚麻子	
162	12073090	其他蓖麻子	
163	12079999	其他含油子仁及果实	
164	12081000	大豆粉	
165	12089000	其他含油子仁或果实的细粉及粗粉	
166	12093000	草本花卉植物种子	列入《进出口野生动植物种商品目录》的商品除外
167	12112010	鲜或干的西洋参	仅限网购保税商品
168	12112091	其他鲜人参	仅限网购保税商品
169	12112099	其他干人参	仅限网购保税商品
170	12119011	鲜或干的当归	仅限网购保税商品
171	12119015	鲜或干的菊花	仅限网购保税商品
172	12119039	其他主要用作药料的鲜或干的植物	仅限网购保税商品；罂粟、罂粟壳、大麻、古柯、恰特草除外

续表7

序号	税则号列	货品名称	备注
173	12119050	主要用作香料的植物	列入《两用物项和技术进出口许可证管理目录》《进出口野生动植物种商品目录》的商品除外；仅限网购保税商品
174	12119099	其他鲜或干的杀虫、杀菌用植物	列入《两用物项和技术进出口许可证管理目录》《进出口野生动植物种商品目录》的商品除外
175	12122110	适合供人食用的海带	
176	12122141	适合供人食用的干紫菜	
177	12122142	适合供人食用的鲜紫菜	
178	12122149	适合供人食用的其他紫菜	
179	12122190	其他适合供人食用的海草及其他藻类	
180	12129912	主要供人食用的甜杏仁	
181	12129919	主要供人食用的桃（包括油桃）、梅或李的核及核仁	
182	12129999	鲜、冷、冻或干的其他主要供人食用的其他税号未列明的果核、果仁及植物产品	列入《进出口野生动植物种商品目录》的商品除外；仅限网购保税商品
183	13021940	银杏的液汁及浸膏	
184	13021990	其他植物液汁及浸膏	
185	14049090	其他植物产品	仅限网购保税商品
186	15041000	鱼肝油及其分离品	仅限网购保税商品
187	15042000	其他鱼油、脂及其分离品	列入《进出口野生动植物种商品目录》的商品除外；仅限网购保税商品
188	15043000	海生哺乳动物的油、脂及其分离品	列入《进出口野生动植物种商品目录》的商品除外；仅限网购保税商品
189	15060000	其他动物油、脂及其分离品	列入《进出口野生动植物种商品目录》的商品除外；仅限网购保税商品
190	15079000	精制的豆油及其分离品	
191	15081000	初榨花生油的分离品	
192	15089000	精制的花生油及其分离品	
193	15091000	初榨油橄榄油及其分离品	
194	15099000	精制的油橄榄油及其分离品	
195	15100000	其他橄榄油及其分离品	
196	15111000	初榨棕榈油的分离品	

续表8

序号	税则号列	货品名称	备注
197	15121100	初榨葵花油或红花油的分离品	
198	15121900	精制的葵花油或红花油及其分离品	
199	15131100	初榨椰子油分离品	
200	15131900	椰子油及其分离品	
201	15141100	初榨低芥子酸菜籽油及其分离品	
202	15149110	初榨菜籽油及其分离品	
203	15149190	初榨芥子油及其分离品	
204	15149900	其他菜籽油或芥子油及其分离品	
205	15151100	初榨亚麻子油及其分离品	
206	15151900	精制的亚麻子油及其分离品	
207	15152100	初榨玉米油的分离品	
208	15152900	精制的玉米油及其分离品	
209	15153000	蓖麻油及其分离品	
210	15155000	芝麻油及其分离品	
211	15159090	其他固定植物油、脂及其分离品	
212	15161000	氢化、酯化或反油酸化动物油、脂及其分离品，但未进一步加工的	
213	15162000	氢化、酯化或反油酸化植物油、脂及其分离品，但未进一步加工的	
214	15179090	混合制成的食用油脂或制品	
215	15180000	化学改性的动、植物油、脂及其制品；其他税号未列名的非食用油、脂或制品	
216	16010030	用香肠制成的食品	列入《进出口野生动植物种商品目录》的商品除外
217	16021000	肉或食用杂碎的均化食品	列入《进出口野生动植物种商品目录》的商品除外
218	16022000	制作或保藏的动物肝	列入《进出口野生动植物种商品目录》的商品除外
219	16023299	其他鸡肉	
220	16024910	其他猪肉及杂碎的罐头	列入《进出口野生动植物种商品目录》的商品除外
221	16024990	制作或保藏的其他猪肉、杂碎及血	列入《进出口野生动植物种商品目录》的商品除外

续表9

序号	税则号列	货品名称	备注
222	16025010	牛肉及牛杂碎罐头	列入《进出口野生动植物种商品目录》的商品除外
223	16025090	其他制作或保藏的牛肉、杂碎及血	列入《进出口野生动植物种商品目录》的商品除外
224	16030000	肉及水产品的精、汁	列入《进出口野生动植物种商品目录》的商品除外
225	16041190	制作或保藏的其他鲑鱼，整条或切块，但未绞碎	
226	16041200	制作或保藏的鲱鱼，整条或切块，但未绞碎	
227	16041300	制作或保藏的沙丁鱼、小沙丁鱼属、黍鲱或西鲱	
228	16041400	制作或保藏的金枪鱼、鲣鱼及狐鲣	
229	16041500	制作或保藏的鲭鱼，整条或切块，但未绞碎	
230	16041700	制作或保藏的鳗鱼	列入《进出口野生动植物种商品目录》的商品除外
231	16041800	制作或保藏的鲨鱼翅（整条或切块）	列入《进出口野生动植物种商品目录》的商品除外
232	16041990	制作或保藏的其他鱼，整条或切块，但未绞碎	列入《进出口野生动植物种商品目录》的商品除外
233	16042019	其他制作或保藏的鱼罐头	列入《进出口野生动植物种商品目录》的商品除外
234	16042099	其他制作或保藏的鱼	列入《进出口野生动植物种商品目录》的商品除外
235	16043200	鲟鱼子酱代用品	
236	16051000	制作或保藏的蟹	
237	16053000	制作或保藏的龙虾	
238	16055200	制作或保藏的扇贝	
239	16055400	制作或保藏的墨鱼及鱿鱼	
240	17011400	其他甘蔗糖	每人每年进口 17011400、17019100、17019910、17019990 的商品合计不超过 2 千克
241	17019100	加有香料或着色剂的糖	每人每年进口 17011400、17019100、17019910、17019990 的商品合计不超过 2 千克

续表10

序号	税则号列	货品名称	备注
242	17019910	砂糖	每人每年进口 17011400、17019100、17019910、17019990 的商品合计不超过 2 千克
243	17019990	其他精制糖	每人每年进口 17011400、17019100、17019910、17019990 的商品合计不超过 2 千克
244	17021100	无水乳糖，按重量计含量>99%	
245	17022000	槭糖及槭糖浆	
246	17023000	低果糖含量的葡萄糖及糖浆	
247	17024000	中果糖含量的葡萄糖及糖浆	
248	17026000	其他果糖及糖浆	
249	17029000	其他固体糖；人造蜜；焦糖	
250	17031000	甘蔗糖蜜	
251	17041000	口香糖，不论是否裹糖	
252	17049000	其他不含可可的糖食	
253	18010000	生或焙炒的整颗或破碎的可可豆	
254	18050000	未加糖或其他甜物质的可可粉	
255	18061000	含糖或其他甜物质的可可粉	
256	18062000	每件净重大于 2 千克的含可可食品	
257	18063100	其他夹心块状或条状的含可可食品	
258	18063200	其他不夹心块状或条状含可可食品	
259	18069000	其他巧克力及含可可的食品	
260	19011010	配方奶粉	
261	19011090	其他供婴幼儿食用的零售包装食品	
262	19012000	供焙烘面包糕点用的调制品及面团	
263	19019000	其他麦精制的其他税号未列名食品	
264	19021100	未包馅或未制作的含蛋生面食	
265	19021900	其他未包馅或未制作的生面食	
266	19022000	包馅面食	
267	19023010	米粉干	
268	19023020	粉丝	
269	19023030	即食或快熟面条	

续表11

序号	税则号列	货品名称	备注
270	19023090	其他面食	
271	19024000	古斯古斯面食	
272	19030000	珍粉及淀粉制成的珍粉代用品	
273	19041000	谷物或谷物产品经膨化或烘炒制的食品	
274	19042000	未烘炒谷物片制成的食品	
275	19043000	碾碎的干小麦	
276	19049000	其他谷物制品	
277	19051000	黑麦脆面包片	
278	19053100	甜饼干	
279	19053200	华夫饼干及圣餐饼	
280	19054000	面包干、吐司及类似的烤面包	
281	19059000	其他面包、糕点、饼干及其焙烘糕饼	
282	20011000	用醋或醋酸制作的黄瓜及小黄瓜	
283	20019090	用醋制作的其他果、菜及食用植物	列入《进出口野生动植物种商品目录》的商品除外
284	20021010	非用醋制作的整个或切片番茄罐头	
285	20021090	非用醋制作的其他整个或切片番茄	
286	20029011	重量不超过 5 千克的番茄酱罐头	
287	20029090	非用醋制作的绞碎番茄	
288	20031019	其他非用醋制作的伞菌属蘑菇罐头	
289	20031090	非用醋制作的其他伞菌属蘑菇	
290	20051000	非用醋制作的未冷冻均化蔬菜	
291	20052000	非用醋制作的未冷冻马铃薯	仅限网购保税商品
292	20054000	非用醋制作的未冷冻豌豆	
293	20055199	非用醋或醋酸制作或保藏的未冷冻的其他脱荚豇豆及菜豆	
294	20055990	非用醋制作的其他豇豆及菜豆	
295	20057000	非用醋制作的未冷冻油橄榄	
296	20058000	非用醋制作的未冷冻甜玉米	
297	20059991	其他蔬菜及什锦蔬菜罐头	
298	20059999	非用醋制作的其他蔬菜及什锦蔬菜	列入《进出口野生动植物种商品目录》的商品除外

续表12

序号	税则号列	货品名称	备注
299	20060090	其他糖渍蔬菜、水果、坚果、果皮	
300	20071000	烹煮制成的果子均化食品	
301	20079100	烹煮制成的柑橘属水果	
302	20079910	烹煮制成的其他果酱、果冻罐头	
303	20079990	烹煮制成的其他果酱、果冻	
304	20081110	花生米罐头	
305	20081120	烘焙花生	
306	20081130	花生酱	
307	20081190	其他非用醋制作的花生	
308	20081910	核桃仁罐头	
309	20081920	其他果仁罐头	
310	20081999	其他坚果及子仁	
311	20082090	非用醋制作的其他菠萝	
312	20083010	柑橘属水果罐头	
313	20084010	梨罐头	
314	20085000	非用醋制作的杏	
315	20086090	用其他方法制作或保藏的其他樱桃	
316	20087010	桃罐头	
317	20087090	非用醋制作的其他桃	
318	20088000	非用醋制作的草莓	
319	20089300	用其他方法制作或保藏的蔓越橘	
320	20089700	用其他方法制作或保藏的什锦果实	
321	20089931	调味紫菜	
322	20089934	烤紫菜	
323	20089939	其他海草及藻类制品	
324	20089990	未列名制作或保藏的水果、坚果	
325	20091200	非冷冻的，白利糖度值不超过20的橙汁	
326	20091900	其他橙汁	
327	20092100	白利糖度值不超过20的葡萄柚（包括柚）汁	
328	20092900	其他葡萄柚（包括柚）汁	
329	20093110	白利糖度不超过20的柠檬汁	

续表13

序号	税则号列	货品名称	备注
330	20093190	其他未混合的白利糖度值不超过20的橘汁属水果汁	
331	20094100	白利糖度值不超过20的菠萝汁	
332	20096100	白利糖度值不超过30的葡萄汁，包括酿酒葡萄汁	
333	20096900	葡萄汁，包括酿酒葡萄汁	
334	20097100	白利糖度值不超过20的苹果汁	
335	20097900	其他苹果汁	
336	20098100	蔓越橘汁	
337	20098912	芒果汁	
338	20098913	西番莲果汁	
339	20098914	番石榴果汁	
340	20098915	梨汁	
341	20098919	其他未混合的水果汁	
342	20098920	其他未混合蔬菜汁	
343	20099010	混合水果汁	
344	20099090	混合蔬菜汁、水果与蔬菜的混合汁	
345	21011100	咖啡浓缩精汁	
346	21011200	以咖啡浓缩精汁或咖啡为基本成分的制品	
347	21012000	茶、马黛茶浓缩精汁及其制品	
348	21013000	烘焙咖啡代用品及其浓缩精汁	
349	21023000	发酵粉	
350	21031000	酱油	
351	21032000	番茄沙司及其他番茄调味汁	
352	21039090	其他调味品	
353	21041000	汤料及其制品	
354	21042000	均化混合食品	
355	21050000	冰激凌及其他冰制食品不论是否含可可	
356	21061000	浓缩蛋白质及人造蛋白物质	
357	21069030	蜂王浆制剂	列入《进出口野生动植物种商品目录》的商品除外
358	21069040	椰子汁	

续表14

序号	税则号列	货品名称	备注
359	21069050	海豹油胶囊	
360	21069090	其他税号未列名的食品	列入《进出口野生动植物种商品目录》的商品除外
361	22011010	未加糖及未加味的矿泉水	
362	22011020	未加糖及未加味的汽水	
363	22019011	已包装袋天然水	
364	22019019	未包装的天然水	
365	22019090	其他水、冰及雪	
366	22021000	加味、加糖或其他甜物质的水	列入《进出口野生动植物种商品目录》的商品除外
367	22029100	无醇啤酒	列入《进出口野生动植物种商品目录》的商品除外
368	22029900	其他无酒精饮料	列入《进出口野生动植物种商品目录》的商品除外
369	22030000	麦芽酿造的啤酒	
370	22041000	葡萄汽酒	
371	22042100	小包装的鲜葡萄酿造的酒	
372	22042900	其他包装的鲜葡萄酿造的酒	
373	22043000	其他酿酒葡萄汁	
374	22051000	味美思酒及其他加植物或香料的用鲜葡萄酿造的酒——装入2000毫升及以下容器的	
375	22059000	味美思酒及其他加植物或香料的用鲜葡萄酿造的酒——其他	
376	22060010	黄酒	
377	22060090	其他发酵饮料	
378	22082000	蒸馏葡萄酒制得的烈性酒	
379	22083000	威士忌酒	
380	22084000	朗姆酒及蒸馏已发酵甘蔗产品制得的其他烈性酒	
381	22085000	杜松子酒	
382	22086000	伏特加酒	
383	22087000	利口酒及柯迪尔酒	
384	22089010	其他龙舌兰酒	

续表15

序号	税则号列	货品名称	备注
385	22089020	白酒	
386	22089090	其他酒类	
387	22090000	醋及醋酸制得的醋代用品	
388	23024000	其他谷物糠、麸及其他残渣	
389	23065000	椰子或干椰肉油渣饼及固体残渣	
390	23091010	零售包装的狗食或猫食罐头	仅限网购保税商品
391	23091090	零售包装的其他狗食或猫食	仅限网购保税商品
392	23099010	制成的饲料添加剂	
393	23099090	其他配制的动物饲料	仅限网购保税商品
394	25010011	食用盐	
395	25010019	其他盐	
396	27101991	润滑油	
397	27101992	润滑脂	
398	28112210	硅胶	
399	28352600	其他磷酸钙	
400	28363000	碳酸氢钠（小苏打）	
401	28365000	碳酸钙	
402	28539010	饮用蒸馏水	
403	28539090	其他无机化合物、液态空气、压缩空气，汞齐，但贵金属汞齐除外	列入《中国严格限制的有毒化学品名录》的商品除外
404	29012990	其他不饱和无环烃	列入《农药进出口管理目录》的商品除外
405	29054910	木糖醇	
406	29146200	辅酶 Q10	
407	29161500	油酸、亚油酸或亚麻酸及其盐和酯	
408	29232000	卵磷脂及其他磷氨基类脂	
409	29239000	其他季铵盐及季铵碱	列入《农药进出口管理目录》《中国严格限制的有毒化学品名录》的商品除外
410	29322090	其他内酯	列入《农药进出口管理目录》的商品除外
411	29329990	其他仅含氧杂原子的杂环化合物	列入《农药进出口管理目录》《中国严格限制的有毒化学品名录》的商品除外；麻醉药品和精神药品除外
412	29362100	未混合的维生素 A 及其衍生物	

续表16

序号	税则号列	货品名称	备注
413	29362200	未混合的维生素 B1 及其衍生物	
414	29362300	未混合的维生素 B2 及其衍生物	
415	29362400	未混合的 D 或 DL-泛酸及其衍生物	
416	29362500	未混合的维生素 B6 及其衍生物	
417	29362600	未混合的维生素 B12 及其衍生物	
418	29362700	未混合的维生素 C 及其衍生物	
419	29362800	未混合的维生素 E 及其衍生物	
420	29362900	其他未混合的维生素及其衍生物	列入《农药进出口管理目录》的商品除外
421	29369010	维生素 AD3	
422	29369090	其他维生素原、混合维生素及其衍生物	
423	29381000	芸香苷及其衍生物	
424	29400090	其他化学纯糖	
425	30049051	中药酒（混合或非混合，治病或防病用已配定剂量或零售包装）	
426	30049054	清凉油（混合或非混合，治病或防病用已配定剂量或零售包装）	
427	30051010	橡皮膏（经药物浸涂或制定零售包装供医疗、外科、牙科或兽医用）	
428	30051090	其他胶粘敷料及有胶粘涂层的物品（经药物浸涂或制定零售包装供医疗、外科、牙科或兽医用）	
429	30059010	药棉、纱布、绷带（经药物浸涂或制定零售包装供医疗、外科、牙科或兽医用）	
430	30059090	其他医用软填料及类似物品（经药物浸涂或制定零售包装供医疗、外科、牙科或兽医用）	按照医疗器械管理的商品除外
431	30061000	无菌外科肠线；无菌昆布、无菌黏合胶布、无菌吸收性止血材料、外科或牙科用无菌抗粘连阻隔材料及类似无菌材料	按照医疗器械管理的商品除外
432	30067000	专用于人类或作兽药用的凝胶制品，作为外科手术或体检时躯体部位的润滑剂，或者作为躯体和医疗器械之间的耦合剂	按照医疗器械管理的商品除外

续表17

序号	税则号列	货品名称	备注
433	32030019	其他植物质着色料及以其为基本成分的制品包括染料浸膏（不论是否已有化学定义）；32章注释三所述的以植物质着色料为基本成分的制品	列入《进出口野生动植物种商品目录》的商品除外
434	32041700	颜料及以其为基本成分的制品（不论是否已有化学定义）	
435	32042000	用作荧光增白剂的有机合成产品（不论是否已有化学定义）	
436	32131000	成套的颜料（艺术家、学生和广告美工用的）	
437	32151900	其他印刷油墨（不论是否固体或浓缩），黑色印刷油墨除外	仅限家用打印机墨水
438	32159010	书写墨水（不论是否固体或浓缩）	
439	32159090	绘图墨水及其他墨类（不论是否固体或浓缩）	
440	33011200	橙油（包括浸膏及净油）	
441	33011300	柠檬油（包括浸膏及净油）	
442	33011990	其他柑橘属果实的精油（包括浸膏及净油）	
443	33012500	其他薄荷油（包括浸膏及净油）	
444	33012920	香茅油（包括浸膏及净油）	
445	33012960	桉叶油（包括浸膏及净油）	
446	33012999	其他非柑橘属果实的精油（包括浸膏及净油）	列入《两用物项和技术进出口许可证管理目录》《进出口野生动植物种商品目录》的商品除外
447	33013090	其他香膏	列入《进出口野生动植物种商品目录》的商品除外
448	33019010	提取的油树脂	列入《进出口野生动植物种商品目录》的商品除外
449	33019090	用花香吸取法或浸渍法制定的含浓缩精油的脂肪、固定油、蜡及类似品；精油脱萜所得的萜烯副产品（柑橘属果实的除外）；精油水溶液及水馏液	列入《中国严格限制的有毒化学品名录》的商品除外
450	33029000	其他工业用混合香料及以香料为基本成分的混合物和制品	

续表18

序号	税则号列	货品名称	备注
451	33030000	香水及花露水	
452	33041000	唇用化妆品	列入《进出口野生动植物种商品目录》的商品除外
453	33042000	眼用化妆品	列入《进出口野生动植物种商品目录》的商品除外
454	33043000	指（趾）甲化妆品	
455	33049100	香粉，不论是否压紧	
456	33049900	其他美容品或化妆品及护肤品	列入《进出口野生动植物种商品目录》的商品除外
457	33051000	洗发剂（香波）	列入《进出口野生动植物种商品目录》的商品除外
458	33052000	烫发剂	
459	33053000	定型剂	
460	33059000	其他护发品	
461	33061010	牙膏	列入《进出口野生动植物种商品目录》的商品除外
462	33061090	其他洁齿品	
463	33062000	牙线	
464	33069010	漱口剂	
465	33069090	其他口腔及牙齿清洁剂	
466	33071000	剃须用制剂	
467	33072000	人体除臭剂及止汗剂	
468	33073000	香浴盐及其他沐浴用制剂	
469	33074100	神香及其他通过燃烧散发香气制品	
470	33074900	室内除臭制品	
471	33079000	脱毛剂、其他编号未列名的芳香料制品及化妆盥洗品	
472	34011100	盥洗用肥皂及有机表面活性产品，条状、块状或模制形状的，以及用肥皂或洗涤剂浸渍、涂面或包覆的纸、絮胎、毡呢及无纺织物	
473	34011910	洗衣皂	

续表19

序号	税则号列	货品名称	备注
474	34011990	其他用肥皂及有机表面活性产品，条状、块状或模制形状的，以及用肥皂或洗涤剂浸渍、涂面或包覆的纸、絮胎、毡呢及无纺织物	
475	34012000	其他形状的肥皂	
476	34013000	洁肤用的有机表面活性产品及制品，液状或膏状并制成零售包装的，不论是否含有肥皂	
477	34021100	阴离子型有机表面活性剂	
478	34021200	阳离子型有机表面活性剂	
479	34021300	非离子型有机表面活性剂	列入《中国严格限制的有毒化学品名录》的商品除外
480	34021900	其他有机表面活性剂	
481	34022010	零售包装的合成洗涤粉	
482	34022090	零售包装有机表面活性剂制品（合成洗涤粉除外）	
483	34029000	非零售包装有机表面活性剂制品、洗涤剂及清洁剂	
484	34039900	润滑剂（不含有石油或从沥青矿物提取的油类）	
485	34049000	其他人造蜡及调制蜡	列入《中国严格限制的有毒化学品名录》的商品除外
486	34051000	鞋靴或皮革用的上光剂及类似制品	
487	34052000	保养木制品的上光剂及类似制品	
488	34053000	车身用的上光剂及类似制品	仅限汽车抛光剂
489	34054000	擦洗膏、去污粉及类似制品	
490	34059000	玻璃或金属用的光洁剂	
491	34060000	各种蜡烛及类似品	列入《进出口野生动植物种商品目录》的商品除外
492	34070090	塑型用膏	
493	35011000	酪蛋白	
494	35021100	干的卵清蛋白	
495	35022000	乳白蛋白，包括两种或两种以上的乳清蛋白浓缩物	

续表20

序号	税则号列	货品名称	备注
496	35029000	其他白蛋白及白蛋白盐及其衍生物	
497	35030010	明胶及其衍生物	
498	35030090	鱼胶；其他动物胶	仅限网购保税商品
499	35040090	其他税号未列名蛋白质及其衍生物，皮粉	
500	35052000	以淀粉、糊精或其他改性淀粉为基本成分的胶	
501	35061000	适于作胶或黏合剂的产品，零售包装每件净重小于等于1千克	
502	35069110	以聚酰胺为基本成分的黏合剂	
503	35069190	以其他橡胶或塑料为基本成分的黏合剂	
504	35069900	其他调制胶、黏合剂	
505	35079090	其他酶及未列名的酶制品	
506	37031010	成卷未曝光的感光纸及纸板，宽度大于610毫米	
507	37032010	未曝光的彩色摄影用感光纸及纸板，非成卷或宽度小于等于610毫米	
508	38021010	木质活性炭	
509	38029000	活性天然矿产品；动物炭黑（包括废动物炭黑）	列入《进出口野生动植物种商品目录》的商品除外
510	38089111	蚊香	
511	38089119	零售包装杀虫剂	列入《农药进出口管理目录》的商品除外
512	38089210	零售包装的杀菌剂	列入《农药进出口管理目录》的商品除外
513	38089400	消毒剂	兽用消毒剂除外
514	38099100	纺织工业及类似工业用其他税号未列名整理剂、染料加速着色剂或固色助剂及其他产品和制剂	仅限衣物柔顺剂
515	38101000	金属表面酸洗剂	金属及其他材料制成的焊粉或焊膏
516	38220010	附于衬背上的诊断或实验用试剂，但税目32.02、32.06的货品除外	按照医疗器械管理的商品除外
517	38249920	除墨剂、蜡纸改正液及类似品	
518	38249999	其他税目未列名的化学工业及其相关工业的化学产品及配制品	仅限蒸汽眼罩、暖宝宝贴、暖宫贴、肩颈贴、硅胶猫砂
519	39173200	其他未装有附件的塑料制管子	

续表21

序号	税则号列	货品名称	备注
520	39173900	塑料制的其他管子	
521	39181090	氯乙烯聚合物制的铺地制品	
522	39189090	其他塑料制的铺地制品	
523	39191099	其他材料制的，宽度小于等于20厘米的其他成卷塑料胶粘板片等	
524	39199090	其他自粘塑料板、片、膜等材料	
525	39201090	其他乙烯聚合物制板、片、带	
526	39204300	按重量计增塑剂含量不小于6%的聚氯乙烯板、片、膜、箔及扁条	
527	39204900	按重量计增塑剂含量小于6%的聚氯乙烯板、片、膜、箔及扁条	仅限家用保鲜膜
528	39206200	聚对苯二甲酸乙二酯板片膜箔扁条	
529	39209100	聚乙烯醇缩丁醛板、片、膜、箔及扁条	
530	39209990	其他塑料制的非泡沫塑料板片	
531	39211100	泡沫聚苯乙烯板、片、带、箔及扁条	
532	39211290	泡沫聚氯乙烯板、片、带、箔及扁条	
533	39211390	泡沫聚氨酯板、片、带、箔及扁条	
534	39211990	其他泡沫塑料板、片、膜、箔及扁条	
535	39219090	未列名塑料板、片、膜、箔及扁条	
536	39221000	塑料浴缸、淋浴盘及盥洗盆	
537	39222000	塑料马桶坐圈及盖	列入《进出口野生动植物种商品目录》的商品除外
538	39229000	塑料便盆、抽水箱等类似卫生洁具	
539	39231000	塑料制盒、箱及类似品	
540	39232100	乙烯聚合物制袋及包	
541	39232900	其他塑料制的袋及包	
542	39233000	塑料制坛、瓶及类似品	
543	39235000	塑料制塞子、盖子及类似品	
544	39239000	供运输或包装货物用其他塑料制品	
545	39241000	塑料制餐具及厨房用具	
546	39249000	塑料制其他家庭用具及卫生或盥洗用具	
547	39251000	塑料制囤、柜、罐、桶及类似容器	

续表22

序号	税则号列	货品名称	备注
548	39261000	办公室或学校用塑料制品	
549	39262011	聚氯乙烯制手套（包括分指手套、连指手套及露指手套）	
550	39262090	其他塑料制衣服及衣着附件	
551	39263000	塑料制家具、车厢及类似品的附件	
552	39264000	塑料制小雕塑品及其他装饰品	
553	39269010	塑料制机器及仪器用零件	
554	39269090	其他塑料制品	
555	40070000	硫化橡胶线及绳	
556	40081100	海绵硫化橡胶制的板、片及带	
557	40081900	海绵硫化橡胶制型材、异型材及杆	
558	40141000	硫化橡胶制避孕套	
559	40149000	硫化橡胶制其他卫生及医疗用品	
560	40151900	硫化橡胶制其他手套	
561	40159090	其他硫化橡胶制衣着用品及附件	
562	40161090	硫化海绵橡胶制其他制品	
563	40169200	硫化橡胶制橡皮擦	
564	40169390	硫化橡胶制其他用垫片、垫圈及其他密封垫	
565	40169500	硫化橡胶制其他可充气制品	
566	40169990	其他未列名硫化橡胶制品	
567	40170020	硬质橡胶制品	
568	42010000	各种材料制成的鞍具及挽具，适合各种动物用	列入《进出口野生动植物种商品目录》的商品除外
569	42021110	以皮革、再生皮革作面的衣箱	列入《进出口野生动植物种商品目录》的商品除外
570	42021190	以皮革、再生皮革作面的箱包	列入《进出口野生动植物种商品目录》的商品除外
571	42021210	以塑料或纺织材料作面的衣箱	
572	42021290	塑料或纺织材料作面的其他箱包	
573	42021900	其他材料制箱包	
574	42022100	以皮革、再生皮革作面的手提包	列入《进出口野生动植物种商品目录》的商品除外

续表23

序号	税则号列	货品名称	备注
575	42022200	以塑料片或纺织材料作面的手提包	
576	42022900	以钢纸或纸板作面的手提包	
577	42023100	以皮革、再生皮革作面的钱包等物品	列入《进出口野生动植物种商品目录》的商品除外
578	42023200	以塑料或纺织品作面的钱包等物品	
579	42023900	以钢纸或纸板作面的钱包等物品	
580	42029100	皮革、再生皮革作面的其他容器	列入《进出口野生动植物种商品目录》的商品除外
581	42029200	以塑料或纺织材料作面的其他容器	
582	42029900	以钢纸或纸板作面的其他容器	
583	42031000	皮革或再生皮革制的衣服	列入《进出口野生动植物种商品目录》的商品除外
584	42032100	皮革或再生皮革制专供运动用手套	列入《进出口野生动植物种商品目录》的商品除外
585	42032990	皮革或再生皮革制的其他手套	列入《进出口野生动植物种商品目录》的商品除外
586	42033010	皮革或再生皮革制腰带	列入《进出口野生动植物种商品目录》的商品除外
587	42034000	皮革或再生皮革制的其他衣着附件	列入《进出口野生动植物种商品目录》的商品除外
588	42050090	皮革或再生皮革的其他制品	列入《进出口野生动植物种商品目录》的商品除外
589	43031010	毛皮衣服	列入《进出口野生动植物种商品目录》的商品除外
590	43039000	毛皮制其他物品	列入《进出口野生动植物种商品目录》的商品除外
591	43040020	人造毛皮制品	
592	44140010	辐射松木制的画框、相框、镜框及类似品	仅限网购保税商品
593	44140090	其他木制的画框、相框、镜框及类似品	列入《进出口野生动植物种商品目录》的商品除外
594	44191100	竹制切面包板	砧板及类似板
595	44191210	竹制一次性筷子	
596	44191290	竹制其他筷子	

续表24

序号	税则号列	货品名称	备注
597	44191900	竹制其他餐具及厨房用具	
598	44199010	木制一次性筷子	
599	44199090	其他木制餐具及厨房用具	列入《进出口野生动植物种商品目录》的商品除外
600	44201090	其他木制小雕像及其他装饰品	列入《进出口野生动植物种商品目录》的商品除外
601	44209090	木盒子及类似品；非落地式木家具	列入《进出口野生动植物种商品目录》的商品除外
602	44211000	木衣架	
603	44219190	其他未列名的竹制品	列入《进出口野生动植物种商品目录》的商品除外
604	44219910	木制圆签、圆棒、冰果棒、压舌片及类似一次性制品	列入《进出口野生动植物种商品目录》的商品除外
605	44219990	其他未列名的木制品	列入《进出口野生动植物种商品目录》的商品除外，卷轴、纡子、筒管、缝纫用线轴及类似品除外
606	45041000	块、板、片及条状压制软木；任何形状的砖、瓦；实心圆柱体，包括原片	
607	46021100	竹编制的篮筐及其他制品	
608	48026200	其他书写、印刷等用未涂布纸及纸板，所含用机械方法制得的纤维超过全部纤维重量的10%，成张的，一边小于等于435毫米、另一边小于等于297毫米（以未折叠计）	
609	48030000	卫生纸、面巾纸、餐巾纸及类似纸	
610	48061000	植物羊皮纸	
611	48114100	自粘的胶粘纸及纸板	
612	48115110	漂白的彩色相纸用双面涂塑厚纸	
613	48115910	绝缘纸及纸板	
614	48115991	镀铝的用塑料涂布、浸渍的其他纸及纸板	
615	48115999	其他用塑料涂布、浸渍的其他纸及纸板	
616	48119000	其他经涂布、浸渍、覆盖的纸及纸板	
617	48142000	用塑料涂面或盖面的壁纸及类似品	
618	48149000	其他壁纸及类似品；窗用透明纸	

续表25

序号	税则号列	货品名称	备注
619	48171000	信封	
620	48172000	纸的封缄信片、素色明信片及通信卡片	
621	48173000	纸的盒、袋及夹子，内装各种纸制文具	
622	48181000	小卷（张）卫生纸	
623	48182000	小卷（张）纸手帕及纸面巾	
624	48183000	小卷（张）纸台布及纸餐巾	
625	48185000	纸制衣服及衣着附件	
626	48189000	纸床单及类似家庭、卫生、医院用品	
627	48192000	非瓦楞纸或纸板制可折叠箱、盒、匣	
628	48194000	其他纸袋	
629	48195000	纸的其他包装容器，包括唱片套	
630	48196000	纸的办公室、商店及类似场所使用的卷宗盒、信件盘、存储盒及类似品	
631	48201000	登记本、账本、笔记本、订货本、收据本、信笺本、记事本、日记本及类似品	
632	48202000	纸的练习本	
633	48203000	纸的活动封面（书籍封面除外）、文件夹及卷宗皮	
634	48204000	多联商业表格纸、页间夹有复写纸的本	
635	48205000	纸制样品簿及粘贴簿	
636	48209000	其他纸制文具用品，书籍封面	
637	48236100	竹浆纸或纸板制的盘、碟、盆、杯及类似品	
638	48236910	非木植物浆制的其他盘、碟、盆、杯及类似品	
639	48236990	其他纸或纸板制的盘、碟、盆、杯及类似品	
640	48239030	纸扇	
641	48239090	其他纸及纸制品	
642	49019900	其他书籍、小册子及类似的印刷品	
643	49029000	其他报纸、杂志及期刊	
644	49030000	儿童图画书、绘画或涂色书	
645	49089000	其他转印贴花纸	
646	49090010	印刷或有图画的明信片	

续表26

序号	税则号列	货品名称	备注
647	49090090	印有个人问候、祝贺、通告的卡片，不论是否有图画、带信封或饰边	
648	49100000	印刷的各种日历，包括日历芯	
649	49111010	无商业价值的广告品及类似印刷品	
650	49119100	印刷的图片、设计图样及照片	
651	54076100	其他纯聚酯非变形长丝布	
652	56012100	棉制的絮胎及其他絮胎制品	
653	56012290	化学纤维制的絮胎及其他絮胎制品	
654	56012900	其他材料制絮胎及其他絮胎制品	
655	56031110	每平方米小于等于 25 克经浸渍化纤长丝无纺织物	
656	56031190	每平方米小于等于 25 克的其他化纤长丝无纺织物	
657	56039190	每平方米小于等于 25 克的其他无纺织物	
658	56039210	每平方米大于 25 克小于等于 70 克的浸渍其他无纺织物	
659	56039290	每平方米大于 25 克小于等于 70 克的其他无纺织物	
660	56039390	每平方米大于 70 克小于等于 150 克的其他无纺织物	
661	56039490	每平方米大于 150 克的其他无纺织物	
662	56041000	用纺织材料包覆的橡胶线及绳	
663	56074900	聚乙烯或聚丙烯制线、绳、索、缆	
664	56075000	其他合纤制线、绳、索、缆	
665	56079090	其他纺织材料制线、绳、索、缆	
666	56081900	化纤材料制成的其他网	
667	56090000	用纱线、扁条、绳、索、缆制其他物品	
668	57032000	尼龙簇绒地毯及其他簇绒铺地制品	
669	57050020	化纤制其他地毯及其他铺地制品	
670	57050090	其他纺织材料制其他地毯及铺地制品	
671	58021900	其他棉毛巾织物及类似毛圈机织物	
672	58061090	其他材料狭幅起绒织物及绳绒织物	

续表27

序号	税则号列	货品名称	备注
673	58110020	羊毛或动物细毛制绗缝被褥状纺织品	
674	59112000	筛布	
675	61012000	棉制针织或钩编男式大衣、防风衣	
676	61013000	化纤制针织或钩编男式大衣等	
677	61019090	其他纺织材料制针织或钩编男式大衣、防风衣	
678	61021000	毛制针织或钩编女式大衣、防风衣	
679	61022000	棉制针织或钩编女式大衣、防风衣	
680	61023000	化纤制针织或钩编女式大衣等	
681	61029000	其他纺织材料制针织或钩编女式大衣、防风衣	
682	61031020	合纤制针织或钩编男西服套装	
683	61031090	其他纺织材料制针织或钩编男式西服套装	
684	61032200	棉制针织或钩编男式便服套装	
685	61032300	合纤制针织或钩编男便服套装	
686	61032990	其他纺织材料制针织或钩编男式便服套装	
687	61033100	毛制针织或钩编男式上衣	
688	61033200	棉制针织或钩编男式上衣	
689	61033300	合纤制针织或钩编男式上衣	
690	61033900	其他纺织材料制针织或钩编男式上衣	
691	61034200	棉制针织或钩编男长裤、工装裤等	
692	61034300	合纤制针织或钩编男长裤等	
693	61034900	其他纺织材料制针织或钩编男长裤等	
694	61041300	合纤制针织或钩编女西服套装	
695	61042200	棉制针织或钩编女式便服套装	
696	61042300	合纤制针织或钩编女便服套装	
697	61042990	其他纺织材料制针织或钩编女式便服套装	
698	61043100	毛制针织女式上衣	
699	61043200	棉制针织女式上衣	
700	61043300	合纤制针织女上衣	
701	61043900	其他纺织材料制针织女上衣	
702	61044100	毛制针织或钩编连衣裙	

续表28

序号	税则号列	货品名称	备注
703	61044200	棉制针织或钩编连衣裙	
704	61044300	合纤制针织或钩编连衣裙	
705	61044400	人纤制针织或钩编连衣裙	
706	61044900	其他纺织材料制针织或钩编连衣裙	
707	61045100	毛制针织或钩编裙子及裙裤	
708	61045200	棉制针织裙子及裙裤	
709	61045300	合纤制针织或钩编裙子及裙裤	
710	61045900	其他纺织材料制针织或钩编裙子及裙裤	
711	61046100	毛制针织或钩编女长裤、工装裤等	
712	61046200	棉制针织或钩编女长裤、工装裤等	
713	61046300	合纤制针织或钩编女长裤等	
714	61046900	其他纺织材料制针织或钩编女长裤等	
715	61051000	棉制针织或钩编男衬衫	
716	61052000	化纤制针织或钩编男衬衫	
717	61059000	其他纺织材料制针织或钩编男衬衫	
718	61061000	棉制针织或钩编女衬衫	
719	61062000	化纤制针织或钩编女衬衫	
720	61069000	其他纺织材料制针织或钩编女衬衫	
721	61071100	棉制针织或钩编男内裤及三角裤	
722	61071200	化纤制针织或钩编男内裤及三角裤	
723	61072200	化纤制针织或钩编男睡衣裤	
724	61079100	棉制针织或钩编男浴衣、晨衣	
725	61082100	棉制针织或钩编女三角裤及短衬裤	
726	61082200	化纤制针织或钩编女三角裤及短衬裤	
727	61082910	丝及绢丝制针织或钩编女三角裤及短衬裤	
728	61083100	棉制针织或钩编女睡衣及睡衣裤	
729	61083200	化纤制针织或钩编女睡衣及睡衣裤	
730	61089100	棉制针织或钩编女浴衣、晨衣	
731	61089200	化纤制针织或钩编女浴衣、晨衣	
732	61091000	棉制针织或钩编 T 恤衫、汗衫等	
733	61099010	丝及绢丝制针织或钩编 T 恤衫、汗衫等	

续表29

序号	税则号列	货品名称	备注
734	61099090	其他纺织材料制针织或钩编T恤衫、汗衫等	
735	61101100	羊毛制针织或钩编套头衫等	
736	61101200	克什米尔山羊细毛制针织或钩编套头衫等	
737	61101910	其他山羊细毛制针织或钩编套头衫等	
738	61101990	其他毛制针织或钩编套头衫等	
739	61102000	棉制针织或钩编套头衫等	
740	61103000	化纤制针织或钩编套头衫等	
741	61109010	丝及绢丝制针织或钩编套头衫等	
742	61109090	其他纺织材料制针织或钩编套头衫等	
743	61112000	棉制针织或钩编婴儿服装及附件	
744	61113000	合纤制针织婴儿服装及附件	
745	61119010	毛制针织或钩编婴儿服装及附件	
746	61119090	其他纺织材料制针织或钩编婴儿服装及附件	
747	61121100	棉制针织或钩编运动服	
748	61121200	合纤制针织或钩编运动服	
749	61121900	其他纺织材料制针织或钩编运动服	
750	61123100	合纤制针织或钩编男式游泳服	
751	61124100	合纤制针织或钩编女式游泳服	
752	61130000	涂层经处理针织或钩编织物制服装	
753	61142000	棉制针织或钩编的其他服装	
754	61143000	化纤制针织或钩编的其他服装	
755	61151000	渐紧压袜类连裤袜	
756	61152100	单丝小于67分特合纤制连裤袜等	
757	61152200	单丝大于等于67分特合纤制连裤袜等	
758	61152910	棉制针织或钩编连裤袜及紧身裤袜	
759	61152990	其他纺织材料制针织连裤袜及紧身裤袜	
760	61153000	单丝小于67分特制针织或钩编女统袜	
761	61159400	毛制针织或钩编短袜及其他袜类	
762	61159500	棉制针织或钩编短袜及其他袜类	
763	61159600	合纤制针织或钩编短袜及其他袜类	
764	61159900	其他纺织材料制针织或钩编短袜及其他袜类	

续表30

序号	税则号列	货品名称	备注
765	61161000	塑料或橡胶浸渍的针织或钩织手套	
766	61169100	毛制其他针织或钩编手套	
767	61169200	棉制其他针织或钩编手套	
768	61169300	合纤制其他针织或钩编手套	
769	61169900	其他纺织材料制针织或钩编手套	
770	61171011	山羊绒制披巾、头巾、围巾、披纱、面纱及类似品	
771	61171019	其他动物细毛制披巾、头巾、围巾、披纱、面纱及类似品	
772	61171020	羊毛制披巾、头巾、围巾、披纱、面纱及类似品	
773	61171090	其他制的披巾、头巾、围巾、披纱、面纱及类似品	
774	61178010	针织或钩编领带及领结	
775	61178090	针织或钩编其他衣着附件	
776	61179000	其他针织或钩编衣着零件	
777	62011100	毛制男式大衣、斗篷及类似品	
778	62011210	棉制男式羽绒服	
779	62011290	棉制男式大衣、斗篷及类似品	
780	62011310	化纤制男式羽绒服	
781	62011390	化纤制男式大衣、斗篷及类似品	
782	62011900	其他纺织材料制男式大衣、斗篷及类似品	
783	62019100	毛制男式带风帽防寒短上衣、防风衣	
784	62019290	棉制男式带风帽防寒短上衣、防风衣	
785	62019310	化纤制男式其他羽绒服	
786	62019390	化纤制男式防寒短上衣、防风衣	
787	62019900	其他纺织材料制男式防寒短上衣、防风衣	
788	62021100	毛制女式大衣、斗篷及类似品等	
789	62021290	棉制女式大衣、斗篷及类似品等	
790	62021310	化纤制女式羽绒服	
791	62021390	化纤制女式大衣、斗篷及类似品	
792	62021900	其他纺织材料制女式大衣、斗篷及类似品	

续表31

序号	税则号列	货品名称	备注
793	62029100	毛制女式带风帽防寒短上衣、防风衣	
794	62029290	棉制女式带风帽防寒短上衣、防风衣	
795	62029310	化纤制女式其他羽绒服	
796	62029390	化纤制女式防风衣等	
797	62029900	其他纺织材料制防风衣、防风短上衣等	
798	62031100	毛制男式西服套装	
799	62032200	棉制男式便服套装	
800	62032300	合纤制男式便服套装	
801	62033100	毛制男式上衣	
802	62033200	棉制男式上衣	
803	62033300	合纤制男式上衣	
804	62033910	丝及绢丝制男式上衣	
805	62033990	其他纺织材料制男式上衣	
806	62034100	毛制男式长裤、工装裤等	
807	62034290	棉制男式长裤、工装裤等	
808	62034390	合纤制男式长裤、工装裤等	
809	62034990	其他纺织材料制男童裤、工装裤	
810	62041200	棉制女式西服套装	
811	62041300	合纤制女式西服套装	
812	62042200	棉制女式便服套装	
813	62042300	合纤制女式便服套装	
814	62042990	其他纺织材料制女式便服套装	
815	62043100	毛制女式上衣	
816	62043200	棉制女式上衣	
817	62043300	合纤制女式上衣	
818	62043910	丝及绢丝制女式上衣	
819	62043990	其他纺织材料制女式上衣	
820	62044100	毛制连衣裙	
821	62044200	棉制连衣裙	
822	62044300	合纤制女式连衣裙	
823	62044400	人纤制女式连衣裙	

续表32

序号	税则号列	货品名称	备注
824	62044910	丝及绢丝制连衣裙	
825	62044990	其他纺织材料制连衣裙	
826	62045100	毛制裙子及裙裤	
827	62045200	棉制裙子及裙裤	
828	62045300	合纤制裙子及裙裤	
829	62045910	丝及绢丝制裙子及裙裤	
830	62045990	其他纺织材料制裙子及裙裤	
831	62046100	毛制女式长裤、工装裤等	
832	62046200	棉制女式长裤、工装裤等	
833	62046300	合纤制女式长裤、工装裤等	
834	62046900	其他纺织材料制女式长裤、工装裤等	
835	62052000	棉制男衬衫	
836	62053000	化纤制男衬衫	
837	62059010	丝及绢丝制男衬衫	
838	62059020	毛制男衬衫	
839	62059090	其他纺织材料制男衬衫	
840	62061000	丝及绢丝制女式衬衫	
841	62062000	毛制女衬衫	
842	62063000	棉制女衬衫	
843	62064000	化纤制女衬衫	
844	62069000	其他纺织材料制女衬衫	
845	62071100	棉制男式内裤及三角裤	
846	62071920	化纤制男式内裤及三角裤	
847	62071990	其他纺织材料制男式内裤及三角裤	
848	62072100	棉制男式长睡衣及睡衣裤	
849	62072910	丝及绢丝制男式长睡衣及睡衣裤	
850	62079100	棉制男式浴衣、晨衣及类似品	
851	62079910	丝及绢丝制男浴衣、晨衣及类似品	
852	62082100	棉制女式睡衣及睡衣裤	
853	62082200	化纤制女式睡衣及睡衣裤	
854	62089100	棉制女式背心、内衣、浴衣及类似品	

续表33

序号	税则号列	货品名称	备注
855	62089200	化纤制女式背心、内衣及类似品	
856	62089910	丝制女式背心、内衣及类似品	
857	62089990	其他纺织材料制女式背心、内衣及类似	
858	62092000	棉制婴儿服装及衣着附件	
859	62093000	合纤制婴儿服装及衣着附件	
860	62099010	毛制婴儿服装及衣着附件	
861	62099090	其他纺织材料制婴儿服装及衣着附件	
862	62101020	棉或麻制毡呢或无纺织物服装	
863	62101030	化纤制毡呢或无纺织物服装	
864	62102000	用塑料、橡胶等处理的织物制男大衣等	
865	62103000	用塑料、橡胶等处理的织物制女大衣等	
866	62105000	用塑料、橡胶等处理的织物制的其他女式服装	
867	62113220	棉制男式运动服	
868	62113290	棉制其他男式服装	
869	62113320	化纤制男式运动服	
870	62113390	化纤制其他男式服装	
871	62113990	其他纺织材料制男式运动服及其他服装	
872	62114210	棉制女式运动服	
873	62114290	棉制其他女式服装	
874	62114310	化纤制女式运动服	
875	62114390	化纤制其他女式服装	
876	62114910	丝及绢丝制女式运动服及其他服装	
877	62114990	其他纺织材料制女式运动服及其他服装	
878	62121010	化纤制胸罩	
879	62121090	其他纺织材料制胸罩	
880	62122010	化纤制束腰带及腹带	
881	62122090	其他纺织材料制束腰带及腹带	
882	62123010	化纤制紧身胸衣	
883	62123090	其他纺织材料制紧身胸衣	
884	62129010	化纤制吊裤带、吊袜带等	
885	62132090	其他棉制手帕	

续表34

序号	税则号列	货品名称	备注
886	62141000	丝制披巾、头巾、围巾及类似品	
887	62142010	羊毛制披巾、领巾、围巾、披纱、面纱及类似品	
888	62142020	山羊绒制披巾、领巾、围巾、披纱、面纱及类似品	
889	62142090	其他动物细毛制披巾、领巾、围巾、披纱、面纱及类似品	
890	62143000	合纤制披巾、头巾及类似品	
891	62144000	人纤制披巾、头巾及类似品	
892	62149000	其他纺织材料制披巾、头巾及类似品	
893	62151000	丝及绢丝制领带及领结	
894	62159000	其他纺织材料制领带及领结	
895	62160000	非针织非钩编手套	
896	62171010	非针织非钩编袜子及袜套	
897	62171090	非针织非钩编服装或衣着附件	
898	62179000	非针织非钩编服装或衣着零件	
899	63011000	电暖毯	
900	63012000	毛制毯子及旅行毯	
901	63013000	棉制毯子及旅行毯	
902	63014000	合纤制毯子及旅行毯	
903	63019000	其他纺织材料制毯子及旅行毯	
904	63021090	其他纺织材料制针织或钩编的床上用织物制品	
905	63022190	棉制印花床上用织物制品	
906	63023110	棉制刺绣其他床上用织物制品	
907	63023199	棉制其他床上用织物制品	
908	63023290	化纤制其他床上用织物制品	
909	63023929	麻制其他床上用织物制品	
910	63025190	棉制其他餐桌用织物制品	
911	63026010	棉制浴巾	
912	63026090	棉制盥洗及厨房用毛巾织物	
913	63029100	棉制其他盥洗及厨房织物制品	

续表35

序号	税则号列	货品名称	备注
914	63029300	化纤制其他盥洗及厨房织物制品	
915	63029910	亚麻制其他盥洗及厨房织物制品	
916	63029990	其他材料制其他盥洗及厨房织物	
917	63041121	手工针织床罩	
918	63042010	抗疟手工经编针织蚊帐	
919	63042090	抗疟非手工精编针织蚊帐	
920	63049121	手工针织的其他装饰制品	
921	63049129	非手工针织的其他装饰制品	
922	63049990	其他纺织材料制非针织非钩编装饰制品	
923	63071000	擦地布、擦碗布等	
924	63072000	救生衣及安全带	
925	63079000	其他纺织材料制成品	
926	63080000	零售包装成套物品	
927	64019210	橡胶制鞋面的橡胶、塑料底及面的中、短筒防水靴	
928	64019290	塑料制鞋面的橡胶、塑料底及面的中、短筒防水靴	
929	64019900	其他橡胶、塑料制外底及鞋面防水靴	
930	64021200	橡胶、塑料底及面的滑雪靴	
931	64021900	橡胶、塑料制底及面的其他运动靴	列入《进出口野生动植物种商品目录》的商品除外
932	64022000	橡胶、塑料的将鞋面条带栓塞在鞋底上的鞋	
933	64029100	其他橡胶、塑料短筒靴（过踝）	
934	64029910	橡胶制鞋面的其他橡胶、塑料鞋靴	
935	64029921	以机织物或其他纺织材料作衬底的	
936	64029929	塑料制鞋面的其他橡胶、塑料鞋靴	
937	64031200	皮革制鞋面的滑雪靴	列入《进出口野生动植物种商品目录》的商品除外
938	64031900	皮革制鞋面的其他运动鞋靴	列入《进出口野生动植物种商品目录》的商品除外
939	64032000	皮革条带为鞋面的皮底鞋	列入《进出口野生动植物种商品目录》的商品除外

续表36

序号	税则号列	货品名称	备注
940	64035111	低于小腿的内底长度小于 24 厘米的皮革制外底皮革面的短筒靴（过踝）	列入《进出口野生动植物种商品目录》的商品除外
941	64035119	低于小腿的内底长度大于等于 24 厘米的皮革制外底皮革面的短筒靴（过踝）	列入《进出口野生动植物种商品目录》的商品除外
942	64035191	其他内底长度小于 24 厘米的皮革制外底的皮革面短筒靴（过踝）	列入《进出口野生动植物种商品目录》的商品除外
943	64035900	皮革制外底的皮革面其他鞋靴	列入《进出口野生动植物种商品目录》的商品除外
944	64039111	其他低于小腿的内底长度小于 24 厘米的皮革面的短筒靴（过踝）	列入《进出口野生动植物种商品目录》的商品除外
945	64039119	其他低于小腿的内底长度大于等于 24 厘米的皮革面的短筒靴（过踝）	列入《进出口野生动植物种商品目录》的商品除外
946	64039191	其他内底长度小于 24 厘米的皮革面短筒靴（过踝）	列入《进出口野生动植物种商品目录》的商品除外
947	64039199	其他内底长度大于等于 24 厘米的皮革面短筒靴（过踝）	列入《进出口野生动植物种商品目录》的商品除外
948	64039900	皮革制面的其他鞋靴	列入《进出口野生动植物种商品目录》的商品除外
949	64041100	纺织材料制鞋面的运动鞋靴	
950	64041910	橡胶或塑料制外底的拖鞋	
951	64041990	纺织材料制鞋面胶底的其他鞋靴	
952	64042010	皮革或再生皮革制外底的拖鞋	
953	64042090	纺织材料制鞋面皮革底的其他鞋靴	
954	64051010	橡胶、塑料、皮革及再生皮革制外底的皮革或再生皮革制面的其他鞋靴	
955	64051090	其他材料制外底的皮革或再生皮革制面的其他鞋靴	列入《进出口野生动植物种商品目录》的商品除外
956	64052000	纺织材料制面的其他鞋靴	
957	64059010	橡胶、塑料、皮革及再生皮革制外底的其他材料制面的鞋靴	
958	64059090	其他材料制外底的其他材料制面的鞋靴	
959	64061000	鞋面及其零件，硬衬除外	列入《进出口野生动植物种商品目录》的商品除外
960	64069092	护腿、裹腿和类似品及其零件	

续表37

序号	税则号列	货品名称	备注
961	65050020	钩编的帽类	
962	65050091	成品毡呢帽类	
963	65050099	针织或成匹织物制成的帽类	
964	65061000	安全帽	
965	65069100	橡胶或塑料制帽类	
966	65069920	毛皮制帽类	列入《进出口野生动植物种商品目录》的商品除外
967	65069990	其他材料制的未列名帽类	
968	66011000	庭园用伞及类似品	
969	66019100	折叠伞	
970	66019900	其他伞	
971	67041900	合成纺织材料制其他假发、须等	
972	67049000	其他材料制假发、须眉及类似品	
973	68029990	其他石及制品	
974	68043010	手用琢磨油石	
975	68043090	手用其他磨石及抛光石	
976	68052000	砂纸	
977	68069000	其他矿物材料的混合物及制品	
978	68109990	水泥、混凝土或人造石制其他制品	
979	69109000	陶制脸盆、浴缸及类似卫生器具	
980	69111011	骨瓷餐具	
981	69111019	其他餐具	
982	69111021	刀具	
983	69111029	其他厨房器具	
984	69119000	其他家用或盥洗用瓷器	
985	69120010	陶餐具	
986	69120090	陶制厨房器具	
987	69131000	瓷塑像及其他装饰用瓷制品	
988	69141000	其他瓷制品	
989	69149000	其他陶制品	
990	70099100	其他未镶框玻璃镜（包括后视镜）	
991	70099200	其他镶框玻璃镜（包括后视镜）	

续表38

序号	税则号列	货品名称	备注
992	70101000	玻璃安瓿	
993	70102000	玻璃制的塞、盖及类似封口器	
994	70109010	装运货物或保藏用的玻璃大容器	
995	70109020	装运货物或保藏用的玻璃中容器	
996	70109030	装运货物或保藏用的玻璃小容器	
997	70109090	装运货物或保藏用的玻璃特小容器	
998	70131000	玻璃陶瓷制玻璃器皿	
999	70132200	铅晶质高脚杯	
1000	70132800	其他高脚杯	
1001	70133300	其他铅晶质玻璃杯	
1002	70133700	其他玻璃杯	
1003	70134100	铅晶质玻璃制餐桌、厨房用器皿	
1004	70134200	低膨胀系数玻璃制餐桌厨房用器皿	
1005	70134900	其他玻璃制餐桌、厨房用器皿	
1006	70139900	其他玻璃器皿	
1007	70181000	玻璃珠、仿珍珠及类似小件玻璃品	
1008	70189000	玻璃假眼；灯工方法制的玻璃塑像及玻璃饰品	
1009	70200099	其他非工业用玻璃制品	
1010	71131110	镶嵌钻石的银首饰及其零件	
1011	71131190	其他银首饰及其零件	列入《进出口野生动植物种商品目录》的商品除外
1012	71131911	镶嵌钻石的黄金制首饰及其零件	
1013	71131919	其他黄金制首饰及其零件	
1014	71131921	镶嵌钻石的铂制首饰及其零件	
1015	71131929	其他铂制首饰及其零件	
1016	71131991	镶嵌钻石的其他贵金属制首饰及其零件	
1017	71131999	其他贵金属制首饰及其零件	列入《进出口野生动植物种商品目录》的商品除外
1018	71132090	其他以贱金属为底的包贵金属制首饰	列入《进出口野生动植物种商品目录》的商品除外
1019	71161000	天然或养殖珍珠制品	

续表39

序号	税则号列	货品名称	备注
1020	71162000	宝石或半宝石制品	
1021	71171100	贱金属制袖扣、饰扣	
1022	71171900	其他贱金属制仿首饰	
1023	71179000	未列名材料制仿首饰	
1024	73194090	其他别针	
1025	73199000	未列名钢铁制针及类似品	
1026	73211100	可使用气体燃料的家用炉灶	国家禁止、限制进口的旧机电产品除外
1027	73211900	其他炊事用具及加热板	
1028	73219000	非电热家用器具零件	
1029	73231000	钢铁丝绒、擦锅器、洗擦用块垫等	
1030	73239100	餐桌、厨房等家用铸铁制器具	
1031	73239200	餐桌、厨房等家用铸铁制搪瓷器	
1032	73239300	餐桌、厨房等家用不锈钢器具	
1033	73239420	钢铁制搪瓷烧锅	
1034	73239490	其他餐桌、厨房等家用钢铁制搪瓷器	
1035	73239900	其他餐桌、厨房等用钢铁器具	
1036	73241000	不锈钢制洗涤槽及脸盆	
1037	73249000	其他钢铁制卫生器具及零件	
1038	73259990	非工业用未列名可锻性铸铁制品	
1039	73269090	其他非工业用钢铁制品	
1040	74182000	铜制卫生器具及其零件	
1041	74191000	铜链条及其零件	
1042	74199999	非工业用其他铜制品	
1043	76071190	轧制后未进一步加工的无衬背铝箔	
1044	76071900	其他无衬背铝箔	
1045	76072000	有衬背铝箔	
1046	76151090	餐桌厨房等家用铝制器具及其零件	
1047	76152000	铝制卫生器具及其零件	
1048	76169990	其他非工业用铝制品	
1049	82015000	修枝剪等单手操作农用剪	
1050	82032000	钳子、镊子及类似工具	

续表40

序号	税则号列	货品名称	备注
1051	82041100	固定式的手动扳手及扳钳	
1052	82052000	手工锤子	
1053	82055100	其他家用手工工具	
1054	82055900	其他手工工具	
1055	82083000	厨房或食品加工机器用刀及刀片	
1056	82100000	加工调制食品、饮料用手动机械	
1057	82111000	以刀为主的成套货品	
1058	82119100	刃面固定的餐刀	
1059	82119200	刃面固定的其他刀	
1060	82119300	可换刃面刀	
1061	82119400	税号 82.11 所列刀的刀片	
1062	82121000	剃刀	
1063	82122000	安全剃刀片	
1064	82130000	剪刀、裁缝剪刀及类似品、剪刀片	
1065	82141000	裁纸刀、信刀、铅笔刀及刀片	
1066	82142000	修指甲及修脚用具（包括指甲锉）	
1067	82149000	理发推子、切菜刀等其他利口器	
1068	82151000	成套含贵金属的其他厨房或餐桌用具	
1069	82152000	成套的其他厨房或餐桌用具	
1070	82159100	非成套镀贵金属制厨房或餐桌用具	
1071	82159900	其他非成套的厨房或餐桌用具	
1072	83014000	其他锁	
1073	83024100	建筑用贱金属配件及架座	
1074	83024200	家具用贱金属配件及架座	
1075	83025000	帽架、帽钩、托架及类似品	
1076	83059000	信夹、信角、文件夹等办公用品	
1077	83062100	镀贵金属的雕塑像及其他装饰品	
1078	83062990	其他雕塑像及其他装饰品	
1079	83063000	相框、画框及类似框架、镜子	
1080	83081000	贱金属制钩、环及眼	
1081	83089000	贱金属制珠子及亮晶片	

续表41

序号	税则号列	货品名称	备注
1082	83099000	盖子瓶帽螺口塞封志等包装用配件	
1083	83100000	标志牌、铭牌、号码、字母等标志	
1084	84132000	手泵	
1085	84135010	气动式往复式排液泵	
1086	84135020	电动式往复式排液泵	
1087	84138100	其他液体泵	
1088	84142000	手动或脚踏式空气泵	
1089	84145110	功率不超过125瓦的吊扇	
1090	84145120	功率不超过125瓦的换气扇	
1091	84145130	功率不超过125瓦，有旋转导风轮的风扇	
1092	84145191	功率不超过125瓦的台扇	
1093	84145192	功率不超过125瓦的落地扇	
1094	84145193	功率不超过125瓦的壁扇	
1095	84145199	功率不超过125瓦其他风扇、风机	
1096	84145990	其他扇，风机	
1097	84146010	抽油烟机	
1098	84151010	独立式空调	
1099	84151021	制冷量不超过4000大卡/时的分体式空调	
1100	84158110	制冷量不超过4000大卡/时热泵式空调	
1101	84158210	制冷量不超过4000大卡/时的其他空调	
1102	84181010	容积大于500升的冷藏-冷冻组合机	
1103	84181020	容积大于200升小于等于500升的冷藏、冷冻组合机	
1104	84181030	容积小于等于200升的冷藏-冷冻组合机	
1105	84182110	容积大于150升的压缩式家用型冷藏箱	
1106	84182120	容积大于50升小于等于150升的压缩式家用型冷藏箱	
1107	84182130	容积小于等于50升的压缩式家用型冷藏箱	
1108	84182920	电气吸收式家用型冷藏箱	
1109	84182990	其他家用型冷藏箱	
1110	84183029	制冷温度大于-40℃，容积小于等于500升的柜式冷冻箱	

续表42

序号	税则号列	货品名称	备注
1111	84184029	制冷温度大于-40℃，容积小于等于 500 升的立式冷冻箱	
1112	84191100	燃气快速热水器	
1113	84191910	太阳能热水器	
1114	84198100	加工热饮料、烹调、加热食品的机器	
1115	84199010	热水器用零件	
1116	84199090	税号 84.19 的其他机器设备用零件	
1117	84211210	干衣量不超过 10 千克的离心干衣机	
1118	84211990	其他离心机	按照医疗器械管理的商品除外
1119	84212110	家用型过滤或净化水的机器及装置	
1120	84212990	其他液体的过滤、净化机器及装置	按照医疗器械管理的商品除外
1121	84213910	家用型气体过滤、净化机器及装置	
1122	84213990	其他气体的过滤、净化机器及装置	
1123	84219910	家用型过滤、净化装置用零件	
1124	84219990	其他过滤、净化装置用零件	
1125	84224000	其他包装或打包机器	
1126	84231000	体重计、婴儿秤及家用秤	
1127	84233010	定量包装秤	仅限电子秤
1128	84248910	家用型喷射、喷雾机械器具	
1129	84341000	挤奶机	
1130	84342000	乳品加工机器	
1131	84351000	制酒、果汁等的压榨、轧碎机	
1132	84381000	糕点、通心粉、面条的生产加工机器	
1133	84386000	水果、坚果或蔬菜加工机器	
1134	84433110	静电感光式多功能机	列入《密码产品和含有密码技术的设备进口管理目录》的产品除外
1135	84433190	其他多功能机	列入《密码产品和含有密码技术的设备进口管理目录》的产品除外
1136	84433212	激光打印机	
1137	84433213	喷墨打印机	
1138	84433219	其他打印机	
1139	84433229	可以网络连接的其他数字印刷设备	

续表43

序号	税则号列	货品名称	备注
1140	84433290	其他可与网络连接的传真机或打字机	列入《密码产品和含有密码技术的设备进口管理目录》的产品除外
1141	84439990	其他打印机、复印机、传真机用零件	
1142	84501110	干衣量不超过 10 千克的波轮式全自动洗衣机	
1143	84501120	干衣量不超过 10 千克的滚筒式全自动洗衣机	
1144	84501190	干衣量不超过 10 千克的其他全自动洗衣机	
1145	84501200	干衣量不超过 10 千克装有离心甩干机的非全自动洗衣机	
1146	84501900	干衣量不超过 10 千克的其他洗衣机	
1147	84502012	滚筒式洗衣机	
1148	84512100	干衣量不超过 10 千克的干燥机	
1149	84672910	电动砂磨工具	
1150	84701000	电子计算器及袖珍式数据录放机器	
1151	84713010	平板电脑	
1152	84713090	其他重量不超过 10 千克的便携数字式自动数据处理设备，至少由一个中央处理部件、一个键盘及一个显示器组成自动数据处理设备及其部件	
1153	84715040	微型机的处理部件	
1154	84716050	扫描仪	
1155	84716071	键盘	
1156	84716072	鼠标器	
1157	84716090	自动处理设备的其他输入或输出部件	
1158	84717010	硬盘驱动器	
1159	84717030	光盘驱动器	
1160	84717090	自动数据处理设备的其他存储部件	
1161	84719000	未列名的磁性或光学阅读器及其他数据处理设备	
1162	84729022	订书机	
1163	84729030	碎纸机	
1164	84798920	空气增湿器及减湿器	

续表44

序号	税则号列	货品名称	备注
1165	84798999	本章其他税号未列名机器及机械器具	国家禁止、限制进口的旧机电产品除外
1166	84818040	其他阀门	
1167	84818090	未列名龙头、旋塞及类似装置	
1168	84819090	龙头、旋塞及类似装置的零件	
1169	85011010	输出功率不超过 37. 5 瓦的玩具电动机	
1170	85044019	其他稳压电源	
1171	85044099	其他未列名静止式变流器	
1172	85049090	其他静止式变流器及电感器零件	
1173	85051190	其他金属的永磁体及磁化后准备制永磁体的物品	
1174	85051900	非金属永磁体	
1175	85059090	电磁夹具等及税号 85. 02 的零件	
1176	85069090	其他原电池组或原电池组的零件	
1177	85073000	镍镉蓄电池	
1178	85081100	功率不超过 1500 瓦，且带有容积不超过 20 升的电动真空吸尘器	
1179	85081900	其他电动真空吸尘器	
1180	85087010	税号 8508. 1100 所列电动真空吸尘器用零件	
1181	85094010	水果或蔬菜榨汁机	
1182	85094090	食品研磨机及搅拌器或果、菜榨汁器	
1183	85098010	地板打蜡机	
1184	85098020	厨房废物处理器	
1185	85098090	其他家用电动器具	
1186	85099000	家用电动器具的零件	
1187	85101000	电动剃须刀	
1188	85102000	电动毛发推剪	
1189	85103000	电动脱毛器	
1190	85109000	税号 85. 10 所列货品的零件	仅限剃须刀刀头
1191	85122010	机动车辆用照明装置	
1192	85122090	其他照明或视觉信号装置，包括机动车辆用视觉装置	
1193	85131010	手电筒	

续表45

序号	税则号列	货品名称	备注
1194	85131090	其他自供能源手提式电灯	
1195	85161010	储存式电热水器	
1196	85161020	即热式电热水器	
1197	85161090	其他电热的快速热水器、浸入式液体加热器	
1198	85162931	风扇式对流式空间加热器	
1199	85162932	充液式对流式空间加热器	
1200	85162939	其他对流式空间加热器	
1201	85163100	电吹风机	
1202	85163200	其他电热理发器具	
1203	85164000	电熨斗	
1204	85165000	微波炉	
1205	85166010	电磁炉	
1206	85166030	电饭锅	
1207	85166040	电炒锅	
1208	85166050	电烤箱	
1209	85166090	其他电热炉	
1210	85167110	滴液式咖啡机	
1211	85167120	蒸馏渗滤式咖啡机	
1212	85167130	泵压式咖啡机	
1213	85167190	其他电热咖啡机或茶壶	
1214	85167210	家用自动面包机	
1215	85167220	片式烤面包机（多士炉）	
1216	85167290	电热烤面包器	
1217	85167910	电热饮水机	
1218	85167990	其他电热器具	
1219	85168000	加热电阻器	
1220	85169090	税号 85. 16 所列货品的其他零件	
1221	85171210	手持（包括车载）式无线电话机	
1222	85171220	对讲机	
1223	85171290	用于蜂窝网络或无线网络的其他电话机	
1224	85176294	无线耳机	

续表46

序号	税则号列	货品名称	备注
1225	85176299	其他接收、转换并且发送或再生声音、图像或数据用的设备	
1226	85182100	单喇叭音箱	
1227	85182200	多喇叭音箱	
1228	85182900	其他扬声器	
1229	85183000	其他耳机、耳塞机	
1230	85184000	音频扩大器	
1231	85189000	税号 85.18 所列货品的零件	
1232	85198990	其他声音录制或重放设备	国家禁止、限制进口的旧机电产品除外
1233	85232110	未录制的磁条卡	
1234	85235110	未录制信息的闪速存储器	
1235	85235120	已录制信息的闪速存储器	
1236	85235210	未录制内容的“智能卡”	
1237	85258022	非特种用途的单反数字照相机	
1238	85258029	非特种用途的其他数字照相机	
1239	85258033	非特种用途的家用视频摄录一体机	
1240	85258039	非特种用途的其他视频摄录一体机	
1241	85269110	机动车辆用	
1242	85269200	无线电遥控设备	
1243	85271300	不需外接电源收录（放）音组合机	
1244	85285211	液晶监视器，用于税号 84.71 的自动数据处理设备	
1245	85287221	液晶彩色模拟电视	
1246	85287222	液晶彩色数字电视	
1247	85287229	其他液晶彩色电视	
1248	85287291	其他彩色模拟电视	
1249	85287292	其他彩色数字电视	
1250	85287299	其他彩色电视	
1251	85287300	其他单色电视	
1252	85392991	电压不超过 12 伏的白炽灯泡	
1253	85392999	税号 85.39 中其他未列名的白炽灯泡	
1254	85395000	发光二极管（LED）灯泡（管）	

续表47

序号	税则号列	货品名称	备注
1255	85437099	未列名的电气设备及装置	列入《密码产品和含有密码技术的设备进口管理目录》的产品除外
1256	85439090	85 章其他未列名电气设备的零件	
1257	87120020	竞赛型自行车	
1258	87120030	山地自行车	国家禁止、限制进口的旧机电产品除外
1259	87120041	16、18、20 英寸越野自行车	
1260	87120049	其他越野自行车	
1261	87120081	不超过 16 英寸的未列名自行车	国家禁止、限制进口的旧机电产品除外
1262	87120089	其他未列名自行车	
1263	87120090	其他非机动脚踏车	
1264	87131000	非机械驱动的残疾人用车	不包括医用轮椅车等医疗器械
1265	87150000	婴孩车及其零件	
1266	90013000	隐形眼镜片	
1267	90014010	玻璃制变色镜片	
1268	90014091	玻璃制太阳镜片	
1269	90014099	玻璃制其他眼镜片	
1270	90015010	非玻璃材料制变色镜片	
1271	90015091	非玻璃材料制太阳镜片	
1272	90015099	非玻璃材料制其他眼镜片	
1273	90021131	单反相机镜头	
1274	90021139	其他照相机用镜头	
1275	90031100	塑料制眼镜架	
1276	90031910	金属材料制眼镜架	
1277	90031920	天然材料制眼镜架	列入《进出口野生动植物种商品目录》的商品除外
1278	90031990	其他眼镜架	
1279	90039000	眼镜架零件	
1280	90041000	太阳镜	
1281	90049010	变色镜	
1282	90049090	其他眼镜	
1283	90051000	双筒望远镜	
1284	90058010	天文望远镜及其他天文仪器	

续表48

序号	税则号列	货品名称	备注
1285	90069199	其他照相机的其他零附件	
1286	90085039	其他影像投影仪	
1287	90111000	立体显微镜	
1288	90118000	其他显微镜	
1289	90138010	放大镜	
1290	90138090	其他液晶装置及光学仪器	
1291	90173000	千分尺、卡尺及量规	
1292	90184990	牙科用其他仪器及器具	按照医疗器械管理的商品除外
1293	90189020	血压测量仪器及器具	
1294	90191010	按摩器具	
1295	90191090	机械疗法器具、心理功能测验装置	按照医疗器械管理的商品除外
1296	90192000	臭氧治疗器、氧气治疗器等器具	按照医疗器械管理的商品除外
1297	90200000	其他呼吸器具及防毒面具	
1298	90211000	矫形或骨折用器具	按照医疗器械管理的商品除外
1299	90251100	可直接读数的液体温度计	
1300	90251990	非液体的其他温度计、高温计	
1301	90258000	其他温度计、比重计、湿度计等仪器	
1302	90259000	比重计、温度计等类似仪器的零件	
1303	90275000	使用光学射线的其他仪器及装置	仅限家用粉尘仪
1304	90291090	产量计数器、步数计及类似仪表	
1305	91011100	机械指示式的贵金属电子手表	
1306	91011990	其他贵金属电子手表	
1307	91012100	自动上弦的贵金属机械手表	列入《进出口野生动植物种商品目录》的商品除外
1308	91021100	机械指示式的其他电子手表	
1309	91021200	光电显示式的其他电子手表	
1310	91021900	其他电子手表	
1311	91022100	其他自动上弦的机械手表	列入《进出口野生动植物种商品目录》的商品除外
1312	91022900	其他非自动上弦的机械手表	列入《进出口野生动植物种商品目录》的商品除外
1313	91029100	电力驱动的电子怀表及其他电子表	

续表49

序号	税则号列	货品名称	备注
1314	91029900	其他机械怀表、秒表及其他表	
1315	91031000	以表芯装成的电子钟	
1316	91039000	以表芯装成的机械钟	
1317	91051100	电子闹钟	
1318	91052100	电子挂钟	
1319	91059900	其他机械钟	
1320	91069000	其他时间记录器及其他类似装置	
1321	92079000	其他通过电产生或扩大声音的乐器	
1322	92099990	本章其他编号未列名的乐器零件	
1323	93070090	其他剑、短弯刀、刺刀、长矛和类似的武器及其零件；其他刀鞘、剑鞘	列入《进出口野生动植物种商品目录》的商品除外
1324	94012090	机动车辆用坐具	
1325	94016900	其他木框架的坐具	列入《进出口野生动植物种商品目录》的商品除外
1326	94017190	带软垫的金属框架的坐具	
1327	94017900	其他金属框架的坐具	
1328	94018090	其他坐具	列入《进出口野生动植物种商品目录》的商品除外
1329	94019019	机动车辆用坐具的其他零件	
1330	94032000	其他金属家具	
1331	94037000	塑料家具	
1332	94038990	其他材料制的家具	
1333	94039000	税号 94.03 所列物品的零件	
1334	94042100	海绵橡胶或泡沫塑料制褥垫	
1335	94042900	其他材料制褥垫	
1336	94043090	其他睡袋	
1337	94049010	羽绒或羽毛填充的寝具及类似品	列入《进出口野生动植物种商品目录》的商品除外
1338	94049020	兽毛填充的寝具及类似品	列入《进出口野生动植物种商品目录》的商品除外
1339	94049030	丝绵填充的寝具及类似品	
1340	94049040	化纤棉填充的寝具及类似品	

续表50

序号	税则号列	货品名称	备注
1341	94049090	其他材料制的寝具及类似品	
1342	94051000	枝形吊灯	
1343	94052000	电气台灯、床头灯、落地灯	列入《进出口野生动植物种商品目录》的商品除外
1344	94054010	探照灯	
1345	94054090	其他电灯及照明装置	
1346	94055000	非电气灯具及照明装置	仅限装饰用蜡烛台
1347	95030010	供儿童乘骑的带轮玩具及玩偶车	
1348	95030021	玩具动物	
1349	95030029	其他玩偶	
1350	95030060	智力玩具	
1351	95030083	带动力装置的玩具及模型	
1352	95030089	其他未列名玩具	
1353	95030090	玩具的零件	
1354	95045011	与电视接收机配套使用的视频游戏控制器及设备零件及附件	
1355	95045019	其他与电视接收机配套使用的游戏机	
1356	95049010	其他电子游戏机	
1357	95051000	圣诞节用品	
1358	95059000	其他节日用品或娱乐用品	
1359	95062900	其他水上运动用具	
1360	95063200	高尔夫球	
1361	95065900	其他网球拍、羽毛球拍或类似球拍	
1362	95066210	篮球、足球、排球	
1363	95066900	其他球	
1364	95067010	溜冰鞋	
1365	95067020	旱冰鞋	
1366	95069119	其他健身及康复器械	康复器械除外
1367	95069120	滑板	
1368	95069190	一般的体育活动、体操或竞技用品	
1369	95069900	其他未列名的 95 章用品及设备	
1370	95071000	钓鱼竿	

续表51

序号	税则号列	货品名称	备注
1371	95072000	钓鱼钩	
1372	95073000	钓线轮	
1373	95079000	其他钓鱼用品	
1374	96011000	已加工的兽牙及其制品	列入《进出口野生动植物种商品目录》的商品除外
1375	96020010	装药用胶囊	
1376	96031000	用枝条或其他植物材料捆扎成的帚	
1377	96032100	牙刷，包括齿板刷	
1378	96032900	剃须刷、发刷、睫毛刷等人体化妆用刷	列入《进出口野生动植物种商品目录》的商品除外
1379	96033010	画笔	
1380	96033090	化妆用的类似笔	列入《进出口野生动植物种商品目录》的商品除外
1381	96034019	其他材料制漆刷及类似刷	
1382	96035091	作为机器、器具零件的其他刷	列入《进出口野生动植物种商品目录》的商品除外
1383	96039090	其他帚、刷、拖把及其他毛掸	列入《进出口野生动植物种商品目录》的商品除外
1384	96050000	个人梳妆、缝纫等用成套旅行用品	
1385	96081000	圆珠笔	
1386	96082000	毡尖和其他渗水式笔尖笔及唛头笔	
1387	96083020	自来水笔	
1388	96083090	其他钢笔	
1389	96084000	活动铅笔	
1390	96085000	含有不少于两种笔的成套货品	
1391	96086000	圆珠笔芯	
1392	96089100	钢笔头及笔尖粒	
1393	96089990	其他笔零件	
1394	96091010	铅笔	
1395	96091020	颜色铅笔	
1396	96092000	铅笔芯，黑的或其他颜色的	
1397	96099000	蜡笔、图画碳笔、书写或绘画用粉笔	

续表52

序号	税则号列	货品名称	备注
1398	96100000	具有书写或绘画面的石板、黑板	
1399	96131000	一次性袖珍气体打火机	
1400	96132000	可充气袖珍气体打火机	
1401	96138000	其他打火器	
1402	96151100	硬质橡胶或塑料制梳子、发夹及类似品	
1403	96151900	其他材料制梳子、发夹及类似品	列入《进出口野生动植物种商品目录》的商品除外
1404	96159000	其他发夹、卷发器等及其零件	
1405	96161000	香水喷雾器或类似的化妆用喷雾器	
1406	96162000	施敷脂粉或化妆品用粉扑及粉拍	
1407	96170011	玻璃内胆制保温瓶	
1408	96170019	其他保温瓶	
1409	96170090	其他真空容器及零件	
1410	96190011	婴儿尿布及尿裤	
1411	96190019	成人尿布及尿裤	
1412	96190020	卫生巾（护垫）及止血塞	
1413	96190090	任何材料制的卫生巾或尿布的类似品	

注1：跨境电子商务零售进口商品清单中商品按《关于完善跨境电子商务零售进口监管有关工作的通知》中规定的监管要求执行，包括进境检疫应符合有关法律法规的要求等。属于《通知》适用范围以外的，按以下要求执行：(1) 跨境电子商务零售进口商品清单中商品免于向海关提交许可证件；网购保税商品“一线”进区时需按货物监管要求执行，“二线”出区时参照个人物品监管要求执行。(2) 依法需要执行首次进口许可批件、注册或备案要求的化妆品、婴幼儿配方奶粉、药品、医疗器械、特殊食品（包括保健食品、特殊医学用途配方食品等）等，按照国家相关法律法规的规定执行。

注2：表中货品名称为简称，具体范围以税则号列为准。

文件二

国家邮政局　商务部　海关总署关于促进跨境电子商务寄递服务高质量发展的若干意见（暂行）

（国邮发〔2019〕17号）

各省、自治区、直辖市邮政管理局、商务主管部门，各计划单列市及新疆生产建设兵团商务主管部门，各直属海关：

邮政业是推动流通方式转型、促进消费升级的现代化先导性产业，在国民经济中发挥着重要的基础性作用。近年来，随着互联网普及应用和邮政业高速发展，跨境寄递服务在促进中小企业产品出口、为人民群众提供商品进口等方面发挥了巨大作用，已经成为助推对外贸易增长和产业转型升级的新动力。但在快速发展中，用户体验、权益保护、安全监管、国际规则等方面也存在明显短板。为打造更多跨境寄递服务通道平台，促进跨境寄递服务高质量发展，保障寄递安全，改进用户体验，降低物流成本，维护公平竞争，形成线上线下协同发展新格局，现提出以下意见：

一、深化放管服改革，激发市场活力

（一）支持寄递服务企业主体多元化

支持邮政企业、进出境快件经营人等各类跨境寄递服务企业利用互联网平台，发挥信息系统优势，依法提供跨境包裹、商业快件等寄递服务，依法纳入行业监督管理和服务统计。

（二）支持外资企业依法进入市场

支持外商在境内依法申请设立快递企业，提供跨境包裹、商业快件等寄递服务。全面落实准入前国民待遇加负面清单管理制度，以开放促改革、促发展、促创新。

（三）支持建立跨境寄递服务企业信用体系

推进邮政、商务、海关等政府部门之间信用信息共享和联合奖惩机制建设，加强跨境寄递服务企业信用管理。邮政、商务、海关等政府部门按照有关规定对各部门共享的高资信企业落实便利措施，对失信企业实施严密监管措施。

二、坚持创新驱动发展，构建保障机制

（四）加快创新跨境寄递服务模式

鼓励跨境寄递服务企业发挥优势拓展渠道，加强重点区域的国际多边和双边合作，创新丰富寄递产品，优化流程缩短时限，增强核心竞争力。鼓励跨境寄递服务企业通过投资并购、战略联盟、业务合作等方式整合境内外收寄、投递、国际运输、通关、境外预检视、境外预分拣、海外仓等资源，提供面向全球的一体化、综合性跨境包裹、商业快件等寄递服务。支持跨境寄递服务企业在重要节点区域设置海外仓，发展境外寄递服务网络，符合条件的，可以按规定程序申报外经贸发展专

项资金支持。

（五）加快完善跨境寄递服务体系

鼓励跨境寄递服务企业创建品牌，提供跨境包裹、商业快件等寄递服务。支持跨境寄递服务企业与跨境电商共商共建团体标准，提高服务可靠性，提供全程跟踪查询、退换货、丢损赔偿、拓展营销、融资、仓储等增值服务。鼓励数据共享应用，赋能上下游中小微企业，实现行业间、企业间开放合作、互利共赢，以跨境寄递服务新形态支撑贸易新业态。

（六）加快建立数据交换机制

依托国际贸易“单一窗口”平台，逐步实现跨境寄递服务企业向邮政、商务、海关等政府部门报送数据和相关信息交换。各政府部门要尽快完善自身业务管理系统，明确跨境寄递服务企业传输跨境包裹、商业快件等面单电子数据的内件品名、数量、价格（含币种）、收寄件人名称、进出口国别（地区）等内容，为企业提供网上“一站式”服务，实时掌握跨境寄递服务各环节数据信息。跨境寄递服务企业要完善自身业务操作系统，尽快实现与政府部门的系统对接。跨境寄递服务企业、跨境电子商务企业、支付企业要与消费者建立信息验证机制，确保物流、交易和支付等信息真实、准确。

三、优化行业发展环境，促进协同共进

（七）提升跨境寄递服务网络能力

邮政部门要研究制定跨境寄递国际运输网络布局规划，鼓励跨境寄递服务企业开辟国际货运航线，加快完善跨境寄递国际航空运输网络。推动中欧班列运输跨境邮件快件常态化，支持边贸寄递发展。支持跨境电子商务综合试验区所在地城市建设国际邮件互换局和快件监管中心，鼓励自由贸易试验区、跨境电商综合试验区和重点口岸大胆探索物流、仓储、通关新模式，提升跨境寄递的通关、换装、多式联运能力。

（八）提升跨境寄递服务全程通关便利

海关、邮政等政府部门应当建立协作机制，完善跨境寄递信息通报等配套管理政策。推动实现与跨境寄递目的地国（起运地国），特别是“一带一路”沿线国家和地区，以及北美、欧洲等跨境电商重点出口国海关的对接，推进跨境寄递服务企业实现境外信息化通关。支持跨境寄递服务企业依法在跨境电商重点国家申请相关资质，提升跨境寄递全程综合通关服务能力。

（九）提升参与国际治理能力建设

邮政部门要深度参与万国邮联规则制定，稳妥推进万国邮联在服务产品、终端费等关键领域的改革，维护多边机制稳定发展；推动与亚太、欧洲等重点地区建立跨境电商及邮政业的次区域合作模式，有效应对跨境寄递领域的国际摩擦，维护我国正当利益和跨境寄递企业合法权益。商务部门要在世贸组织、自贸协定等多双边谈判中，探索制定跨境电商领域的国际规则。海关要加大与世界海关组织以及重点国家相关部门交流合作力度，推动世界海关组织跨境电商标准完善与实施，建立跨境电商寄递物品安全与便利化机制。

四、加强全过程监管，坚持依法行政

（十）规范跨境寄递服务企业经营行为

按照国务院“双随机一公开”有关要求，对跨境寄递服务企业依法监管。外商和境外邮政运营商不得在中华人民共和国境内提供邮政服务，任何单位和个人不得为违反上述规定的运营商提供生产经营场所、运输、保管和仓储等条件。境内企业提供商业快件（包裹）等跨境寄递服务的，应当依法取得快递业务经营许可，依法向海关办理注册登记或信息登记，并提交身份、地址、联系方式、行政许可等真实信息。境内企业不得以境外邮政运营商名义开展邮政服务活动。境内企业与境外邮政运营商合作推出的跨境包裹和商业快件服务产品，在出境前不得贴用境外邮政单式。

（十一）规范跨境电商相关企业经营行为

跨境电商经营者不得与未取得相关行政许可或提供的寄递服务违反法律法规规定的物流企业合作。跨境寄递服务企业申请在电子商务平台上提供跨境包裹、商业快件等寄递服务的，应当向电子商务平台经营者提交身份、地址、联系方式、行政许可等真实信息，电子商务平台经营者应当进行核验，并定期更新。

（十二）落实寄递渠道安全管理规定

经营跨境邮件快件寄递服务的企业应当建立健全并有效实施安全管理制度，认真落实实名收寄、收寄验视、过机安检“三项制度”，严格遵守禁止寄递或者限制寄递物品的有关规定。

各级邮政、商务、海关等部门要充分认识促进跨境寄递服务发展的重要性和紧迫性，按照职能分工落实管理与服务责任，不断强化部门间协调配合，开展联合调研和检查工作，确保支持措施和便利政策落实到位，督促跨境寄递服务企业切实落实本意见内容和要求，完善自身条件，提升服务品质，共同推进我国跨境寄递服务可持续、健康、高质量发展。

国家邮政局、商务部、海关总署

2019 年 2 月 23 日

文件三

国务院关于同意在石家庄等 24 个城市设立跨境电子商务综合试验区的批复

（国函〔2019〕137 号）

河北省、山西省、内蒙古自治区、辽宁省、吉林省、黑龙江省、江苏省、浙江省、安徽省、福建省、江西省、山东省、河南省、湖北省、湖南省、广东省、四川省、青海省、宁夏回族自治区人民政府，商务部：

你们关于设立跨境电子商务综合试验区的请示收悉。现批复如下：

一、同意在石家庄市、太原市、赤峰市、抚顺市、珲春市、绥芬河市、徐州市、南通市、温州市、绍兴市、芜湖市、福州市、泉州市、赣州市、济南市、烟台市、洛阳市、黄石市、岳阳市、汕头市、佛山市、泸州市、海东市、银川市等24个城市设立跨境电子商务综合试验区，名称分别为中国（城市名）跨境电子商务综合试验区，具体实施方案由城市所在地省级人民政府分别负责印发。

二、跨境电子商务综合试验区（以下简称综合试验区）建设要以习近平新时代中国特色社会主义思想为指导，全面贯彻党的十九大和十九届二中、三中、四中全会精神，统筹推进“五位一体”总体布局，协调推进“四个全面”战略布局，坚持新发展理念，按照党中央、国务院决策部署，持续深化“放管服”改革，积极适应产业革命新趋势，复制推广前三批综合试验区成熟经验做法，对跨境电子商务零售出口试行增值税、消费税免税等相关政策，积极开展探索创新，推动产业转型升级，开展品牌建设，推动国际贸易自由化、便利化和业态创新，为推动全国跨境电子商务健康发展探索新经验、新做法，推进贸易高质量发展。同时，要保障国家安全、网络安全、交易安全、国门生物安全、进出口商品质量安全和有效防范交易风险，坚持在发展中规范、在规范中发展，为各类市场主体公平参与市场竞争创造良好的营商环境。

三、有关省（自治区）人民政府要切实加强对综合试验区建设的组织领导，健全机制、明确分工、落实责任，有力有序有效推进综合试验区建设发展。要按照试点要求，因地制宜，突出本地特色和优势，尽快完善具体实施方案并抓好组织实施。要进一步细化先行先试任务，突出重点，创新驱动，充分发挥市场配置资源的决定性作用，有效引导社会资源，合理配置公共资源，扎实推进综合试验区建设。要建立健全跨境电子商务信息化管理机制，根据有关部门的管理需要，及时提供相关电子信息。要定期向商务部等部门报送工作计划、试点经验和成效，努力在健全促进跨境电子商务发展的体制机制、推动配套支撑体系建设等方面取得新进展、新突破。各综合试验区建设涉及的重要政策和重大建设项目要按规定程序报批。

四、国务院有关部门要按照职能分工，加强对综合试验区的协调指导和政策支持。按照鼓励创新、包容审慎的原则，坚持问题导向，深入调查研究，创新政策措施，加强沟通协作，进一步为综合试验区发展营造良好的环境。对具备监管条件的综合试验区，研究纳入跨境电子商务零售进口试点范围。商务部要牵头做好统筹协调、跟踪分析和督促检查，适时对各综合试验区试点成果进行评估，会同有关部门及时总结推广试点经验，重大问题和情况及时报告国务院。

国务院

2019年12月15日

文件四

关于跨境电子商务综合试验区零售出口企业所得税核定征收有关问题的公告

（国家税务总局公告2019年第36号）

为支持跨境电子商务健康发展，推动外贸模式创新，有效配合《财政部 税务总局 商务部海关总署关于跨境电子商务综合试验区零售出口货物税收政策的通知》（财税〔2018〕103号）落实工作，现就跨境电子商务综合试验区（以下简称“综试区”）内的跨境电子商务零售出口企业（以下简称“跨境电商企业”）核定征收企业所得税有关问题公告如下：

一、综试区内的跨境电商企业，同时符合下列条件的，试行核定征收企业所得税办法：

（一）在综试区注册，并在注册地跨境电子商务线上综合服务平台登记出口货物日期、名称、计量单位、数量、单价、金额的；

（二）出口货物通过综试区所在地海关办理电子商务出口申报手续的；

（三）出口货物未取得有效进货凭证，其增值税、消费税享受免税政策的。

二、综试区内核定征收的跨境电商企业应准确核算收入总额，并采用应税所得率方式核定征收企业所得税。应税所得率统一按照4%确定。

三、税务机关应按照有关规定，及时完成综试区跨境电商企业核定征收企业所得税的鉴定工作。

四、综试区内实行核定征收的跨境电商企业符合小型微利企业优惠政策条件的，可享受小型微利企业所得税优惠政策；其取得的收入属于《中华人民共和国企业所得税法》第二十六条规定的免税收入的，可享受免税收入优惠政策。

五、本公告所称综试区，是指经国务院批准的跨境电子商务综合试验区；本公告所称跨境电商企业，是指自建跨境电子商务销售平台或利用第三方跨境电子商务平台开展电子商务出口的企业。

六、本公告自2020年1月1日起施行。

特此公告。

国家税务总局

2019年10月26日

文件五

财政部 税务总局关于实施小微企业普惠性税收减免政策的通知

（财税〔2019〕13号）

各省、自治区、直辖市、计划单列市财政厅（局），新疆生产建设兵团财政局，国家税务总局各省、自治区、直辖市和计划单列市税务局：

为贯彻落实党中央、国务院决策部署，进一步支持小微企业发展，现就实施小微企业普惠性税收减免政策有关事项通知如下：

一、对月销售额10万元以下（含本数）的增值税小规模纳税人，免征增值税。

二、对小型微利企业年应纳税所得额不超过100万元的部分，减按25%计入应纳税所得额，按20%的税率缴纳企业所得税；对年应纳税所得额超过100万元但不超过300万元的部分，减按50%计入应纳税所得额，按20%的税率缴纳企业所得税。

上述小型微利企业是指从事国家非限制和禁止行业，且同时符合年度应纳税所得额不超过300万元、从业人数不超过300人、资产总额不超过5000万元等三个条件的企业。

从业人数，包括与企业建立劳动关系的职工人数和企业接受的劳务派遣用工人数。所称从业人数和资产总额指标，应按企业全年的季度平均值确定。具体计算公式如下：

季度平均值=（季初值+季末值）÷2

全年季度平均值=全年各季度平均值之和÷4

年度中间开业或者终止经营活动的，以其实际经营期作为一个纳税年度确定上述相关指标。

三、由省、自治区、直辖市人民政府根据本地区实际情况，以及宏观调控需要确定，对增值税小规模纳税人可以在50%的税额幅度内减征资源税、城市维护建设税、房产税、城镇土地使用税、印花税（不含证券交易印花税）、耕地占用税和教育费附加、地方教育附加。

四、增值税小规模纳税人已依法享受资源税、城市维护建设税、房产税、城镇土地使用税、印花税、耕地占用税、教育费附加、地方教育附加其他优惠政策的，可叠加享受本通知第三条规定的优惠政策。

五、《财政部 税务总局关于创业投资企业和天使投资个人有关税收政策的通知》（财税〔2018〕55号）第二条第（一）项关于初创科技型企业条件中的“从业人数不超过200人”调整为“从业人数不超过300人”，“资产总额和年销售收入均不超过3000万元”调整为“资产总额和年销售收入均不超过5000万元”。

2019年1月1日至2021年12月31日期间发生的投资，投资满2年且符合本通知规定和财税〔2018〕55号文件规定的其他条件的，可以适用财税〔2018〕55号文件规定的税收政策。

2019年1月1日前2年内发生的投资，自2019年1月1日起投资满2年且符合本通知规定和财税〔2018〕55号文件规定的其他条件的，可以适用财税〔2018〕55号文件规定的税收政策。

六、本通知执行期限为2019年1月1日至2021年12月31日。《财政部 税务总局关于延续小微企业增值税政策的通知》（财税〔2017〕76号）、《财政部 税务总局关于进一步扩大小型微利企业所得税优惠政策范围的通知》（财税〔2018〕77号）同时废止。

七、各级财税部门要切实提高政治站位，深入贯彻落实党中央、国务院减税降费的决策部署，充分认识小微企业普惠性税收减免的重要意义，切实承担起抓落实的主体责任，将其作为一项重大任务，加强组织领导，精心筹划部署，不折不扣落实到位。要加大力度、创新方式，强化宣传辅导，优化纳税服务，增进办税便利，确保纳税人和缴费人实打实享受到减税降费的政策红利。要密切跟踪政策执行情况，加强调查研究，对政策执行中各方反映的突出问题和意见建议，要及时向财政部和税务总局反馈。

财政部　税务总局

2019年1月17日

跨境电商城市发展篇

北京地区

为加快推进中国（北京）跨境电子商务综合试验区（以下简称北京综试区）建设，北京市加大对跨境电商企业的支持力度，不断优化跨境电商监管机制，完善跨境电商服务支撑体系，促进跨境电商技术、模式和业态创新，促进贸易转型升级，助力消费品质提升。

发展现状

一、发展概况

（一）政策引导，优化北京综试区发展环境

2019年，制定出台支持跨境电子商务发展项目的申报指南及《关于做好2019年中国（北京）跨境电子商务综合试验区服务体系建设专项资金重点工作的通知》，创新对跨境电商平台、海外仓、体验店、产业园，以及金融、物流等服务体系建设的支持办法，进一步扩大对跨境电商重点项目和产业发展的支持范围，全面促进跨境电商创新发展。

（二）全面布局，完善跨境电商服务支撑体系

截至2019年年底，已设立北京站邮政处理中心、国门商务区、首都机场快件库、首都机场国航库、天竺综保区、亦庄保税物流中心6个跨境电商监管现场，为企业开展跨境电商进出口业务提供便利通关保障；已培育3批共15家跨境电商产业园（比2018年增加4家），加快促进北京跨境电商产业集聚化、规模化发展；京东、敦煌网、小笨鸟、易单网等重点跨境电商企业已在全球42个国家和地区设立了107个海外仓（比2018年增加36个），形成了覆盖亚洲、欧洲、美洲、非洲、大洋洲的全球化布局，有效提升跨境物流效率，助力企业开拓国际市场；一指遥等重点跨境电商企业已在北京市内设立62家跨境电商体验店（比2018年增加10家），采取线上下单、线下展示销售等方式，为消费者提供跨境购物便捷渠道，回拉外流消费。

（三）模式创新，培育跨境电商发展新动能

一是加快拓展跨境电商网购保税进口业务。2019年1月1日，北京跨境电商“1210”网购保税进口业务在天竺综保区正式启动。2019年11月，中视优俏货跨境电商平台依托天竺综保区保税仓，测试走通“网购保税+线下自提”业务模式，消费者完成支付后海关即时清关、当场提货。2019年，全市网购保税进口货值同比增长54.12%。

二是协调推进跨境电商进口医药产品试点工作。经积极争取，2019年10月底，国家药监局正式批复北京开展跨境电商进口医药产品试点工作，对在我国境内依法取得上市许可，以及财政部等十三部委联合发布的跨境电商零售进口商品清单内的药品和医疗器械开展跨境电商进口试点。2019年12月底，北京市药监局、北京市商务局、北京海关、天竺综保区管委会四部门联合制定出台《北京市跨境电商销售医药产品试点工作实施方案》。2019年12月31日，试点企业阿里健康科技（中国）有限公司在北京天竺综保区实现全国首单跨境电商进口医药产品通关业务，进一步丰富了跨境电商进口业务模式。

三是加快提升跨境电商物流服务保障能力。2019年10月29日，利用北京至莫

斯科 K3 国际快速客运列车，开通全国首条利用行李车厢搭载跨境电商零售出口产品的贸易专线，拓展了跨境电商出口渠道。

四是推动落实跨境电商零售出口无票免税工作。北京市税务局、北京市商务局、北京市财政局联合发布《关于跨境电子商务综合试验区零售出口货物免税管理有关事项的公告》，明确了北京综试区跨境电商零售出口无票免税政策的具体实施办法，并于 2019 年 7 月 10 日上线配套申报系统，实现了海关与税务部门跨境电商零售出口无票免税联网协作业务模式。

（四）活动搭台，提升跨境电商国际影响力

在“2019 中国电子商务大会”上设置了“丝路电商”对话活动和跨境电商专业论坛，邀请国内外政府机构、协会组织、重点跨境电商企业交流思想、洽谈合作，进一步提升了北京跨境电商的国际影响力，会上跨境电商重点项目签约额达 6 亿元。成功举办“2019 北京跨境电商消费体验季”活动，组织小笨鸟、蜜芽、宝贝格子、豌豆公主等重点跨境电商企业，开展线上线下联合促销，为居民提供更多跨境购物便利实惠，提升跨境消费体验，促进消费提质升级。

二、重点园区招商引资政策

（一）天竺综保区

2008 年 7 月，国务院批复成立天竺综保区，规划面积 5.466 平方千米。园区围网内包含北京首都国际机场货运口岸，是全国仅有的实现区港无缝对接的综保区，可为企业利用保税、免税、退税等基础政策功能实现创新发展提供有力支撑。园区运营企业还可以享受保税备货、分送集报、分类监管贸易便利化措施。天竺综保区将重点发展医药健康、航空服务等优势产业，积极创新对外文化贸易、保税研发、科技租赁、中高端消费品进口等特色产业，营造法治化、国际化、便利化的跨境贸易营商环境。

（二）亦庄保税物流中心

亦庄保税物流中心是北京市唯一的 B 型保税物流中心，打造集保税供应链服务、保税直购、跨境电商于一体的保税体系，助力区域产业发展和转型升级。其主要功能包括保税存储进出口货物及其他未办结海关手续货物，即进即出，分送集报、集报核销，对所存货物开展流通性简单加工和增值服务，国际采购、分拨及配送，转口贸易和国际中转业务，区外保税展示交易，跨境电商网购保税进口业务，经海关批准的其他国际物流业务。亦庄保税物流中心的最小租赁面积为 276 平方米，库房租金单价为 1.8 元/天/平方米、贴建租金单价为 2.8 元/天/平方米，报关公司可在园区注册。未来，亦庄保税物流中心将争取更多政策优惠，及时抓住政策性商机，促进跨境电商业务发展。

配套文件

北京市商务局关于申报2019年度外经贸发展资金项目的通知

（京商财务字〔2019〕3号）

各区商务委、经济开发区商务主管部门、相关企业：

为做好2019年度外经贸发展资金项目申报工作，依据《财政部商务部关于2018年度外经贸发展专项资金重点工作的通知》（财行〔2018〕91号）、《北京市商务委员会北京市财政局关于印发〈北京市外经贸发展资金管理实施细则〉（修订稿）的通知》（京商务财务字〔2018〕23号）等文件，现将申报2019年度外经贸发展资金项目的有关事项通知如下：

一、支持方向和重点

外经贸发展资金主要支持外经贸发展领域内稳增长、调结构；支持跨境电子商务发展；推动服务贸易创新发展；引导有序开展对外投资合作业务等4个方向，对符合标准和要求的项目采取补助、以奖代补等形式给予支持。包括：

（一）外贸企业提升国际化经营能力、外贸转型升级及优化外贸结构、鼓励培育外贸新业态模式；

（二）服务外包发展、试点地区及示范城市服务贸易创新发展、服务贸易境外拓展、服务贸易发展；

（三）对外投资合作主要支持：境外投资、对外承包工程、对外劳务合作、境外经济贸易合作区建设、支持和建设企业"走出去"平台、受主管部门委托的本市地方企业（单位）组织的促进我市对外投资合作发展相关活动、建设省级境外企业和对外投资联络服务分平台其他纳入国家有关重点投资合作规划等项目；

（四）跨境电子商务发展主要支持：跨境电子商务综合试验区服务体系建设、跨境电子商务平台及相关信息系统、进出口通关服务设施、跨境电子商务仓储设施及跨境电子商务体验店等项目。

二、申报流程

（一）项目申报。自通知发布之日起，项目申报原则上按照属地管理，由各区商务委、北京经济技术开发区商务管理部门初审后上报市商务局。

（二）项目审核。按照隶属关系，由各区商务委、北京经济技术开发区商务管理部门对申报项目进行初审；通过初审的项目汇总后报市商务局进行复审。

三、申报时限

除有明确时间要求的支持方向外，凡符合项目申报条件的企业可全年申报（有具体申报时限要求的除外，详见各支持方向申报指南），我局将根据申报项目内容择优予以支持。

四、申报条件

见各支持方向申报指南具体要求。

五、申报材料要求

见各支持方向申报指南具体要求。

六、工作要求

有下列情形的不予支持：

（一）申报企业被列入《北京市新增产业的禁止和限制目录》

禁止类和限制类范围的；

（二）申报企业被纳入北京市商务领域不良信用记录名单应受到“不予支持”信用惩戒或全市联合惩戒“黑名单”的；

（三）项目已获得中央财政资金支持或其他市级财政资金支持的；

（四）申报企业近三年在外经贸业务管理、财务管理、税收管理、外汇管理、海关管理、统计管理等方面存在严重违法违规行为，拖欠应缴还财政性资金的；

（五）经审议其他不予支持的。

七、其他事项

（一）具体支持内容及咨询电话：详见附件 1-6。

（二）市商务局对本通知负责解释。

附件：1. 2019 年度促进服务外包发展资金申报指南（略）

2. 2019 年度支持试点地区及示范城市服务贸易创新发展资金申报指南（略）

3. 2019 年度支持服务贸易境外拓展资金申报指南（略）

4. 2019 年北京市对外投资合作资金项目申报指南（略）

5. 2019 年支持北京市外贸企业提升国际化经营能力项目申报指南（略）

6. 2019 年支持跨境电子商务发展项目申报指南

附件 6

2019 年支持跨境电子商务发展项目申报指南

一、支持对象

（一）跨境电子商务企业。包括自建跨境电子商务销售平台的进出口企业、利用第三方跨境电子商务平台开展进出口业务的企业和第三方跨境电子商务平台企业。

（二）跨境电子商务服务企业。包括为跨境电子商务企业提供交易、支付、通关、仓储、物流等相关服务的企业。

（三）在市内开设跨境电子商务体验店，采取线上下单、线下展示销售等方式，开展跨境电子商务销售的企业。

二、支持方向及内容

（一）支持跨境电子商务平台及相关信息系统建设，包括软件系统开发及配套硬件设施建设等。

（二）支持用于跨境电子商务进出口通关服务的项目建设，包括安检设备、查验设备、机检线等设备购置和管理信息系统开发等。

（三）支持海外仓、保税仓、出口集货仓等跨境电子商务仓储设施建设，包括货架（货柜）、仓储搬运设备、分拣机等设备购置和管理信息系统开发等。

（四）支持2018年1月1日后投资新建的跨境电子商务体验店连续12个月房租、店面装修、设备购置和线上销售平台建设等。

三、支持条件

（一）项目申报主体需在北京市注册，具有独立法人资格，《工商营业执照》等法律必备证照齐全有效。

（二）项目申报单位经营状况良好，财务管理制度健全。

（三）跨境电子商务体验店面积不少于100平方米，店内现场展示商品的SKU数量不少于1000种，通过线上售卖的商品SKU数量不少于2000种，单店年度销售额（含线上线下）不少于500万元（或月均不少于40万元）。

（四）投入运营的自建海外仓（海外仓储物流等综合服务设施）总面积不低于5000平方米，配套完善的仓储管理信息化系统和线上信息平台（如ERP、WMS系统等），服务企业数量不低于100家，对当地跨境电商B2B业务有较强带动作用。能够为企业开拓市场提供国际仓储和物流配送服务的同时，还能提供如下所列明2项以上（含）内容的服务，包括：国际货运代理、通关服务、营销推广、金融保险服务对接、售后维修服务、退换货服务。

（五）项目已投资额不低于计划总投资额的70%，申报项目能够按申报计划组织实施。

四、支持标准

（一）对新建跨境电子商务体验店支持标准：

对体验店租金按照实际租赁面积进行补助，补助金额不超过体验店实际年租金的30%。补助标准：东西城区1.8元/㎡/日、朝海丰石城区及通州副中心155平方公里以内区域1.35元/㎡/日、其他区域0.75元/㎡/日。单店年度租金支持金额不超过200万元。

对除租金外其他投资，按照不超过审定实际投资50%的标准给予资金支持。

（二）对其他项目支持标准：依据审定实际投资给予不超过50%的资金支持。

（三）单个项目最高支持额度不超过500万元。

五、申报材料

（一）项目申报书（含项目可行性报告）；

（二）项目已发生费用明细表；

（三）项目申报情况表；

（四）项目申报单位承诺书；

（五）项目单位法人证明文件复印件（营业执照、组织机构代码证书、法定代表人身份证明等）；

（六）项目单位近两年财务报表（资产负债表、损益表、现金流量表）；

（七）申报跨境电子商务体验店租金的企业需提交年度房屋租赁合同、租金银行转账凭证及发票；

（八）其他与项目相关的证明材料。

项目申报材料一式两份，按顺序装订成册，并加盖单位公章。项目申报材料不予退回。

附件：1. 项目申报书（略）
2. 项目已发生费用明细表（略）
3. 项目申报情况表（略）
4. 项目申报单位承诺书（略）

北京市商务局关于做好2019年中国（北京）跨境电子商务综合试验区服务体系建设专项资金重点工作的通知

（京商电商字〔2019〕13号）

各区商务局、北京经济技术开发区商务主管部门、相关企业：

根据《财政部、商务部关于2018年度外经贸发展专项资金重点工作的通知》（财行〔2018〕91号）、《北京市商务委员会、北京市财政局关于印发〈北京市外经贸发展资金管理实施细则〉（修订稿）的通知》（京商务财务字〔2018〕23号）、《北京市商务委员会、北京市财政局关于印发〈北京市外经贸发展资金支持北京市跨境电子商务发展实施方案〉的通知》（京商务财务字〔2018〕25号）等文件要求，为充分发挥财政资金支持引导作用，完善中国（北京）跨境电子商务综合试验区服务体系，促进跨境电子商务持续健康发展，现将2019年中国（北京）跨境电子商务综合试验区服务体系建设专项资金重点工作通知如下：

一、建设线上综合服务平台

由市商务局负责，在北京跨境电子商务公共信息平台基础上，升级完善相关功能，建设北京跨境电商综试区线上综合服务平台，对接国际贸易“单一窗口”，为跨境电子商务企业提供全流程线上综合服务，为政府部门提供信息共享、统计监测、信用管理等服务功能。

二、支持跨境电商相关项目建设

（一）支持方向及标准

1. 支持企业自建海外仓和海外运营中心

投入运营的自建海外仓（海外仓储物流等综合服务设施）总面积不低于5000平方米，配套完善的仓储管理信息化系统和线上信息平台（如ERP、WMS系统等），服务企业数量不低于100家，对跨境电子商务B2B业务有较强带动作用，能够为企业开拓市场提供国际仓储和物流配送服务的同时，还能提供如下所列明2项以上内容的服务，包括：国际货运代理、通关服务、营销推广、金融保险服务对接、售后维修服务、退换货服务。

企业自建海外仓符合以上条件的，对其2016、2017年开展海外仓相关业务取得银行贷款给予贴息支持，其中：人民币贷款贴息率按照不超过资金申报截止日期前中国人民银行公布的最近一期人民币1年期贷款基准利率计算，外币贷款贴息率按照不超过3%计算，上述贴息率均不超过项目实际贷款利率。对2018年以来海外仓配套的货架（货柜）、仓储搬运设备、分拣机、查验设备、监控设备等设施购置，仓储管理信息化系统和线上信息平台开发升级等方面的投入，依据审定实际投资给予不超过50%的资金支持。每家企业支持资金不超过500万元。

2. 支持企业运营或使用海外仓开展跨境电子商务业务。对2018年以来，企业运营或使用海外仓所发生的硬件设施设备购置费用，仓储管理信息化系统开发、运维和使用费用，场地使用费、安全费、报关费、运输车辆使用费等运营费用，依据审定实际投资给予不超过50%的资金支持。每家企业支持资金不超过500万元。

3. 支持跨境电子商务平台扩大服务规模。对为跨境电子商务企业提供交易、支付、物流或综合服务的跨境电子商务平台企业，给予其2018年度服务收入3%的资金支持。每家企业支持资金不超过500万元。

4. 支持企业开展跨境电子商务通关申报业务。对在北京口岸开展跨境电子商务通关申报业务的企业，依据其2018年度在海关纳统的报关单量，给予每单0.35元的资金支持。每家企业支持资金不超过500万元。

5. 支持企业建设运营跨境电子商务体验店。对企业在本市建设，采取直邮进口、保税展示、完税销售等方式运营的跨境电子商务体验店，累计营业面积超过500平方米，2018年度销售额1000万元以上的，给予不超过50万元的一次性资金支持；销售额2000万元以上的，给予不超过120万元的一次性资金支持；销售额3000万元以上的，给予不超过200万元的一次性资金支持；销售额5000万元以上的，给予不超过400万元的一次性资金支持。

6. 支持企业拓宽融资渠道。对企业2018年度开展跨境电子商务相关业务取得银行贷款的，参照本通知支持方向第1条款中的相关标准给予贴息支持；取得融资担保的，给予其2018年度实际支付担保费用（包括担保费和评审费）不超过50%的资金支持。每家企业支持资金不超过500万元。

7. 支持企业开展跨境电子商务创新示范项目建设。对企业建设跨境电子商务平台、相关信息系统、通关服务设施、保税仓、出口集货仓等项目，2018年度以来发生的硬件设施设备购置和软件系统开发等方面的投入，依据审定实际投资给予不超过50%的资金支持。单个项目支持资金不超过500万元。

8. 支持跨境电子商务产业园建设发展。对于经北京市推进跨境电子商务发展工作小组认定的跨境电子商务产业园，为企业提供跨境电子商务监管通关、仓储物流、检验检测等服务的口岸功能型园区，每服务1家企业开展跨境电商业务，给予园区运营主体5万元的一次性资金支持；为企业提供跨境电子商务办公、培训、投融资、创新创业等服务的创新孵化型园区，每入驻1家有经营实绩的跨境电子商务企业，给予园区运营主体10万元的一次性资金支持。每个园区只能申报本条款中的一个支持方向，支持资金不超过500万元。

（二）项目申报条件

项目申报主体需具备以下条件：

1. 在本市依法注册登记，具有独立法人资格；

2. 按照有关规定已取得开展相关业务资格或已进行核准或备案；

3. 经营状况良好，财务管理制度健全；

4. 三年内无严重违法违规行为，未拖欠应缴还的财政性资金；

5. 其他按规定应满足的条件。

（三）项目申报材料

1. 中国（北京）跨境电子商务综合试验区建设专项资金申请表；

2. 项目申报书（包含企业基本情况、主营业务、申请支持条款及资金金额、项目基本情况、运营情况、发展规划等内容）；

3. 营业执照、对外贸易经营者备案登记表、行业资质等相关证明材料复印件；

4. 项目单位近两年财务报表、纳税申报表；

5. 项目已发生费用明细表；

6. 项目申报单位承诺书；

7. 其他相关证明材料。

项目申报材料统一使用 A4 纸，一式两份，按顺序装订成册，在首页、末页加盖公章及骑缝章。

（四）项目资金申请、审批及拨付程序

1. 2019 年 10 月 11 日前，项目申报主体将申报材料上报各区（北京经济技术开发区）商务主管部门。各区（北京经济技术开发区）商务主管部门初审合格后，于 10 月 18 日前提交市商务局。

2. 市商务局按照项目资金管理相关办法，组织开展项目申报、审核、公示及资金拨付等工作。同一申报主体申报多个支持方向的，合计最高支持资金不超过 1500 万元。

同时符合本通知支持方向第 1、2、7 条款与市商务局《关于申报 2019 年度外经贸发展资金项目的通知》（京商财务字〔2019〕3 号）之附件 6 规定的支持方向的，企业选择其中一个文件作为依据申报项目。同一项目已享受国家和市级其他财政资金支持的，不再重复享受本支持政策。

本通知自发布之日起施行，由市商务局、市财政局负责解释。

附件：1. 中国（北京）跨境电子商务综合试验区服务体系建设专项资金申请表（略）

2. 项目已发生费用明细表（略）

3. 项目申报单位承诺书（略）

4. 中国（北京）跨境电子商务综合试验区服务体系建设专项资金申报情况汇总表（略）

企业名录

一、跨境电商核查有效企业

截至 2019 年 12 月 31 日，经北京海关认定的本地跨境电商企业总览见表 2-1，具体名录见表 2-2。

表 2-1 北京跨境电商核查有效企业总览

企业类型	核查有效企业数量（个）
电子商务企业	203
电子商务交易平台	106
支付企业	15
物流企业	101
监管场所经营人	3
物流企业、电子商务交易平台	1
电子商务企业、物流企业、电子商务交易平台	4
电子商务交易平台、支付企业	2
电子商务交易平台、监管场所经营人	1
电子商务交易平台、电子商务企业	1
电子商务企业、物流企业	6
合计	443

表 2-2 北京跨境电商核查有效企业名录

序号	企业注册名称	跨境贸易电子商务类型
1	玖轩（北京）商贸有限公司	监管场所经营人
2	北京唯木斯商贸有限公司	监管场所经营人
3	北京恒利安科技发展有限公司	监管场所经营人
4	北京和利时代科技有限公司	支付企业
5	银盈通支付有限公司	支付企业
6	辣西西里（北京）国际贸易有限公司	支付企业
7	北京通广利达科技发展有限公司	支付企业
8	CCM 机场设备（北京）有限公司	支付企业
9	格士纳材料（北京）有限公司	支付企业
10	北京爱农驿站科技服务有限公司	支付企业
11	北京华铁信息技术有限公司	支付企业
12	诺纪通科技（北京）有限公司	支付企业
13	北京宏信创通国际贸易有限公司	支付企业
14	北京博纳电气股份有限公司	支付企业
15	北京鑫迈通贸易有限公司	支付企业

表2-2 续1

序号	企业注册名称	跨境贸易电子商务类型
16	北京市再现辉煌艺术设计有限公司	支付企业
17	倍杰特国际环境技术股份有限公司	支付企业
18	北京芬帝食品有限公司	支付企业
19	华展鑫荣国际招标代理（北京）有限公司	物流企业
20	北京埃特纳国际物流有限公司	物流企业
21	保利矿业投资有限公司	物流企业
22	鑫荣时代国际货运代理（北京）有限公司	物流企业
23	民航快递有限责任公司	物流企业
24	北京华惠国际货运有限公司	物流企业
25	北京京信达报关行	物流企业
26	华锦盛元国际货运代理（北京）有限公司	物流企业
27	中谷粮油集团有限公司	物流企业
28	华远盈盛有限公司	物流企业
29	北京思源博德科贸有限公司	物流企业
30	北京盛源泽国际贸易有限公司	物流企业
31	北京市邮政速递物流有限公司	物流企业
32	北京凯通物资有限公司	物流企业
33	中粮贸易有限公司	物流企业
34	国药集团联合医疗器械有限公司	物流企业
35	西门子（中国）有限公司	物流企业
36	捷富凯国际物流（中国）有限公司	物流企业
37	北京运福希斯科技有限公司	物流企业
38	北京那亚供应链管理有限公司	物流企业
39	北京万迅国际物流有限公司	物流企业
40	北京宏运通供应链管理有限公司	物流企业
41	联博瑞翔（北京）国际物流股份有限公司	物流企业
42	北京优达视新供应链管理有限公司	物流企业
43	瑞天祥国际物流（北京）有限公司	物流企业
44	北京海纳全程国际贸易有限公司	物流企业
45	北京霍克威尔国际贸易有限公司	物流企业
46	北京铁建华通物资有限公司	物流企业

表2-2 续2

序号	企业注册名称	跨境贸易电子商务类型
47	艾控（北京）电子技术有限公司	物流企业
48	北京萱柯九昕进出口有限公司	物流企业
49	北京凹凸艺术文化发展有限公司	物流企业
50	速力环球（北京）国际物流有限公司	物流企业
51	北京艺海天域文化发展有限公司	物流企业
52	中外运-敦豪国际航空快件有限公司	物流企业
53	华辉国际运输服务有限公司	物流企业
54	北京西嘉国际货运有限公司	物流企业
55	北京伊兰捷力国际货物运输代理有限公司	物流企业
56	世通国际物流（北京）有限公司	物流企业
57	锦海捷亚国际货运有限公司北京分	物流企业
58	北京龙源日盛国际物流有限公司	物流企业
59	万达杰诚国际物流（北京）有限公司	物流企业
60	北京骏泰国际物流有限公司	物流企业
61	北京维翔鹏飞国际货运代理有限公司	物流企业
62	北京畅捷信通国际货运代理有限公司	物流企业
63	北京三源运通国际物流有限公司	物流企业
64	北京天朗盛国际物流有限公司	物流企业
65	中矿资源集团股份有限公司	物流企业
66	中世运（北京）国际物流有限公司	物流企业
67	瑞萨半导体（北京）有限公司	物流企业
68	易迅顺达（北京）国际货运代理有限公司	物流企业
69	北京恩盛创合电气自动化工程技术有限公司	物流企业
70	中外运空运发展股份有限公司	物流企业
71	新时代国际运输服务有限公司	物流企业
72	北京昊顺天地物流有限公司	物流企业
73	中汇瑞丰（北京）国际货运代理有限公司	物流企业
74	北京中航捷运国际物流有限公司	物流企业
75	北京航济国际物流有限公司	物流企业
76	北京时代航通国际物流服务有限公司	物流企业
77	永裕（北京）医疗用品贸易有限公司	物流企业

表2-2 续3

序号	企业注册名称	跨境贸易电子商务类型
78	世通天保国际物流（北京）有限公司	物流企业
79	北京聚融国际货运代理有限公司	物流企业
80	大顺国际物流（北京）有限公司	物流企业
81	万达运通（北京）国际物流有限公司	物流企业
82	北京德康国际物流有限公司	物流企业
83	中外运·敦豪保税仓储（北京）有限公司	物流企业
84	北京中标富腾进出口有限公司	物流企业
85	北京长久物流股份有限公司	物流企业
86	北京华盛捷诚货运代理有限公司	物流企业
87	东丽佳国际贸易（北京）有限公司	物流企业
88	北京中达信国际货运代理有限公司	物流企业
89	联邦快递（中国）有限公司	物流企业
90	北京顺和国际货运代理有限公司	物流企业
91	北京联动物流有限公司	物流企业
92	天地国际运输代理（中国）有限公司	物流企业
93	瑞尔国际物流（北京）有限公司	物流企业
94	北京慧行国际物流有限公司	物流企业
95	泛骏华国际物流（中国）有限公司	物流企业
96	北京博维国际物流有限公司	物流企业
97	北京巡宇国际货运代理有限公司	物流企业
98	北京华夏融智国际货运代理有限公司	物流企业
99	北京群航国际货运代理有限公司	物流企业
100	北京富来特国际货运代理有限责任公司	物流企业
101	北京昊运联合国际货运代理有限公司	物流企业
102	北京顺丰速运有限公司	物流企业
103	北京恒兴达国际货运代理有限公司	物流企业
104	北京翼速国际物流有限公司	物流企业
105	北京吉泽国际货运代理有限公司	物流企业
106	北京联鹰国际物流有限公司	物流企业
107	北京中外运嘉航物流有限公司	物流企业
108	爱派克斯（北京）国际物流有限公司	物流企业

表2-2 续4

序号	企业注册名称	跨境贸易电子商务类型
109	北京海盛港通物流有限公司	物流企业
110	北京恒翊丰泰国际货运代理有限公司	物流企业
111	经纬纺织机械股份有限公司	物流企业
112	北京嘉里物流有限公司	物流企业
113	北京双鹤制药装备有限责任公司	物流企业
114	北京林德国际运输代理有限公司	物流企业
115	北京扬睿国际货运代理有限公司	物流企业
116	北京京正物通国际物流有限公司	物流企业
117	北京西格尼特灌溉科技有限公司	物流企业
118	国药国际货运代理（北京）有限公司	物流企业
119	北京明邦物流股份有限公司	物流企业
120	北京华清飞扬网络股份有限公司	电子商务交易平台
121	北京万众凯旋互联网科技股份有限公司	电子商务交易平台
122	北京众安天睿科技有限公司	电子商务交易平台
123	康泰永信国际贸易（北京）有限公司	电子商务交易平台
124	北京爱博好仕生物科技有限责任公司	电子商务交易平台
125	五洲富士化水工程有限公司	电子商务交易平台
126	北京筑景国际贸易有限公司	电子商务交易平台
127	卡鲁诺建筑技术（北京）有限责任公司	电子商务交易平台
128	北京京东方专用显示科技有限公司	电子商务交易平台
129	北京德霖国际生物降解材料科技有限公司	电子商务交易平台
130	北京金能时代科贸发展有限公司	电子商务交易平台
131	北京施瓦特能源技术有限公司	电子商务交易平台
132	赛纳码涛格菲（北京）技术有限公司	电子商务交易平台
133	北京京莫达国际贸易有限公司	电子商务交易平台
134	北京金泰永辉电子商务有限公司	电子商务交易平台
135	北京齐力顺捷信息技术有限公司	电子商务交易平台
136	恒润天成国际贸易（北京）有限公司	电子商务交易平台
137	北京中航化流体控制系统有限公司	电子商务交易平台
138	北京偶佰佳业贸易有限公司	电子商务交易平台
139	北京中书艺莲网络科技有限公司	电子商务交易平台

表2-2 续5

序号	企业注册名称	跨境贸易电子商务类型
140	北京立新友谊国际科贸有限公司	电子商务交易平台
141	买买电子商务股份有限公司	电子商务交易平台
142	仁和药房网（北京）医药科技有限公司	电子商务交易平台
143	北京世纪资源电子商务技术有限公司	电子商务交易平台
144	拓途（北京）国际贸易有限公司	电子商务交易平台
145	北京瑞得伊格尔科技有限公司	电子商务交易平台
146	中建材国际贸易有限公司	电子商务交易平台
147	北京艾金达机械设备有限公司	电子商务交易平台
148	北京运源数码科技有限公司	电子商务交易平台
149	北京镭沃得国际进出口有限公司	电子商务交易平台
150	北京科合信工程机械有限公司	电子商务交易平台
151	北京环球畅通电子有限公司	电子商务交易平台
152	北京澄道科技有限公司	电子商务交易平台
153	北京格瑞源科技有限公司	电子商务交易平台
154	北京芯普思信息技术有限公司	电子商务交易平台
155	北京阳光独秀文化有限公司	电子商务交易平台
156	北京思诺信科技有限公司	电子商务交易平台
157	北京创世明达科技有限公司	电子商务交易平台
158	北京新空气网络科技股份有限公司	电子商务交易平台
159	耀丰科技发展（北京）有限公司	电子商务交易平台
160	北京星光影视设备科技股份有限公司	电子商务交易平台
161	北京格源天润生物技术有限公司	电子商务交易平台
162	北京芯世联科技有限公司	电子商务交易平台
163	北京路营旅游用品有限公司	电子商务交易平台
164	北京坤佑科技发展有限公司	电子商务交易平台
165	北京智慧果生物科技有限公司	电子商务交易平台
166	北京市飞达捷能气体分离技术有限公司	电子商务交易平台
167	北京易路康科贸有限公司	电子商务交易平台
168	北京成旺食品有限公司	电子商务交易平台
169	北京光辉纺织有限公司	电子商务交易平台
170	中国建设银行股份有限公司	电子商务交易平台、支付企业

表2-2 续6

序号	企业注册名称	跨境贸易电子商务类型
171	北京冠捷国际物流有限公司	物流企业 、电子商务交易平台
172	大安东方国际贸易（北京）有限公司	电子商务企业
173	磐星联合管理咨询（北京）有限公司	电子商务企业
174	北京科路工业装备股份有限公司	电子商务企业
175	万万客互动（北京）科技有限公司	电子商务企业
176	北京北欧联合国际贸易有限公司	电子商务企业
177	北京盛泰明润贸易有限公司	电子商务企业
178	北京博雷曼科技有限公司	电子商务企业
179	中化塑料有限公司	电子商务企业
180	昊华北方化工有限公司	电子商务企业
181	北京孚美托科技有限公司	电子商务企业
182	北京假日农夫木屋销售有限公司	电子商务企业
183	北京美博佳业医疗器械有限公司	电子商务企业
184	北京华泰昕生物医疗技术有限公司	电子商务企业
185	北京恒昌创新科贸有限公司	电子商务企业
186	天地恒通供应链管理（北京）有限公司	电子商务企业
187	金诚嘉（北京）贸易有限责任公司	电子商务企业
188	北京时代华诺科技有限公司	电子商务企业
189	北京铜牛进出口有限公司	电子商务企业
190	中轻三联国际贸易有限公司	电子商务企业
191	中国化学工程股份有限公司	电子商务企业
192	中轻新世纪贸易发展有限公司	电子商务企业
193	中国葛洲坝集团国际工程有限公司	电子商务企业
194	北京 TSC 海洋石油装备有限公司	电子商务企业
195	科纬亚（北京）商贸有限公司	电子商务企业
196	优美科（北京）重型机械有限责任公司	电子商务企业
197	奥蜜思商贸（北京）有限公司	电子商务企业
198	北京阿勒德. 艾帝进出口贸易有限公司	电子商务企业
199	韩荣物业管理（北京）有限公司	电子商务企业
200	北京嘉必思科技有限公司	电子商务企业
201	英澳斯特（北京）医疗科技有限公司	电子商务企业

表2-2 续7

序号	企业注册名称	跨境贸易电子商务类型
202	北京凯希成贸易有限公司	电子商务企业
203	瑞思泰康科技（北京）有限公司	电子商务企业
204	乐金电子（中国）研究开发中心有限公司	电子商务企业
205	北京万多吉商贸有限公司	电子商务企业
206	斯特林流体设备（北京）有限公司	电子商务企业
207	北京太极金康医药科技有限公司	电子商务企业
208	北京博劳世贸易有限公司	电子商务企业
209	北京盛博杰特钻探设备有限公司	电子商务企业
210	北京仙奇异科技发展有限公司	电子商务企业
211	北京易博斯特贸易有限公司	电子商务企业
212	北京美洁联盟清洗设备有限公司	电子商务企业
213	北京益精行商贸有限公司	电子商务企业
214	北京东方盛唐科技发展有限公司	电子商务企业
215	实步（北京）工程设备有限公司	电子商务企业
216	北京世纪卓越信息技术有限公司	电子商务企业
217	北京通蓝海科技股份有限公司	电子商务企业
218	迈捷国际贸易（北京）有限公司	电子商务企业
219	北京共同奋斗科贸有限公司	电子商务企业
220	罗奥易成（北京）门业有限公司	电子商务企业
221	达依拉（北京）贸易有限公司	电子商务企业
222	北京宝盛泰达家具有限公司	电子商务企业
223	北京允畅电梯有限公司	电子商务企业
224	北京奥斯格尔家具有限公司	电子商务企业
225	赛尔特篷房制造（北京）有限公司	电子商务企业
226	法比欧国际家居用品（北京）有限公司	电子商务企业
227	北京卓姿佳和商贸有限公司	电子商务企业
228	北京汉达森机械技术有限公司	电子商务企业
229	北京阳光酷印数码科技有限公司	电子商务企业
230	北京蓝海嘉铭科技有限公司	电子商务企业
231	北京优格尔科技发展有限公司	电子商务企业
232	北京科尔艾琳环保科技有限公司	电子商务企业

表2-2 续8

序号	企业注册名称	跨境贸易电子商务类型
233	侨智（北京）科技有限公司	电子商务企业
234	北京美月淘电子商务有限公司	电子商务企业
235	北京百恒昊远科技发展有限公司	电子商务企业
236	北京矽钛照临科技有限公司	电子商务企业
237	北京华视远大系统工程技术有限公司	电子商务企业
238	北京斯通恩科技有限公司	电子商务企业
239	玉柴国际进出口（北京）有限公司	电子商务企业
240	埃尔博工业设备（北京）有限公司	电子商务企业
241	北京振威展览有限公司	电子商务企业
242	中安财富（北京）国际科技有限公司	电子商务企业
243	北京盛锐马科技有限公司	电子商务企业
244	北京麦克时代科技有限公司	电子商务企业
245	北京东方快船进出口有限公司	电子商务企业
246	北京百诚恒信装饰工程有限责任公司	电子商务企业
247	北京欧瑞泰克机械设备有限公司	电子商务企业
248	普瑞麦迪（北京）实验室技术有限公司	电子商务企业
249	北京希望者科技有限公司	电子商务企业
250	伊诺罗斯农业机械（北京）有限公司	电子商务企业
251	北京加安电子科技有限公司	电子商务企业
252	北京英泰诺医疗科技有限公司	电子商务企业
253	北京宏安齐家科技有限公司	电子商务企业
254	北京航天长峰股份有限公司	电子商务企业
255	北京同有飞骥科技股份有限公司	电子商务企业
256	北京市德光电子公司	电子商务企业
257	北京奥尔斯科技股份有限公司	电子商务企业
258	北京航峰科伟装备技术股份有限公司	电子商务企业
259	北京神州绿盟科技有限公司	电子商务企业
260	北京格林科电技术有限公司	电子商务企业
261	汇众冠华科技（北京）有限公司	电子商务企业
262	北京益泰电子集团有限责任公司	电子商务企业
263	中启寰辰科技发展（北京）有限公司	电子商务企业

表2-2 续9

序号	企业注册名称	跨境贸易电子商务类型
264	中国建材技术装备有限公司	电子商务企业
265	北京东经天元软件科技有限公司	电子商务企业
266	瑞帕拉贸易（无锡）有限公司	电子商务企业
267	北京神州绿盟信息安全科技股份有限公司	电子商务企业
268	北京隆德博科技有限公司	电子商务企业
269	北京畅力源科技有限公司	电子商务企业
270	北京麦克尔商贸有限公司	电子商务企业
271	北京祺鉴益电子科技有限公司	电子商务企业
272	紫龙雄宇科技（北京）有限公司	电子商务企业
273	麦创微科技（北京）有限公司	电子商务企业
274	北京威尔众泽科技有限公司	电子商务企业
275	北京利源新赛化工有限公司	电子商务企业
276	汇智通海（北京）物资装备有限责任公司	电子商务企业
277	北京东安华业国际经贸有限公司	电子商务企业
278	北京奥普维尔科技有限公司	电子商务企业
279	北京中润嘉维科贸有限公司	电子商务企业
280	北京阿贝卡电子有限公司	电子商务企业
281	北京力博拓科技有限公司	电子商务企业
282	北京眼神智能科技有限公司	电子商务企业
283	北京大秦新天下电子有限公司	电子商务企业
284	北京睿英达国际文化发展有限公司	电子商务企业
285	中农春雨高科技股份有限公司	电子商务企业
286	北京奥普泰克科技有限责任公司	电子商务企业
287	北京蓝力达科技有限公司	电子商务企业
288	中核立信（北京）科技有限公司	电子商务企业
289	北京盛田嘉源科技有限公司	电子商务企业
290	北京亿网讯通科技有限公司	电子商务企业
291	北京惠朗时代科技有限公司	电子商务企业
292	北京金悦盛天国际贸易有限公司	电子商务企业
293	北京世通凌讯科技有限公司	电子商务企业
294	北京宇极科贸有限公司	电子商务企业

表2-2 续10

序号	企业注册名称	跨境贸易电子商务类型
295	北京朗视仪器有限公司	电子商务企业
296	北京科维泰信科技有限公司	电子商务企业
297	优兰联合国际贸易（北京）有限公司	电子商务企业
298	北京伟坤博泰科技有限公司	电子商务企业
299	北京水映晴川电子商务有限公司	电子商务企业
300	北京中意明安科技有限责任公司	电子商务企业
301	北京海鼎工程技术有限公司	电子商务企业
302	北京润泽通光学产品中心	电子商务企业
303	北京好威德液压机电有限公司	电子商务企业
304	北京东方国通信息技术有限公司	电子商务企业
305	北京开闻信通科技有限公司	电子商务企业
306	北京语通华文国际贸易有限公司	电子商务企业
307	北京陶美新材料科技有限责任公司	电子商务企业
308	北京安泰斯电子技术有限公司	电子商务企业
309	北京鹏嘉创科技发展有限公司	电子商务企业
310	北京润美康医药有限公司	电子商务企业
311	北京首诚鑫锐国际贸易有限公司	电子商务企业
312	阿咖邦贸易（北京）有限公司	电子商务企业
313	北京联动商贸有限公司	电子商务企业
314	北京吉泽恒远国际贸易有限公司	电子商务企业
315	北京润和恒安国际贸易有限公司	电子商务企业
316	北京赛哲科技有限公司	电子商务企业
317	北京康比特体育科技股份有限公司	电子商务企业
318	北京朗智亿成汽车系统有限公司	电子商务企业
319	北京新胜福瑞机械设备股份有限公司	电子商务企业
320	北京燕宏达铁路设备有限公司	电子商务企业
321	北京路特思达机电设备有限公司	电子商务企业
322	隆泰思特（北京）机电设备进出口有限责任公司	电子商务企业
323	北京月亮宝贝商贸有限公司	电子商务企业
324	北京炳洋科技有限公司	电子商务企业
325	嘉信康和（北京）科技有限公司	电子商务企业

表2-2 续11

序号	企业注册名称	跨境贸易电子商务类型
326	北京京仪博电光学技术有限责任公司	电子商务企业
327	中国石油集团海洋工程有限公司	电子商务企业
328	安华亿能医疗影像科技（北京）有限公司	电子商务企业
329	北京众能力电科技有限公司	电子商务企业
330	北京德邦大为科技股份有限公司	电子商务企业
331	北方广微科技有限公司	电子商务企业
332	北京汤团宝贝商贸有限公司	电子商务企业
333	北京劢克机械工程有限公司	电子商务企业
334	北京佰德橡塑制品有限公司	电子商务企业
335	北京迪威吉自动化系统有限公司	电子商务企业
336	北京迈索化学技术有限公司	电子商务企业
337	北京利特佳文具制造有限公司	电子商务企业
338	北京安德盛威科技发展有限公司	电子商务企业
339	北京中田神钢工程机械有限公司	电子商务企业
340	北京天羽隆华贸易有限公司	电子商务企业
341	北京慧聪康联药械有限公司	电子商务企业
342	北京瑞博润丰农业设备科技有限公司	电子商务企业
343	瑞鸿电控设备（北京）有限公司	电子商务企业
344	北京新龙立科技有限公司	电子商务企业
345	北京时代今控科技发展有限公司	电子商务企业
346	北京爱马社汽车销售有限公司	电子商务企业
347	施百恩脊椎医疗技术（北京）有限公司	电子商务企业
348	北京凯尔斯科技开发有限公司	电子商务企业
349	北京仟草中药饮片有限公司	电子商务企业
350	北京中品科技发展有限公司	电子商务企业
351	北京贝尔生物工程股份有限公司	电子商务企业
352	瑞特振业（北京）科技发展有限公司	电子商务企业
353	北京汇众远航机械设备有限公司	电子商务企业
354	北京亿英联能源技术开发有限公司	电子商务企业
355	北京京东科技有限公司	电子商务企业
356	北京海迅进出口有限公司	电子商务企业

表2-2 续12

序号	企业注册名称	跨境贸易电子商务类型
357	北京好食好吃进出口有限公司	电子商务企业
358	北京卓立汉光仪器有限公司	电子商务企业
359	北京西雅金桥生物技术有限公司	电子商务企业
360	北京冶科纳米科技有限公司	电子商务企业
361	北京特亿阳光新能源科技有限公司	电子商务企业
362	北京红日升工贸有限公司	电子商务企业
363	北京广源互动科技发展有限公司	电子商务企业
364	北京满分进出口贸易有限公司	电子商务企业
365	海纳之兰（北京）国际科贸有限公司	电子商务企业
366	北京康能国际贸易有限公司	电子商务企业
367	北京腾骏贸易有限公司	电子商务企业
368	北京慕湖建材销售有限责任公司	电子商务企业
369	北京鑫诺科捷商贸有限公司	电子商务企业
370	东方百特（北京）科技发展有限公司	电子商务企业
371	北京金海鑫龙建筑材料有限公司	电子商务企业
372	北京诚灵纺织制品有限公司	电子商务企业
373	北京世裕科技有限公司	电子商务企业
374	金艮生物科技（北京）有限公司	电子商务企业
375	纽克利尔商务服务（北京）有限公司	电子商务企业、物流企业
376	北京中商通锦科技有限公司	电子商务企业、物流企业
377	北京鑫航惠通国际货运代理有限公司	电子商务企业、物流企业
378	中国外运物流发展有限公司	电子商务企业、物流企业
379	北京宇恒联创机械设备有限公司	电子商务企业、物流企业
380	益盛通国际物流（北京）有限公司	电子商务企业、物流企业
381	柏恩时代（北京）换热设备有限公司	电子商务交易平台
382	电通太科（北京）广告有限公司	电子商务交易平台
383	北京海华易通进出口贸易有限公司	电子商务交易平台
384	北京金盛青贸易进出口有限公司	电子商务交易平台
385	北京天智英才网络科技有限公司	电子商务交易平台
386	北京宝加通达商贸有限公司	电子商务交易平台
387	霍夫曼（北京）工程技术有限公司	电子商务交易平台

表2-2　续13

序号	企业注册名称	跨境贸易电子商务类型
388	北京优朋普乐科技有限公司	电子商务交易平台
389	北京观煜祥服装服饰有限公司	电子商务交易平台
390	北京德尔美国际健康科技有限公司	电子商务交易平台
391	北京志豪时代经贸有限公司	电子商务交易平台
392	北京创锐文化传媒有限公司	电子商务交易平台
393	国富商通信息技术发展股份有限公司	电子商务交易平台
394	国药嘉远国际贸易有限公司	电子商务交易平台
395	北京因特帕克万通商贸有限公司	电子商务交易平台
396	威亚雄宇（北京）国际贸易有限公司	电子商务交易平台
397	中粮海优（北京）有限公司	电子商务交易平台
398	北京鹰星伟业贸易有限公司	电子商务交易平台
399	北京优集品网络科技有限公司	电子商务交易平台
400	北京尚品百姿电子商务有限公司	电子商务交易平台
401	北京星河风尚科技有限公司	电子商务交易平台
402	北京隆盛泰健康科技股份有限公司	电子商务交易平台
403	北京护贝佳贸易有限公司	电子商务交易平台
404	北京欣盛盈商贸有限公司	电子商务交易平台
405	北京小麻包信息技术有限公司	电子商务交易平台
406	万邑通商（北京）信息科技有限公司	电子商务交易平台
407	北京正德慧通生物科技有限公司	电子商务交易平台
408	北京世唯科技有限公司	电子商务交易平台
409	北京数码港电子商务有限公司	电子商务交易平台
410	凡客诚品（北京）科技有限公司	电子商务交易平台
411	北京天龙腾建筑工程有限公司	电子商务交易平台
412	北京天天活力体育发展有限公司	电子商务交易平台
413	北京巍峰时代商贸有限公司	电子商务交易平台
414	家家乐购（北京）科技有限公司	电子商务交易平台
415	北京联百亿科技有限公司	电子商务交易平台
416	中国国际图书贸易集团有限公司	电子商务交易平台
417	北京维亚泰克网络技术有限公司	电子商务交易平台
418	德欧汇进出口贸易（北京）有限公司	电子商务交易平台

表2-2 续14

序号	企业注册名称	跨境贸易电子商务类型
419	小米科技有限责任公司	电子商务交易平台
420	北京中金信雨国际贸易有限公司	电子商务交易平台
421	北京赛洛菲生物科技有限公司	电子商务交易平台
422	北京大象联盟国际经贸中心（有限合伙）	电子商务交易平台
423	北京鲁视领航国际文化发展有限公司	电子商务交易平台
424	北京睿达众远商贸有限责任公司	电子商务交易平台
425	北京玖美电子商务有限公司	电子商务交易平台
426	北京顺丰电子商务有限公司	电子商务交易平台
427	北京轩元生物科技有限公司	电子商务交易平台
428	央广幸福购物（北京）有限公司	电子商务交易平台
429	北京宜贸兴国际贸易有限公司	电子商务交易平台
430	北京好药师大药房连锁有限公司	电子商务交易平台
431	北京银泰精品电子商务有限公司	电子商务交易平台
432	北京良物珍品电子商务股份有限公司	电子商务交易平台
433	北京利诺国际货运代理有限公司	电子商务交易平台
434	北京大星发商贸有限公司	电子商务交易平台
435	北京聚兴龙国际货运有限公司	电子商务交易平台
436	北京毅力金网科技发展有限公司	电子商务交易平台、电子商务企业
437	北京泽坤国际货运代理有限公司	电子商务交易平台
438	北京空港宏远物流有限公司	电子商务交易平台、监管场所经营人
439	中国工商银行股份有限公司	电子商务交易平台、支付企业
440	核心泰达国际运输代理（北京）有限公司	电子商务企业、物流企业、电子商务交易平台
441	欧西爱司物流（上海）有限公司北京分公司	电子商务企业、物流企业、电子商务交易平台
442	惠天（北京）国际物流有限公司	电子商务企业、物流企业、电子商务交易平台
443	北京锦海捷亚国际物流有限公司	电子商务企业、物流企业、电子商务交易平台

二、重点跨境电商进出口企业

2019 年北京主要出口跨境电商企业名录见表 2-3。

表 2-3　北京主要出口跨境电商企业名录

平台名称	成立时间	业务模式
敦煌网	2004 年	集成物流、仓储、支付等环节，为中小企业提供 B2B 网上交易服务。
小笨鸟	2014 年	为出口卖家对接 45 个国家和地区的知名电商平台和主流营销渠道，实现产品一键发布。
易单网	2011 年	建材产品现货交易，提供物流、仓储、商检、报关和保险等服务。

2019 年北京主要进口跨境电商企业名录见表 2-4。

表 2-4　北京主要进口跨境电商企业名录

平台	经营模式	主营商品	进口来源
京东全球购	平台+自营	全类目 2 万多品牌，近千万 SKU	美国、韩国、日本、澳大利亚、欧盟、加拿大
聚美优品	自营	美妆、母婴	韩国、日本、美国、欧洲、东南亚
达令	自营线下店	女性时尚、美妆、家居等	韩国、日本、澳大利亚、美国、欧洲、东南亚
蜜芽	自营+平台社群	母婴、食品、保健品、家居等	日本、韩国、澳大利亚、美洲、欧洲
中粮我买网	自营	食品、家居等	日本、韩国、澳大利亚、美洲、欧洲，中国台湾
宝贝格子	自营	母婴、美妆、保健、数码、家居	日本、韩国、美国、澳大利亚、欧洲
一指遥	自营	母婴、美妆、保健、食品、家居	美国、澳大利亚、欧洲、东南亚
快买酒	自营	酒类	欧洲、南美洲、非洲、澳大利亚
林德帕西姆	自营线下店	红酒、电器、食品、厨房用品、母婴用品	日本、韩国、澳大利亚、美国、欧洲
聚优澳品	自营线下体验店	保健品、奶制品、母婴用品、食品、羊毛制品	澳大利亚、新西兰、斐济

统计数据

2019 年北京跨境电子商务进出口业务报表见表 2–5。

表 2–5 2019 年北京跨境贸易电子商务进出口业务报表

业务类型	验放清单（万票）	消费者（人）	货值（万元）	增长率（%）	税款（万元）	上线商品种类（个）	商品种类（进口量前五位）	备案电商企业（个）	上线企业（个）
进口	537	2831942	200847	5.97	20275	1446	服装鞋帽、食品保健、美妆护肤、箱包、手表配饰	220	155
出口	2000	—	144100	—	—	1329	手表配饰、服装鞋帽、箱包、玩具、美妆护肤	28	18

典型案例

案例一：敦煌网——打造跨境电商一站式综合服务平台，助力企业跨境出海

一、基本情况

敦煌网成立于2004 年，位于中关村科技园区海淀园。公司致力于应用大数据技术开展跨境贸易便利化实践，通过跨境贸易在信息流、大物流、跨境支付、互联网金融等各领域的创新整合，打造智慧跨境电商生态产业链，是中国较早实现信息流、资金流和物流“三流一体”的外贸B2B 电子商务服务商。敦煌网 B2B 跨境电商综合服务平台能够为传统外贸出口企业提供在线交易、支付、金融、物流服务、通关、海外营销、品牌建设等跨境电商全产业链服务，全面提升跨境电商产业的辐射效应和影响力。

二、业务特点

敦煌网作为以在线交易为核心的 B2B 小额外贸批发平台，通过与海外多地知名电商平台战略合作、最佳线下流量入口 DTC（数字贸易中心）全面升级等新的流量战略落地，持续赋能中小企业借助跨境电商平台扬帆出海。DTC 是敦煌网打造的集展示、交易、营销、售后、培训等多种服务于一体、线上线下结合的数字贸易旗舰店模式，目前已在匈牙利、澳大利亚、西班牙、美国、土耳其、俄罗斯、秘鲁、阿联酋等多个国家落地，在“前展后仓”、

“一件代发”、小语种多语言海外仓服务、产品质量审核、海外维修、组装加工、本地营销等多种本土化高端增值服务领域具有领先优势。

三、取得成效

敦煌网年交易额已近百亿元人民币，平台累计注册买家超过2100万，覆盖全球222个国家和地区，拥有50多个国家和地区的清关能力，200多条物流专线，以及17个海外仓，推动中国传统企业从事外贸出口交易的门槛进一步降低，让传统企业更加便捷地走上出口外销之路。

案例二：小笨鸟——依托综合型立体外贸服务平台，提升跨境出口企业经营能力

一、基本情况

小笨鸟跨境电商平台上线近6年来，已发展成为融合产品全球销售和供应链服务的一站式智能化线上线下平台。通过与eBay、Amazon等海外知名电商平台合作，打造“平台中的平台”，让中国的供应商利用小笨鸟平台实现“一键发布”，提供更加简单、高效、便捷的出口服务。公司已获得国家高新技术企业与北京市外贸综合服务示范企业认定。

二、业务特点

小笨鸟主要通过由三类服务组成的业务矩阵搭建综合型立体外贸服务平台。

一是电商运营服务。依托自主研发的专业技术平台，通过大数据AI分析、产品库、自动化SaaS等基础组件，让电商销售更精准、电商运营更高效，帮助厂商快速实现品牌出海，出口企业可以实现境外45个国家（地区）75个平台站点同时发布同一商品。

二是供应链服务。以技术驱动整合全链条资源，通过建设运营海外仓、线上线下相结合的方式为客户提供物流、报关、清关、仓储、进出口代理、收结汇、退税、金融等专业、高效、低成本、一站式、可拼搭的跨境供应链综合服务。截至2019年年底，小笨鸟已在美国、德国、英国、澳大利亚、俄罗斯等国家完成全球13个海外仓布局，国内企业的系统可连通小笨鸟设立在各国的物联网智能仓、线下门店、App商城，以及当地网络社交媒体、物流企业、支付企业，对分布在世界各地的订单、客户、库存、物流、供求等信息进行统一、集中的管理和分析，实现全球供应链一体化管理。

三是智能营销服务。基于AI和大数据分析技术，通过全渠道获客、EDM邮件营销、AD-Stream智能优化等服务，打造企业级品牌营销闭环，赋能中国企业品牌发展。

三、取得成效

2019年，小笨鸟跨境电商平台注册企业数量已超过25万，涉及3C产品、日用品、卫浴产品、家居产品、运动户外产品等多种品类的中国工业产品，2019年实现跨境电商B2B出口额超过70亿元，同比增长约25%。

案例三：京东尚科——运营跨境出口电商开放平台，提升跨境电商交易服务水平

一、基本情况

京东集团于2004年正式涉足电商领域，2019年，京东集团市场交易额超过2万亿元。2019年7月，京东集团第4次入榜《财富》全球500强，位列第139位，是中国线上、线下最大的零售集团。北京京东尚科信息技术有限公司成立于2012年3月，是京东集团全资研发子公司，全面承载京东集团整个供应链的研发任务，并实现技术输出。京东尚科建设集成的跨境出口电商开放平台，将中国境内的京东自营和第三方卖家的商品，在全世界的第三方跨境电商平台售卖，为我国商家走出去提供交易、物流、售后和通关一体化的技术支持和平台支持，通过京东的技术能力及零售供应链能力打造“中国制造，全球分享”跨境出口新模式。

二、业务特点

一是通过标准化的技术服务能力，快速实现与多个第三方跨境平台的对接。通过PaaS化技术，建设对接第三方跨境电商平台系统的通用化服务和个性化服务，例如接口API、消息通知等，快速满足第三方跨境电商平台的通用对接需求和个性化对接需求，实现与第三方跨境电商平台的产品、交易、结算、通关、物流、仓储、售后等系统快速对接和业务高效协同。

二是为商家提供一体化供应链履约等能力。依赖京东强大的供应链物流能力及管理系统，拓展跨境出口履约及供应链业务，提供仓储、物流、清关等一体化的跨境供应链系统，为打通京东自营和第三方商家商品销往海外的第三方跨境电商平台提供跨境供应链服务。

三、取得成效

跨境出口电商开放平台利用京东PaaS化的系统能力构建商品、价格、订单、库存、物流、售后和通关等核心系统，为品牌商、外贸中小微商家提供了一站式快速对接多个第三方海外电商平台的便捷服务，极大地减少了商家运营、对接成本，全面提升了运营服务效率。2019年，平台实现跨境电商交易额1.26亿元。

案例四：中建材——打造多功能海外仓，助力中国品牌扬帆出海

一、基本情况

中建材国际贸易有限公司迪拜海外仓（以下简称迪拜海外仓）坐落于阿联酋迪拜酋长国杰贝阿里自由区南区，毗邻杰贝阿里港及马克图姆国际机场，于2014年正式投入运营，是集物流、仓储、交易于一体的综合性服务平台，为入驻企业提供国际货运代理、海外通关服务、售后维修服务、退换货服务、海外营销推广等全方位支持，帮助其低成本、高效率地开拓中东及非洲市场。该海外仓总占地面积5.2万平方米，包括2.6万平方米室外堆场、1.05万平方米室内封闭仓库（含2000平方米航吊区）、1500平方米办公楼，以及卸货平台、监控系统、消防设施、装载机械等一系列完备的配套设施，同时配套完

善的仓储管理信息系统，能够对在库货物进行实时监控，一方面保证货物安全、数量准确，另一方面保证收发货的及时和快捷。此外，通过公司易单网跨境电商平台，可对入驻企业产品进行线上宣传、展示和销售。

二、业务特点

一是打造线上线下相结合的营销推广体系。迪拜海外仓致力于通过供应链体系的整合，为合作企业提供高品质产品和全流程服务。整合外贸全流程服务，将信息系统与供应链上各方进行无缝对接，使得报关、退税等环节的时间成本大大降低。结合互联网技术，开发出独特的互联网营销体系，EDM、SEO、SNS 和 PPC 相互配合进行产品推广。同时建设易单网迪拜海外仓现货平台，采用现货销售的方式，以较好的价格优势、较快的响应速度，扩大销售规模，提高市场份额。

二是提供产品全方面展示功能。迪拜海外仓打造的中国建材名优产品展示中心共计2000平方米，主要为适合中东市场及有技术优势的产品提供集中展示服务，通过展架样品、视频、喷绘等多种方式对入驻企业及产品进行全方位展示，打造中东“不落幕”的展览会，把更多好的中国企业和中国品牌通过迪拜海外仓推荐到中东市场。

三、取得成效

迪拜海外仓辐射南亚、西亚、非洲等15亿人口新兴市场，为易单网合作企业提供了在中东、非洲等市场的转口贸易、现货销售的配套保税仓储和本地物流配送服务。2019年，迪拜海外仓带动实现跨境电商 B2B 出口额 2.64 亿元，同比增长 15%。

案例五：宏远——利用跨境电商业务场站，提供跨境口岸综合服务

一、基本情况

宏远控股集团有限公司成立于 2001年，总部位于北京首都国际机场的临空经济核心区。宏远集团以布局临空产业为核心，依托物流、供应链金融、贸易、信息技术四大功能高效协同的业务引擎，已成为涵盖航空和口岸物流服务、卡车航班服务、跨境电商物流服务、跨境贸易执行服务、供应链金融服务及临空地产开发的综合性、全球化集团企业。

二、业务特点

自 2015 年起，宏远集团根据政策引导及市场趋向开始涉足跨境电商物流领域。2015 年年底，宏远集团投资约 3000 万元的首都机场跨境电商直邮场站建成并投入运营，该场站库房面积共 12000 平方米，建有技术领先的复合叠加海关监管查验、智能多条件分拨等功能的“八入二十八出”环形分拣流水线，辅助自行开发的跨境电商订单申报系统及场站库区管理系统，率先实现全流程电子化操作和信息监控，继而形成目前国内公认智能化水平领先的跨境电商直邮库区监管体系。

2019 年 1 月 1 日，宏远集团在天竺综保区实现北京市首单跨境电商保税备货进口业务。公司从日本、美国、澳大利亚、新西兰等地发运化妆品、食品、日用品、保健品等 15 类商品，以“1210”监管模式进行海关申报，利用天竺综保区“港区

一体”功能优势，货物“先入区后报关”，在收到电商平台企业“豌豆公主”首批25个订单之后，完成了申报放行并装运出区，通过EMS商品当日到达消费者手中。从下单到签收，整个环节不超过6小时，通关效率提升了30%，物流成本节约了15%左右。

三、取得成效

2019年，宏远集团通过运营北京首都国际机场跨境直购场站，为京东、网易考拉、唯品会等超过100家企业提供通关物流综合服务，实现进出口清关货量合计455万件。

案例六：一指遥——线上线下融合消费，助力“新零售”发展

一、基本情况

一指遥科技发展有限公司是一家集国际贸易、保税、跨境电商于一体的综合性示范企业，线上自主研发App购物平台，线下在北京开设两家综合型跨境电商体验店（包括海淀五棵松店和王府井新天地店），总面积约5000平方米。作为全国领先的进口商品跨境电商体验店，截至2019年，已拥有全球800多条成熟的供应链体系，可以随意选购来自全球110个国家和地区的7万支SKU优质进口商品，为消费者提供“线上随心购，线下自由换”的购物体验，有力促进传统零售业的转型升级。

二、业务特点

一是调整供应链体系。增加OEM商品及加大自采商品份额，将一部分热销商品转换OEM自有商品，同时将一部分热销商品转为从海外自采，获取一手货源。

二是建立自有海外供应链。升级替代第三方供应链，降低商品购买成本，从而形成价格优势让利给顾客。

三是系统更新换代。进行App版本升级及新功能开发；根据现有业务情况，自主研发ERP系统，适用匹配多家门店体量及更好支撑连锁经营发展。

四是加大宣传和推广力度。基于对现有会员人群背景及购买行为等数据的分析，精准定位，利用媒体及网络渠道精准投放广告，配合线下活动，增加会员尤其是线上会员人数，扩大品牌影响力。

三、取得成效

一指遥跨境电商体验店创造了更优质的线上、线下购物环境，增强了顾客对“精品消费、品质生活”购物体验。截至2019年年底，体验店线上平台活跃用户已达11万，2019年新增活跃用户数4万。2019年，在北京两家体验店实现销售额超过1亿元。

大事记

2019年1月1日，北京跨境电商“1210”网购保税进口业务正式运行，大大简化了通关流程，显著提高了通关效率，为跨境电商的产业升级夯实了基础。

2019年2月28日，北京市商务局出台《2019年支持跨境电子商务发展项目申报指南》，这是对跨境电商平台、通关服务设施、仓储服务设施、体验店的支持办法，引导促进跨境电商创新发展。

2019年3月13日，北京市商务局印发《2019年推进中国（北京）跨境电子商务综合试验区服务体系建设工作方案》，有利于指导相关部门充分发挥财政资金的支持引导作用，进一步完善北京综试区跨境电商服务体系，促进跨境电商持续健康发展。

2019年5月30日，“2019北京跨境电商消费体验季”活动启动，线上线下联动销售澳大利亚、日本、韩国等多个国家和地区的优质进口商品，为消费者带来便捷实惠的购物体验。

2019年9月24日，北京市商务局出台《关于做好2019年中国（北京）跨境电子商务综合试验区服务体系建设专项资金重点工作的通知》，一是对跨境电商海外仓等创新示范项目建设给予补助，二是根据企业在北京开展跨境电商进出口业务规模给予资金奖励，引导促进跨境电商创新发展。

2019年12月27日，“2020年北京跨年促销节”启动，多业态、全渠道线上线下联合促销活动，引导消费者树立品质消费、智能消费、绿色消费理念，提升北京市场消费品质。

2019年12月31日，阿里健康科技（中国）有限公司在天竺综保区实现全国首单跨境电商进口医药产品通关业务，是我国跨境电商政策在涉及医药产品方面的首次破冰，也是北京深化推进服务业扩大开放综合试点，加快推进跨境电商综试区建设的又一创新举措。

呼和浩特地区

2018 年 7 月 24 日，国务院下发《国务院关于同意在北京等 22 个城市设立跨境电子商务综合试验区的批复》（国函〔2018〕93 号），同意在呼和浩特市设立中国（呼和浩特）跨境电子商务综合试验区（以下简称呼和浩特综试区）。

发展现状

一、发展概述

呼和浩特综试区获批以来，内蒙古自治区党委、政府高度重视，积极统筹综试区建设工作，组建了自治区跨境电子商务综合试验区厅级联席会议小组，印发了《中国（呼和浩特）跨境电子商务综合试验区建设实施方案》；自治区商务厅加大对试验区政策、资金、项目的支持，大力推动综试区建设；内蒙古和林格尔新区作为实施主体，认真谋划综试区建设，不断完善综试区服务体系，积极推动跨境电子商务发展。

一是认真谋划综试区建设方案。按照内蒙古自治区人民政府印发的《中国（呼和浩特）跨境电子商务综合试验区建设实施方案》，和林格尔新区管委会制定了《中国（呼和浩特）跨境电子商务综合试验区线上平台及线下园区建设方案》，明确了线上平台和线下园区的主要建设内容。线上公共服务平台主要包括跨境电商海关辅助监管系统、跨境综合通关进口管理系统、跨境综合通关出口管理系统、O2O跨境新零售系统、EDI数据交换系统、仓储管理系统、一站到家物流管理系统、商品溯源管理系统、大数据展示分析系统九大模块，能够实现与商务、海关、税务、工商、邮政、外汇等部门进行数据交换和互联互通，打造线上一站式服务系统。线下园区采取“一区多园”的布局方式，有效承接线上综合信息服务平台功能，优化配套服务，打造完整的产业链和生态圈。其中，在和林格尔新区智能制造产业园建设集信息共享中心、物流中心、结算中心、培训中心为一体的产业集聚区；在白塔国际机场快件监管中心和邮政快件监管中心建设跨境直购监管场所；在呼和浩特综保区建设保税仓并完善相关查验、监管设施，开展跨境保税业务。

二是积极推进园区建设。目前，和林格尔新区跨境电商产业集聚区已经完成基础装修，可供跨境电商企业入驻；呼和浩特综保区跨境电商服务库的土建工程已完成，启动设备采购工作；呼和浩特白塔国际机场货运快件监管场所硬件设施已完成改造工作，采购设备待供应商发货；中国邮政速递物流股份有限公司呼和浩特国际快件监管中心已完成场所建设，等待相关部门验收。

三是成立跨境电商运营团队。和林格尔新区政府与河南保税集团、内蒙古蒙商国际贸易协会共同出资成立内蒙古北大门跨境电商运营有限公司，负责呼和浩特综试区的运营工作。目前，已全面启动运营工作，推动完成公共服务平台与海关总署统一版、呼和浩特海关辅助监管系统连通；帮助呼和浩特综保区、白塔机场国际快件监管中心、邮政快件监管中心完善线下监管场所建设方案，积极开展招商引资，先后与20多家企业进行对接，协助物流、支付、电商等企业完成备案，为下一步业务开展奠定了基础

四是开展跨境电商基础性研究。按照商务部要求，积极开展跨境电商基础性研

究，聘请EWTO研究院进行课题研究，并编制完成《海外仓在推动跨境电商发展中的作用》，已将研究成果上报商务部。

二、平台建设情况

呼和浩特综试区线上公共服务平台于2019年12月12日获得中国电子口岸数据中心批复的三级节点ID，实现了平台与海关总署统一版、呼和浩特海关辅助监管系统成功连通，具备了上线运行条件。平台采取直连海关总署统一版的方式进行数据传输，大大提升了通关效率、运维保障能力及业务规模化运营水平，为呼和浩特市全面开展跨境贸易打开了线上通道。

三、招商引资情况

呼和浩特综试区经营方先后与电商企业（河南保税集团、敦煌网、因泰克科技、欧际贸易、九州科技、云辰贸易公司、小红书、考拉海购、豌豆公主、印记电子商务、博芽吉娜贸易、优拉里）、支付企业（支付宝、财富通、通联支付、捷付睿通）、物流企业（内蒙古邮政速递、顺丰速递、申通物流、百世汇通、海悦通、中外运）进行对接，积极布局跨境电商线上、线下资源及产业生态。目前，河南保税集团、九州科技等跨境电商企业已经在和林格尔新区落地，与中外运、顺丰、尤拉里等企业已达成战略合作意向，正在积极推动与考拉海购、豌豆公主、小红书等知名电商企业建立合作。

配套文件

关于印发《关于促进中国（呼和浩特）跨境电子商务综合试验区发展的若干政策》的通知

（呼政发〔2019〕35号）

各旗、县、区人民政府、经济技术开发区管委会，各有关单位：

现将《关于促进中国（呼和浩特）跨境电子商务综合试验区发展的若干政策》印发给你们，请认真贯彻落实。

呼和浩特市人民政府
内蒙古和林格尔新区管理委员会
2019年10月12日

关于促进中国（呼和浩特）跨境电子商务综合试验区发展的若干政策

第一条 为进一步优化跨境电商发展环境，推动我市跨境电商高质量发展，根据《国务院办公厅关于促进跨境电子商务健康快速发展的指导意见》（国办发〔2015〕46号）和《内蒙古自治区人民政府关于印发中国（呼和浩特）跨境电子商务综合试验区实施方案的通知》精神，制定本政策。

第二条 本政策适用于在呼和浩特市或者内蒙古和林格尔新区（以下简称“新区”）依法注册并在税务部门登记纳税，具备独立法人资格，且数据统计纳入中国（呼和浩特）跨境电子商务综合试验区公共服务平台，开展跨境电商相关业务的企业。

第三条 呼和浩特市和新区分别设立跨境电子商务发展专项资金，在呼和浩特市注册并开展跨境电商业务的企业，符合本政策规定条件的，可享受呼和浩特市给予的专项资金支持；在新区规划范围内注册开展跨境电商业务的企业，符合本政策规定条件的，可在享受呼和浩特市专项资金支持的基础上，再享受新区给予的专项资金支持。

第四条 呼和浩特市设立总额为14542万元的跨境电子商务产业发展专项资金，并分别列入2020年（1828万元）、2021年（4472万元）、2022年（8242万元）财政预算，对在呼和浩特市注册并开展跨境电商业务的企业给予专项资金支持。呼和浩特市跨境电子商务发展专项资金由市商务局具体负责管理。

第五条 新区设立总额为6297万元的跨境电子商务产业发展专项资金，并分别列入2020年（783万元）、2021年（1924万元）、2022年（3590万元）财政预算，在新区规划范围内注册开展跨境电商业务的企业，在享受呼和浩特市专项资金支持的基础上，新区再给予专项资金支持。新区跨境电子商务发展专项资金由新区经济综合运行局具体负责管理。

第六条 资金使用和管理遵循科学论证、规范有效、公开透明、专款专用的原则。

第七条 资金支持标准具体如下：

（一）对年进出口交易额达到10万美元的跨境电商企业，呼和浩特市按照交易额的5%给予资金支持，最高不超过200万元人民币；新区按照交易额的5%给予资金支持，最高不超过100万元人民币。

（二）对服务跨境电商进出口企业20家以上、年在线交易额达到1000万美元的第三方跨境电商平台企业，呼和浩特市按照在线交易额的1%给予资金支持，最高不超过300万元人民币；新区按照在线交易额的1%给予资金支持，最高不超过150万元人民币。

（三）对经内蒙古自治区商务厅认定且经营满一年，实际使用面积超过3000平方米且入驻跨境电商企业达到20家以上的跨境电商综合园区，呼和浩特市给予运营方每平方米100元人民币的一次性资金支持，最高不超过300万元人民币。

（四）对累计营业面积超过500平方米且经营满一年，年交易额超过100万美元的跨境电商O2O线下体验店，呼和浩特市按照每平方米300元人民币的标准给予一次性资金支持，最高不超过50万元人民币；新区按照每平方米300元人民币的标准给予一次性资金支持，最高不超过50万元人民币。

（五）对租用保税仓储并达到合同约定产能绩效考核目标的跨境电商企业，呼和浩特市给予仓储租赁费用全额资金支持；对在新区智能制造产业园租用办公场地并达到合同约定产能绩效考核目标的跨境电商企业，新区给予租金全额资金支持。

（六）对企业送检跨境电商进口商品产生的质量检测费，由呼和浩特市商务局每年据实向检验检测机构支付，企业免缴费用。

（七）对企业从口岸到呼和浩特市的跨境电商进口货物和从呼和浩特市发往口岸的跨境电商出口货物产生的内陆物流费用，呼和浩特市按照其综合运费的50%给予资金支持，每家最高不超过50万元人民币；新区按照其综合运费的25%给予资金支持，每家最高不超过25万元人民币。

（八）对开展跨境电商人才培训的社会培训机构及高校，每培训班次不低于5天，且每班次不少于20人的，呼和浩特市按照每人100元人民币的标准给予资金支持，最高不超过10万元人民币；新区按照每人100元人民币的标准给予资金支持，最高不超过10万元人民币。

第八条 按照呼和浩特市商务局和新区经济综合运行局每年联合下发的《跨境电子商务发展专项资金申报通知》要求，申报企业向呼和浩特市商务局提交本企业跨境电子商务发展专项资金申报材料；在新区规划范围内注册的跨境电商企业，同时将申报材料提交新区经济综合运行局。

第九条 支持资金申请材料

（一）支持资金申报表；

（二）申报单位营业执照复印件；

（三）申报单位或申报单位的服务对象与公共服务平台对接的相关证明材料，以及相应的跨境电子商务交易额、跨境电商双放行清单量、跨境电子商务展示交易销售额的数据；

（四）入驻综合园区企业名单、与入园企业签订合同复印件、园区使用面积证明材料或租赁合同；

（五）O2O线下体验店项目需提供累计营业面积超过500平方米的证明材料或租赁合同；

（六）办公及保税仓储场地租赁合同复印件及达到产能绩效考核目标证明材料；

（七）物流运输的正式合同、发票及付款凭证复印件；

（八）培训会方案、培训会签到册、培训会现场照片及学员身份证复印件；

（九）材料真实性确认书，并由法人签字、加盖公章；

（十）与项目申报有关的其他材料。

第十条 呼和浩特市商务局牵头，新区经济综合运行局配合，共同组织专家或委托第三方中介机构对跨境电子商务发展专项资金申报材料进行评审。

第十一条 经评审通过的企业名单，应在呼和浩特市商务局网站和新区管委会网站将评审结果进行公示，公示期不少于7个工作日。

第十二条 根据评审结果和公示名单，呼和浩特市商务局和新区经济综合运行局，在10个工作日内分别向所属财政部门提出用款计划。呼和浩特市财政局收到用款计划10个工作日内向呼和浩特市商务局拨付资金，呼和浩特市商务局在资金下达后10个工作日内向符合专项资金支持条件的企业拨付资金；新区财政金融局在收到用款计划后10个工作日内向符合专项资金支持条件的企业拨付资金。

第十三条 符合享受专项资金支持条件的跨境电商企业，如存在下列情形之一，将不再享受本规定的专项资金支持，已享受专项资金支持的企业，应退回资金。呼和浩特市商务局和新区经济综合运行局负责专项资金的追回工作。

（一）以提供虚假材料或其他欺诈手段，骗取专项支持资金的；

（二）在企业经营过程中存在违法犯罪行为的；

（三）企业存在其他违法违规行为受到行政处罚的；

（四）其他违反国家法律法规及相关规定的行为。

第十四条 获得跨境电子商务专项资金支持的跨境电商企业，应当建立完整的档案，妥善保管申请和审核材料，自觉接受呼和浩特市商务局和新区经济综合运行局的监督检查。

第十五条 取得专项资金支持的跨境电商企业，应按照国家有关规定进行财务处理，保证专款专用，严禁以任何方式骗取、挤占和挪用。自觉接受由呼和浩特市财政局、呼和浩特市商务局、新区财政金融局及新区经济综合运行局开展的资金使用情况的监督检查。

第十六条 本政策与呼和浩特市人民政府、内蒙古林格尔新区管委会及其他单位制定的其他政策不重复享受。

第十七条 本政策由呼和浩特市商务局和新区经济综合运行局负责解释，具体《申报通知》另行制定发布。

第十八条 本办法自公布之日起 30 日后施行，有效期 3 年，规范性文件统一编号为：ZG-2019-20 号。

企业名录

呼和浩特跨境电商公共服务平台于 2019 年 12 月 12 日正式上线，截至 2019 年 12 月 31 日，共有 2 家备案企业（见表 2-6）。

表 2-6 呼和浩特跨境电商公共服务平台备案企业

序号	企业名称	主营业务	地址
1	内蒙古九州科技有限公司	电子商务	内蒙古自治区呼和浩特市和林格尔县盛乐现代服务业集聚区金盛路与云谷大道交汇处内蒙古赛科星繁育生物科技研究院三楼微软孵化器 A 厅 2 号
2	内蒙古优拉里科技发展有限公司	电子商务	内蒙古自治区呼和浩特市金川开发区呼和浩特出口加工区管委会综合办公楼 215 号房间

统计数据

呼和浩特跨境电商公共服务平台于 2019 年 12 月 12 日正式上线，截至 2019 年 12 月 31 日，呼和浩特跨境电商综试区有 2 家备案企业，分别为内蒙古九州科技有限公司和内蒙古尤拉里科技发展有限公司。

呼和浩特跨境贸易电子商务出口业务数据

暂无。

大事记

2019年1月5日，内蒙古和林格尔新区管委会、呼和浩特海关、呼和浩特市商务局等部门联合赴广州、郑州调研，学习跨境电商发展的先进经验。

2019年3月20日，内蒙古和林格尔新区完成《中国（呼和浩特）跨境电子商务综合试验区建设方案》，确定了综试区线上公共服务平台和线下园区平台建设内容。

2019年7月10日，内蒙古和林格尔新区管委会、河南保税集团、内蒙古蒙商国际贸易协会三方签署合作协议，约定共同出资，成立综试区运营公司。

2019年9月24日，内蒙古北大门跨境电商运营有限公司注册成立，负责运营呼和浩特综试区跨境电商工作。

2019年10月12日，呼和浩特市人民政府和内蒙古和林格尔新区管委会联合出台《关于促进中国（呼和浩特）跨境电子商务综合试验区发展的若干政策》。

2019年12月4日至12日，中国（呼和浩特）跨境电子商务综合试验区线上公共服务平台部署完成，并与海关总署跨境平台对接成功。

长春地区

2019 年，长春市政府积极探索出台了一系列促进跨境电商发展的扶持措施，极大地提高了跨境电商企业的通关效率，便利了跨境电商业务的开展。

发展现状

一、长春地区跨境电商主要进展情况

（一）依托兴隆综合保税区，构建跨境电商全产业链

兴隆综保区作为长春市跨境电商产业集群发展的主要依托载体，经历着长春市乃至吉林省跨境电商从无到有的嬗变。2014年5月，兴隆综保区获批跨境电商出口试点，同年12月实现首批货物出口；2017年6月，兴隆综保区完成东北地区“1239”监管模式下首单跨境电商进口保税备货业务；2018年1月，完成首单跨境电商直购进口业务；2018年4月，完成首单跨境电商网购保税进口（“1239”）备货业务；2019年1月，完成东北地区首单跨境电商网购保税进口（“1210”）业务。长春市跨境电商企业集群发展的上下游全产业链和生态圈在兴隆综保区内初显成效。

（二）重点发展产业园区，打造跨境电商产业链核心

自中国（长春）跨境电子商务综合试验区（以下简称长春综试区）成功获批以来，长春市已初步形成电子商务企业、传统制造企业、具备进出口经营权的商贸流通企业，以及产业园区集聚等良好的跨境电商氛围。接下来政府将重点推动综保、空港“两大核心区”，培育中巴、君临智谷等“多功能园区”，吸引跨境电商龙头企业、中小微企业及第三方服务企业入驻，重点打造跨境电商产业链核心。

（三）完善产业链发展，形成跨境电商生态圈

1. 拓宽跨境电商航空货运通道

借助“中韩（长春）国际合作示范区”建设的有利契机，搭建中韩跨境商品货运包机绿色航线，扩大化妆品、保健品、数码、家居建材等商品进口，鼓励企业开展中韩跨境电商进出口双向业务。开通中德货运包机航线，实现载货回程，扩大欧洲地区进口业务规模，加强汽车、机械制造、医疗化工、新能源和环保产品等产业方面的贸易合作，打造中德跨境电商特色交易板块。

2. 开辟卡车航班陆空联运路线

为促进综试区跨境电商产业发展，兴隆综保区积极谋划卡车航班运营中心项目，搭建卡车航班对外通道，开辟东北内陆地区跨境电商进出口货物陆空联运路线。

3. 充分发挥跨境电商海外仓作用

长春市依托中欧班列（长满欧）跨境物流大通道，在德国纽伦堡设立了海外仓，现已完成在国外的代采购业务，可为长春市跨境电商企业在出口目的地提供一站式供应链物流服务。该海外仓以德国纽伦堡为枢纽，为长春市乃至吉林省的跨境电商及外贸企业提供货物仓储、分拣、包装、派送等安全、快速、便捷的一站式全程供应链物流服务。

4. 强化跨境电商人才队伍保障

加强跨境电商人才的引进、培养及专业培训，优化跨境电商运行管理工作专职

人员配备结构，坚持“走出去、请进来”，以“合作”促“共赢”，探索多元化培训培养模式，强化跨境电商人才队伍保障。多次组织长春市相关部门及重点企业，赴第一、二批综试区学习培训和实地考察。邀请国内外跨境电商领域专家学者，讲解跨境电商新政策、新趋势，提升企业实操技能和风险防范意识。在高校建立跨境电商实训实习基地，开展创新创业活动，营造跨境电商双创氛围。鼓励各城区、开发区举办跨境电商高峰论坛，加强与国内外跨境电商机构、企业的交流合作。

二、长春地区跨境电商发展取得的成就

（一）跨境电商产业生态圈初步形成

经过近几年的扶持培育和招商引资，长春市汇聚了一大批以汽配、光电等产业为代表的生产制造企业、传统外贸企业，以阿里一达通为代表的外贸综合服务平台企业，以顺丰为代表的跨境电商物流企业等跨境电商上下游全产业链企业，初步打造了涵盖跨境电商产品供应、跨境电商运营、跨境电商物流服务、跨境电商金融服务等产业链环节的完整闭环，逐步构建了跨境电商健康发展的支撑体系和良好的生态环境，为进一步推动长春市传统外贸企业转型升级，助推“长春企业”“长春制造”走出去，打造吉林对外开放新高地奠定了坚实基础。

（二）跨境电商产业发展氛围日渐浓厚

长春市政府积极探索出台了一系列促进跨境电商发展的扶持措施，极大地提高了跨境电商企业的通关效率，便利了跨境电商业务的开展。长春市政府积极主导各种活动，大力宣传电子商务发展环境、发展方向、建设成效，掀起了在全市发展跨境电商的热潮。同时，相关跨境电商行业协会、专业机构、高校、企业等组织开展跨境电商人才培训及交流、对接等活动，促进跨境电商领域的创业就业，全市“互相促进、共同发展”跨境电商的氛围日益浓厚。

配套文件

吉林省人民政府关于印发中国（长春）跨境电子商务综合试验区建设实施方案的通知

（吉政发〔2018〕35号）

各市（州）人民政府，长白山管委会，长春新区管委会，各县（市）人民政府，省政府各厅委办、各直属机构：

现将《中国（长春）跨境电子商务综合试验区建设实施方案》印发给你们，请认真贯彻实施。

2018年12月29日

中国（长春）跨境电子商务综合试验区建设实施方案

根据《国务院关于同意在北京等22个城市设立跨境电子商务综合试验区的批复》（国函〔2018〕93号）精神，为全面有效推进中国（长春）跨境电子商务综合试验区（以下简称长春综试区）建设工作，制定本方案。

一、总体要求

（一）指导思想

以习近平新时代中国特色社会主义思想为引领，坚持创新、协调、绿色、开放、共享的发展理念，围绕“一带一路”倡议和“长吉图”国家战略以及吉林省打造“一主、六双”区域协调发展格局，加快推进东北老工业基地全面振兴和长春东北亚区域性中心城市建设，认真贯彻落实党中央、国务院设立跨境电子商务综合试验区的决策部署，着力推进制度创新、管理创新、服务创新，破解跨境电子商务发展中的体制性、机制性障碍，逐步形成促进跨境电子商务发展的管理制度和规则体系，构建跨境电子商务完整的产业链和生态圈，丰富和完善东北亚区域特色的跨境电子商务发展模式，打造新型产业贸易服务链，把长春综试区建设成为全省经济转型升级的重要载体和对外开放的重要窗口，成为外贸持续稳定发展的新动力，成为大众创业、万众创新的重要引擎，为全国跨境电子商务创新发展提供可复制、可推广的经验。

（二）基本原则

——市场主导，政府推动。发挥市场在资源配置中的决定性作用，发挥企业在跨境电商发展中的主体作用，发挥政府在政策创新和环境建设方面的推动作用，盘活现有省内外资源和要素，不断激发企业活力，推动跨境电商快速发展。

——创新发展，有序规范。按照在发展中规范、在规范中发展的要求，通过制度创新、管理创新和服务创新，推动跨境电商自由化、便利化、规范化发展。同时，有效防范风险，保障安全。

——借鉴经验，突出特色。借鉴国内外跨境电商发展的经验，结合长春实际，围绕加快东北亚区域性中心城市建设目标，因地制宜，突出特色，打造有利于跨境电商发展的新体制、新机制和新模式。

——协同配合，重点突破。加强关、税、汇、商、物、融等横向协同与上下联动，形成合力。坚持问题导向，实现重点领域和关键环节的突破。加强资源对接与合作，以点带面，推动区域经济转型升级和协同发展。

（三）发展格局

立足长春，辐射吉林，面向东北亚，集聚资源要素，加强区域互补，努力打造长春“一城、两区、多园”的跨境电商发展新格局。

一城：围绕地处东北亚几何中心区位优势和对俄、日、韩外贸竞争优势，全力将长春打造成为东北亚跨境电商核心节点城市。

两区：依托长春兴隆综合保税区和长春新区，引导建设跨境电商产业聚集区与跨境电商空港实践区，形成功能差异化定位和协同性发展，激发跨境电商创新活力。

多园：突出优势，因地制宜，统筹规划，打造多个专业性跨境电商产业园，实现跨境电商企业规模化、集聚化、多元化发展，加快构建跨境电商生态圈。

（四）实施范围

按照“立足长春、梯次推进、带动全省”的总体要求，分三个阶段实施：第一阶段在长春市全域先行先试，第二阶段在吉林市、延吉市、珲春市复制推广长春综试区成熟做法，第三阶段将复制推广范围扩大到全省其他有条件的地区，全面推进全省跨境电商发展。

二、发展目标

借鉴前两批国家批复设立的跨境电商综合试验区的成熟经验和做法，结合吉林省各地区资源禀赋、产业基础和通道优势，依托长春外贸实际和产业基础，率先突破、辐射全省、面向东北亚区域协调发展，以建设成为具有“一带一路”特色的东北亚跨境电商核心节点城市为总体目标，全面推进长春综试区跨境电商“三平台七体系”，持续打造“一城、两区、多园”的跨境电商发展格局，着力在跨境电商企业对企业（B2B）模式相关环节的技术标准、业务流程、监管模式和信息化建设等方面先行先试，发展“互联网+外贸”的创新与应用，深化外贸领域“放管服”改革。

到2019年，立柱架梁、先试先行。进一步夯实跨境电商发展基础，鼓励先试先行，探索制度创新，逐步建立信息支撑、物流带动、线上线下融合、多部门协调联动、通关一体的跨境电商新型监管服务模式。建设完成长春综试区综合服务平台，逐步对接“七大体系”；促进跨境电商与长春优势产业结合，推动企业转型升级；制定长春跨境电商产业中长期发展规划；适时推出促进跨境电商发展配套政策；引进培育5家以上跨境电商龙头企业；打造3~5个跨境电商企业集聚园或创新孵化园；建设一批跨境商品展示线上线下（O2O）体验店；打造跨境电商人才服务体系，建设跨境电商人才培训中心。

到2020年，重点突破、强化集聚。突破跨境电商的物流、人才、技术、资金、制度等制约因素，广泛集聚企业、人才、资本等要素发展，强化跨境电商产业集聚效能。进一步完善跨境电商综合服务平台功能；提升一批跨境电商优质产业园区；继续引进培育10家以上跨境电商龙头企业及服务配套企业；建设和改造一批跨境电商公共海外仓；培育10个具有影响力的跨境电商品牌；形成跨境电商人才聚集效应；基本实现“一城、两区、多园”的跨境电商发展格局，推动长春市跨境电商总体发展水平跃升东北前列。

到2023年，复制推广、深化改革。坚持以供给侧结构性改革为主线，不断健全和完善可复制、可推广的内陆口岸跨境电商发展经验，充分加强跨境电商的制度、管理和服务创新，深入开展“互联网+外贸”行动，全面深化外贸“放管服”改革，推动新兴产业蓬勃发展和传统外贸产业转型升级，促进长春对外贸易深度融入全球市场，带动全省跨境电商全面创新发展，为推动全国跨境电商健康发展创造更多可借鉴推广的经验。

三、主要任务和工作举措

围绕“一城、两区、多园”的格局，把握长春综试区重大政策机遇，以加快构建跨境电商“三平台七体系”为核心任务，首批择选长春兴隆综合保税区和长春新区为跨境电商两大先行区域，合力形成跨境电商产业聚集区与跨境电商空港实践区的双动力集聚板块，重点推进汽车及零部件、农副产品深加工、医药及医疗器械、光电信息产品、高精装备制造业及木制品加工等优势产业的跨境电商便利化、集聚化，培育主体优势，创新配套政策，完善服务功能，优化营商环境，深化交流合作，有效激活长春跨境电商产业发展潜能。

（一）搭建跨境电商三大平台

1. 建立线上“综合服务”平台。依托吉林电子口岸，推进海关、税务、外汇、商务、市场监管、邮政、交通运输、银行、保险、园区等和企业数据交换，形成“信息互换、监管互认、执法互助”的信息管理模式，建设覆盖长春、服务全省及全国的跨境电商综合服务平台。

2. 建立线下“综合园区”平台。选择长春新区、长春兴隆综合保税区、长春净月高新技术产业开发区、朝阳区等作为首批试点，促进跨境电商线上平台和线下园区的协同发展。

3. 建立跨境电商“双创”平台。引进一批知名跨境电商人才中介服务机构，建设一批跨境电商实用型人才培训基地，健全跨境电商人才公共服务体系，组建跨境电商产业联盟、人才发展联盟，进一步优化创新创业生态环境，推进大众创业、万众创新深入发展。

（二）建立跨境电商七大体系

1. 建立信息共享体系。统一信息标准规范、信息备案认证、信息管理服务，建立多位一体的跨境电商信息合作机制和共享平台。

2. 建立金融服务体系。推进金融机构、第三方支付机构、第三方电子商务平台、外贸综合服务企业之间规范合作，为具有真实交易背景的跨境电商交易提供在线支付结算、在线融资、在线保险等完备便捷、风险可控的“一站式”金融服务。

3. 建立智能物流体系。发挥长白通（丹）大通道、长吉珲大通道独特优势，立足长春—欧洲中欧班列、包机航班、卡车航班、国际邮政等国际物流运输线路，扩大跨境电商陆空联运货运包机航线，开通对东北亚各国的直封邮路，打造全国性多式联运高效物流枢纽中心。构建物流智能信息、物流仓储网络、物流运营服务等系统，形成布局合理、功能齐全的跨境物流分拨配送和运营服务体系。

4. 建立电商信用体系。建立跨境电商信用数据库和信用评价系统、信用监管系统、信用负面清单系统等“一库三系统”，实现跨境电商信用的分类监管、部门共享、有序公开。

5. 建立质量安全体系。建设跨境电商产品质量安全风险监测中心和商品溯源数据库，开展质量安全网络舆情监控，实现商品源头可溯、去向可查、风险可控、责任可究。

6. 建立统计监测体系。探索 B2B 出口统计方法，确立订单、物流单、支付单三单认定标准，增加特定标识，开展以样本抽取、企业直报、企业调查为主的统计试点工作，将各模式跨境电商交易额纳入统计范畴。

7. 建立风险防控体系。建立风险信息采集机制、风险评估分析机制、风险预警处置机制、风险复查完善机制，为政府监管提供有效的技术支撑、决策辅助和服务保障。

（三）打造跨境电商核心区域

1. 跨境电商产业集聚区：以长春兴隆综合保税区为核心，发展跨境电商总部经济，做大保税备货、进口集散、出口集拼、仓储物流、分拨配送、展示体验、交易结算、质量溯源、金融支付、创业孵化、辐射服务等为特色的外向型产业体系。通过与铁路港、陆港和邮港的功能叠加，实现“港口内移、就地办单、多式联运、无缝对接”的内陆港功能，推进跨境电商贸易便利化、投资自由化、产业高端化和治理创新化，依托综保区功能优势和产业基础，建设跨境电商产业集聚区。

2. 跨境电商空港实践区：以长春新区为核心，充分发挥长春龙嘉国际机场空港口岸功能和资源优势，做大做强空港经济，建成集航空运输、口岸服务、分拨转运、线上交易、线下展示、支付金融、商品追溯等于一体的跨境电商全产业链体系，为跨境电商提供全方位服务，加强与东北亚各国的经贸合作。

（四）培育跨境电商四大主体

1. 积极扶持龙头型、基地型、平台型电商企业发展。推动传统制造企业转型发展。引进国内外知名电商、物流、支付、信用、综合服务等企业落地。鼓励企业或个人充分利用第三方平台开展跨境电商业务。

2. 引导内外贸企业上线经营。依托长春扎实的外贸和制造业基础，以“互联网+外贸+长春制造”的新型跨境电商 B2B 模式，鼓励长春跨境电商企业在行业细分领域建设跨境电商平台，培育国际自主品牌，打造单品隐形冠军。

3. 建设跨境电商产业园区。完善园区仓储物流、展示交易、金融服务、信用保险、研发创新等服务支撑，促进跨境电商企业集群化发展，形成布局合理、运行高效、要素集聚、管理科学的跨境电商发展体系。

4. 打造特色产业集群。结合环长春四辽吉松工业走廊、长辽梅通白敦医药健康产业走廊，通过政策促进、园区建设、招大引强等多种手段，基于汽车、化工、农产品加工、医药、高端装备制造、新材料新能源等长春及吉林省的优势产业，大力实施“跨境电商+”战略，形成一批规模结构合理、产业特色鲜明、竞争优势明显的跨境电商产业集群，打造内陆跨境电商出口基地。

（五）推动跨境电商政策创新

1. 推动跨境电商关键环节政策突破。在入、费、关、税、汇等各环节和领域，实行跨境电商新政策、新措施，探索特殊监管区出口监管服务和保税进口监管服务，吸引跨境电商企业集聚。

2. 创新跨境电商通关便利化模式。按便利、创新、超前、有效原则，制定适应跨境电商的进出境申报、商品归类、物流监控、风险防控、管理服务等便利化方案，并先行先试。

3. 推动建立贸易标准化监管流程。将B2B、商家对客户（B2C）等跨境电商交易模式全部纳入长春综试区试点范围，设计不同交易模式的监管流程。根据国家对进出境商品的有关管制措施，建立网上交易管理负面清单监管制度。

（六）提升跨境电商服务水平

1. 支持跨境电商综合服务企业发展。支持企业开展报关、物流、退税、结算、信保、融资等外贸综合服务，提供推广、摄影、美工、网页、客服、售后等电商基础服务。

2. 全方位储备跨境电商人才。鼓励高职院校开设跨境电商专业，形成跨境电商人才定制化培养的政、研、校、企合作机制，共建跨境电商实训实习基地。引进省外与境外跨境电商高层次人才。定期开展跨境电商人才及创业培训。

3. 组建跨境电商产业联盟。积极打造跨境电商产业孵化平台，搭建跨境电商产业联盟平台，发挥行业组织的影响力，促进跨境电商资源集聚与整合。

（七）优化跨境电商发展环境

1. 制定长春综试区跨境电商发展促进办法。在长春综试区注册、纳税，具有独立法人资格并纳入统计体系的企业，给予政策支持。

2. 强化跨境电商法制环境建设。整合社会资源实现信息共享，提高公共服务和市场监管水平，加大跨境电商违法行为的打击力度。

3. 开展规范认证和标准化试点。制定跨境电商行业规范，切实做好重点行业跨境电商试点示范，促进跨境电商走向规范化、品质化发展。

（八）探索跨境电商合作新机制

1. 促进跨境电商综试区间联动发展。同杭州、天津跨境电商综试区开展战略合作，以服务贸易为突破口，加强经验交流和业务合作，加快提升服务业竞争力。

2. 开展跨境电商国际交流与探讨。紧抓“一带一路”机遇，借助跨境电商相关会议，在跨境电商线上平台建设、线下园区培育、交易模式创新、物流体系构建和各国商（协）会对接等方面展开全方位合作。

四、保障措施落实

《国务院关于同意在北京等22个城市设立跨境电子商务综合试验区的批复》（国函〔2018〕93号）精神，加强对长春综试区建设的组织领导，健全机制、明确分工、落实责任，有力有序有效推进综合试验区建设发展。

（一）加强组织领导

长春市及各地各有关部门要高度重视，充分认识发展跨境电子商务的重大意义，加快推动跨境电子商务发展。成立中国（长春）跨境电子商务综合试验区建设工作领导小组，长春市政府及商务、海关、税务、外汇、邮政、工业和信息化、财政、公安、人力资源社会保障、交通运输、市场监管、司法、金融、统计、外事等中省直相关部门为成员单位，负责统筹、协调、组织跨境电子商务综合试验区建设工作。长春市要加强组织领导，成立专门工作机构，精心组织落实长春综试区建设任务。

（二）加强责任落实

各有关部门和长春市要根据本方案进一步细化工作措施，制定工作计划，明确分工，落实责任。长春市要切实履行综试区建设的主体作用，突出重点，大胆创新，抓紧形成一批制度创新清单，加快推进创新举措落地，力争长春综试区建设早出成效。

（三）加强政策支持

省及长春市各相关部门要根据长春综试区建设和发展要求，加强政策和制度创新，做好对口协调，争取上级支持，研究制定涉及便利通关、监督管理、人才培养、互联互通、政策协调等方面制度创新一揽子举措。加大对跨境电商发展的财政支持力度，重点支持跨境电商领域平台建设、园区建设、人才培训和海外仓建设。统筹已有各类资源，鼓励在现有电子商务园基础上建设跨境电商园，拓展发展空间。鼓励各地出台针对性强的扶持政策，加大资金扶持力度，对跨境电商园区和重大项目建设给予支持。

企业名录

截至 2019 年 12 月 31 日，在长春市跨境电子商务公共服务平台备案的本地企业名录见表 2-7。

表 2-7　长春跨境电子商务企业名录

序号	企业名称	企业类型
1	长春兴隆综合保税区隆通供应链管理有限公司	电商平台企业
2	吉林省耀莹国际供应链有限责任公司	电商平台企业
3	吉林哥伦布旅人进出口贸易有限公司	电商平台企业
4	吉林省中新惠进出口贸易有限公司	电商平台企业
5	吉林省共赢国际贸易有限公司	电商平台企业
6	吉林省赢亿商贸有限公司	电商平台企业
7	长春歌珊科技有限公司	电商平台企业
8	吉林省睹物科技有限公司	电商平台企业
9	吉林省博圣进出口贸易有限公司	电商平台企业
10	长春国际陆港食品进出口有限公司	电商企业
11	吉林省瑞之云进出口有限公司	电商企业
12	吉林省辛氏进出口贸易有限公司	电商企业
13	上海又颐国际贸易有限公司	电商企业
14	吉林省久麦贸易有限公司	电商企业

表 2-7 续

序号	企业名称	企业类型
15	长春金石商贸有限公司	电商企业
16	吉林省凯澳斯特跨境供应链有限公司	电商企业
17	德欧汇跨境贸易（长春）有限公司	电商企业
18	长春港荣有通货运代理有限公司	物流企业
19	长春友邦中通快递服务有限公司	物流企业
20	黑龙江省万木国际货运代理有限公司长春分公司	物流企业
21	中国邮政速递物流股份有限公司长春市分公司	物流企业
22	通联支付网络服务股份有限公司	支付企业

大事记

2019 年 9 月 25 日，吉林省商务厅召开“吉林省跨境电子商务峰会（2019）暨吉林省跨境电子商务协会成立大会”，成立吉林省跨境电子商务协会，邀请相关职能部门进行政策解读。

哈尔滨地区

2018年7月，国务院批复哈尔滨等22个城市为国家第三批跨境电子商务综合试验区。哈尔滨市委、市政府高度重视中国（哈尔滨）跨境电子商务综合试验区（以下简称哈尔滨综试区）建设，充分利用国家赋予哈尔滨的这项国家级政策红利，进一步发挥优势、创新引领，扎实推进各项重点工作，努力促进哈尔滨跨境电商产业实现高质量发展。

发展现状

一、发展概述

（一）跨境电商资源禀赋优势明显

哈尔滨地处东北亚中心，是我国开展对俄罗斯合作的中心城市。哈尔滨又是国内至北美地区空中直线距离最近的特大城市，开展对俄及北美跨境电商业务具有得天独厚的地缘优势。哈尔滨跨境电商产业传统优势和定位发展主要是以俄语系国家为主，在对俄语国家的消费观念、消费品类和消费偏好方面有着深入的了解，这种基于俄语人才优势及人文交流形成的软实力是哈尔滨独特的人文优势。为支持哈尔滨跨境电商产业发展，加强哈尔滨综试区建设，哈尔滨陆续出台了支持跨境电商航空物流通道建设的航线运费和国内揽收的优惠政策、支持跨境电商产业发展的税收政策，以及支持跨境电商综试区平台建设、海外仓建设和跨境电商园区建设等一揽子扶持政策，这种政策红利优势也是哈尔滨市跨境电商产业实现快速发展的重要保障。

（二）跨境电商集聚效应初步显现

哈尔滨市各级政府大力加强电子商务基础设施与配套服务建设，吸引跨境电商企业集聚发展。目前已形成以国家级、省级、市级电子商务基地引领电子商务园区（基地）集群，形成了平台交易、通关服务、大数据支持、人才培训、企业孵化、网络服务、金融服务和物流配送等跨境电商企业集聚区。其中以阿里巴巴、敦煌网、大龙网、聚贸等为代表的外地跨境电子商务企业纷纷落户哈尔滨；以赛格文化、中孚伟业、商祺中国、迈远科技、俄优选和俄速通等为代表的本地跨境电商平台企业和物流企业迅速发展壮大；哈尔滨综合保税区跨境电商综合服务平台、中国北方跨境电商物流中心对俄电商小包综合服务平台已成功上线运营，为哈尔滨市跨境电商进出口纳入海关统计提供平台支撑；哈尔滨银行“中俄跨境电子商务在线支付平台”可以全面解决境内跨境电商的在线支付、收单及结汇等问题，为哈尔滨市跨境电商企业提供全方位的对俄金融服务。这些齐聚冰城的电商企业是哈尔滨跨境电商综试区的重要支撑。

（三）园区建设示范引领作用显著增强

按照“发挥优势、突出特色、资源协调和错位发展”的整体工作思路，哈尔滨跨境电商综试区提出了“1+4+N”产业发展思路和规划布局。重点打造了以保税备货进出口为特色的哈尔滨综合保税区，以开展对俄直邮出口和北美进口直邮业务为特色的中国北方跨境电商物流中心，以发展北美保税进出口业务为特色的哈尔滨空港跨境电商物流园和以对俄跨境供应链业务为特色的哈尔滨新经济产业园等“一区多园”模式。目前，各园区都出台了最优惠的招商引资政策，已有约120家各类企业入驻跨境电商综试区线下园区。

（四）跨境电子商务出口发展潜力巨大

哈尔滨是我国东北地区重要的老工业

基地，汽车、装备制造、纺织服装、石化、农业、医药和食品加工等产业优势明显。电子商务在装备制造、手工艺品和绿色食品等很多行业已经在海外营销推广、订单获取等环节广泛应用。良好的产业基础与浓厚的电子商务应用氛围，使得哈尔滨具备了发展跨境电子商务 B2B 出口的良好基础与发展潜力。目前，哈尔滨从事跨境电商业务企业，90%以上从事跨境电商出口业务，其中对俄跨境零售出口贸易额已连续多年位列全国前列。

二、取得的成绩

（一）跨境电商物流通道建设成效显著

为加快哈尔滨跨境电商产业发展，充分利用哈尔滨区位优势，哈尔滨市政府以跨境电商物流通道建设为核心，从解决跨境电商物流瓶颈入手，先后开通了 3 条跨境电商物流通道。一是哈尔滨至俄罗斯叶卡捷琳堡对俄电商小包航空物流通道。目前该通道凭借着“时效快、服务优、邮路安全”等特点，已成为我国对俄跨境电商航空物流第一品牌，得到业界的广泛认可。截至 2019 年年底，对俄电商小包货运包机已累计飞行 676 个班次，货运量 14070 吨，货值业务统计 13.52 亿美元。2019 年共飞行 171 班，同比增长 87.9%；货运量 3582 吨，同比增长 84.2%，创历史新高。二是开通哈尔滨—满洲里—莫斯科公铁联运跨境电商陆运通道，有效解决跨境电商 3C 产品运输问题。截至 2019 年年底，陆运通道共发运邮件 548 万件，货运量 2067 吨。以上两条通道的开通，使哈尔滨对俄出口电商包裹量和对俄跨境零售出口额连续多年位列全国前列。三是开通洛杉矶至哈尔滨货运包机航线（试运行）。该航线是北美洲首条直飞哈尔滨货运航线，开创了东北三省开通北美货运包机业务的先例，同时也标志着哈尔滨国际航线特别是洲际长航线发展取得重大突破。

（二）跨境电商新零售业务取得突破

跨境电商 O2O 线下体验店作为跨境电子商务的新零售模式，可以带给消费者更好的购物体验。目前，哈尔滨跨境电商体验店建设取得新进展。哈尔滨综保区 2 个跨境电商 O2O 线下体验店建设项目成功运行，为消费者带来更为多元化的跨境购物体验。“北大门”跨境电商保税直购中心项目稳步推进。

（三）跨境电商供应链体系建设逐步完善

跨境电商供应链体系建设是加强哈尔滨跨境电商综试区建设的重要内容。目前，黑龙江俄速通供应链管理有限公司可以为中国品牌制造出海提供通关、认证、海外代运营、售后、结汇、退税、海外营销、渠道拓展等一系列供应链服务，现已成为阿里巴巴和京东俄罗斯公司中国区独家供应链服务商，客户覆盖小米生态链、雷神电脑、创维电视等 40 多个中国一线品牌。2019 年俄速通跨境电商供应链出口贸易额达到 3.11 亿元人民币。

三、平台建设

（一）跨境电商综合服务平台建设稳步推进

目前，哈尔滨市通过参考复制先进地

区成熟经验，不断强化跨境电商综合服务平台建设，跨境电商“9610”集货出口模式和“1210”保税备货进口模式跨境电商综合服务平台均已成功运营。一是对俄电商小包综合服务平台实现常态化入统，2019年对俄电商小包出口贸易额4.99亿元人民币。二是哈尔滨保税电商（1210）跨境电商综合服务平台运营良好，目前共有3家跨境电商综合服务平台符合海关监管要求并上线运营，2019年保税电商（1210）进出口贸易额252万美元。

（二）跨境电商海外仓建设快速发展

目前，哈尔滨市共有17个跨境电商海外仓，总面积13.32万平方米，分属8家企业，分别位于俄罗斯（13个）和美国（4个）。其中，俄速通莫斯科海外仓是中国第一个落户俄罗斯的正规、大型的公共服务海外仓。它的建立可以将中俄跨境电商物流时间从目前的20~30天缩减至2~7天，并能在最短的时间进行门对门的配送服务，轻松地让跨境电商卖家享受一站式的仓储物流服务。

四、招商引资

（一）成功引入航天丝路供应链公司，实现邮政小包入统

为实现哈尔滨对俄电商物流航空货运通道邮政小包项目纳入海关统计工作，黑龙江省和哈尔滨市政府通过招商引资方式引进航天丝路供应链公司综合服务平台，并于2019年实现了对俄跨境电商邮政小包纳入海关统计。据统计，2019年对俄邮政小包全年实现跨境电商入统4.99亿元人民币。

（二）积极推进河南“中大门”项目落户哈尔滨

为加快推广跨境电商新零售模式，通过建设跨境电商O2O体验店，打通跨境电商线下零售模式，促进跨境电商线上线下融合发展。2019年，哈尔滨市政府多次与河南保税集团对接，争取复制其“网购保税+线下自提”“即买即提”的购物模式，打造跨境电商新零售业态，建设“北大门”跨境电商保税直购体验中心，为消费者带来多元化跨境购物体验。

配套文件

国家税务总局黑龙江省税务局关于发布《中国（哈尔滨）跨境电子商务综合试验区零售出口货物免税管理办法（试行）》的公告

（国家税务总局黑龙江省税务局公告2019年第2号）

为贯彻落实《财政部 税务总局 商务部 海关总署关于跨境电子商务综合试验区

零售出口货物税收政策的通知》（财税〔2018〕103号），规范电子商务出口企业零售出口货物免税管理，进一步促进我省跨境电子商务健康快速发展，培育贸易新业态新模式，国家税务总局黑龙江省税务局制定了《中国（哈尔滨）跨境电子商务综合试验区零售出口货物免税管理办法（试行）》，现予以发布。

特此公告。

国家税务总局黑龙江省税务局
2019年2月21日

中国（哈尔滨）跨境电子商务综合试验区零售出口货物免税管理办法（试行）

第一条 为规范中国（哈尔滨）跨境电子商务综合试验区（以下简称综试区）零售出口货物免税管理，根据《中华人民共和国税收征收管理法》《中华人民共和国增值税暂行条例》及其实施细则，以及《财政部 税务总局 商务部 海关总署关于跨境电子商务综合试验区零售出口货物税收政策的通知》（财税〔2018〕103号）等规定，制定本办法。

第二条 本办法适用于在综试区内注册并从事跨境电子商务零售出口货物的电子商务出口企业。

第三条 本办法所称电子商务出口企业，是指自建跨境电子商务销售平台或利用第三方跨境电子商务平台开展电子商务出口的单位和个体工商户。

第四条 电子商务出口企业零售出口未取得有效进货凭证的货物，同时符合下列条件的，试行增值税、消费税免税政策：

（一）电子商务出口企业在综试区注册，并在注册地跨境电子商务线上综合服务平台登记出口日期、货物名称、计量单位、数量、单价、金额。

（二）出口货物通过综试区所在地海关办理电子商务出口申报手续。

（三）出口货物不属于财政部和税务总局根据国务院决定明确取消出口退（免）税的货物。

第五条 电子商务出口企业应当按规定办理出口免税备案。

第六条 电子商务出口企业出口符合本办法第四条规定适用跨境电子商务零售出口货物免税政策的货物，应当单独核算出口货物销售额，并在免税业务发生的次月（按季度进行增值税纳税申报的为次季度）增值税纳税申报期内，在增值税纳税申报表（含附表）的对应栏次填报免税销售额，按规定向主管税务机关办理零售出口货物免税申报。

第七条 电子商务出口企业的主管税务机关应当根据税务总局清分的出口商品申报清单电子信息，结合实际情况，加强电子商务出口企业零售出口货物的免税管理工作，发现电子商务出口企业未按本办法第六条规定办理免税申报的，应当按照《中华人民共和国税收征收管理法》及其实施细则处理。

第八条 未纳入本办法规定的其他跨境电子商务零售出口货物涉税事项，按现行有关规定执行。

第九条 本办法自2018年10月1日起执行。具体日期以出口商品申报清单注明的出口日期为准。

企业名录

截至2019年12月31日，在哈尔滨跨境电商综合服务平台上备案并实际开展业务的企业名录见表2-8。

表2-8　哈尔滨跨境电子商务企业名录

序号	企业名称	主营商品	公司地址
1	哈尔滨陆港运营发展有限公司	跨境电商综合服务平台运营企业	黑龙江省哈尔滨市香坊区华茂大道9号哈尔滨综合保税区
2	黑龙江美洲豹进出口贸易有限公司	韩日化妆品、澳洲保健品	黑龙江省哈尔滨市香坊区华茂大道9号哈尔滨综合保税区
3	黑龙江翔羽经贸有限公司	韩国化妆品	黑龙江省哈尔滨市香坊区华茂大道9号哈尔滨综合保税区
4	哈尔滨亿沣伟杰供应链管理有限公司	日本化妆品	黑龙江省哈尔滨市香坊区华茂大道9号哈尔滨综合保税区
5	黑龙江万盟食品有限公司	俄罗斯食品	黑龙江省哈尔滨市香坊区华茂大道9号哈尔滨综合保税区
6	黑龙江道森国际贸易有限公司	美国宠物粮	黑龙江省哈尔滨市香坊区华茂大道9号哈尔滨综合保税区
7	黑龙江俄品多国际贸易有限公司	俄罗斯食品	黑龙江省哈尔滨市香坊区华茂大道9号哈尔滨综合保税区
8	黑龙江欧备勋进出口贸易有限公司	意大利服饰	黑龙江省哈尔滨市香坊区华茂大道9号哈尔滨综合保税区
9	哈尔滨鲸选国际贸易有限公司	日本母婴品	黑龙江省哈尔滨市香坊区华茂大道9号哈尔滨综合保税区
10	黑龙江岁吉国际贸易有限公司	日本化妆品	黑龙江省哈尔滨市香坊区华茂大道9号哈尔滨综合保税区
11	哈尔滨市健怡生物科技有限公司	俄罗斯保健品	黑龙江省哈尔滨市香坊区华茂大道9号哈尔滨综合保税区
12	哈欧国际贸易有限责任公司	德国红酒	黑龙江省哈尔滨市香坊区华茂大道9号哈尔滨综合保税区
13	哈尔滨登月网络科技有限责任公司	美国服饰	黑龙江省哈尔滨市香坊区华茂大道9号哈尔滨综合保税区
14	黑龙江省富钦斯基贸易有限公司	俄罗斯奶粉	黑龙江省哈尔滨市香坊区华茂大道9号哈尔滨综合保税区

表2-8　续

序号	企业名称	主营商品	公司地址
15	黑龙江龙运荟商电子商务有限公司	俄罗斯商品	黑龙江省哈尔滨市香坊区华茂大道9号哈尔滨综合保税区
16	航天信和（黑龙江）供应链管理有限公司	跨境电商综服平台运营企业	黑龙江省哈尔滨市香坊区华茂大道9号哈尔滨综合保税区
17	哈尔滨信和实业有限公司	俄罗斯粮油	黑龙江省哈尔滨市道里区君康大厦
18	航天丝路（哈尔滨）供应链管理有限公司	跨境电商综服平台运营企业	黑龙江省哈尔滨市道里区君康大厦
19	黑龙江俄速通国际物流有限公司	物流仓储	黑龙江省哈尔滨市道里区君康大厦

统计数据

2019年哈尔滨跨境电子商务进出口业务报表见表2-9。

表2-9　2019年哈尔滨跨境电子商务进出口业务报表

跨境电商（9610）进出口额（万元）	占总值（%）	同比（%）	跨境电商（1210）进出口额（万元）	占总值（%）	同比（%）	上线进口商品种类	商品种类（进口量前五位）	备案企业（家）
49926.59	2.01	557.80	1742.74	0.07	—	12	化妆品、洗护用品、婴儿奶粉、保健品、粮油	55

典型案例

后跨境电商时代俄速通供应链开启中国品牌出海之路

黑龙江俄速通集团成立于2013年，是国家级电子商务示范企业、商务部“中国国际货代行业重点企业”，以及黑龙江省首批外贸综合服务试点企业。

一、公司基本概况

俄速通以物流为起点、以俄语系国家为切入点、以中国品牌出海需求趋势为契机，与中国优质品牌商建立紧密合作，致力于帮助中国品牌、中国制造出海，为中国企业提供高效率、低成本的出口流通解决方案。

俄速通始终坚持做中国品牌出海行业持续领跑者，并不断拓展海外市场，目前已在美国、巴西、南非等市场初步建立了跨境电商仓配服务网络建设和供应链服务体系的搭建，逐步实现带领中国品牌走向全球的战略化布局，努力将俄速通打造成为业务专业、技术一流、服务高效的中国品牌出海行业领军企业，让世界每一个地区共享中国品牌。

俄速通自主研发的IT系统（已获得18项软件著作权）实现了境内外“仓干配”一体化的现代跨境物流体系。在一个系统的支撑下完成“物流+海外仓配、跨境供应链服务、商品分销”三大业务的相互协同。

二、主要业务板块

（一）跨境物流+海外仓配服务

俄速通跨境物流服务包括B2C、B2B、阳光化通关、海外仓、俄罗斯本土配送等，构建了完整的中俄物流服务网络体系。俄速通为17万家中国对俄跨境电商提供物流服务，覆盖5700万名俄罗斯线上消费者。俄速通跨境电商物流在中国对俄跨境电商邮路包裹物流行业连续六年业绩排名第一，同时也是阿里巴巴菜鸟最重要的合作伙伴，这条航线已经成为中国跨境电商通向俄罗斯的主通道。俄速通在俄罗斯、美国等地均设有海外仓。俄速通莫斯科海外仓是中国跨境电商在俄罗斯的第一个正规、大型海外仓。海外仓占地面积1万平方米，仓内中国品牌商品种类上千种，并对接了俄罗斯邮政、SPSR、DPD等俄罗斯本土派送服务，实现了俄罗斯全境覆盖。俄速通海外仓也是目前唯一一个在俄罗斯与速卖通、菜鸟、京东、俄罗斯天猫等平台签署服务合同的海外仓。

（二）跨境供应链服务

在深耕对俄物流业务的基础上，俄速通逐渐向供应链贸易服务、供应链金融服务延伸。在供应链服务方面，俄速通对俄供应链完整地集成了从境内品牌端到境外渠道端所有的服务，包括物流、退税、结汇、供应链金融、通关、海外仓配、商品认证、技术认证、本土运营、售后、品牌营销、外汇风险管理等，为中国品牌出海提供一站式解决方案。自俄速通供应链业务开展以来，已成为阿里巴巴俄罗斯公司、京东俄罗斯公司中国区独家供应链服务商；客户覆盖小米手机、小米生态链、华米手环、雷神电脑、创维电视、罗马士、DEKO、ILIFE等100多个中国一线品牌。俄罗斯线上销售的每一台小米手机，都依托于俄速通供应链提供的服务。同时，为解决出海企业流动资金融资瓶颈，俄速通成立了弘晟商业保理公司，在海外搭建了专业化的供应链金融服务体系，帮助企业提高资金流转率，降低汇率风险。2019年俄速通跨境电商供应链出口贸易额达到3.11亿元人民币。

（三）海外商品分销服务

电商分销方面，俄速通通过线上全面覆盖俄罗斯本土及中俄跨境主流电商平台，线下连接俄罗斯大中型城市超2000家零售店，建立了线上线下一体化的分销渠道。2019年8月25日，俄速通俄罗斯天猫首家中国品牌集成店开业，这也是俄罗斯本土线上首个专营中国优质品牌的超级店铺。一期上线的品牌包括创维、美的、海信、海尔、小米、大疆、魅族、联想、小狗电器等40多个中国品牌。2020年计划引入超过100个中国品牌。Smart. life未来将成为俄罗斯消费者线上购买中国优质品牌的主力渠道。

三、取得成绩

成立6年多来，俄速通集团累计营业收入达35亿元，实现利税1535万元。其中，物流业务板块累计营业收入19.3亿元；供应链业务板块累计营业收入15.7亿元。特别是近三年来，公司业务规模以每年100%的速度递增。2019年在全球经济下行的情况下，俄速通依然实现了营业收入100%的递增。

2019年8月，李克强总理视察俄速通哈尔滨总部，并对俄速通的创新对俄跨境供应链服务模式给予了高度肯定和评价。

今天的俄速通，正站在后跨境电商时代的风口上，以供应链落地海外+海外本土线上渠道的创新供应链服务模式，带领更多的中国品牌出海。

大事记

2019年3月25日，《中国（哈尔滨）跨境电子商务综合试验区实施方案》以黑龙江省政府名义印发。

2019年6月10日，哈尔滨市政府召开哈尔滨综试区联席会议。联席会议领导小组组长、哈尔滨市委常委、副市长张万平主持会议，联席会议各成员单位参加了会议。

2019年8月20日，李克强总理来黑龙江考察期间专门考察了黑龙江俄速通供应链公司哈尔滨总部，对俄速通公司提出打造“物流服务、贸易服务和金融服务”的供应链体系模式给予了充分肯定和赞扬，认为这是国际上正在发生的进出口贸易通过跨境电商来快速发展的一个大趋势，希望俄速通公司能够抓住机遇进一步做大做强。李克强总理的亲切关怀不仅是对俄速通公司多年运营成果的巨大鞭策，更为哈尔滨对俄电商物流通道建设指明了发展方向。

杭州地区

中国（杭州）跨境电子商务综合试验区（简称杭州综试区）秉持“六体系两平台”的总体规划理念，通过制度创新、管理创新、服务创新和协同发展，打造了杭州综试区线上综合服务平台，并以线上综合服务平台为建设核心，全力推进综试区战略实施。建成三期海外征信系统、人工智能实验室和“一带一路”网络贸易促进中心，帮助企业获得相关信息，一键“避雷”，并通过杭州主要出口的商品品类进行国际技术标准分类，及时规避贸易壁垒。

发展现状

一、发展概述

（一）着力创新引领，加快发展跨境电商新业态新模式

围绕全流程创新，会同海关、外汇、税务等部门，制定实施新一轮28条制度创新清单。积极探索跨境电商监管新模式，在全国率先落地“1210”保税出口模式，实现快件和邮包双路出口，引领跨境电商创新发展。坚持问题导向，针对企业退换货痛点，创新跨境电商进口包裹退货新模式，拓展“非整单”“非良品”包裹的退货路径，简化退货手续和环节，降低企业运营成本。大力支持社交电商、直播带货等新业态发展，云集在美国纳斯达克上市，执御获得阿联酋相关支付牌照并向开放平台升级，嘉云开启印度卖家计划拓展印度市场，集酷成为非洲第二大跨境电商平台。

（二）着力产业发展，加快促进跨境电商与实体经济深度融合

组织开展“新外贸新服务新制造”2.0行动，大力培育跨境电商新外贸，集聚跨境电商新服务，发展跨境电商新制造，推动杭州制造企业通过跨境电商加快品牌出海。联合阿里巴巴全球速卖通实施“巨鲸计划”，举办全球跨境电商创业创新大赛，开展“国潮出海”等系列活动，打造跨境电商自主品牌；与阿里巴巴国际站举办数字外贸达人赛，激发浙江外贸人的创业创新活力，推进传统企业数字化转型、品牌化发展；与亚马逊举办跨境电商产销对接会，加快杭州制造品牌出海；东南亚知名电商平台Shopee来杭设立品牌孵化中心。截至2019年12月底，杭州跨境零售活跃网店19793家，比年初增长5000多家，年销售额超过千万美元的跨境电商大卖家超过110个。

（三）着力服务企业，加快营造跨境电商最优生态环境

制定出台新一轮跨境电商扶持政策，引导更多传统外贸和制造企业运用跨境电商拓展国际市场。研究实施对美数字营销推广专项举措，积极应对中美经贸摩擦；深入海康威视、巨星科技、九阳家电、顾家家居等重点企业服务，“一对一”研究跨境电商拓展市场解决方案。同时，积极建设开放高效的“数字口岸”，“双11”放行峰值达50057单/分钟，创下秒级通关新纪录；上线出口货物免税管理系统，促进“无票免税”规模化发展；建设全国首个跨境电商海外征信系统，汇集海外企业信息668万条，提升智能化服务企业拓展市场的水平。大力发展跨境金融服务，连连、PingPong、姆珉等领军企业服务跨境电商近百万家。

（四）着力eWTP建设，加快构建新型国际贸易合作网络

大力支持eWTP建设，促进杭州综试区与eWTP实验区的一体化联动发展。eWTP秘书处开工挂牌；eWTP全球采购中心启动营运；eWTP智慧物流枢纽项目

完成 EPC 招标并开工建设；eWTP 菜鸟华东智能仓建成运行，10 月 30 日中俄货运包机“菜鸟号”杭州起飞，日均一班以上，目前菜鸟已运营杭州直达莫斯科、里加、列日等全货机国际航线，邮政运营杭州至新西伯利亚货运航线，圆通新开辟杭州至马尼拉、达卡全货机国际航线，顺丰运营杭州至纽约货运航线等。成立 eWTP 杭州创新工作领导小组及办公室，大力推进 eWTP 示范区重点项目，搭建全球首个 eWTP 公共服务平台，为创新商业试点提供线上支撑，促进 eWTP 商业试点向比利时、卢旺达、埃塞俄比亚等国拓展。此外，积极构建杭州跨境电商海外合作圈，设立法国、荷兰海外服务站，整合 35 个国家（地区）共 82 个海外园区、服务站点和海外仓等资源形成杭州综试区海外智慧服务网络，为杭州企业“走出去”提供更好服务。

二、平台建设

（一）完善政务服务功能，提升通关效率

线上综合服务平台打通跨境电子商务“关、汇、税、商、物、融”之间的信息壁垒，完善 B2C、B2B 通关服务功能，简化、优化跨境电子商务货物申报及退货通关流程，提高通关效率，促进跨境电商自由化、便利化、规范化发展。2019 年线上综合服务平台新增各类跨境电商企业备案 1446 家，其中 B2C 企业 431 家、B2B 企业 1015 家，截至 2019 年年底累计备案 9900 余家。线上综合服务平台 2019 年跨境电商 B2C 进口业务共计 5517 万单，金额 110.12 亿元；出口业务 5051 万单，金额 2.66 亿美元。

（二）探索跨境电商海外征信系统建设

杭州综试区探索全国首个跨境电商海外征信系统建设，征信系统以百万家海外企业数据为基础，参考邓白氏、标准普尔等机构关于企业评级的指标体系，结合跨境电商业务特点，构建具有跨境电商特色、可广泛推广的海外企业信用评价体系，实现海外企业基础信息报告、深度调研报告、风险评估报告和全球风险热力图等功能。

（三）推进跨境零售出口无票免税政策落地

根据《财政部　税务总局　商务部　海关总署关于跨境电子商务综合试验区零售出口货物税收政策的通知》（财税〔2018〕103 号）及《国家税务总局浙江省税务局关于发布〈浙江省跨境电子商务综合试验区零售出口货物免税管理办法（试行）〉的公告》征求意见，对于未取得有效进货凭证的货物，试行增值税、消费税免税政策，并要求综试区内跨境电子商务零售出口企业需在线上综合服务平台登记出口日期、货物名称、计量单位、数量、单价、金额等无票免税相关信息。通过与税务部门和企业的沟通对接，线上综合服务平台上线无票免税系统，即“出口货物免税管理”功能模块，实现了无票免税企业备案、免税数据登记等功能，同时利于税务部门对出口数据进行监管。2019 年，线上综合服务平台已新增杭州圣普网络科技有限公司、浙江物产安橙科技有限公司、杭州直行便供应链有限公司等 8 家无票免税企业备案，登记出口销售额超 4000 万元。

配套文件

杭州市人民政府关于加快推进跨境电子商务发展的实施意见

（杭政函〔2019〕99号）

各区、县（市）人民政府，市政府各部门、各直属单位：

为加快中国（杭州）跨境电子商务综合试验区建设，培育跨境电子商务新业态新模式，鼓励企业更好地参与国际经济合作与分工，大力发展数字经济，推动杭州经济高质量发展，现就加快我市跨境电子商务发展提出如下实施意见。

一、鼓励跨境电子商务主体培育

（一）鼓励推动各类经营主体开展跨境电子商务业务。引导传统外贸和制造企业运用数字贸易平台实现在线化发展、数字化转型，做大做强数字贸易规模。支持生产企业和商贸流通企业利用跨境电子商务方式开展国际贸易，实现数字化转型，促进跨境电子商务企业持续发展，提高跨境电子商务产业竞争优势。对跨境电子商务行业有带动作用的，成长性、市场潜力和影响力较强的重点企业及各类重点经营主体给予不超过100万元的资金扶持。

（二）推进服务创新建设。鼓励跨境电子商务平台和第三方服务企业为跨境电子商务企业提供创新服务，促进跨境电子商务线上平台和线下园区联动发展。对外贸综合服务、物流服务、金融服务、人才服务、海外服务中心、跨境电子商务氛围营造和提升服务、跨境B2B运营服务、跨境电子商务自建独立站、商业模式创新、智能化设施建设、跨境电子商务线下产业园区孵化器、产学研、智慧化服务、公共仓储服务等在政策落实、服务创新等方面起到基础支撑作用的重点项目给予扶持。由区、县（市）初审上报给予扶持的重点项目名单，市跨境电商综试办根据项目的投资金额、创新程度、社会效益等因素进行综合评审，根据评审结果分档给予单个项目不超过50万元的一次性资金扶持。

（三）鼓励引进跨境电子商务产业链优势资源。在鼓励支持本土跨境电子商务企业做大做强的同时，按照培育与引进相结合要求，加强跨境电子商务产业链优势资源的招商促进工作。鼓励区、县（市）对落户本区域的跨境电子商务企业及各类经营主体，根据企业规模、成长速度、综合效益等情况给予政策支持，特别重大的项目可由区、县（市）推荐，采取“一事一议”的方式报经市政府批准后给予市级政策扶持。

二、鼓励跨境电子商务品牌培育

（四）加强跨境电子商务境外注册和国际认证。对在跨境出口目的国注册自有商标的跨境电子商务企业，给予不超过当年境外商标注册费用70%的一次性资金扶持，单个企业扶持总金额不超过20万元；

对在跨境出口目的国通过国际认证的跨境电子商务企业，给予不超过当年国际认证费用70%的一次性资金扶持，单个企业扶持总金额不超过20万元。

（五）鼓励企业通过跨境电子商务平台进行品牌全球推广。鼓励跨境电子商务企业使用自主品牌开展业务，借助社交媒体、搜索引擎等数字化平台开展推广，对于使用自主品牌进行全球推广服务的企业，给予不超过推广费用50%的一次性资金扶持，单个企业扶持金额不超过10万元。鼓励企业运用跨境电子商务平台开展境外推广，对在中国（杭州）跨境电子商务综合试验区线上综合服务平台（以下简称线上综合服务平台）备案的跨境电子商务企业，给予在经市跨境电商综试办认定的跨境电子商务平台所产生的推广费用不超过25%的资金扶持，单个企业资金扶持金额不超过50万元。

（六）鼓励跨境电子商务企业研制跨境电子商务领域的国际、国家、行业（团体）、地方标准和技术规范。符合条件的企业可享受“杭州市标准化项目资助经费管理办法”中的相关政策。

三、鼓励跨境电子商务人才培育

（七）鼓励高校、跨境电子商务平台开展跨境电子商务专业人才培养，探索建立有效的人才培养机制。

1. 在全校范围内跨专业独立组班或开设跨境电子商务微专业的，培养时间在1年及以上且考核通过的人数每年不低于50人的高校，对高职类院校给予不超过10万元的一次性资金扶持，对本科类高校给予不超过20万元的一次性资金扶持。

2. 经省教育厅批准在相关专业基础上设置跨境电子商务方向专业，并纳入高等院校统一招生计划且每年招生人数不低于50人的高校，对高职类院校给予不超过20万元的一次性资金扶持，对本科类高校给予不超过30万元的一次性资金扶持。

3. 对设立实体跨境电子商务学院（分院）且所在学院（分院）人数不少于1000人的高校，给予不超过100万元的一次性资金扶持。

（八）鼓励跨境电子商务企业引进跨境电子商务专业人才。符合“杭州市人才新政”相关条件的跨境电子商务人才，可优先享受相关政策。

（九）鼓励开展跨境电子商务专业培训。支持经市跨境电商综试办认可的社会培训机构开设跨境电子商务技能培训项目，与各区、县（市）跨境电子商务主管部门合作，对企业员工开展跨境电子商务专业培训，每个培训班次时间不少于3天且培训人员不少于20人，年累计培训不少于200人的区、县（市），给予不超过24万元的资金扶持。

四、鼓励跨境电子商务产业园区建设

（十）鼓励线下跨境电子商务产业园区做大做强。市跨境电商综试办牵头开展园区争先创优活动，由各区、县（市）进行推荐，经市跨境电商综试办组织评审，择优给予单个园区不超过50万元的资金奖励。

（十一）鼓励新建跨境电子商务产业园区。对经市跨境电商综试办认定的新开设跨境电子商务产业园区，给予园区主办方不超过100万元的一次性资金扶持。对经认定的跨境电子商务产业园新扩园点，给予园区主办方不超过50万元的一次性资金扶持。

五、鼓励跨境电子商务仓储物流建设

（十二）鼓励企业建设公共海外仓储设施。对列入省级跨境电子商务公共海外仓建设试点名单的企业，除省级扶持资金外，给予不超过20万元的一次性资金扶持；对列入市级跨境电子商务公共海外仓建设试点名单的企业，给予不超过75万元的一次性资金扶持。

（十三）鼓励物流企业和物流平台入驻线上综合服务平台。对符合线上综合服务平台智能物流项目入驻要求并提供服务产品的物流企业给予资金扶持。对在6个月内服务跨境电子商务企业达到5家以上且物流服务总额不低于50万元的跨境电子商务物流企业，给予每家3万元的补贴；对通过线上综合服务平台提供物流服务且年服务总额不低于50万元的跨境电子商务物流企业，鼓励其降低跨境电商企业在杭开展相关业务的物流收费，综合考虑其降费情况，可按照不超过电商企业物流实际订单费用的8%给予资金补贴，每家物流企业不超过50万元。

六、鼓励跨境电子商务公共服务建设

（十四）鼓励建设跨境电子商务出口企业信用保障资金池。由市政府与在杭跨境电子商务平台合作，共同建立跨境电子商务信用保障资金池，帮助企业防范跨境电子商务发展中的各类风险。

（十五）鼓励企业参加跨境电子商务相关展会。对参加经市跨境电商综试办认定的跨境电商展会的企业最高按展位费的70%给予一次性资金扶持，单个企业单次参展费用的扶持不超过6个标准展位。

（十六）鼓励企业通过线上综合服务平台申报业务。按照跨境B2B认定标准，对服务跨境电子商务企业在线上综合服务平台完成跨境B2B通关申报的外贸综服企业、为我市服务的外贸货运代理企业、报关行及其他相关企业，给予单家企业不超过15万元的资金扶持。

（十七）鼓励各区、县（市）设立跨境电子商务运行监测点。支持企业通过线上综合服务平台统计申报体系申报跨境电子商务统计数据，完善我市跨境电子商务运行统计监测系统。对经市跨境电商综试办认定的申报企业50家以上的跨境电子商务运行监测点，根据运行实绩每年给予监测点所属跨境电子商务主管部门5万元的一次性资金扶持，对监测企业数量增长20%以上的跨境电子商务运行监测点，给予所属跨境电子商务主管部门同比例递增的资金扶持，不超过10万元。

（十八）鼓励通关服务平台市场经营主体为企业提供跨境电子商务保税公共服务。对在公共信息和电子口岸业务平台上开展保税进出区联网管理、清单管理等跨境保税业务公共服务的经营主体，根据相关服务业务量，给予每家企业最高不超过200万元的资金扶持。

七、其他事项

（十九）享受本意见扶持政策的企业须同时符合以下条件：

1. 在杭州市依法登记注册的独立法人（外贸货运代理企业、报关行和物流企业不受此限制）；

2. 已取得开展相关业务的资格，切实履行申请承诺，诚信守法经营；

3. 在杭州市开展跨境电子商务相关业

务且纳入综试区跨境电子商务统计监测体系。

（二十）除“二、七、九、十三、十四、十六、十七”条由市级财政承担资金的扶持政策外，其余扶持政策所涉资金均由市财政及有关区、县（市）财政共同承担。其中涉及上城区、下城区、江干区、拱墅区、西湖区、杭州高新开发区（滨江）、钱塘新区、杭州西湖风景名胜区、富阳区的，由市财政和当地财政各承担50%；涉及萧山区、余杭区、临安区、桐庐县、淳安县和建德市的，由市财政和当地财政分别承担25%、75%。

（二十一）“一、二、九、十六、十八”条涉及的具体扶持标准在实施细则中予以明确。

（二十二）本意见自发布之日起30日后实施，实施期为3年，由市跨境电商综试办、市商务局负责牵头组织实施。前发《杭州市人民政府关于加快跨境电子商务发展的实施意见》（杭政函〔2016〕188号）同时废止。各区、县（市）以及各国家级开发区应结合实际，出台本地区跨境电子商务扶持政策。

杭州市人民政府

2019年10月31日

统计数据

2019年，杭州综试区围绕“干好一一六、当好排头兵”，积极创新探索，大力支持eWTP建设，加快促进产业发展。全年实现跨境电商进出口总额137.99亿美元，同比增长21.4%，其中出口95.48亿美元，同比增长19.07%，占全市外贸出口额的19.65%。2019年6月13日，李克强总理调研杭州综试区时给予高度肯定，指示杭州“打造跨境电商全国第一城、全球第一流”。

2019年，全市招引跨境电商企业625家，新招引企业注册资本37.8亿元，其中龙头企业95家。

2019年，杭州综试区拥有13个线下园区，占地面积达1758.1平方米，入驻企业超3200家，实现跨境电商进出口额86.18亿美元，占全市跨境电商进出口总额的62.45%。

2019年，杭州跨境零售活跃网店达19793家，销售额达千万美元以上的大卖家达110个，跨境电商品牌120个以上。

典型案例

案例一：巨星科技——上线之初自带品牌烙印，适应美国 DIY 消费文化，趟出工贸一体企业跨境品牌出海之路

一、从试水到热销，输出品牌最好的方式就是做跨境电商

作为传统企业，巨星科技是原始设备制造商（OEM）出身，巨星科技高级副总裁李锋称，巨星最不缺的就是产品，想要做成百年企业就必须要有自己的品牌才能有话语权。

根据多年的生产经验，巨星不仅了解整个制造业市场品牌环境，而且知道市场上欧美产品的价格。巨星要做自己的品牌，而输出自有品牌的最好、最快的方式就是做跨境电商。

2015 年上线亚马逊平台之初，巨星科技的跨境电商运营团队只有 4 个人。可是巨星抓住了美国家庭生活智能化升级的新机遇，从智能秤切入，上线亚马逊平台，其产品不仅能测量体重、血脂，还研发了 App 负责收集用户消费体验。

4 个月时间，巨星科技投放了几百台智能秤试水，除了一位消费者反馈因为摔过导致测量不准，其余消费者反馈良好。此后，巨星开始大批量上线智能锁等智能家居产品。巨星科技的花园工具、木工工具在亚马逊平台销量达到 150% 以上的增幅。

二、迎合欧美消费者 DIY 需求，品牌与当地消费习惯相结合

巨星科技目前的市场主要是欧美。美国人很讲究 DIY 设计，甚至装修都是自己动手，很多人对于工具的使用都是一次性的，复购率很高。每家每户车库里存放的都是工具，螺丝刀、手工钳子、扳手、榔头样样俱全。

目前，巨星科技在亚马逊平台上线的手工具品牌 WORKPRO、手电筒等照明系列品牌 EverBrite，品质不输于欧美大牌，而销售价格是欧美大牌的 50%，产品的很多功能设计甚至强于欧美大牌产品，在亚马逊平台上客户评价基本能达到五颗星。

三、成为大型商超客户，智能新品正在改变海外终端消费方式

在美国，消费者通过亚马逊购买巨星科技研发的智能锁 i magic 产品，智能组网后，消费者在生鲜电商超市上购买牛排，通过手机远程控制智能锁开门，快递公司不仅可以送货到家，还可以将牛排按照消费者要求送到冰箱指定位置放好，全程都在智能摄像头掌控之下。

李锋说，美国家庭的别墅很大，消费者往往一次性购买巨星科技的 10 个，甚至 20 个智能锁，一个房间放 1~2 个，既可以防盗，还更方便，同时价格还实惠。

4 年前，巨星科技收购了深圳一家芯片公司，斥巨资投入智能家居研发和生产，计划通过跨境电商品牌出海带动品牌

全球化销售。正是因为有在亚马逊平台两年多的热销数据为支撑，巨星科技已成为沃尔玛、Home Depot 等大型商超的供应商。

李锋说，从传统贸易转型跨境电商，这期间还有很多不同的地方。传统外贸是大批量生产和出口，产品要多而全。而跨境电商的选品要精准，尽量做到品种少而精。另外，做跨境电商要想打造自己的品牌必须要做到品质好、产品新、价格适中、售后服务好。

巨星科技具有“天时地利人和”的优势：有工厂、有研发团队、有海外仓、独立运营、放权管理。这些是推动巨星跨境电商业务不断向前发展的根本动力。

面向未来，巨星科技会继续收购世界级品牌，加大跨境电商团队人才的培养，同时会投入更多的资金用于研发新品。

比如，SwissTech 品牌在服装箱包方面在美国家喻户晓，几年前，巨星收购了 SwissTech 并开发户外工具系列，很快就被美国消费者接受，实现了产品升级、包装升级。建筑工具品牌 Goldblatt 已经有 100 多年历史了，巨星收购之后开发了线上产品，预计几年内即可收回投资。

案例二：线上线下与直播带货，同富特美刻的转型之路

一、转型：没有退路

在业界颇具知名度的杭州同富日用品有限公司成立于 2000 年，主要业务是设计、生产各种材质运动水壶、保温瓶等日用品，出口到海外。近年来，受制于国际国内经济形势，做传统外贸出身的同富也受到了影响，虽然没有出现业务下滑，但增长速度明显放慢。2014 年年底，公司管理高层参加了由阿里巴巴国际站组织的一次“寻梦之旅”，2015 年年初，一直在外贸前线的副总经理何秋艳挂帅，带领 3 名业务员，正式在互联网外贸领域开疆辟土。此前，公司虽然建立了自己的网站，也在一些跨境电商 B2B 平台上开通了账号，但由于意识上不重视，没有投入多少资源和注意力，缺乏系统维护，收效甚微。

“当时我们收回了电商团队原有的外贸客户资源，线下展会一律不能参加，这意味着他们没有退路，只能往前冲。”同富董事长姚华俊回忆道。何秋艳接手后，开始投入全部精力“动真格”，注入大笔资金在阿里巴巴国际站上注册了多个账号，将公司 4000 多种产品分门别类一一上网，并将自己公司的网站链接到各个平台账号页面上。

2016 年 3 月，杭州同富跨境电子商务有限公司正式注册成立，同富的跨境电商业务不断发展壮大，每个月都能收到几百条询盘。2017 年 10 月，杭州同富跨境电子商务有限公司更名为杭州同富云商科技有限公司，并按照产品使用场景将团队分为咖啡类、酒类、家居类、户外类，每个品类的主管给予了股份期权作为激励。2018 年同富 B 端销售额 5300 万美元，超过传统外贸的 300 万美元，孵化出了 4 个 VVIP 客户，其中两个客户订单量已经超过了 2000 万美元，值得注意的是公司传统外贸团队共 140 人，而同富云商团队只有 70 余人。

二、进阶：C 端 B 端、线上线下、内贸外贸齐发力

2017 年《人民的名义》热播，剧中达康书记圈粉无数，除了走俏的表情包，同款水杯也受到众多网友的热捧。剧中“达康书记杯”正是出自同富旗下的品牌“TOMIC”。品牌叠加技术研发和制作工艺使“TOMIC”在国内的生意蒸蒸日上，在日韩地区也有一定的市场占有率。

此外，2016 年同富还上线了 A 品牌，发力 C 端，以亚马逊为起点，主攻欧洲、日本、澳大利亚市场，随后又拓展了户外帐篷、箱包等品类。作为公司 B 端业务的有力补充，2018 年同富 C 端销售额达到 300 万美元。“我们计划为新拓展的品类成立新公司，也将进行多平台、多品牌布局，2019 年计划上线 Shopee、eBay、Wish 等平台。”姚华俊表示。

在姚华俊看来，作为外贸企业开发客户的主流传统方式，展会曾经风光无限，互联网时代的到来又使得线下推广的方式逐渐没落，然而现在行业内又呈现了线上线下融合的趋势，一方面在展会中遇到的电商买家越来越多，另一方面，参加展会可以获取对市场、消费者的直接了解，线上和线下“两条腿”，互相补充，要一起迈步走。

三、蝶变：境外+境内贸易两手抓，直播带货促销量

除了一直在做的跨境电商，同富特美刻还扩展了国内市场渠道，对接平台客户和渠道客户，如小米有品、中石油、中石化、中国邮政等集团外包，以出口转内销弥补传统外贸下滑趋势。

“我们的主播借助阿里国际站平台，主要分为内贸和外贸两部分，通过直播达到了 110 万美元的销售额，收效很好！”姚华俊说，“就境外直播部分而言，因为涉及时差问题，欧洲场的直播我们一般放在下午，美国场的直播我们放在晚上，这样正好是他们的白天。国内直播从早上 9∶30 到晚上 11 点会在淘宝平台上持续播出。”

大事记

2019 年 3 月 19 日，浙江省委常委、杭州市委书记周江勇专题调研跨境电商综试区建设工作，走访连连银通、同富日用品等跨境电商企业，并主持召开座谈会。

2019 年 3 月 22 日，建德浙西跨境电商产业园杭州分园开园，这是杭州综试区积极创新跨境电商人才培育，支持杭州西部县（市）在主城区范围内建设“人才飞地”的新的探索模式。通过该模式，建德企业可在杭州寻求和落地研发设计运营资源，利用杭州主城区齐全的城市配套，吸引和留下跨境电商人才，便捷吸纳亚马逊、谷歌、eBay、速卖通等跨境电商平台资源和服务辐射，更好运用跨境电商“拓市场、创品牌”。

2019 年 3 月 29 日，杭州综试区举办数说跨境 2019 中国（杭州）跨境电子商务综合试验区创新发展大会。会议从“原点”“跨越”“境界”三个篇章总结杭州综试区建设情况，从背景条件、主要内容、重点举措三个方面解读杭州综试区打造数字丝绸之路战略枢纽的新实践、新探索、新举措，更好服务“一带一路”发展。

2019年4月3日，由联合国贸发中心和中国电子商会共同主办的“贸易便利化促进电子商务发展行业对话峰会”在瑞士日内瓦举行。其间，杭州从跨境电商实践样本意义、跨境电商生态如何服务中小企业、全球贸易转型发展机遇等与参会代表分享了经验作法。

2019年4月10日，亚马逊全球开店杭州跨境电商产业园正式开园。这是亚马逊全球首个线下跨境电商产业园。杭州综试区将与亚马逊全球开店携手打造“亚马逊全球开店杭州品牌50强”，为其提供量身定制、全方位的国际品牌打造支持；联合开展“亚马逊全球开店101·时代青年计划”，培育跨境电商人才；开发地区特色产业带，高效对接当地优质制造资源，进一步推动浙江制造产品出海。

2019年5月9日，杭州综试区启动跨境电商进口退货新模式，企业不必再设置单独的区外退货专用仓，快递直接通过非申报通道进入保税区，将全部退货流程转到区内，减少中间环节，有效缩短整体退货时间。同时，允许根据实际需求进行部分商品退货，努力拓展“非整单”“非良品”包裹的退货路径，减轻企业经营成本。

2019年5月10日，第二届中国出海品牌价值论坛在杭州举办。论坛以“前瞻性”“专业性”“国际化”成为中国品牌“走出去”交流分享、合作洽谈的重要平台，是“中国品牌出海”主题下最专业、最国际化的论坛。来自中国品牌出海翘楚企业及“中国跨境电商出海品牌30强”“中国企业全球化50强”“中国企业全球化上市50强”等近1000名嘉宾参加活动。论坛期间，发布了《OutrunBrand 2019中国跨境电商出海品牌最具价值30强》报告、“OutrunBrand 2019中国跨境电商出海品牌30推荐榜”。

2019年6月8日，浙江省推进“一带一路”建设大会首发“一带一路”倡议提出6年来浙江省推进建设成果清单，中国（杭州）跨境电子商务综合试验区作为“示范园区”代表成功入围。杭州综试区先行先试4年多来，抓住“一带一路”沿线国家移动互联网普及的机遇，强化在数字技术、在线交易、产业对接、贸易通道、知识服务等方面合作，加快打造数字丝绸之路战略枢纽。据统计，通过总部位于杭州的跨境电商进出口平台，全球100多个国家的优质商品进入中国，并推动了中国制造出口全球200多个国家和地区。

2019年6月13日，中共中央政治局常委、国务院总理李克强调研中国（杭州）跨境电子商务综合试验区，浙江省委书记车俊、省长袁家军陪同，江浙省委常委、杭州市委书记周江勇汇报了杭州综试区建设推进情况，阿里巴巴集团董事局主席马云、网易公司董事局主席丁磊汇报了跨境电商业务发展情况。

2019年6月25日，杭州综试区与东南亚电商平台Shopee签署合作备忘录，落地Shopee杭州孵化中心、Shopee杭州物流中心和Shopee中国首个人才孵化基地，并在Shopee新加坡站点增设杭州专区。Shopee杭州孵化中心将围绕杭州卖家开展选品指导、定期培训、线上直播等活动。Shopee 于 2015 年在新加坡成立，2018 年全年成交金额（GMV）达 103 亿美元，是东南亚发展最快的电商平台之一。

2019 年 6 月 27 日至 29 日，“潮起钱塘 · E 揽全球”第四届全球跨境电商峰会在杭举办。会上，聚焦数字如何赋能、产业如何互融、跨境电商新突破点、产业数字化的创新力量等重点内容，国内外政商学界知名人士开展一系列交流，探讨跨境电商发展的新趋势、新格局、新规则。据不完全统计，27 日主论坛国内外直接宣传报道超过 200 篇，13 家媒体现场直播点击量超 280 万次。

2019 年 7 月 3 日，杭州综试区组织天猫国际、网易考拉、云集、鲜丰水果等跨境电商企业在中国台湾地区举办第十一届两湖论坛跨境电商分论坛活动。台湾南投县农业处、农会及梅子梦工厂等企业负责人一百余人参加。会上，双方围绕跨境电商综试区建设发展、跨境电商平台经营和南投农产品跨境电商实践等开展交流讨论，并在开展农产品跨境电商、加强两岸企业交流、促进企业发展等方面达成共识，推动南投县农产品插上互联网的翅膀。

2019 年 7 月 16 日，圆通航空杭州直飞菲律宾首都马尼拉的全货机航线顺利完成首航。该往返航线班期定于每周二、四、六，由波音 B757F 机型执飞，最大业载 50 吨，出口货物以跨境电子商务产品为主，进口货物主要为菲律宾特色水产品和水果，每年可为杭州萧山国际机场带来近 8000 吨的货邮吞吐量。该航线的开通，为杭州与马尼拉之间的商贸互通搭建了一条高效的空中通道。

2019 年 8 月 21 日，杭州综试区与阿里巴巴全球速卖通签订合作协议，共同启动跨境电商“巨鲸”计划，将通过实施“国潮出海”项目、举办创业创新大赛评选、评选“十大出海品牌”等活动，遴选 300 家杭州制造企业作为全球速卖通“中国好卖家”，培育自主品牌，打造标杆企业，促进跨境电商与实体经济深度融合，推进“杭州制造”向价值链高端进军，加快跨境电商品牌出海。阿里巴巴全球速卖通是中国最大的零售出口电商平台，海外买家数累计突破 1.5 亿，覆盖全球 220 多个国家和地区。截至 2019 年 12 月底，全球速卖通平台杭州卖家数 6334 个，同比增长 47.17%。

2019 年 9 月 5 日至 8 日，杭州“国际日”期间，杭州综试区跨境电商特色馆成为市民关注焦点。馆内安排了跨境进口商品、产品质量监测、海外留学生创业等内容。参观者还可借助 AR（增强现实）&VR（虚拟现实）技术，自由切换参观、体验和经营模式，真实体验企业跨境出口流程。杭州综试区 e-Box 平台还在现场展示了海外征信、智能物流、金融等服务。

2019 年 9 月 18 日，“新机遇 新连接 新融合”两岸电商协作高峰论坛成功举办。会上，天猫国际、云集联合中国台湾网等企业发起两岸电商协作联盟，发布推动两岸电商协作倡议，将在年内实现在大陆电商平台销售 10 亿元中国台湾地区商品。倡议提出，联盟将致力于为两岸电商企业搭建常态化合作交流平台，提供电商市场信息及咨询服务，协助贸易配对，为两岸电商企业提供接洽机会和配套服务，并建立长期合作机制和监督机制，互相制定联络窗口，共同营造两岸电商合作的良好经贸环境。

2019年10月15日，由中国（杭州）跨境电子商务综合试验区、人民日报海外网、杭州海外联谊会、欧洲杭州联谊总会、总商会联合主办的第三届中法跨境电商峰会在巴黎召开。会上，杭州综试区介绍了杭州基本情况、跨境电商在杭州的创新实践，并向与会人士发出欢迎来杭投资兴业、共创未来的邀请。法方相关负责人感谢中法跨境电商峰会为改变贸易格局所作的努力，“一带一路”伟大规划为电子商务发展提供了历史机遇，希望中法两国携手促进经贸发展，共建美好世界。

2019年10月30日，“菜鸟号”货机从杭州萧山机场起飞，历经12小时抵达莫斯科机场，标志着杭州到莫斯科首条直达电商货运航线正式开通。该航线“双十一”高峰时期日均两班，日常每天一班，是当前频次最高的中俄电商货运航线。在不增加物流费用的前提下，平邮包裹送达时间由50天缩短为10天，大大提升了俄罗斯消费者购买中国商品的使用体验。

2019年10月31日，杭州市政府正式印发《关于加快推进跨境电子商务发展的实施意见》（杭政函〔2019〕99号）从促进跨境电商与实体经济深度融合发展的角度出发，制定了鼓励跨境电商主体培育、鼓励跨境电商品牌培育、鼓励跨境电商人才培育、鼓励跨境电商产业园区建设、鼓励跨境电商仓储物流建设、鼓励跨境电商公共服务建设等六方面扶持举措，为杭州推动跨境电商新制造发展提供保障。

2019年11月，在第二届中国国际进口博览会期间，G60科创走廊跨境电商产业联盟授牌。该联盟旨在承接进口博览会的溢出效应，包含58家优质跨境电商企业，覆盖上海、杭州、嘉兴、金华、苏州、湖州、宣城、芜湖、合肥9个城市，将致力于促进九城市跨境电商政企沟通、资源共享、产业互助，赋能九城市跨境电商综合竞争力和市场话语权，搭建九城市跨境电商人才培训、展示展览平台。在杭州综试区的努力推荐和积极协调下，阿里巴巴旗下“考拉海购”任理事长单位，云集任副理事长单位。

2019年11月21日，杭州综试区联合钱江海关、阿里巴巴全球速卖通共同举办2019“品质出海·知产合规”峰会。活动围绕品牌建设中的知识产权保护、税务合规、海关、外汇、司法仲裁等知识，为企业规避品牌建设中的风险提供多方视角，搭建品牌出海的护城河。本次峰会采用了主会场+诊疗室的形式，在商家与平台之间搭建一个高黏度的信息交流平台，为商家进行了差异化的问题沟通和诊断，解决商家痛点问题。

2019年12月25日，世界电子贸易平台（eWTP）秘书处在杭州开工挂牌，全球首创eWTP公共服务平台随后也正式上线运营。作为eWTP倡议发起的原点，杭州大力支持eWTP建设，2019年启动eWTP全球采购中心项目，开工eWTP菜鸟智慧物流枢纽二期，建成eWTP菜鸟华东智能仓，“菜鸟号”航空货运专线从杭州直达莫斯科、里加、列日等地。目前，杭州综试区正会同阿里巴巴、海关等部门加快建设eWTP示范区，推进更多数字贸易创新试点在杭州“先行先试”，加快打造新型国际贸易创新策源地，更好服务“一带一路”发展。

2019年12月27日，全国首单“1210”邮路保税出口在杭州跨境电商综试区下沙园区成功放行，标志着杭州跨境电商零售出口模式的又一创新突破。通过该模式，跨境电商出口商品入区即可办理退税手续，海外仓前置至综保区，价格更低、线路更广泛的邮路为企业降低经营成本，同时大货进区、小包裹出口的方式为规避贸易摩擦提供了有效途径。接下来，杭州综试区将进一步加大“1210”保税出口模式的推广力度，推动更多传统外贸和制造企业通过该模式开展跨境电商业务，更好开拓海外市场。

合肥地区

自中国（合肥）跨境电子商务综合试验区（以下简称合肥综试区）获批设立以来，在各相关部门的大力支持下，各项建设工作加快推进。2019 年，合肥综试区实现跨境电商交易额 9.06 亿美元，同比增长 66.5%。

发展现状

一、持续优化跨境电商营商环境

一是省市高度重视跨境电商发展。2019 年，安徽省政协将“推进跨境电子商务综合试验区建设”作为月度专题协商会主题，通过召开通报会、集中调研、问卷调查、征集意见等方式，全面了解全省跨境电商发展情况和合肥综试区建设情况，专家委员问诊把脉、建言献策，全方位推动跨境电商健康快速发展。二是提升跨境电商监管效率。庐州海关采取增加监管力量、仓内理货、周末预约加班、大促销期间 24 小时值班等措施服务企业，便利通关。三是提高跨境电商出口退税效率。合肥市税务局在部分跨境电商产业园设立税务窗口，服务园区企业，及时解决跨境电商企业的涉税需求。严格落实限时办结制度，按照企业出口管理类别时限要求办结退税流程，2019 年将退税平均时间缩减至 6 个工作日。

二、做好跨境电商各项基础工作

一是开展重点课题研究工作。2019 年，根据商务部通知要求，结合我市实际，开展跨境电商重点课题研究工作，形成了《海外仓推动跨境电商发展作用》《中小企业发展跨境电商做大做强实证分析》2 个课题研究报告，其中《海外仓推动跨境电商发展作用》入选商务部优秀研究课题。二是出台政策引导促进跨境电商发展。2019 年 1 月，国家税务总局安徽省税务局关于发布《中国（合肥）跨境电子商务综合试验区零售出口货物免税管理办法（试行）》的公告（2019 年第 2 号），规范合肥综试区零售出口货物免税管理；4 月，合肥市商务局印发了《合肥市跨境电子商务产业园区认定和管理办法（试行）》（合商跨境〔2019〕60 号），推动跨境电商产业集聚化、规模化发展。三是强化人才培养力度，合肥轩昂职业培训学校与安徽财经大学、淮北师范大学等安徽省 50 所高校展开校企合作，通过课程置换、学分互换、共建专业、实习就业等一体化服务，从源头培训和储备专业化跨境电商人才。安徽梵海成立梵谷学院，与协会、高校等合作，加快建设独立站跨境电商园区教室和校内实战基地，培养实用性跨境电商人才。

三、推动跨境电商服务平台加快发展

一是推动线上综合服务平台建设。依托线上综合服务平台，2018 年以来，合肥市先后开通了跨境电商直购进口（“9610”模式）、保税进口（“1210”模式）和零售出口（“9610”模式）业务。2019 年，合肥市线上综合服务平台共实现清关单量约 110 万单，交易货值约 2 亿元。二是推动线下综合园区加快发展。合肥市 2 个省级跨境电商产业园加快发展，安徽（蜀山）跨境电子商务产业园内的合肥国际邮件互换局，2019 年进出口包裹约 1361 万件，有力带动了跨境电商零售进出口业务发展。2019 年 4 月，国务院批复同意合肥出口加工区整合优化为合肥经济技术开发区综合保税区，园区内1万平方米保税仓库和5000平方米公共保税仓也已投入使用。合肥综合保税区与雅娜购公司合作，成立了安徽华利达跨境电商公司，为区内跨境电商企业提供“一站式”服务。工投创智天地跨境电商产业园集聚了众多跨境电商平台、金融、供应链、教育等资源，着力打造跨境电商生态体系。2019年7月10日，合肥（庐阳）跨境电商孵化中心挂牌运营，助力合肥市传统企业转型发展跨境电商。

四、加强跨境电商主体培育力度

一是推动重点招商项目开仓运营。2019年3月28日，合肥市举办了中国（合肥）跨境电子商务综合试验区招商引资项目签约暨入驻仪式，网易考拉、雅娜购等9个重点跨境电商项目签约入驻。6月3日，举办了网易考拉等9个跨境电商重点项目集中开仓仪式，网易考拉、孩子王等跨境电商项目开仓运营。10月18日，举办了合肥综合保税区跨境电商项目集中签约暨开仓仪式，雅娜购项目正式开仓运营。二是开展跨境电商专项招商活动。5月21日，在杭州举办安徽（合肥）跨境电商项目对接会，重点推介合肥市跨境电商空间载体、产业链和生态圈。第二届进博会期间，市领导带队先后赴小红书、拼多多等跨境电商龙头企业，开展招商活动。三是推动跨境电商主体发展壮大。2019年，合肥市引进的考拉海购、孩子王、雅娜购等重点跨境电商项目持续稳定运营，跨境电商保税进口规模持续增长；安徽国弘工贸有限公司、安徽大恒能源科技有限公司、合肥大中进出口有限公司、安徽米莱诺贸易有限公司等本土跨境电商企业进一步发展壮大。

五、形成多类型的跨境电商发展形态

经过近几年的推动与探索，按照企业交易模式，合肥市跨境电商发展出5种形态。一是跨境电商进口模式，即保税进口（“1210”模式）、直购进口（“9610”模式），代表企业有合肥无尾熊电子商务有限公司（考拉海购）、安徽马堡供应链管理有限公司（孩子王）、合肥海斯罗德进出口贸易有限公司等。二是跨境电商B2B出口模式，其中一部分是传统外贸企业、制造业企业转型而来，如安徽国弘工贸有限公司、安徽大恒能源科技有限公司等；还有一部分是与工厂合作，由工厂代加工产品，企业通过阿里国际站等平台实现销售，如合肥布诺太阳能科技有限公司。三是跨境电商B2C出口模式，其中绝大部分企业是通过跨境邮包出口至海外，如安徽米莱诺贸易有限公司、安徽福莱尔电子商务有限公司等。四是跨境电商B2B2C出口模式，企业通过一般贸易方式将产品大批量出口至海外，暂存于海外仓中，然后通过亚马逊等跨境电商平台实现销售，如合肥大中进出口有限公司等。五是两头在外，运营中心设在合肥的跨境电商模式，鉴于合肥较低的商业和人力成本，有些跨境电商企业，如合肥合趣网络科技有限公司、安徽碧树进出口贸易有限责任公司等，在亚马逊、eBay、Wish等跨境电商平台开店，其销售产品在省外采购，产品也以省外公司名义报关出口，仅运营中心落户在合肥。

配套文件

国家税务总局安徽省税务局关于发布《中国（合肥）跨境电子商务综合试验区零售出口货物免税管理办法（试行）》的公告

（国家税务总局安徽省税务局公告2019年第2号）

为了贯彻落实《财政部 税务总局 商务部 海关总署关于跨境电子商务综合试验区零售出口货物税收政策的通知》（财税［2018］103号），规范中国（合肥）跨境电子商务综合试验区零售出口货物免税管理，国家税务总局安徽省税务局研究制定了《中国（合肥）跨境电子商务综合试验区零售出口货物免税管理办法（试行）》，现予发布，自发布之日起施行。

特此公告。

国家税务总局安徽省税务局

2019年1月31日

中国（合肥）跨境电子商务综合试验区零售出口货物免税管理办法（试行）

第一条 为规范中国（合肥）跨境电子商务综合试验区（以下简称“综试区”）零售出口货物免税管理，根据《财政部 税务总局 商务部 海关总署关于跨境电子商务综合试验区零售出口货物税收政策的通知》（财税〔2018〕103号）的规定，制定本办法。

第二条 对综试区电子商务出口企业零售出口未取得有效进货凭证的货物，同时符合下列条件的，试行增值税、消费税免税政策：

（一）电子商务出口企业在综试区注册，并在注册地跨境电子商务线上综合服务平台登记出口日期、货物名称、计量单位、数量、单价、金额等出口信息。

（二）出口货物从综试区所在地海关办理跨境电子商务零售出口申报手续。

（三）出口货物不属于财政部和税务总局根据国务院决定明确取消出口退（免）税的货物。

本办法所称电子商务出口企业是指自建跨境电子商务销售平台或利用第三方跨境电子商务平台开展电子商务出口的单位和个体工商户。

第三条 电子商务出口企业应于首次免税申报时，向主管税务机关办理出口退（免）税备案手续，填写《出口退（免）税备案表》。首次免税申报前已办理出口退（免）税备案手续的电子商务出口企业，无须重复备案。

第四条 电子商务出口企业应在货物报关出口之日次月起至次年5月31日前的各增值税、消费税纳税申报期内按规定向主管税务机关办理零售出口货物增值税、消费税免税申报。

第五条 电子商务出口企业向主管税务机关办理增值税、消费税纳税申报时，增值税一般纳税人应在当期《增值税纳税申报表（适用于增值税一般纳税人）》

附列资料一第18栏“四、免税”“货物及加工修理修配劳务”填报上述适用免税政策货物销售额；增值税小规模纳税人应在当期《增值税纳税申报表（小规模纳税人适用）》中第13栏“出口免税销售额”填报上述适用免税政策货物销售额。消费税纳税人应在当期《本期减（免）税额明细表》中第4栏“减（免）金额”填报上述适用免税政策货物销售额。

第六条 电子商务出口企业对应征增值税及消费税的销售额、免征增值税及消费税的销售额应分别进行核算，未分别核算的，不得免税。

第七条 一般纳税人电子商务出口企业适用免税政策的出口货物，其对应的进项税额不得抵扣。

第八条 电子商务出口企业未按本办法规定申报免税的，应视同内销征收增值税、消费税。

第九条 主管税务机关应利用海关出口商品申报清单电子信息，结合实际情况，加强电子商务出口企业零售出口货物免税管理工作。

第十条 本办法自发布之日起执行。

2. 2019年4月28日，合肥市商务局出台《合肥市跨境电子商务产业园区认定和管理办法（试行）》（合商跨境〔2019〕60号）。

关于印发合肥市跨境电子商务产业园区认定和管理办法（试行）的通知

（合商跨境〔2019〕60号）

各县（市）区、开发区商务主管部门：

为推动中国（合肥）跨境电子商务综合试验区建设，进一步优化跨境电子商务产业园区功能布局，促进跨境电子商务产业集聚和加快发展。市商务局制定了《合肥市跨境电子商务产业园区认定和管理办法（试行）》，并经市司法局依法登记（登记号：HFGS-2019-22），现印发给你们，请认真贯彻执行。

合肥市商务局

2019年4月28日

合肥市跨境电子商务产业园区认定和管理办法（试行）

第一条 为推动中国（合肥）跨境电子商务综合试验区建设，加快我市跨境电子商务产业集聚 营造良好发展环境，促进合肥跨境电子商务健康快速发展 特制定本办法。

第二条 合肥市跨境电子商务产业园区是指聚集 一定数量跨境电子商务企业、跨境电子商务业务发展特色明显、以发展跨境电子商务产业为主导、具有明确的经营管理机构，能够提供相应的基础设施保障和公共服务的区域。

第三条 市商务局负责全市跨境电子商务产业园区的审核认定工作。各县 开发区商务主管部 负责本区域内跨境子商务产园区的申报预审和推荐工作。

第四条 园区认定标准。

（一）申请合肥市跨境电子商务产业园区须满足下列条件：

1. 园区规划科学合理。有中长期发展规划 功能定位准确、发展方向明确。

2. 园区建有完善的基础设施 直接用于跨境电商企业的办公面积达到 1500 平方米以上，跨境电商配套服务设施完善，具备跨境电子商务的仓储、物 流配送 产品展示等服务功能，且有 3 名以上专职办公人员负责园区建设管理工作。

3. 园区产业集聚效果明显，入驻的各类跨境电商企业在 20 家以上，其中跨境电商经营企业不少于 10 家。跨境电商企业是指从事跨境电商经营或者提供相关服务的企业 包括跨境电商经营企业、跨境电商平台企业、跨境电商支付企业、跨境电商物流供应链企业等各类型相关企业。

4. 园区服务政策明确，具有明确的、促进跨境电商园区建设和入驻企业发展的支持政策。设置专门管理服务机构，配备专职管理服务人员，建立企业孵化 业务咨询等公共服务体系。

5. 园区具有明确的经营管理机构和运营机制。

（二）中国（合肥）跨境电子商务综合试验区首批“一核三区”线下园区，自动认定为合肥市跨境电子商务产业园区［首批“一核三区”线下园区指安徽（蜀山）跨境电子商务产业园、合肥综合保税区、合肥出口加工区 空港经济示范区］。

第五条 符合条件的园区运营主体或所在区域的管委会，可以作为合肥市跨境电子商务产业园区的申报主体。

第六条 合肥市跨境电子商务产业园区采取主体申报 县（市）区、开发区商务主管部门初审推荐、市商务局审核认定的程序，具体如下：

（一）通知。由市商务局发布申报通知 组织申报。

（二）申报。各申报主体按照有关要求提供申报材料，上报各县（市）区 开发区商务主管部门。申报材料包括：

1. 申报主体的申请报告（包括基本情运作机制、软硬件设施情况及入驻企业情况等。原件，需加盖单位公章）；

2. 合肥市跨境电子商务产业园区申报表；

3. 申报主体的统一社会信用代码证等相关证件（复印件）；

4. 地方政府［指县（市）区政府、开发区管委会］关于批准园区建设的相关文件（复印件）；

5. 园区促进跨境电子商务发展的政策文件；

6. 园区规模（建筑面积、员工人数等）证明文件、园区发展规划；

7. 已入驻跨境电子商务企业、单位名单及经营情况一览表；

8. 有关证明材料。

（三）推荐。各县（市）区、开发区商务主管部门根据申报情况，认真查验相关材料，出具推荐意见后，报送市商务局。

（四）审核。市商务局根据申报情况，组织开展专家评审，根据评审意见提出拟认定的产业园区名单。

（五）公示。对拟认定的产业园区由市商务局在网站上予以公示。对在公示期间产生异议的，必要时由市商务局组织进行调查复审，对异议成立的，不予认定。

（六）认定。对在公示期间无异议或者异议不成立的产业园区，正式认定为合肥市跨境电子商务产业园区。

第七条 经认定的合肥市跨境电子商务产业 区，符合国家、省、市、县（市）区、开发区相关资金扶持条件的，可予以相应支持。

第八条 合肥市跨境电子商务产业园区认定工作每年一次。认定有效期为三年，期满后需重新认定。第九条 产业园区应建立业务统计监测体系，每月 15 日前向市商务局报送相关业务数据，下一季度的 15 日前向市商务局报送园区前一季度发展情况报告。

第十条 本认定办法实施期间，如国家、省、市相关政策发生调整，则按照国家、省、市调整后政策的相关要求执行。

第十一条 本认定办法自发布之日起实施，有效期三年，由市商务局负责解释。有关政策法律依据变化或有效期届满，根据情况依法修订。

附件：1. 合肥市跨境电子商务产业园区申报表

2. 合肥市跨境电子商务产业园申报书

附件 1

合肥市跨境电子商务产业园区申报表

填报时间：　　年　月　日　　　　　　　　　　　　　　　　　　法定代表人签字：

<table>
<tr><td colspan="3">园区名称：</td><td colspan="2">批准设立部 及设立时间：</td></tr>
<tr><td colspan="3">经营管理机构：</td><td colspan="2">营业执照号码或批准建立文书：</td></tr>
<tr><td colspan="5">园区地址 .</td></tr>
<tr><td rowspan="2">基本情况</td><td>占地面积（亩）</td><td></td><td>建筑面积（万平方米）</td><td></td></tr>
<tr><td>累计总投资（万元）</td><td></td><td>计划总投资（万元）</td><td></td></tr>
<tr><td colspan="2">入驻跨境电商企业数</td><td colspan="3"></td></tr>
<tr><td colspan="2">其中入驻跨境电商经营企业数</td><td colspan="3"></td></tr>
<tr><td colspan="2">其中入驻跨境电商平台企业数</td><td colspan="3"></td></tr>
<tr><td colspan="2">其中入驻跨境电商支付企业数</td><td colspan="3"></td></tr>
<tr><td colspan="2">其中入驻跨境电商物流供应链企业数</td><td colspan="3"></td></tr>
<tr><td colspan="2">其中入驻跨境电商其他类型企业数</td><td colspan="3"></td></tr>
<tr><td>园区服务内容</td><td colspan="4">□交易平台服务 □边关服务 □税务服务 □结汇服 □物流服务 □支付和结算服务 □信用认证服务 □统计监测服 □企业孵化服务 □其他：</td></tr>
<tr><td>法定代表人姓名</td><td></td><td>电话：</td><td>手机：</td><td>邮箱：</td></tr>
<tr><td rowspan="2">业务负责人姓名</td><td rowspan="2"></td><td colspan="2">职务：</td><td>电话：</td></tr>
<tr><td colspan="2">手机：</td><td>邮箱：</td></tr>
<tr><td colspan="5">县（市）、区、开发区商务主管部门意见：

推荐单位（盖章）：
年　月　日</td></tr>
</table>

附件 2

合肥市跨境电子商务产业园区申报书

申请主体（盖章）：
通信地址：
联系人：
联系电话（固话）：　　　　　　　　　　手机：
电子邮箱：
填报日期：　　　年　　月　　日

××园区创建合肥市跨境电子商务产业园区申报书

一、基本情况

重点说明在跨境电子商务产业园区建设方面已经具备的条件和基础，包括园区范围、园区布局建设、相关规划管理机构、工作机制、已入驻企业、务开展情况、当地政府已出台政策、园区对当地跨境电子商务和区域经济发展的影响等。

二、园区跨境电子商务发展情况

1. 园区符合当地经济社会发展总体规划情况 建设发展规划、产业布局等情况；

2. 园区跨境电子商务企业集聚发展情况。包括但不限于跨境电子商务企业聚集和孵化数量、园区内跨境电子商务企业年营收规模等情况；

3. 园区跨境电子商务公共服务平台建设情况；

4. 园区跨境电子商务公共服务支撑体系建设情况；

5. 园区提供给跨境电子商务企业的基础配套服务设施情况；

6. 园区经营管理机构、运营机制及规范管理等情况；

7. 园区获得荣誉称号情况；

8. 其他相关情况。

三、下一步发展计划

根据县（市）、开发区发展规划，结合区域产业基础，围绕环境营造、效益实现、服务提供、企业 培育等方面，重点说明3-5年内园区创建工作的目标和主要措施。

（注：以上为参考提纲，各申报单位请结合自身实际撰写申请报告，并附上相应的佐证材料。）

典型案例

合肥布诺太阳能科技有限公司

一、企业基本情况

合肥布诺太阳能科技有限公司是一家集光伏组件和光伏发电系统研发、销售、服务于一体的跨境电商公司。公司成立于2013年，总部位于合肥市蜀山区，主营太阳能光伏系列产品，包括组件、太阳能充电控制器、蓄电池、逆变器、支架、电缆、便携式移动电源、太阳能路灯等产品。公司的系列产品通过TUV、ETL、UL1703、IEC、CEC、CE、INMETRO等国际权威认证，产品出口全球130多个国家和地区，2019年实现跨境电商交易额5100多万美元。

二、业务特点

一是提供个性化服务。合肥布诺太阳能科技有限公司的业务主要针对海外市场，以太阳能新能源作为卖点，为国外家庭用户设计单独系统，提供定制化产品，满足客户个性化需求。同时，企业还积极开发当地中小安装商客户，实现销售渠道差异化。

二是线上线下融合发展。公司主要通过线上阿里巴巴国际站和线下展会进行业务拓展，每年的线下展会超过数十场。2018年以来，公司在美国注册分公司，成立了日本分部，在多国设立代理，积极与越南、泰国等国家企业合作建设工厂。

三是实施品牌战略。公司在海外注册BLUESUN商标，并充分利用阿里巴巴国际站、线下展会等方式推广公司品牌BLUESUN。目前，BLUESUN品牌在互联网上的流量能排进光伏行业前15名。另外，公司还设立子品牌SOLAR HOME、SUNHOME PRO，移动储能品牌DXIN等。

三、主要成效

经过几年的发展，公司经营规模不断壮大，运营团队破百，达到107人，现拥有合肥蜀山区联东U谷办公室楼3500平方米，合肥经开区货物仓库约2500平方米，公司数据库存量客户达到17万个，获得阿里信用度授权款70多万美元，连续5年被阿里评定为安徽省优秀跨境电商企业。

大事记

2019年3月28日，举办中国（合肥）跨境电子商务综合试验区招商引资项目签约暨入驻仪式。

2019年6月3日，举办考拉海购等跨境电商重点项目集中开仓仪式，该项目是考拉海购在华东布局的重点项目，覆盖范围包括安徽省、江西省北部、湖北省东部等地，可为以上区域消费者购物提供“次日达”时效性保障。

2019年7月10日，合肥（庐阳）跨境电商孵化中心挂牌运营，助力合肥市传统企业转型发展跨境电商。

2019年10月18日，举办合肥综合保税区跨境电商项目集中签约暨开仓仪式，雅娜购项目正式开仓运营，标志着合肥综合保税区跨境电商业务正式启动。

厦门地区

2019 年，厦门市委市政府高度重视跨境电商发展，认真贯彻落实部委相关政策，依托自贸试验区改革创新优势，完善线上跨境电商公共服务平台功能，发展线下产业园区，支持企业拓展跨境电商零售业务；发挥对中国台湾地区、对东南亚地缘优势，积极打造跨境电商台海双向物流通道，建设对中国台湾地区、对东南亚跨境电商枢纽城市；强化招商引资，持续优化环境，培育、聚集跨境电商各类主体及资源，努力打造完整的跨境电商产业链和生态圈。

发展现状

一、产业发展

2019年，厦门不断完善综试区体制机制建设，夯实基础，支持企业拓展业务，出台一系列支持跨境电商零售发展政策，强化主体培育，提升服务水平，优化生态环境，跨境电商综试区建设取得积极成效，但跨境电商产业总体仍处于培育发展阶段，具体情况如下。

（一）跨境电商产业快速发展

厦门周边汇集近万家跨境电商企业，形成以入驻亚马逊平台为主，eBay、速卖通等平台为辅的跨境电商企业集群，出口货物主要为服装、鞋帽、箱包、玩具、LED灯具、卫浴、五金机电等传统外贸优势产品。

建有国际邮政互换局，2019年邮快件进出口3192.14万件；跨境电商零售进出口业务增长快速，2019年“9610”“1210”业务较2018年增长近40倍。

（二）工作机制健全

获批跨境电商综试区后，厦门快速建立综试区建设领导机构及工作机制。成立以两位市领导为组长的中国（厦门）跨境电子商务综合试验区建设领导小组，小组成员单位包括厦门市商务局、自贸委、厦门海关、厦门市税务局、外汇局厦门市分局等25个单位，领导小组办公室设在厦门市商务局，统筹综试区建设。2019年，建设跨境电商零售业务系统、推广“9610”“1210”业务、协调关税汇监管，并积极向上反映跨境电商情况及问题，出谋献策。

（三）基础设施完备

1. 线上平台

依托国际贸易“单一窗口”建设线上平台跨境电商公共服务平台，平台已实现功能包括：企业注册备案、企业业务申报（跨境电商“9610”直购进口、“1210”保税备货业务系统、“9610”一般出口、进出境快件辅助申报等）、税务“免征不退”信息登记等。平台实现与监管部门、业务场所对接，为跨境电商业务开展提供可靠支撑。

2. 线下园区

目前，已建有寨上、象屿、机场、海沧4个重点跨境电商产业园区，园区各具特色、相辅相成。园区内聚集了亚马逊、顺丰、亚联商贸、亿丰、红细胞等各类跨境电商产业要素企业，承接线上平台功能，为跨境电商企业提供通关、物流、金融、人才等一站式服务。

3. 跨境电商监管场所

目前，已建有5个跨境电商监管场所，其中2019年增设3个。特别是2019年3月增设的厦门机场跨境电商监管中心，面积达1100平方米，设有两条海关查验进出口流水线，空运抵厦的跨境电商货物避免了以往转关分流、监管转运、二次拆分理货等烦琐且耗时长的操作流程，可在机场就地理货、快速通关及无缝中转，流程可减时 24 个小时以上，物流成本每千克也可节省 1 元人民币。

4. 交通运输

建有 5 条国际全货机航线，分别为厦门—东京、厦门—新西伯利亚—卢森堡、厦门—中国台北地区、厦门—浦东—中国香港地区、厦门—中国香港地区。开设国际货运班列、3 条班列线路，一是厦门—汉堡：厦门—阿拉山口—波兰波兹南—德国杜伊斯堡；二是厦门—阿拉木图：厦门—阿拉山口—多斯特克（哈萨克斯坦）—阿拉木图（哈萨克斯坦）；三是厦门—莫斯科：厦门—二连—扎门乌德（蒙古国）—苏赫巴托儿（蒙古国）—纳乌什基（俄罗斯）—莫斯科（俄罗斯）。

（四）服务体系逐步完善

跨境电商信息共享、金融服务、智能物流、风险防控、统计监测、电商信用 6 个体系正在逐步建立起来。

一是信息共享。跨境电商公共管理平台支持企业开展“9610”“1210”等业务，对接监管部门，规范跨境零售流程，形成一套系统、一个标准，实现“一次录入、一次申报、数据共享、共同查验”。二是金融服务。线上平台已对接十几家支付企业，开展跨境金融区块链服务试点，正在支持企业拓展跨境电商供应链金融服务。三是智能物流。依托厦门国际贸易“单一窗口”建设智能物流系统；2019 年新增机场跨境电商监管中心、海沧保税港区监管场所、保税物流园区监管场所 3 个跨境电商监管业务场所；建设智能物流园区，集美前场跨境电商物流园区 11 月动工。加快海运快件新通道建设，金门、高雄海外仓已投入使用，两岸海快专区持续扩建。四是风险防控。税务、海关等监管部门不断完善跨境电商业务风险防控制度。市场监管部门组织跨境电商主体督导检查。海关开展跨境电商进口消费品风险监测。商务、海关等部门联合建设进口食品追溯体系。五是统计监测。初步实现对进出境快件、跨境电商“9610”“1210”申报数据的监测统计。六是电商信用体系建设。采集跨境电商公共服务平台跨境电商企业主体信息，纳入市信用信息平台，实现关联。

（五）环境支持

1. 产业环境

厦门及周边城市集聚了服装、鞋帽、箱包、工艺品、卫浴、家居、建材等产业，是国际著名的轻工产品出口基地，这些产品非常适合应用跨境电商模式销往世界各地。

2. 政策环境

一是出台实施方案。2018 年 12 月，福建省政府办公厅正式印发《中国（厦门）跨境电子商务综合试验区实施方案》（闽政办便函〔2018〕71 号）。

二是出台业务具体管理办法。2018 年 12 月，厦门市税务局、厦门市财政局、厦门市商务局联合出台《跨境电子商务综合试验区零售出口货物免税管理办法（试行）》（2018 年第 28 号公告）。

三是出台具体工作方案。2019 年 2 月，厦门市出台《厦门市关于跨境电商六体系两平台建设工作方案》（厦府办〔2019〕22 号）。

四是配套政策。出台一系列政策，支持企业降低成本，拓展跨境电商业务；支持建设（运营）公共海外仓，支持运用

“跨境电子商务+海外仓”业务模式开拓国际市场。支持品牌建设等。

（六）海运快件业务发展可期

2019年，厦台海运快件业务达1195个标箱、7747.9吨，同比分别增长78.6%和1.6倍。高雄港海运快件处理专区已建成正式投入运营；台北港处理专区已进行扩容改造，扩建了“五进两出”的处理流水线，随着两岸快件业务量增加，处理专区仍将继续扩建。

（七）产业氛围活跃

亚马逊、阿里、京东平台入驻厦门，成立厦门跨境电商协会，成立跨境电商联盟海西汇，各类主体活跃。2019年，厦门跨境电商协会开展主题“合规·突围”的大型活动，宣传销售阳光化、数据阳光化、结汇阳光化，引导大中小跨境电商企业突破自身发展限制，进一步做大做强，近千名跨境电商从业者参会，业内反映良好。象屿跨境电商产业园开展全球开店、G90全国巡演及内部开放日等活动。机场园区举办CCEE雨果网跨境电商选品大会、品牌出海交流会、跨境聊吧等形式丰富的活动及培训。同时，Shopee、VOVA等平台也纷纷在厦举办活动，对接厦门跨境卖家。

（八）区域合作初见成效

加入亚太示范电子口岸网络试点，开展航空电子货运、海运物流可视化等试点项目。2019年11月，项目“厦门口岸空运进口运单电子化”系统正式上线，全国首创“单一窗口+空运物流”模式。已有国泰航空、全日空、法荷航等航空公司接入，注册货代、货主、报关行等各类用户超百家。

二、平台建设

线上平台与线下园区互联互通，相互支撑，支持跨境电商企业有效开展业务。

依托线上跨境电商公共服务平台，企业直接对接海关系统，实现无纸化通关流程。跨境电商监管中心、厦门海关、厦门市税务局、厦门市商务局、自贸委共享企业跨境电商申报数据，为监管和决策提供依据。厦门海关、厦门市税务局共享跨境电商审结数据，实现线上出口退税流程。

线下形成寨上、象屿、机场、海沧4个重点跨境电商园区，园区内聚集物流、金融、孵化、营销、品牌、设计、直播等各类跨境电商产业要素企业，逐步形成聚集效应。各园区依托自身资源错位发展，各具特色。寨上园区依托象屿跨境电商产业园及邮政邮快件监管中心，重点发展海运邮快件和跨境电商进出口业务（海关监管代码“9610”），建设跨境电商综合运营基地，打造进出口品牌孵化营销中心。象屿园区依托港务物流、太平物流、跨境联盟等运营主体，重点发展保税备货业务（海关监管代码“1210”）。机场园区依托雨果网、厦航等龙头企业，重点发展跨境电商进出口业务（海关监管代码“9610”），建设跨境电商产业孵化基地。海沧园区依托海投物流等运营主体，重点发展跨境供应链B2B、跨境电商进出口（海关监管代码“9610”）及保税备货业务（海关监管代码“1210”）。大嶝园区、前场园区正在规划建设过程中。

三、招商引资

2019 年 4 月，厦门召开全球招商大会。厦门招商引资优势明显。一是有产业基础。厦门及周边集聚了服装、鞋帽、箱包、工艺品、卫浴、家居、建材等产业，是国际著名的轻工产品出口基地，近年来厨卫、体育、光电产业发展迅速，高品质产品销往世界各地。二是交通便利。厦门市是中国四大航运中心之一，海港集装箱吞吐量排名全国第 7 位、世界第 14 位。厦门空港为国内六大口岸机场之一，实施部分国家外国人 144 小时过境免签政策。厦门开通中欧、中亚、中俄国际货运班列，同时厦门还是通往中国台湾地区、东南亚的重要节点城市。三是具备一流营商环境。2019 年获评中国十大海运集装箱口岸营商环境第一名。

2018 年，引入橙联项目，橙联集团将在厦打造基于 eBay 全球平台交易数据的第四方物流平台，前场物流园区正在建设中。2019 年，引入京东项目，京东在厦设立京东华南区域中心，开展集货出口和进口调拨业务，包括跨境电商进出口、一般贸易进出口等贸易方式。

企业名录

截至 2019 年 12 月 31 日，在厦门市跨境电商公共服务平台上登记的企业名录见表 2-10、表 2-11。

表 2-10　厦门市跨境电子商务企业名录（进口）

企业类型	企业名称	地区
电商企业	厦门橙朋宜科技有限公司	厦门
电商企业	厦门优传食品有限公司	厦门
电商企业	厦门闽台商贸有限公司	厦门
电商企业	高点（厦门）生物科技有限公司	厦门
电商企业	国药控股怀德居医药（厦门）有限公司	厦门
电商企业	厦门市鑫利亿贸易有限公司	厦门
电商企业	厦门市玄瑞供应链有限公司	厦门
电商企业	厦门市富涵供应链有限公司	厦门
电商企业	厦门森炯网络科技有限公司	厦门
电商企业	厦门波粒波粒科技有限公司	厦门
电商企业	莉莉壹号（厦门）电子商务有限公司	厦门
电商企业	厦门全展贸易有限公司	厦门

表2-10 续1

企业类型	企业名称	地区
电商企业	壹玖云仓（厦门）供应链管理有限公司	厦门
电商企业	厦门妆集科技有限公司	厦门
电商企业	厦门瑞珂科技有限责任公司	厦门
电商企业	厦门心本美业生物科技有限公司	厦门
电商企业	勃同（厦门）网络科技有限公司	厦门
电商企业	橙宝网（厦门）科技有限公司	厦门
电商企业	厦门迈西进出口有限公司	厦门
电商企业	奎玛（厦门）跨境电子商务有限公司	厦门
电商企业	厦门雅娜购电子商务有限公司	厦门
电商企业	厦门海速汇电子商务有限公司	厦门
电商企业	厦门中彦进出口有限公司	厦门
电商企业	厦门福骏荣跨境电商有限公司	厦门
电商企业	厦门海宽达供应链管理有限公司	厦门
电商企业	厦门洲洲易跨境电商有限公司	厦门
电商企业	和云通（厦门）网络科技有限公司	厦门
电商企业	厦门市君亿贸易有限公司	厦门
电商企业	厦门百途贸易有限公司	厦门
电商企业	厦门海易购电子商务有限公司	厦门
电商企业	福建省大通商贸股份有限公司	厦门
电商企业	厦门汉连供应链有限公司	厦门
电商企业	环球电通（厦门）电子商务有限公司	厦门
电商企业	跨境联盟（厦门）信息科技有限公司	厦门
电商企业	厦门佳域达进出口有限责任公司	厦门
电商企业	东西购（厦门）商贸有限公司	厦门
电商企业	跨境联盟（厦门）电子商务有限公司	厦门
电商企业	厦门跨境网信息技术有限公司	厦门
电商企业	厦门市货之家电子商务有限公司	厦门
电商企业	万嘉汇（厦门）跨境电商有限公司	厦门
电商企业	厦门广兆进出口有限公司	厦门
电商企业	厦门爱科缇仪器设备有限公司	厦门
电商企业	厦门优为软件有限公司	厦门

表2-10 续2

企业类型	企业名称	地区
电商企业	厦门市宏大进出口有限公司	厦门
电商企业	厦门市大楚网络科技有限公司	厦门
电商企业	福建自贸试验区厦门片区广成堂贸易有限公司	厦门
电商企业	厦门创富互动网络科技有限公司	厦门
电商企业	厦门邻家集市电子商务有限公司	厦门
电商企业	厦门其点信息科技有限公司	厦门
电商企业	澳多多（厦门）电子商务有限公司	厦门
电商企业	厦门优铼电子商务有限公司	厦门
电商企业	厦门华帆科技有限公司	厦门
电商企业	厦门中宏网络科技有限公司	厦门
电商企业	厦门潮汐力网络科技有限公司	厦门
电商企业	泉州海拼天团电子商务有限公司	厦门
电商企业	厦门威士顿贸易有限公司	厦门
电商企业	威伯（厦门）国际贸易有限公司	厦门
电商企业	鑫大埔（厦门）生物科技有限公司	厦门
电商企业	厦门市安酌电子商务有限公司	厦门
电商企业	厦门希而思宠物用品有限公司	厦门
电商企业	鑫耀生技（厦门）商贸有限公司	厦门
电商企业	厦门华禹贸易有限公司	厦门
电商企业	厦门富润万家生物科技有限公司	厦门
电商企业	厦门福家美乐电子商务有限公司	厦门
电商企业	万全万特制药（厦门）有限公司	厦门
电商企业	厦门寰宇中道健康科技有限公司	厦门
电商企业	厦门贝贝空间物联科技有限公司	厦门
电商企业	厦门陆港通供应链有限责任公司	厦门
电商企业	厦门一路共享智能科技有限公司	厦门
电商企业	厦门花喜喜堂贸易有限公司	厦门
电商企业	欢腾大健康（福建）生物科技有限公司	厦门
电商企业	厦门粮都食品有限责任公司	厦门
电商企业	谷动森活（厦门）商贸有限公司	厦门
电商企业	澴源汇通供应链（厦门）有限公司	厦门

表2-10 续3

企业类型	企业名称	地区
电商企业	厦门领沣网络科技有限公司	厦门
电商企业	厦门大丰玶贸易有限公司	厦门
电商企业	厦门飞天龙马进出口有限公司	厦门
电商企业	厦门凸谷信息技术有限公司	厦门
电商企业	厦门创士锋生物科技有限公司	厦门
物流企业	福建华夏货运有限公司	厦门
物流企业	中外运空运发展股份有限公司厦门分公司	厦门
物流企业	厦门安世通国际快递物流有限公司	厦门
物流企业	厦门市顺丰速运有限公司	厦门
物流企业	厦门外代航空货运代理有限公司	厦门
物流企业	厦门通宇报关有限公司	厦门
物流企业	厦门中州进出口贸易有限公司	厦门
物流企业	航都（厦门）国际货运代理有限公司	厦门
物流企业	中国邮政速递物流股份有限公司厦门市分公司	厦门
物流企业	厦门东港国际运输有限公司	厦门
物流企业	广东高捷航运物流有限公司厦门分公司	厦门
物流企业	华贸报关（厦门）有限公司	厦门
物流企业	福建跨境易电子商务有限公司厦门市分公司	厦门
物流企业	佛山中新创业国际货运代理有限公司厦门分公司	厦门
物流企业	杭州七逸国际货运代理有限公司厦门分公司	厦门
物流企业	厦门永锐长鸿国际货运代理有限公司	厦门
支付企业	厦门国际银行股份有限公司厦门分行	厦门

表 2-11 厦门市跨境电子商务企业名录（出口）

企业类型	企业名称	地区
电商企业	麦克奥迪（厦门）网络科技有限公司	厦门
电商企业	厦门汉连供应链有限公司	厦门
电商企业	橙宝网（厦门）科技有限公司	厦门
电商企业	瀚联达（厦门）跨境电子商务服务有限公司	厦门
电商企业	厦门海易购电子商务有限公司	厦门
电商企业	新千竹文化（厦门）有限公司	厦门

表2-11 续1

企业类型	企业名称	地区
电商企业	东西购（厦门）商贸有限公司	厦门
电商企业	厦门海速汇电子商务有限公司	厦门
电商企业	厦门福骏荣跨境电商有限公司	厦门
电商企业	厦门市派美特科技有限公司	厦门
电商企业	厦门欣维发进出口有限公司	厦门
电商企业	厦门汉连物流有限公司	厦门
电商企业	厦门优铢电子商务有限公司	厦门
电商企业	厦门火星岩科技有限公司	厦门
电商企业	厦门联多贸易有限公司	厦门
电商企业	厦门潮汐力网络科技有限公司	厦门
电商企业	厦门市颂美电子商务有限公司	厦门
电商企业	亚联商贸集团（厦门）有限公司	厦门
电商企业	厦门喜百斯电子商务有限公司	厦门
电商企业	厦门市谦源汇供应链有限公司	厦门
电商企业	厦门桐垚贸易有限公司	厦门
电商企业	厦门鼎麒国际贸易有限公司	厦门
电商企业	厦门飞飞鱼供应链管理有限公司	厦门
电商企业	厦门华禹贸易有限公司	厦门
电商企业	厦门服库网电子商务有限公司	厦门
电商企业	平潭高辅进电子商务有限公司厦门分公司	厦门
电商企业	厦门陆港通供应链有限责任公司	厦门
电商企业	厦门易象通网络科技有限公司	厦门
电商企业	厦门造百克自行车有限公司	厦门
电商企业	元骏（厦门）供应链管理有限公司	厦门
电商企业	厦门景成供应链有限公司	厦门
电商企业	厦门市众拓易贸易有限公司	厦门
电商企业	厦门宜众贸易有限公司	厦门
电商企业	厦门恒润辉电子商务有限公司	厦门
电商企业	厦门一抠能源技术有限公司	厦门
物流企业	福建华夏货运有限公司	厦门
物流企业	中国邮政速递物流股份有限公司厦门市分公司	厦门

表2-11 续2

企业类型	企业名称	地区
物流企业	联邦快递（中国）有限公司厦门分公司	厦门
物流企业	中外运空运发展股份有限公司厦门分公司	厦门
物流企业	厦门外代航空货运代理有限公司	厦门
物流企业	中外运-敦豪国际航空快件有限公司厦门分公司	厦门
物流企业	厦门通宇报关有限公司	厦门
物流企业	杭州七逸国际货运代理有限公司厦门分公司	厦门
物流企业	福建大常生物流有限公司	厦门

大事记

2019 年 2 月，厦门出台《厦门市关于跨境电商六体系两平台建设工作方案》（厦府办〔2019〕22 号）。

2019 年 2 月 27 日，厦门完成首单“1210”保税备货试点业务。

2019 年 3 月，增设厦门机场跨境电商监管中心。

2019 年 4 月，厦门召开全球招商大会。

2019 年 8 月，京东（厦门）跨境运营中心项目落地。

2019 年 11 月，集美前场跨境电商物流园区动工。

2019 年 11 月，亚太示范电子口岸网络试点项目“厦门口岸空运进口运单电子化”系统正式上线，全国首创“单一窗口+空运物流”模式。

2019 年 12 月，厦门获评中国十大海运集装箱口岸营商环境第一名。

2019 年，厦门获评“2019 年中国外贸百强城市”第五名。

南昌地区

2019 年以来，南昌市跨境电商业务取得初步进展。2019 年 3 月至年底，实现跨境电商进出口额约 4. 3189 亿元，引进培育了美翻网、风趣海淘 2 家跨境电商龙头企业。同时，对于推进跨境电商发展的相关条件也已初步具备。

发展现状

一、跨境电商线上综合服务平台试用版

2019 年，南昌市初步建成江西跨境电子商务线上综合服务平台（http：//kjds. eport. jx. cn/）。目前，平台完成与海关端辅助系统、跨境电商运营企业、支付企业、物流企业的数据对接并投入使用，截至 2019 年年底，平台共有备案企业 19 家。

二、南昌综保区

2019 年 3 月 27 日，南昌综保区与江西邮政签订了战略合作协议，双方充分发挥综保区独有区位优势和政策优势以及邮政庞大的渠道网点和广阔的寄递网络优势，共同打造江西邮政跨境电商产业园。跨境电商产业园预计将海关特殊监管区域内保税备货功能和海关特殊监管区域外集货理货功能相结合，最终实现所有跨境电商货物通过一个口岸申报，“四位一体”通关模式（包括邮包、快件、“9610”“1210”）。

2019 年 4 月 28 日，南昌综保区完成跨境电商保税备货模式（“1210”）进口首单业务。此后，南昌综保区顺利通过了“6·18”“双 11”“双 12”“黑五”等跨境电商购物节的峰值压力测试，并于“双 11”当天成功实现了进口电商订单同城“当日达”模式。

2019 年年初，南昌综保区完成跨境电商监管查验中心改造建设，随后启动 11.3 万平方米跨境电商保税备货仓储中心建设。

三、南昌国际快件监管中心

2019 年 7 月 3 日，南昌国际快件监管中心正式投入运营。截至 2019 年年底，南昌市共通过南昌国际快件监管中心进出口货物 1342.04 万件，其中出口 1323.04 万件。

南昌国际快件监管中心位于昌北国际机场国际货运仓旁。国际快件监管中心一期场地总面积 2520 平方米。左侧为南昌昌北国际机场货运安检仓，右侧分布有机场国际货运仓、机场货运申报、海关通关大厅。

按功能划分为作业区和办公区两个主要区域，由南昌昌北国际机场海关负责全面监管，由机场安检直接进驻，直接进行快件机场安检和海关通关一体化流水线作业。通过采取“清单核放、汇总申报”等模式，可大幅度提升进出口商品通关效率，便于进出口企业和跨境电商优化通关流程。

南昌国际快件监管中心开通运营，是江西省进出口贸易改革开放历程中一个重要里程碑，结束了江西国际邮件快件进出口报关、缴税等业务均要在长三角、珠三角等主要口岸城市进行的历史，为全面打造南昌跨境电商综合试验区创造了有利条件、提供了强力支撑，对江西省跨境电商产业超常规发展具有重要的现实意义。

四、南昌国际邮件互换局

2019 年 11 月 15 日，南昌国际邮件互

换局正式开通运营。

南昌国际邮件互换局位于昌北国际机场国际货站二级库房内，占地面积为1.83万平方米，规划建设面积约9500平方米，建成区域划分为报关区、查验区、分区存储及待处理仓库等，是南昌国际邮快件监管中心的重要组成部分。形成了一个海关监管、一个运营主体、一个监管场所的运营体系，达到了场地标准化、流程规范化、生产自动化、业务信息化的运营要求，真正实现了江西省邮关、商关和跨境电商的“三关合一”，具有里程碑意义，

南昌国际邮件互换局主要负责向指定的国外互换局封发国际邮件总包，接收、开拆处理外国发来邮件总包及散寄过境的国际邮件业务。运营后，国际邮件处理时限将缩短，为江西省国际邮件节约在途时间2~5天，有效提升通关、报关效率，全面提升南昌市跨境电商竞争优势。

配套文件

南昌市人民政府办公厅关于印发中国（南昌）跨境电子商务综合试验区三年行动方案（2019—2021年）的通知

（洪府厅发〔2019〕28号）

各县（区）人民政府，各开发区（新区）管委会，市政府各部门：

《中国（南昌）跨境电子商务综合试验区三年行动方案（2019—2021年）》已经市政府同意，现印发给你们，请结合实际，抓好贯彻落实。

2019年4月11日

中国（南昌）跨境电子商务综合试验区三年行动方案（2019—2021年）

为全面有效推进中国（南昌）跨境电子商务综合试验区（以下简称南昌综试区）建设工作，根据省政府《关于印发中国（南昌）跨境电子商务综合试验区实施方案的通知》（赣府字〔2018〕83号）要求，结合我市实际，制定本行动方案。

一、指导思想

以习近平新时代中国特色社会主义思想为指导，以新发展理念统领南昌综试区发展全局，以深化外贸供给侧结构性改革为主线，以扎实推进外贸领域“放管服”改革激发跨境电商内生动力、市场活力和创新潜力，推动外贸高质量发展。按照“省市联动、服务全省”发展要求和“1年打基础、2年优环境、3年上规模”建设思路，立足跨境电商发展特点和省市发展实际，有序推进口岸基础设施、线上服务平台、线下园区平台建设，分类落实国家政策和前两批跨境电商综试区成熟做法，不断优化跨境电商营商环境，加快引导跨境电商企业与要素资源集聚，着力提

高政府管理水平与服务能力，努力构建在中部地区具有竞争力的跨境电商发展环境与产业体系，切实发挥跨境电商对带动经济跨越发展、服务居民消费升级的积极作用。

二、主要目标

2019 年，实现跨境电商进出口额 3.8 亿美元，引进培育 2 家跨境电商龙头企业，创建 4 个跨境电商示范园区，设立 3 个跨境电商公共服务中心。

2020 年，实现跨境电商进出口额 5.8 亿美元，引进培育 5 家跨境电商龙头企业，创建 3 个跨境电商示范园区，设立 5 个跨境电商公共服务中心。

2021 年，实现跨境电商进出口额 10 亿美元，三年累计引进培育 10 家跨境电商龙头企业、创建 10 个跨境电商示范园区、设立 10 个跨境电商公共服务中心，初步建成中部地区重要的跨境电商进口供应链中心、跨境电商创业创新中心。

三、工作任务

（一）健全口岸功能，优化口岸营商环境

1. 打造邮快件快捷通关通道。落实昌北机场建设区域性智慧空港物流中心的战略部署，建成邮快件口岸。建立邮快件口岸、空港口岸联动发展机制，重点在提升通关便利化水平、培育全货机航线、构建快捷航空货运网络、加强航空货源组织、优化航空物流服务等领域加强合作。至 2019 年二季度，南昌国际快件监管中心建成并投入运营；至 2019 年四季度，力争南昌国际邮件互换局建成并投入运营；至 2021 年，南昌国际邮快件监管中心全年业务量力争超过 500 万件。［牵头单位：省出版集团、省邮政公司；参加单位：南昌海关、省机场集团、市国安局、市投促局、市邮政管理局］

2. 提升昌北机场口岸服务能力。有序推进昌北机场增加特殊商品进出口业务，扩建机场货站区，完善基础设施，构建国际采购、查验仓储、保税展销、保税加工、冷链配送全产业链，做大业务规模。根据地方商贸实际需要，至 2019 年，开展食用水生动物、冰鲜水产品、进口水果等 1-2 种特殊商品进出口业务；至 2020 年，新增加 1-2 种特殊商品进出口业务；至 2021 年，昌北机场货邮吞吐量力争达到 22 万吨。［牵头单位：南昌海关、市投促局、省机场集团；参加单位：市邮政管理局、南昌综保区］

3. 优化跨境电商监管机制。加快落实“查检合一”，推进整合申报项目改革，运用信息化、数字化、智能化手段，实现“一次申报、一单通关”和全流程电子化。建立与深圳、宁波、上海、厦门等珠三角、长三角、闽东南三角区主要口岸的联系协调机制。至 2019 年，实现“查检合一”南昌关区全覆盖。［牵头单位：南昌海关；参加单位：省机场集团、省出版集团、省邮政公司、市投促局、南昌综保区、南昌县政府（向塘开发区管委会）、南昌港］

4. 优化跨境电商退（免）税管理机制。根据《关于跨境电子商务综合试验区零售出口货物税收政策的通知》（财税〔2018〕103 号）要求，落实跨境电商零售出口无票免税政策。依法认定跨境电商企业出口退（免）税管理类别，推进出口

退（免）税“无纸化管理”，简化流程，便利办税。在符合税法规定的情况下，试点跨境电商企业平台推广费“税前抵扣”。至2019年，落实跨境电商零售出口无票免税政策；至2020年，实现出口退（免）税“无纸化管理”；至2021年，完成跨境电商企业平台推广费“税前抵扣”试点实施方案制定，在风险可控前提下，启动试点工作。［牵头单位：市税务局；参加单位：南昌海关、省出版集团、省邮政公司、南昌综保区、江西商务信息和电子口岸中心］

5. 优化跨境电商收结汇管理机制。经国家外汇管理局江西省分局认定的A类外贸综合服务企业，在南昌综试区外贸综合服务企业数据信息完备的条件下，简化贸易收结汇流程，允许企业货物贸易外汇收入无须进入待核查账户，可直接通过外汇结算账户办理收结汇。在金融机构与南昌综试区跨境电商线上综合服务平台（以下简称南昌综试区线上平台）联网，平台个人、企业数据信息完备的情况下，可简化个人电商开立外汇结算账户程序，简化个人、企业电子商务外汇结算。支持符合条件的本地第三方支付机构参与跨境电商外汇支付试点。至2020年，落实外贸综合服务企业收结汇便利举措；至2021年，不断深化跨境电商贸易外汇管理便利化举措。［牵头单位：国家外汇管理江西省分局；参加单位：南昌海关］

（二）构建互联互通的线上线下平台网络

6. 分步推进南昌综试区线上平台建设。以中国（江西）国际贸易“单一窗口”为基础平台，按照“数据服务、政务服务、特色服务”三大功能定位和“一点接入、一次提交、一次查验、一键跟踪、一站办理”建设原则，推进海关、税务、外汇管理、市场监管、邮政管理、商务、公安等政府部门的数据交换和综合利用，加强与第三方跨境电商平台、外贸综合服务平台、跨境电商服务企业等市场主体的系统对接，拓展平台应用服务。至2019年4月，南昌综试区线上平台初步建成并正式运行；至2020年，初步实现主要政府部门间的数据交换与综合利用，制定南昌综试区线上平台数据管理制度与应用规范；至2021年，全面构建跨境电商数据服务、政务服务、特色服务三大功能体系，南昌综试区线上平台备案企业超过500家。［牵头单位：江西商务信息和电子口岸中心、南昌海关、南昌综保区；参加单位：国家外汇管理局江西省分局、市公安局、市商务局、市投促局、市市场监督管理局、市税务局、市邮政管理局、市大数据发展管理局］

7. 建设南昌综试区线上平台分平台。各县（区）、开发区（新区）（以下简称各县区）根据南昌综试区线上平台建设要求，建设南昌综试区线上平台分平台，结合当地产业特点和发展需要，完善分平台特色服务功能，推动相关服务主体与分平台对接。至2021年，各县区全部建成南昌综试区线上平台分平台。［牵头单位：各县（区）政府、开发区（新区）管委会；参加单位：市商务局、江西商务信息和电子口岸中心］

8. 打造跨境电商进口园区。在南昌综保区建设跨境电商进口园区，引进若干家知名跨境电商进口平台企业、供应链企业，设立省级以上（含省级）总仓，加强与全省进口商品线上线下零售企业、进口商品大卖场、进口商品贸易企业合作，建立进口商品分销供应链生态圈。根据南昌综试区跨境电商进口业务发展需要，择机在向塘综合物流园规划布局海关特殊监管区域或保税监管场所，提升南昌综试区跨境电商进口保税仓建设规模。至2019年，南昌综保区建成跨境电商进口园区，实现网购保税进口业务常态化运行；至2021年，南昌综试区建成跨境电商进口保税仓超过19万方。［牵头单位：南昌综保区、南昌县政府（向塘开发区管委会）；参加单位：南昌海关、市投促局］

9. 推进跨境电商服务园区与出口园区认定。制定南昌综试区跨境电商园区（服务园区、出口园区）认定管理办法，明确认定标准、管理规范、考核与奖惩制度，引导跨境电商服务园区创建跨境电商示范园区、跨境电商出口园区设立跨境电商公共服务中心。开展跨境电商园区认定工作，鼓励跨境电商园区不断集聚各类跨境电商要素资源，丰富各类培训交流活动，营造良好发展氛围。至2019年，出台南昌综试区跨境电商园区认定管理办法，完成第一批跨境电商园区认定；至2021年，完成第二批跨境电商园区认定，健全跨境电商园区认定与复评工作的相关制度。［牵头单位：市商务局；参加单位：市财政局］

10. 推动各县区建设跨境电商线下园区。各县区以创建跨境电商示范园区、设立跨境电商公共服务中心为抓手，推进跨境电商线下园区建设。优先引导南昌高新区、南昌华南城、江西慧谷·红谷创意产业园、南昌昌东针织服装电商产业园、西湖区“梦想小街”电子商务产业园等电子商务园区和南昌综保区等跨境电商进口园区，创建跨境电商示范园区；优先组织南昌经开区、南昌高新区、小蓝经开区、新建长堎工业园区、江西青山湖高新技术产业园区、安义工业园区、进贤经开区、昌南工业园区等工业园区，设立跨境电商公共服务中心。至2021年，各县区至少创建1个跨境电商示范园区或设立1个跨境电商公共服务中心。［牵头单位：各县（区）政府、开发区（新区）管委会；参加单位：市财政局、市商务局］

11. 建设跨境电商海外仓。引导外贸综合服务企业、跨境电商出口企业、跨境电商物流企业以及行业组织等，在重点国别、重点市场建设海外仓，引导海外仓运营企业开发WMS（仓储管理系统）等信息管理系统，健全“一件代发”、商品展示等服务功能，提升海外仓服务能力，提高营销推广力度。至2021年，引进培育跨境电商海外仓运营企业10家。［牵头单位：市商务局、南昌综保区；参加单位：市财政局、市投促局］

（三）打造快捷物流通道与数字物流体系

12. 构建国际航空物流通道。依托南昌至中国香港地区全货机航线，构建南昌经中国香港地区至全球各地的国际中转联运航线网络，不断提升航空物流通达率和综合时效。培育引进以昌北机场为基地的航空货运企业，积极引进航空货代企业，围绕南昌市、江西省外贸优势方向，有序发展南昌至东南亚、东亚、欧洲等地的全货机航线。至2020年，力争开行全货机定班航线8条；至2021年，培育与引进基地航空货运企业1家，开行全货机定班航线

10条。[牵头单位：市投促局、省机场集团；参加单位：省邮政公司]

13. 构建国际铁路物流通道。加强南昌至俄罗斯国际铁路班列的组织运行工作，整合班列运营企业、本地制造企业与贸易企业、行业组织、相关政府部门等多方资源，强化双向货源组织，提高班列运行效率和综合效益。优化国际铁路班列扶持政策，确立市场化运行的发展导向，引进具有较强货源组织能力的专业运营商，稳步推进南昌至中亚、欧洲等地的国际铁路班列开行。至2021年，全年累计开行国际铁路货运班列100列。[牵头单位：市投促局；参加单位：南昌综保区、南昌县政府（向塘开发区管委会）]

14. 构建国际多式联运通道。推进江海联运、铁海联运等国际多式联运通道建设，支持南昌港与九江港、上海港加强合作，优化船期与作业流程，提升江海国际联运通道综合时效；提升南昌至深圳、厦门、福州、宁波等地的铁海联运班列服务质量，优化班列时刻、提高运行时效。至2021年，全年多式联运集装箱量达到10万标箱。[牵头单位：南昌县政府（向塘开发区管委会）、南昌港；参加单位：市投促局、市交通运输局]

15. 推进数字物流园区建设。加快向塘综合物流园建设，规划南昌空港物流园，引导昌北铁路货运物流中心、传化物流港及各县区物流园区加强网货仓服务中心、电商仓配中心、快递分拨中心等电商物流设施布局。推进物流园区信息化、数字化，加强与境内外物流服务商、外贸综合服务平台、南昌综试区线上平台的互联互通与数据共享，逐步实现跨境电商物流全过程的数字化。至2021年，全市主要物流园区全面实现信息化管理。[牵头单位：市商务局；参加单位：市发改委、各县（区）政府、开发区（新区）管委会]

（四）营造规范有序的产业发展良好氛围

16. 优化跨境电商金融服务。引进培育跨境电商第三方支付机构，支持金融机构与南昌综试区线上平台、外贸综合服务企业、第三方支付机构开展合作，为跨境电商提供在线支付结算、融资、保险等一站式金融服务。鼓励银行业金融机构与依法取得“互联网支付”业务许可的支付机构合作，为企业和个人跨境货物贸易、服务贸易提供人民币结算服务。在风险可控前提下，鼓励政策性银行、商业银行和其他金融机构，基于南昌综试区线上平台的企业信用、货物流转、资金收付等电子化资料，优先面向在南昌综试区线上平台备案的跨境电商企业，提供投贷结合、动产质押、订单授信、供应链融资、大数据信用融资等金融服务，进一步创新跨境电商金融服务产品。至2021年，引进或培育至少1家跨境电商第三方支付机构。[牵头单位：人行南昌中心支行、江西银保监局；参加单位：国家外汇管理局江西省分局、市投促局、市金融办、市财政局]

17. 推进跨境电商信用体系建设。加强南昌综试区线上平台与信用中国（江西）、国家企业信用信息公示系统（江西）及相关部门信用数据的互通共享与综合利用，开展各类跨境电商主体信用信息查询、信用数据分析等应用服务。建立监管部门信用认证和第三方信用服务评价相结合的综合评价体系，制定跨境电商主体信用评级管理办法，逐步开展信用评级信息统一发布。至2019年，在南昌综试区线上平台初步形成跨境电商主体信用信息汇集，提供信用信息查询等基础服务；至2020年，初步建立跨境电商主体信用评价体系，力争开展跨境电商主体信用评级工作；至2021年，建立较成熟的跨境电商主体信用评价体系，出台跨境电商主体信用评级管理办法，推动建立监管部门信用等级互认机制。［牵头单位：市市场监督管理局；参加单位：南昌海关、国家外汇管理局江西省分局、市发改委、市投促局、市税务局、南昌综保区、江西商务信息和电子口岸中心］

18. 加强跨境电商风险管控。依托南昌综试区线上平台，适时发布海外信用风险预警信息，帮助企业及时掌握风险信息。在实现企业信用信息、风险基础信息和关键业务数据汇集的基础上，通过运用大数据技术，建设跨境电商分类分级风险预警系统，实现对跨境电商市场风险、交易风险、金融风险、技术风险、公共安全风险等不同类型风险识别，建立预警级别及分级标准。根据风险类型、预警级别，制定跨境电商风险应急预案，明确应急状态下的组织指挥机制和管控处置举措。建立多部门协同的跨境电商风险联控机制，推动各部门风险防控系统与南昌综试区线上平台的良好对接，逐步实现跨境电商风险联控实时化、智能化。至2021年，制定跨境电商风险预警级别、分级标准与应急预案，初步建成跨境电商分类分级风险预警系统。［牵头单位：南昌海关、国家外汇管理局江西省分局、市税务局；参加单位：市公安局、市国安局、市商务局、市投促局、市市场监督管理局、南昌综保区、江西商务信息和电子口岸中心］

（五）抓好企业引进培育与鼓励创业创新

19. 扎实推进重大项目招商。重点围绕跨境电商进口供应链业务、跨境电商B2B出口业务、外贸综合服务、跨境电商专业服务、国际物流服务等领域，引进一批国内外知名企业、行业龙头企业、细分领域标杆企业。建立重点招商引资企业“一对一”服务机制，成立由项目落地园区、区县政府及相关职能部门组成的“一对一”招商引资工作专班，落实“一把手”招商，及时向南昌综试区工作领导小组汇报招商进度。至2019年，招引重大项目2个；至2020年，招引重大项目5个；至2021年，三年累计招引重大项目10个。［牵头单位：市投促局、市商务局、南昌综保区；参加单位：各县（区）政府、开发区（新区）管委会］

20. 加强线下园区招商。线下园区根据发展定位、产业特色与发展实际，通过产业链招商、生态圈招商、以商招商、定点招商等多种招商方式，促进各类跨境电商企业、服务资源在园区集聚。实施互联网赣商回归工程，积极引进深圳等地从事跨境电商行业的赣商，发挥互联网赣商对园区嫁接全球跨境电商资源的积极作用。落实园区的招商主体责任和园区所在各区县政府的招商目标考核责任。至2021年，跨境电商示范园区的跨境电商企业平均入驻率超过60%。［牵头单位：各县（区）政府、开发区（新区）管委会；参加单位：市商务局、市投促局］

21. 引导企业发展跨境电商。支持有条件的制造企业、外贸企业依托海外仓开展跨境电商业务，培育自有品牌，拓展境外营销渠道，建立境外服务体系，鼓励外贸企业与制造企业开展跨境电商供应链协同创新。支持外贸综合服务企业规范发展、做大做强，加强与主流跨境电商平台的服务对接、业务对接、系统对接，逐步实现外贸全过程的数字化呈现。组织开展各种类型的跨境电商培训活动，邀请速卖通、亚马逊、eBay、Wish 等主流跨境电商平台及其关联服务商，依托线下园区，提供跨境电商业务宣讲、技术培训、案例分享等服务。至 2019 年，全年累计完成企业跨境电商培训 500 人次；至 2020 年，全年累计完成企业跨境电商培训 1000 人次；至 2021 年，全年累计完成企业跨境电商培训 2000 人次。［牵头单位：市商务局、市工信局；参加单位：各县（区）政府、开发区（新区）管委会］

22. 营造创业创新良好氛围。依托线下园区建设跨境电商创业孵化器，集成专家服务、专业服务、资源服务、金融服务、公共服务、保障服务等创业孵化服务功能，支持企业、高校、研究机构参与建设众创空间、创客咖啡、创业学院等各类跨境电商创业孵化载体。引导南昌普通高校、职业院校加强跨境电商相关学科建设，建立跨境电商人才培养体系，开展跨境电商教学实训，积极参与跨境电商社会培训。推进跨境电商人才培训实训基地建设，分类培养技能型、创业型、管理型、领军型跨境电商人才。举办南昌综试区跨境电商创业大赛。至 2021 年，建成跨境电商创业孵化器 5 个，跨境电商人才培训实训基地 10 个。［牵头单位：市商务局、市人力资源社会保障局；参加单位：各县（区）政府、开发区（新区）管委会］

（六）推进南昌综试区跨境电商交流合作

23. 加强跨境电商交流合作。将跨境电商交流合作纳入南昌市、各县区与其他城市、县区交流合作的重要内容之一，支持线下园区加强与深圳、广州、杭州、宁波等地跨境电商园区的交流合作，嫁接外部高质量资源，不断优化跨境电商生态圈。至 2021 年，各线下园区至少开展 1 次对外交流活动。［牵头单位：各县（区）政府、开发区（新区）管委会；参加单位：市商务局］

24. 推进跨境电商国际对话。依托江西省及南昌市国际友好城市交流合作平台、在全球举办的境外招商活动等国际经贸合作平台，加强跨境电商领域的国际对话交流，凝结跨境电商发展共识。围绕江西省、南昌市具有外贸优势的国家和地区，加强境内外口岸、监管部门间的战略合作，逐步推进信息互换、系统互联、监管互认、执法互助，促进境内外跨境电商规制协同。至 2021 年，组织跨境电商国际合作交流活动累计 3 次。［牵头单位：市商务局、市外办；参加单位：市投促局、南昌海关］

（七）提升政府部门行业管理与服务能力

25. 建立组织机构与运行机制。成立中国（南昌）跨境电子商务综合试验区工作领导小组办公室（以下简称综试办），负责落实国家和省市有关综试区工作的决策部署、制定南昌综试区发展规划、南昌综试区各项工作任务实施的组织协调等职责，综试办设在市商务局。建立综试办集中办公制度，由南昌海关、江西商务信息和电子口岸中心、市商务局、市投促局、南昌综保区等单位分别派出1名业务骨干人员至综试办集中办公，期限为2年。根据南昌综试区建设发展实际需求，适时成立南昌综试区跨境电商促进中心。至2019年6月，建立综试办集中办公制度，实现综试办集中办公。［牵头单位：市委组织部、市编办；参加单位：南昌海关、市商务局、市投促局、南昌综保区、江西商务信息和电子口岸中心］

26. 开展政府部门跨境电商专项培训。分批组织南昌综试区工作领导小组成员单位分管领导、业务骨干参加跨境电商理论培训、战略培训、实务培训。至2021年，完成南昌综试区工作领导小组成员单位分管领导、业务骨干轮训，参加培训的政府部门人员累计超过300人次。［牵头单位：市商务局；参加单位：市委组织部、市人力资源社会保障局、各县（区）政府、开发区（新区）管委会］

27. 建立跨境电商统计体系。制定南昌综试区跨境电商统计体系建设实施方案，分步推进跨境电商统计工作。加强与南昌海关的统计合作，在保障数据安全的前提下，按照有关规定，加强政府部门之间数据共享，每月发布跨境电商统计数据。加强对线上平台备案企业的数据统计，采用企业自主申报、企业抽样调研、口岸与平台流转数据校验等多种方式，实现备案企业跨境电商业务量、交易额和品类、国别结构的统计。加强境内外跨境电商线下园区、节点与南昌综试区线上平台的互联互通，促进跨境电商全过程关键业务数据的采集，规范数据采集标准，综合运用大数据技术，逐步实现跨境电商业务的智能识别、自动统计。建立南昌综试区跨境电商统计指标群，构建体现跨境电商发展规模、质量、效率等特征指标，全面反映南昌综试区建设发展成效，以及对外贸高质量发展、产业高水平走出去、促进消费升级的积极作用，为政府部门科学决策、精准施政提供依据。至2020年，制定南昌综试区跨境电商统计体系建设实施方案；至2021年，初步建成南昌综试区跨境电商统计体系。［牵头单位：市商务局；参加单位：南昌海关、省出版集团、省邮政公司、南昌综保区、各县（区）政府、开发区（新区）管委会、江西商务信息和电子口岸中心］

四、保障措施

（一）健全组织领导机制

完善中国（南昌）跨境电子商务综合试验区工作领导小组运行机制。建立联络员制度，成员单位选派专人担任联络员，负责与综试办的日常联系、沟通协调、事项通报、信息报送等具体工作；建立工作月报制度，成员单位按月度向综试办通报工作情况，综试办加强与南昌海关、国家外管局江西省分局、省商务厅、省机场集团、省出版集团、省邮政公司等省级单位的工作互通，及时掌握省级单位相关工作动态；建立领导小组例会制度，召开南昌综试区工作领导小组季度例会，集中研究解决南昌综试区建设的重点难点问题，加强成员单位间协调配合，必要时，组织召开领导小组临时会议。［牵头单位：市商务局、市政府办公厅；参加单位：中国（南昌）跨境电子商务综合试验区工作领导小组各成员单位］

（二）强化目标责任考核

根据《中国（南昌）跨境电子商务综合试验区三年行动方案（2019－2021年）》工作任务要求，将跨境电商工作纳入市政府考核体系，明确各部门、县（区）政府、开发区（新区）管委会目标考核责任。各县（区）政府、开发区（新区）管委会建立跨境电商领导体系与工作机制，强化组织保障与人员配置，有效推进跨境电商各项工作。［牵头单位：中国（南昌）跨境电子商务综合试验区工作领导小组办公室；参加单位：各县（区）政府、开发区（新区）管委会］

（三）制定出台扶持政策

全面落实国家、省鼓励跨境电商发展的有关政策，根据南昌综试区发展实际，出台跨境电商扶持政策，优先支持跨境电商线上线下平台建设、重点跨境电商企业和高层次跨境电商人才引进、跨境电商生态圈建设等方面。适时合规设立南昌综试区跨境电商产业引导基金，支持跨境电商创业创新。［牵头单位：市商务局；参加单位：市财政局］

（四）加强规划用地保障

将南昌综试区跨境电商进口园区、物流园区及口岸基础设施建设用地纳入国土空间规划，优先保障跨境电商重大项目、口岸基础设施落地的用地需求，切实提高土地利用效率。各县（区）政府、开发区（新区）管委会加强跨境电商出口园区、服务园区的规划用地保障，协同推进“腾笼换鸟”“筑巢引凤”，优先保障跨境电商优秀企业、优质资源、高端人才的落地要求。［牵头单位：市自然资源局；参加单位：各县（区）政府、开发区（新区）管委会］

附件：中国（南昌）跨境电子商务综合试验区三年行动方案责任分工表

附件

中国（南昌）跨境电子商务综合试验区三年行动方案责任分工表

序号	任务事项	牵头单位	参加单位	完成时限
（一）健全口岸功能，优化口岸营商环境				
1	建成南昌国际快件监管中心并投入运营。	省出版集团	南昌海关、省机场集团、市国安局、市投促局、市邮政管理局	2019 年 6 月
2	建成南昌国际邮件互换局并投入运营。	省邮政公司	南昌海关、省机场集团、市国安局、市投促局、市邮政管理局	2019年年底
3	昌北机场开展食用水生动物、冰鲜水产品、进口水果等 1–2 种特殊商品进出口业务。	南昌海关、市投促局、省机场集团	市邮政管理局、南昌综保区	2019年年底
4	昌北机场新增加 1–2 种特殊商品进出口业务。	南昌海关、市投促局、省机场集团	市邮政管理局、南昌综保区	2020年年底
5	建设实现“查检合一”全覆盖的硬件设施，实现“查检合一”南昌关区全覆盖。	省出版集团、南昌综保区	南昌海关	2019年年底
6	根据《关于跨境电子商务综合试验区零售出口货物税收政策的通知》（财税〔2018〕103 号）要求，落实跨境电商零售出口无票免税政策，实现“免征不退”跨境电商零售出口业务常态化运行。	市税务局	南昌海关、省出版集团、省邮政公司、南昌综保区、江西商务信息和电子口岸中心	2019年年底
7	实现出口退（免）税“无纸化管理”。	市税务局	江西商务信息和电子口岸中心	2020年年底
8	完成跨境电商企业平台推广费“税前抵扣”试点实施方案制定，在风险可控前提下，启动试点工作。	市税务局	南昌海关、省出版集团、省邮政公司、南昌综保区、江西商务信息和电子口岸中心	2021 年年底
9	落实外贸综合服务企业收结汇便利举措。	国家外汇管理局江西省分局	南昌海关	2020年年底
10	不断深化跨境电商贸易外汇管理便利化举措。	国家外汇管理局江西省分局	南昌海关	长期工作

续表 1

序号	任务事项	牵头单位	参加单位	完成时限
（二）构建互联互通的线上线下平台网络				
11	南昌综试区线上平台初步建成并正式运行。	江西商务信息和电子口岸中心、南昌海关、南昌综保区	市投促局	2019 年 4 月
12	初步实现主要政府部门在南昌综试区线上平台的数据交换与综合利用，制定南昌综试区跨境电子商务线上综合服务平台数据管理制度与应用规范。		国家外汇管理局江西省分局、市公安局、市商务局、市投促局、市市场监督管理局、市税务局、市邮政管理局、市大数据发展管理局	2020年年底
13	推进跨境电商企业在南昌综试区线上平台备案工作。	江西商务信息和电子口岸中心、南昌综保区	市商务局	长期工作
14	各县（区）政府、开发区（新区）管委会全部建成南昌综试区线上平台分平台。	各县（区）政府、开发区（新区）管委会	市商务局、江西商务信息和电子口岸中心	2021 年年底
15	建成跨境电商进口园区，实现网购保税进口业务常态化运行。	南昌综保区	南昌海关、市投促局	2019年年底
16	出台南昌综试区跨境电商园区（服务园区、出口园区）认定管理办法，完成第一批跨境电商园区认定。	市商务局	市财政局	2019年年底
17	完成第二批跨境电商园区认定，健全跨境电商园区认定与复评工作的相关制度。			2021 年年底
18	各县区至少创建 1 个跨境电商示范园区或设立 1 个跨境电商公共服务中心	各县（区）政府、开发区（新区）管委会	市财政局、市商务局	2021 年年底
19	支持海外仓等跨境电商境外网点建设。	市商务局、南昌综保区	市财政局、市投促局	长期工作

续表 2

序号	任务事项	牵头单位	参加单位	完成时限
（三）打造快捷物流通道与数字物流体系				
20	有序开行全货机定班航线，构建国际中转联运航线网络，培育引进基地航空货运企业。	市投促局、省机场集团	省邮政公司	长期工作
21	有序开行国际铁路货运班列，不断提升运行效率和综合效益。	市投促局	南昌综保区、南昌县政府（向塘开发区管委会）	长期工作
22	推进江海国际联运通道建设，不断提升综合时效。	南昌港	市投促局、市交通运输局	长期工作
23	推进铁海国际联运通道建设，不断提升综合时效。	南昌县政府（向塘开发区管委会）		长期工作
24	推进物流园区信息化、数字化。	市商务局	市发改委、各县（区）政府、开发区（新区）管委会	长期工作
（四）营造规范有序的产业发展良好氛围				
25	优化跨境电商金融服务，引进培育跨境电商第三方支付机构。	人行南昌中心支行、江西银保监局	国家外汇管理局江西省分局、市投促局、市金融办、市财政局	长期工作
26	在南昌综试区线上平台初步形成跨境电商主体信用信息汇集，提供信用信息查询等基础服务。	市市场监督管理局	南昌海关、国家外汇管理局江西省分局、市发改委、市投促局、市税务局、南昌综保区、江西商务信息和电子口岸中心	2019年年底
27	初步建立跨境电商主体信用评价体系，力争开展跨境电商主体信用评级工作。		/	2020年年底
28	建立较成熟的跨境电商主体信用评价体系，出台跨境电商主体信用评级管理办法。			2021年年底
29	推动建立监管部门信用等级互认机制。		南昌海关、国家外汇管理局江西省分局、市税务局	长期工作

续表 3

序号	任务事项	牵头单位	参加单位	完成时限
30	制定跨境电商风险预警级别、分级标准与应急预案，初步建成南昌综试区跨境电商分类分级风险预警系统。	南昌海关、国家外汇管理局江西省分局、市税务局	市公安局、市国安局、市商务局、市投促局、市市场监督管理局、南昌综保区、江西商务信息和电子口岸中心	2021年年底
（五）抓好企业引进培育与鼓励创业创新				
31	推进跨境电商重大项目招商，引进一批国内外知名企业、行业龙头企业、细分领域标杆企业。	市投促局、市商务局、南昌综保区	各县（区）政府、开发区（新区）管委会	长期工作
32	推进线下园区招商，积极引进深圳等地从事跨境电商行业的互联网赣商。	各县（区）政府、开发区（新区）管委会	市商务局、市投促局	长期工作
33	组织开展企业跨境电商培训，引导企业发展跨境电商业务。	市商务局、市工信局	各县（区）政府、开发区（新区）管委会	长期工作
34	依托线下园区，建设跨境电商创业孵化器。	各县（区）政府、开发区（新区）管委会	市商务局	长期工作
35	建设跨境电商人才培训实训基地。	市人力资源社会保障局	市商务局	长期工作
（六）推进南昌综试区跨境电商交流合作				
36	线下园区加强与深圳、广州、杭州、宁波等地跨境电商园区的交流合作，嫁接外部高质量资源，不断优化跨境电商生态圈。	各县（区）政府、开发区（新区）管委会	市商务局	长期工作
37	加强跨境电商领域的国际对话交流，促进境内外跨境电商规制协同。	市商务局、市外办	市投促局、南昌海关	长期工作

续表 4

序号	任务事项	牵头单位	参加单位	完成时限
（七）提升政府部门行业管理与服务能力				
38	成立综试办，建立综试办集中办公制度，实现综试办集中办公。	市委组织部、市编办	南昌海关、市商务局、市投促局、南昌综保区、江西商务信息和电子口岸中心	2019 年 6 月
39	开展政府部门跨境电商专项培训。	市商务局	市委组织部、市人力资源社会保障局、各县（区）政府、开发区（新区）管委会	长期工作
40	制定南昌综试区跨境电商统计体系建设实施方案。	市商务局	南昌海关、省出版集团、省邮政公司、南昌综保区、各县（区）政府、开发区（新区）管委会、江西商务信息和电子口岸中心	2020 年年底
41	初步建成南昌综试区跨境电商统计体系。			2021 年年底
（八）保障措施				
42	完善中国（南昌）跨境电子商务综合试验区工作领导小组运行机制，建立联络员制度、建立工作月报制度和领导小组例会制度。	市商务局、市政府办公厅	中国（南昌）跨境电子商务综合试验区工作领导小组各成员单位	2019 年 6 月
43	将跨境电商工作纳入市政府考核体系，明确各部门、县（区）政府、开发区（新区）管委会目标考核责任。	中国（南昌）跨境电子商务综合试验区工作领导小组办公室	—	2019 年 6 月
44	出台南昌综试区跨境电商扶持政策。	市商务局	市财政局	2019 年年底
45	为跨境电商线下园区建设、跨境电商重大项目引进，提供规划用地保障。	市自然资源局	各县（区）政府、开发区（新区）管委会	长期工作

中国（南昌）跨境电子商务综合试验区零售出口货物免税管理办法（试行）

（国家税务总局江西省税务局公告2019年第2号）

为支持外贸新业态发展，规范跨境电子商务综合试验区内的跨境电子商务零售出口货物免税管理，经商省财政厅和省商务厅，国家税务总局江西省税务局制定了《中国（南昌）跨境电子商务综合试验区零售出口货物免税管理办法（试行）》，现予公布。

特此公告。

中国（南昌）跨境电子商务综合试验区零售出口货物免税管理办法（试行）

第一条 为规范中国（南昌）跨境电子商务综合试验区（以下简称综试区）零售出口货物免税管理，根据《国务院关于同意在北京等22个城市设立跨境电子商务综合试验区的批复》（国函〔2018〕93号）和《财政部 税务总局 商务部 海关总署关于跨境电子商务综合试验区零售出口货物税收政策的通知》（财税〔2018〕103号）的规定，制定本办法。

第二条 对综试区跨境电子商务零售出口（以下简称电子商务出口）企业出口未取得有效进货凭证的货物，同时符合下列条件的，试行增值税、消费税免税政策：

（一）电子商务出口企业在综试区注册，并在注册地跨境电子商务线上综合服务平台登记出口日期、货物名称、计量单位、数量、单价、金额。

（二）出口货物通过综试区所在地海关办理跨境电子商务出口申报手续。

（三）出口货物不属于财政部和税务总局根据国务院决定明确取消出口退（免）税的货物。

第三条 未办理过出口退（免）税备案的电子商务出口企业应于首次出口免税申报时，向主管税务机关办理免税备案手续。

第四条 电子商务出口企业应在货物报关出口次月（按季度进行增值税纳税申报的为次季度），按规定向主管税务机关办理出口免税申报。

第五条 电子商务出口企业应当将出口货物相关单证资料留存企业备查。

第六条 主管税务机关应当利用税务总局清分的出口商品申报清单电子信息，加强对电子商务出口企业的出口货物免税管理工作。

第七条 本办法所称电子商务出口企业，是指自建跨境电子商务销售平台或利用第三方跨境电子商务平台开展电子商务出口的单位和个体工商户。

第八条 电子商务出口企业未按规定办理免税申报的，主管税务机关应当按照《中华人民共和国税收征收管理法》及其实施细则等有关规定处理。

第九条 本办法自2019年4月1日起施行。

企业名录

截至2019年12月31日，在南昌跨境电商综合服务平台上注册，并实际开展业务的企业名录见表2-12。

表2-12 南昌跨境电子商务企业名录

序号	企业名称	主营业务	地址
1	中国邮政速递物流股份有限公司江西省分公司	物流企业	江西省南昌市新建区
2	顺丰速运有限公司	物流企业	江西省南昌市新建区
3	江西美翻科技有限公司	电商平台，电商企业	江西省南昌市市辖区红谷滩新区学府大道899号江西慧谷产业园4号楼5层506室
4	南昌保趣网络科技有限公司	电商企业	江西省南昌市新建区樵舍镇保税大街168号
5	上海牵趣网络科技有限公司	电商平台，电商企业	上海市浦东新区自由贸易试验区加枫路28号2102B室
6	江西佳禾国际货运代理有限公司	报关企业	江西省南昌市市辖区高新技术产业开发区
7	支付宝（中国）网络技术有限公司	支付企业	云南省丽江地区市丽江纳西族自治县888
8	财付通支付科技有限公司	支付企业	浙江省杭州市上城区财付通
9	财付通支付科技有限公司	支付企业	福建省三明市永安市333
10	支付宝（中国）网络技术有限公司	支付企业	山东省枣庄市市中区支付宝
11	江西省正美电子商务有限公司	电商企业，仓储企业，外贸代理企业	江西省南昌市新建区樵舍镇保税大街168号（357-2室）
12	江西熠联供应链管理有限公司	电商企业，仓储企业	江西省南昌市新建区樵舍镇保税大街168号（385室）
13	有品信息科技有限公司	电商平台	江苏省南京市建邺区白龙江东街8号3栋9层
14	江西噼里啪啦电子商务有限公司	电商企业	江西省南昌市新建区樵舍镇保税大街168号（258-2室）

表2-12 续

序号	企业名称	主营业务	地址
15	江西顺丰速运有限公司	物流企业	北京市顺义区北京空港物流基地物流园八街1号二层B2-082
16	广州合利宝支付科技有限公司	支付企业	广东省广州市市辖区南沙区丰泽东路106号15层1501房自编38号（仅限办公用途）
17	申通快递有限公司	物流企业	上海市青浦区北青公路6598弄25号意邦写字楼11楼
18	上海一条网络科技有限公司	电商平台	上海市闵行区东川路555号戊楼1215室
19	上海寻梦信息技术有限公司	电商平台	上海市长宁区娄山关路533号2902-2913室

典型案例

满山红跨境贸易综合服务平台“赋能江西制造，赣品出海，区域跨境电商发展新业态”

满山红平台是立足江西区域跨境贸易发展的综合服务平台。由全国用户较多的从事跨境贸易大数据服务公司——江西顶易科技发展有限公司投资的一家民营科技创新企业。其业务重心围绕江西跨境电商发展，帮助江西11个地市传统外贸制造业向跨境电商新贸易业态转型，助力江西制造产业升级。

核心产品以满山红跨境电商选品平台为载体，为全球电商卖家提供江西制造的产品选品供应链，依托顶易科技全球大数据，帮助本土制造业产品出海。同时为区域跨境电商发展提供综合服务。

一、主要做法

（一）满山红跨境选品平台

深挖江西11个地市符合跨境贸易的产品，逐一对接地方商务部门和工信部门，对地方制造业和特色产业进行摸底和筛选，把符合跨境贸易的产品结合顶易全球大数据分析和贸易情报分析再次过滤，精选出一批江西产品供应链，通过满山红平台，给全球递出一张江西制造的名片，为跨境出口从业人员提供选品平台，最终打造成江西本土的“1688平台”，线上版的“洪城大市场”。

（二）产品推广

精选出的产品上了满山红平台后，主要通过以下3种方式进行国际市场推广：

1. 依托顶易科技大数据营销平台，线

上推广；

2. 通过国外商会、协会和大使馆直接线下推广；

3. 组织区域跨境电商展，参加沿地区跨境电商展推广。

（三）跨境贸易综合服务

1. 跨境电商平台开户：满山红对接全球各大主流电商平台在大中华区的招商开户服务。把平台开户服务工作搬到江西。

2. 跨境电商平台操作培训服务，教大家如何在平台上售卖产品。

3. 国外商标注册购买。

4. 联合国采购商目录入库服务。

5. 跨境人才输送，满山红已经签约10所高校，定向培养跨境人才。

6. 跨境物流、海外仓服务。

（四）自营跨境贸易

对深度合作的供应商，满山红将其产品作为自营跨境贸易产品主推。

二、实践效果

平台已经顺利完成江西区域医疗类供应商入驻，并通过集采的方式实际产生的销售额2000多万美元，通过内销的方式转出口资源对接产生3000多万美元。

校企合作方面，正在帮助江西旅游商贸职业学院培养两个班共100人的跨境专项人才，以及和南昌航空大学合作，正在培训40人的跨境电商人才。

大事记

2019年2月15日，南昌综合保税区与顺丰集团旗下全资子公司上海牵趣网络科技有限公司就丰趣海淘南昌项目签约。

2019年4月11日，南昌市印发《中国（南昌）跨境电商综合试验区三年行动方案》。

2019年4月28日，中国（南昌）跨境电商综试区首票跨境电商网购保税进口（“1210”）业务顺利通关，标志着跨境电商零售进口监管新政正式在南昌落地实施。

2019年6月18日，南昌综试区实现跨境电商业务实现常态化运行，并顺利渡过首个“6·18”电商节。“6·18”期间，南昌综保区入驻企业共完成订单9744票，进口货值约374.48万元。

2019年7月3日，南昌国际快件监管中心开通运行。

2019年8月19日，赣江新区海关、昌北机场海关和青山湖海关正式揭牌开关。

2019年11月15日，南昌国际邮件互换局开通运营。

2019年12月，南昌市印发《2019年中国（南昌）跨境电子商务综合试验区发展专项资金实施细则》。

郑州地区

2019 年，郑州跨境电商综试区建设有序开展，跨境电子商务呈现快速增长态势。全年全市跨境电商交易额 107.7 亿美元，同比增长 24.6%，其中出口 63.8 亿美元，进口 43.9 亿美元。

发展现状

一、中国（郑州）跨境电子商务综合试验区总体布局

2016年5月，河南省政府印发《中国（郑州）跨境电子商务综合试验区建设实施方案》（以下简称《实施方案》），明确了中国（郑州）跨境电子商务综合试验区（以下简称郑州综试区）功能定位、发展目标、实施范围和主要任务。其中，功能定位是以促进产业发展为重点，以扩大出口作为主攻方向，逐步规范进口；以B2B模式作为发展重点，以B2C模式作为有益补充。实施范围按照“立足郑州、梯次推进、带动全省”的总体实施。主要任务是构建三个平台、七个体系：即“单一窗口”综合服务平台、“综合园区”发展平台、人才培养和企业孵化平台，跨境电商信息共享体系、金融服务体系、智能物流体系、信用管理体系、质量安全体系、统计监测体系、风险防控体系。

二、郑州综试区顶层设计情况

郑州市成立了市级综试区建设工作领导小组，召开了全市动员大会，明确职责分工，压实任务责任。根据河南省政府的《实施方案》，制定了《中国（郑州）跨境电子商务综合试验区行动计划（2016-2018）》，提出郑州市建设“三中心一高地”的总体目标、“三平台七体系”的主要任务、“一核两区多园”的产业布局，编制了《郑州市跨境电子商务综合试验区发展规划（2018-2020）》《郑州市跨境电商综试区发展实施方案》，对郑州市综试区建设进行了全面布局。出台了《关于加快推进跨境电子商务发展的实施意见》，为郑州市跨境电商产业发展提供政策支持。

三、郑州综试区建设情况

（一）深化跨境电商改革创新

一是监管制度方面，以贸易便利化为导向，首创了“1210”网购保税进口模式，已在全国复制推广；对跨境电商进口商品和企业实行“双分级”、差别化监管；创新一区多功能监管流程，集成邮件监管中心、快件监管中心、口岸作业区等功能，降低企业70%经营成本。二是业务流程方面，推行关检“三个一”，实现“秒通关”，对跨境电商产品实行“即报即备”“即查即放”，企业报关差错率减少70%，查验时间缩短一半，跑出了日均处理能力1000万单、通关速度500单/秒的“郑州速度”；E贸易全球智能物流综合服务中心建成投用，实现监管、分拣和派送集成作业，分拨时间由48小时缩短到24小时以内。三是商业模式方面，高标准建设了10.51平方千米的E贸易核心功能集聚区，努力打造成全球跨境电商示范区；获批了全国首个跨境电商进口药品和医疗器械试点，已具备业务实单测试的条件和能力；推出跨境O2O保税自提新零售模式，商品立等可取，更加便利消费。四是探索国际规则方面，在郑州举办的全球跨境电子商务大会上，倡议发起成立跨境电子商务标准与规则创新促进联盟，共同探索推进跨

境电商的标准与规则创新。

（二）推动跨境电商产业集聚

通过开展跨境电商专项招商活动，强化培育产业主体，加强项目推动，有序推进线下综合园区建设，促进跨境电商产业集聚。一是开展专项招商活动。以促进全市跨境电子商务发展为核心，面向北京、上海、广州、杭州、深圳、重庆等跨境电子商务企业总部集聚地区，有针对性地开展小分队走访、驻地接洽、高层互动、市情推介、集中签约等多形式、专业化招商活动，通过跨境电商企业招商活动，营造宣传氛围，促进项目落地，推动跨境电商产业集聚，强力助推郑州跨境电子商务产业发展，提升跨境电商整体实力。二是打造四级示范体系。在国家、省级示范创建的基础上，开展市、县级示范联创，持续培育郑州市跨境电商企业、园区和人才培育基地。郑州市现有省级跨境电商示范园区 7 个、跨境电商人才培养暨企业孵化平台 5 家，市级跨境电商示范园区 10 个、跨境电商人才培养暨企业孵化平台 5 家。三是推进线下综合园区平台建设。通过强化线下园区综合服务功能，集聚电商平台企业、外贸综合服务企业、电商专业人才和服务等，提供通关、物流、金融、人才等一站式服务。经济技术开发区、航空港实验区依托保税物流中心、综合保税区等海关监管区，高标准规划建设了河南保税物流中心、世航之窗、国际陆港等一批跨境电商园区，推动产业集聚；其他县（市、区）、开发区发挥各自产业优势，打造了"一带一路"经贸产业园、中国中部电子商务港、郑州邮政跨境电商产业园等跨境电商特色产业集群。

（三）加强跨境电商供需对接

以实践为基础，围绕行业产业发展，开展创新实践，推动线上平台与线下企业融合发展。一是支持企业开展跨境电商业务，建立海外营销渠道，创立自主品牌。郑州人民电缆、郑州锅炉、新密耐火材料从面临生存困境到产品出口多个国家，企业业绩快速增长；郑州智欧、伊赛尔、钟桦电商打造多个国外品牌，将对讲机、小型家具、家用饰品出口欧美多个国家，实现亿元以上成交。二是以人才培育推动产业持续发展。支持政、校、会、企合作共建实用型人才培训基地。市商务局、中国邮政集团公司郑州市分公司签署合作备忘录和战略合作协议以来，联合举办了亚马逊郑州站招商会、eBay 郑州线下培训会、跨境电商高峰论坛等多场跨境电商培训。三是开展常态化培训。按照差异策略、精品策略和管用策略，以"探讨行业发展、解析政策走向，分享经验体会、点燃创业激情"为目的，已成功举办 28 期电子商务大讲堂。四是筹办各项重大活动。连续三届全球跨境电子商务大会多渠道邀请了高规格嘉宾，搭建了高水平对外开放平台，打造了高层次跨境电商思想盛宴，推出了"郑州模式"和"郑州标准"，成立了"跨境电子商务标准与规则创新促进联盟"，扩大了"三条丝路"影响，为全球跨境电商发展提供了"中国方案"，贡献了河南智慧。连续两届在进博会平台举办的"网上丝绸之路"对接采购暨现场签约会，广邀世界宾朋，来自英国、澳大利亚、俄罗斯、美国、加拿大等 20 个国家和地区的政要、客商，助力郑州与世界加强交流，务实合作，共同拓展互利合作新空间。

四、跨境电商园区发展情况

（一）中国中部电子商务港（总部基地）建设情况

中国中部电子商务港（总部基地）是第九届中国（河南）国际投资贸易洽谈会重大签约落地项目。项目按照“统筹规划、分步实施、政府引导、市场化运作、企业化管理、专业化服务”的原则，由河南省商务厅主导、二七区政府承接、河南豫发集团建设、河南电商港科技有限公司运营，项目于2016年下半年建设完成并正式投入使用。中国中部电子商务港（总部基地）是河南省电子商务示范基地、河南省首批跨境电商示范园区。项目以郑州市综试区、自贸试验区为建设契机，以“出口电商”为突破点，整合跨境平台企业、跨境出口电商企业、跨境支付结汇企业、跨境电商人才培训机构、国际贸易行业协会、国际物流海外仓等，打造河南跨境出口电子商务生态链条。项目围绕出口电商提供报关、财务、工商、政策等一站式政务服务，提供人才、仓储、孵化、金融、代运营、产业链等全类目商务服务，提供公寓、酒店、娱乐、餐饮、出行等完善的生活服务，竭力降低企业运营成本、提升企业销售水平。

截至目前，中国中部电子商务港（总部基地）已吸引国立集团、大汇恒兴、威顺游乐设备、荣盛耐火材料等20多家优秀跨境电商企业进驻，基地2018年跨境出口总交易额超13亿元人民币。

（二）金水“一带一路”经贸产业园

园区荣获省级跨境电子商务示范园区、河南省外贸综合服务平台、市级跨境电子商务示范园区、市级优秀众创空间等多项荣誉，并与郑州商学院合作搭建了“一带一路”经贸产业学院。明确了以外贸综合服务、海外运营体系、外贸大数据信息、人才培育交流为核心的“四大平台”工作重心。不断衔接生态链服务商伙伴，初步搭建了“外贸服务联盟”，开展通关、物流、金融、财税、经贸大数据、会展推介、创业孵化、人才培训等跨境产业全链条服务。同时，开设商事认证、商事调解、商事仲裁等特色涉外商事服务窗口。打造“行业集聚、一站服务、多方对接、全面共享”的国际贸易生态链。截至2019年年底，园区已与113家外贸进出口企业、外贸服务类企业签约，实际入驻园区企业59家，招商入驻率达100%。其中完成河南省电子商务认定企业43家，国家级电子商务示范企业1家，省级电子商务示范企业2家，市级电子商务示范企业3家。目前引入科技型备案企业3家、服务类企业13家。

五、郑州市积极助力

郑州是河南省省会，地处中华腹地，史谓“天地之中”，古称“商都”，今为“绿城”。1928年3月建市，现辖6区5市1县和郑州航空港经济综合实验区、郑东新区、郑州经济技术开发区、郑州高新技术产业开发区。常住人口1035.2万人，总面积7446平方千米，市域城市建成区面积1055.27平方千米，城镇化率74.6%。郑州是中国历史文化名城、中国优秀旅游城市、国家卫生城市、国家园林城市、国家森林城市、全国绿化模范城市、全国科技进步先进市、全国双拥模范城市、全国社会管理综合治理优秀城市、全国文明城市和国家明确支持建设的国家中心城市。

郑州是华夏文明的重要发祥地。拥有8000年的裴李岗文化、6000年大河村文化、5000年黄帝史诗、3600年商都文明，是中国八大古都之一和世界历史都市联盟成员。全市拥有不可移动文物8651处，其中，世界文化遗产2处，国家级重点文物保护单位74处、80项，黄帝故里、商城遗址、中岳嵩山及世界文化遗产登封“天地之中”历史建筑群等人文自然景观名扬海内外。

郑州是我国公路、铁路、航空、通信兼具的综合性交通枢纽，是全国普通铁路和高速铁路网中唯一的“双十字”中心。随着郑州至徐州高铁通车运营，郑万、郑济、郑合高铁、郑州南站及配套工程有序推进，国家高铁调度中心落户郑州，以郑州为中心的“米”字形高速铁路网加快成形。郑州航空港经济综合实验区是国务院批复的全国第一个以航空经济为主题的国家级功能区，中国郑州—卢森堡“空中丝绸之路”是国家重点支持建设的中欧空中贸易通道，初步形成横跨欧美亚三大经济区、辐射全球近200个城市的国际枢纽航线网络，郑州机场2019年完成旅客吞吐量2912.9万人次。依托中欧班列（郑州），打通郑州到欧洲的“陆上丝绸之路”，实现每周“去11回9”高频运行。依托跨境电商试点布局“网上丝绸之路”，探索创新的“1210”模式得到全国推广。依托海关特别监管区加快功能性口岸建设，成为内陆地区口岸数量最多、种类最全的城市，初步奠定了连通境内外、辐射东中西的物流枢纽优势。

继郑州航空港经济综合实验区之后，国家自主创新示范区、中国（河南）自由贸易试验区、跨境电子商务综合试验区、大数据综合试验区、通用航空产业综合示范区、全国交通综合枢纽示范工程城市等国家战略规划、平台相继落地，加速推进，郑州的国家政策叠加优势进一步突显。2019年以来，习近平总书记视察河南并在郑州发表重要讲话，确定了黄河流域生态保护和高质量发展的战略部署；国家把郑州列为10个国家高质量发展区域增长极城市之一；河南省委、省政府以中心城市带动城市群发展的战略导向明确，推进郑州大都市圈建设的力度不断加大，支持“郑州这一龙头高高扬起来”的政策体系不断完善。2019年，全市固定资产投资增长2.8%；社会消费品零售总额完成4671.5亿元，同比增长9.5%，高于全国1.5个百分点；进出口总额完成4129.9亿元，其中出口2678.2亿元、进口1451.7亿元，均居中部省会城市第一；地方财政一般公共预算收入1222.5亿元，同比增长6.1%。

展望未来，郑州将坚持以习近平新时代中国特色社会主义思想为指导，深入贯彻习近平总书记关于河南和郑州的重要讲话指示精神，贯彻落实党的十九届四中全会和中央经济工作会议精神，按照省委十届十次全会和省委经济工作会议部署，树牢新发展理念和以人民为中心的发展思想，坚持稳中求进工作总基调，以供给侧结构性改革为主线，以改革开放为动力，把牢“贯彻落实黄河流域生态保护和高质量发展、中部地区崛起、对外开放三大国家战略，加快国家中心城市建设，加快形成更高水平的高质量发展区域增长极”这一方向，坚持河南省委赋予郑州“三个在”的工作要求，坚持“东强、南动、西美、北静、中优、外联”城市发展布局，坚持以系列三年行动计划为工作抓手，突出“五个更加注重”，统筹“八项重点工作”，强化党的领导和党的建设，确保全面建成小康社会和“十三五”规划圆满收官，让人民群众有更多获得感、幸福感、安全感，为推进中原更加出彩、中部地区崛起、黄河流域生态保护和高质量发展作出新的更大贡献。

企业名录

截至2019年12月31日，在郑州跨境电子商务公共服务平台上注册，并实际开展业务的企业见表2-13。

表2-13 郑州跨境电商企业名录

所在地	企业名称
中原区	郑州市娅丽达服饰有限公司
中原区	郑州云顶服饰有限公司
中原区	郑州枫美电子商务有限公司
中原区	郑州宏亮电缆有限公司
二七区	河南苏宁云商销售有限公司
二七区	河南国立进出口有限公司
金水区	郑州蓝普实业有限公司
金水区	郑州西维科技有限公司
金水区	中科九洲科技股份有限公司
金水区	郑州钟铧电子商务有限公司
金水区	郑州索维尔科技有限公司
金水区	郑州卓普科技股份有限公司
金水区	郑州市程驰速递有限公司
金水区	河南驰蓝进出口贸易有限公司
金水区	郑州市大源之地商贸有限公司
金水区	河南省太和国际旅行社有限公司
金水区	河南新百福国际物流有限公司
金水区	郑州市拓宇进出口贸易有限公司
金水区	河南九义科技有限公司
金水区	郑州优科工业设备有限公司
金水区	河南智云联创科技有限公司

表2-13 续1

所在地	企业名称
金水区	河南安茂实业有限公司
管城区	河南金马电子商务股份有限公司
管城区	郑州威顺游乐设备有限公司
惠济区	河南核心动力电子商务有限公司
惠济区	河南妙奇商贸有限公司
上街区	郑州市郑蝶阀门有限公司
上街区	郑州万谷机械股份有限公司
上街区	河南黑马实业有限公司
上街区	郑州长城科工贸有限公司
登封市	河南嵩基康诚电子商务有限公司
新密市	郑州哈尼彤彤商贸有限公司
新密市	河南梦祥纯银制品有限公司
新密市	新密市盛装风月服饰有限公司
新密市	郑州荣盛窑炉耐火材料有限公司
新密市	郑州利生科教设备有限公司
荥阳市	河南恒纯农业科技有限公司
荥阳市	郑州一帆机械设备有限公司
荥阳市	郑州市神龙泵业有限公司
荥阳市	河南通达重工科技有限公司
荥阳市	郑州中嘉重工有限公司
荥阳市	郑州中豫游乐设备有限公司
荥阳市	郑州神龙动漫游艺游乐设备有限公司
新郑市	郑州管交网有限公司
新郑市	河南华东电缆股份有限公司
郑东新区	河南中钢网电子商务有限公司
郑东新区	河南印象电子商务有限公司
郑东新区	河南海赢电子商务有限公司
郑东新区	河南喜柚科技有限公司
郑东新区	河南嵩云网络科技有限公司
郑东新区	河南买卖多电子商务有限公司
郑东新区	河南新驰国际贸易有限公司

表2-13 续2

所在地	企业名称
郑东新区	郑州药素电子商务有限公司
郑东新区	中国邮政速递物流股份有限公司河南省国际速递分公司
郑东新区	河南太能电气股份有限公司
郑东新区	河南通通优品科技有限公司
高新区	郑州悉知信息科技股份有限公司
高新区	河南云和数据信息技术有限公司
高新区	河南锐之旗网络科技有限公司
高新区	郑州领秀服饰有限公司
高新区	郑州农淘电子商务有限公司
高新区	郑州锅炉股份有限公司
高新区	郑州鼎力新能源技术有限公司
高新区	河南检亿科技有限公司
高新区	河南亿恩科技股份有限公司
高新区	河南威尔克姆信息科技股份有限公司
高新区	郑州明泰实业有限公司
经开区	河南省新华书店发行集团有限公司
经开区	河南中原福塔电子商务有限公司
经开区	郑州维纳斯信息科技有限公司
经开区	郑州宇通重工有限公司
经开区	河南保税跨境电子商务有限公司
经开区	郑州万国优品保税进出口有限公司
经开区	河南安德在线电子科技有限公司
经开区	河南全速通供应链管理有限公司
经开区	河南省中大门网络科技有限公司
经开区	郑州乾兴进出口贸易有限公司
经开区	河南乐橙网络技术有限公司
经开区	郑州国际陆港开发建设有限公司
航空港区	郑州九号店保税进出口贸易有限公司
航空港区	河南世航之窗供应链有限公司
航空港区	河南易通跨境供应链有限公司
航空港区	河南集成供应链管理有限公司

表2-13 续3

所在地	企业名称
航空港区	河南航投物流有限公司
航空港区	河南航商科技有限公司
航空港区	河南有间电子商务有限公司
航空港区	河南中兴供应链有限公司
航空港区	河南博达电子商务有限公司

统计数据

2019年，郑州市跨境电商交易额107.7亿美元，同比增长24.6%，其中出口63.8亿美元、进口43.9亿美元。

典型案例

河南艾瑞奇网络科技有限公司

一、企业基本情况

河南艾瑞奇网络科技有限公司成立于2014年7月3日，法定代表人是代云龙，公司位于郑州市二七区兴华北街18号盛世经纬B座5522号，公司现有员工60多人。办公室占地面积600平方米，仓库占地面积800平方米。

公司依托中原腹地郑州有利的文化资源和四通八达的交通运输枢纽，2013年抓住了电商行业在国内迅速发展的机遇，借助国际的亚马逊、eBay、速卖通等平台，国内的阿里巴巴（B2B）、京东、淘宝等平台，采用平台零售与批发相结合的模式，主营户外用品，除了常规产品外，公司还有10多项自己开发设计、定制款式的产品，其中有3种产品申请了实用新型专利证书，7种产品申请了外观专利证书，带动了户外市场的持续发展，也让客户在使用过程中有了更好的体验。公司在户外用品行业耕深细作的同时，开发引入了新项目，如家居、健身产品等，得到了客户的认可，同时让客户通过平台能更方便、快捷地购买到性价比高的产品。经过5年的电商行业沉淀与积累，公司在产品上更加精益求精，拥有自己的品牌TOPARCHERY、HUNTINGDOOR，在户外行业占有一席之地。

二、业务特点

公司主要通过国内国际第三方电商平台和自己的独立网站站内推广，同时通过SNS、Google、Facebook等站外推广，让客户能方便、快捷地购买到公司产品。在物流上，公司与多方物流公司合作，让产品能在更快、更短的时间到达客户手中，同时也减少客户退货上的麻烦，做到真正的产品无国界、物流无死角；在产品上，除了常规产品外，主打自己定制产品，根据客户的需求定制，并把中国文化与公司产品融为一体，让产品更能体现文化感；在质量上，严把产品质量关，严格把控供应链市场，在带动供应商发展的同时，让客户对产品质量更放心，提升客户的体验感；在服务上，建立完善、专业的售后服务团队，24 小时专人在线服务，以客户满意为导向，做到客户有问题能随时随地得到及时有效的解决；在管理模式上，公司引进先进的合伙人模式，摒弃员工打工的意识，培养员工主人翁心态，激发员工的潜力，打造一流的团队，让每一位员工都能用心、用情为客户服务。随着公司的不断发展，公司的产品会根据市场情况不断调整，除了自己主打产品外，公司也会根据客户的需求引进更多的户外用品，在管理上也会不断地调整，实现信息化、数据化管理，以适应市场的变化。

三、取得成效

通过几年的发展，公司人员规模从原来的几个人发展到现在的 60 多人，造就了一批批年轻有为的电商行业精英，人才的流动为电商行业的发展奠定了基础。公司业绩从年营业额几百万元到 2019 年年营业额 4000 多万元；预计 2020 年销售额将达到 7000 万元。公司的发展也带动了产业链的升级，供应商由以前的小作坊管理逐渐走向制度化、规范化、标准化、现代化工厂管理，有效地解决当地的劳动力就业情况，带动了当地经济的发展。

大事记

2019 年 4 月 12 日，国家药监局复函，原则同意河南省人民政府在开展跨境电商进口药品和医疗器械方面进行试点。

2019 年 5 月 10 日，成功举办第三届全球跨境电子商务大会。邀请了商务部、财政部、海关总署、国家税务总局、国家市场监管总局等部委相关司局负责人；美国、俄罗斯、意大利、加拿大等 45 个国家（地区）和国际组织代表及企业团组代表；上海、深圳、杭州等 21 个跨境电商综试区和兄弟城市代表；中国电商协会联盟、亚太经合组织电商工商联盟、中国服务贸易协会等境内外机构和商协会负责人；亚马逊、阿里巴巴、京东、苏宁等境内外知名跨境电商企业代表等约 1600 名嘉宾参加。

2019 年 11 月，成功筹办河南跨境电商对接采购暨现场签约会。利用中国国际进口博览会平台，自主举办跨境电商对接采购暨现场签约会，集中展示了郑州市跨境电商进口药品和医疗器械试点取得的阶段性成果。

2019 年 12 月 30 日，国家药监局发布公告，根据《中华人民共和国药品管理法》，经国务院批准，同意增设郑州航空港口岸为药品进口口岸。自 2019 年 12 月 30 日起，除《药品进口管理办法》第十条规定的药品外，其他进口药品（包括麻醉药品、精神药品）可经由郑州航空港口岸进口。

武汉地区

湖北省跨境电商业务于2015年年底正式开展。2015年年底，武汉海关联合相关部门积极开展跨境电商改革试点，成功开展跨境电商直购进口业务。2018年，湖北省商务厅依据《国务院关于印发优化口岸营商环境促进跨境贸易便利化工作方案的通知》（国发〔2018〕37号）和国家口岸管理办公室关于“单一窗口”全国跨境电商综合服务平台上线的相关要求，建设了服务全省跨境企业的湖北“单一窗口”跨境电商综合服务平台，并于2018年11月正式上线，目前，湖北省已开展了直购进口、网购保税进口、一般出口3种业务模式。从地区和区域发展情况来看，全省现有武汉市、黄石市、宜昌市3个跨境电商综试区，武汉市、黄石市、宜昌市、襄阳市4个跨境电商试点城市。武汉关区已有6个业务现场开展跨境电商业务。

发展现状

一、工作推进

2019 年，武汉海关紧紧围绕湖北省政府工作报告工作要求，结合《中国（武汉）跨境电子商务综合试验区实施方案》，创新监管新模式，全市跨境电商业务取得快速发展。

一是跨境电商实现集约突破发展。重点依托航空口岸开展“9610”业务，依托综保区开展“1210”业务，2019 年全年，武汉关区共验放跨境电商清单 542.6 万单，同比增长 29.4 倍，货值 12.7 亿元，同比增长 12.4 倍。二是深度调研获取发展经验。2019 年年初，武汉海关组织赴郑州、重庆和成都海关调研，学习先进经验做法，调研情况向省市政府专题呈报后获得省领导高度肯定。三是管理制度得到进一步完善。武汉海关通过制定《武汉海关关于跨境电子商务监管工作的指导意见》和《武汉海关跨境电子商务监管操作指引》，使跨境电商监管体系更加科学、完备。四是多部门协作成效显现。武汉海关、湖北省商务厅、湖北省税务局、湖北省外管局签署四方合作备忘录，共同推广应用中国（湖北）国际贸易“单一窗口”，2019 年配合完成跨境电商企业对接 103 家。五是通过实际举措保障通关时效。天河机场驻场海关采取 7×24 小时工作制，实现跨境电商商品高效验放，其中 2019 年“双 11”全省单日验放清单 1.1 万份，货值 688.9 万元，同比分别增长 105.6 倍和 59.1 倍。六是强化科技应用，提高监管水平。武汉海关对跨境电商开展智能审图，提高查验效率，切实守好国门，2019 年共截获 147 批来自境外的跨境电商问题食品。七是政策宣传力度持续加大，通过组织武汉跨境电商发展峰会，开展跨境电商培训等活动，做好政策宣讲，结合武汉、黄石综试区获批，以及跨境电商相关政策出台，召开企业政策宣讲会，做好企业服务指导工作。

二、经验做法

一是拓展航空物流通道。支持武汉开通全货机业务，利用货运航线资源，指导武汉天河机场拓展跨境电商业务，并做好全省跨境电商业务物流服务。探索邮路，发展跨境电商业务，推动空运邮运协同发展，助推武汉形成多模式互补、“多点开花、多地结果”、全方位共同发展的新局面。二是推动综保区高质量发展。结合跨境电商综试区政策优势，重点支持相关综保区开展“1210”业务，2019 年，关区验放“1210”跨境电商清单 95.9 万票，同比增长 142.8 倍，货值 7.7 亿元，同比增长 242.7 倍。三是优化海关服务。以需求为导向，针对不同的企业、不同的商品、不同的监管模式，提供差异化、全方位服务。四是便利货物流转。结合跨境电商及快件通关特点，协调口岸海关，畅通空运转关通道，丰富物流运输网络。全面推行转关作业无纸化，取消关区内转关，实现关区物流一体化。支持汉口北开展跨境电商出口业务，推进“市场采购+跨境电商+

外贸综合服务”新业态融合，2019年共验放出口跨境电商清单8.9万份，货值1395万元。五是应用智慧监管，开发跨境电商辅助系统，对跨境电商业务实行全程信息化管理，实现通关无纸化，有效降低企业作业成本，提高通关效率，坚持“实用、好用、管用”原则，优先在跨境电商领域试点智能审图，不断增加有效识别清单，优化智能审图算法，提升监管精准程度。

三、发展情况

自2019年年初中国（武汉）跨境电子商务综合试验区（简称武汉综试区）正式启动以来，在湖北省人民政府和武汉市委、市政府的高度关注和大力支持下，武汉综试区各项建设开局良好、稳步推进，现已取得阶段性成果。

（一）发展状况

1. 四大功能区建设

根据《中国（武汉）跨境电子商务综合试验区实施方案》，东湖新技术开发区打造武汉综试区制度创新先行区与科技创新聚集区；汉口北国际商品交易中心打造跨境电商+市场采购+外贸综合服务相结合的外贸新业态综合试验区；武汉新港空港综合保税区打造以保税模式为主要特色的跨境电商产业园区；天河机场打造航空跨境电商智能物流综合园区。

2019年，四大功能区建设同时发力，天河机场、汉口北、武汉新港综保区先后开通“9610”直购业务和“1210”保税业务，结束了只有在东湖综保区才能做跨境电商业务的历史，标志着武汉市目前已拥有4个差异化发展的跨境电商产业园。

2. 两大融合发展

2019年，武汉综试区发展初步实现“两个融合”。

一是初步实现了多业态融合。汉口北依托市场采购贸易方式试点优势和大型专业市场集群优势，于2019年6月正式落地跨境电商“9610”业务，通过引进兰亭集势，成功促进了传统专业市场集群转型升级，从而实现了“跨境电商+市场采购+外贸综合服务”三种外贸新业态的融合发展。

二是初步实现了产教融合。2019年5月，湖北（武汉）跨境电子商务产教联盟在楚天同创跨境电商孵化基地正式成立。通过联盟体制机制，深化跨境电商校企合作、产教融合，加快武汉跨境电商人才培养，促进跨境电商产业发展。2019年，武汉举行了首届湖北省高校跨境电商创新创业挑战赛。该赛事涉及学校超过50所，覆盖大学生超过1万人，50多支队伍参赛，34支队伍进入决赛圈，11支队伍进入冠军挑战赛。针对跨境电商企业普遍反映的“人才难求”，行业联盟“聚谷会”与武汉高校开展相关合作，为高速发展的跨境电商行业输送更多“定制”人才。

3. 同步实现“两个改善”

一是行业发展的环境氛围大幅改善。作为全国第三批试点城市之一，武汉综试区工作起步较晚、基础有限，前期明显缺乏行业发展的浓厚氛围。但随着系列峰会等宣传推介活动的举办，武汉交通、人才、产业等优势逐渐被业内人士普遍看好，跨境电商行业发展的环境氛围得到显著改善。例如，2019年年初召开的武汉跨境电商发展峰会，成功吸引到了网易考拉、天猫国际、每日优鲜、小红书等20余家国内一流跨境电商企业高管参会论道。

2019年年底召开的湖北跨境电商行业峰会，更是吸引了来自全国20多个省份的近1000家跨境电商行业相关企业参会。短短一年间，武汉已成为国内跨境电商行业普遍关注的热点城市，全市上下发展跨境电商的氛围越来越浓厚。

二是产业生态的总体格局大幅改善。经过近一年的发展，四大园区初步形成错位发展态势，全市已在全球20余个国家和地区布局海外仓106家，跨境电商企业自发集结成立行业联盟“聚谷汇”，全市基本形成了市场主导、政府引导、行业联盟补充，以亚马逊、eBay、阿里巴巴等平台企业为龙头，以众多本土和外来中小企业为主体，产业链更加齐全完备、细分领域欣欣向荣的产业生态格局。2019年12月7日召开的湖北跨境电商行业峰会是全省跨境电商行业有史以来最大规模的跨境业态全覆盖交流盛会，参会企业涵盖了跨境电商行业平台企业、服务商及物流等全产业链的上下游企业。

（二）平台建设

截至2019年年底，湖北省单一窗口跨境电商综合服务平台共计办理接入和开展业务的企业103家，其中电商企业71家、支付企业17家、物流企业15家。

（三）招商引资

1. 出台实施市级扶持政策

2019年年初，在国家跨境电商无票免税政策正式在武汉落地后，武汉市商务局和武汉市财政局相继联合出台《武汉市跨境电子商务资金支持政策》《武汉市跨境电子商务资金支持政策实施细则（暂行）》，并在组织开展专题培训的基础上全面启动了跨境电商资金申报工作。从重大及特色项目、产业发展、产业集聚、人才平台、开拓国际市场、物流体系、金融体系七大类20个小项对跨境电商企业进行资金扶持。

2. 各区出台规划和扶持政策

在武汉市商务部门的指导下，2019年各跨境电商功能园区先后出台园区规划和跨境电商相关政策，稳步推进招商引贸工作。如东湖综保区出台了“跨境十条”，加快重点龙头企业入驻进程；汉口北推出海运物流补贴、出口快件包裹空运费、FBA欧线专线出口等补贴措施，支持区内企业采用海外备货模式拓展海外市场。

3. 海关、税务、外汇、商务、物流、金融等部门政策衔接，推进数据资源共享

指导各园区积极进行信息化建设，货物通关效率得到提升，服务企业实现跨境贸易“秒申报、秒通关”。推动武汉海关联合有关银行及保险机构，率先在武汉推出跨境电商“银关保”业务，这一新型企业增信担保模式大大减轻了进口企业税款担保资金压力。

4. 举办高峰活动招商引贸

2019年2月底，武汉市组织召开了2019武汉跨境电商发展峰会，向与会企业推介了武汉跨境电商产业的发展优势，并对省市有关扶持政策做了详细解读。12月底，在2019跨境电商行业峰会暨产教融合高峰论坛举办期间，组织专题招商对接会，成功对接一批有意来武汉拓展业务的跨境电商企业。

与此同时，各园区也“八仙过海，各显神通”，积极推进招商引贸工作。东湖综保区目前已签署各类跨境电商投资项目共计10亿元以上，每日优鲜两家子公司、

深圳宇轩、小黑鱼、深圳保达实业集团、洋码头等已顺利落户，京东自运营物流园、阿里菜鸟产业园、贝贝网、拼多多等项目也正在积极对接谈判中。天河机场已正式签约中外运、汇海源、九米通、跨境达、港中旅、晶语瞳、桐德成等公司，并与友和道通、全一快递、上海威盛、汉口北签订了战略合作协议。汉口北也已成功引入兰亭集势、17track 跨境电商企业入驻园区。

配套文件

武汉市人民政府办公厅关于印发 2019 年武汉市优化大通关环境促进跨境贸易便利化实施方案的通知

（武政办〔2019〕37 号）

各区人民政府，市人民政府各部门，各有关单位：

《2019 年武汉市优化大通关环境促进跨境贸易便利化实施方案》已经市人民政府同意，现印发给你们，请认真组织实施。

武汉市人民政府办公厅

2019 年 4 月 12 日

2019 年武汉市优化大通关环境促进跨境贸易便利化实施方案

为全面贯彻落实市委、市人民政府关于优化营商环境的工作部署，持续优化武汉大通关环境，促进跨境贸易便利化，进一步提高我市开放发展的质量和水平，结合我市实际，特制订本实施方案。

一、工作目标

深入贯彻落实《国务院关于印发优化口岸营商环境促进跨境贸易便利化工作方案的通知》（国发〔2018〕37 号）要求，力争今年在 2018 年基础上，进口通关时间再压缩 10%，出口通关时间再压缩 5%，进出口合规成本收费降低 10%以上。

二、工作任务

（一）有效压缩整体通关时间

1. 改进口岸作业流程，减少口岸作业时间。加强场站管理和规范作业，提供“一站式”服务，压缩车辆过闸口、提落箱等环节时间，缩短待查货物在查验前的吊装、移位、掏箱等准备时间。推动阳逻港港区一体化营运，优化港区内外贸区域、物流布局，避免“一船多靠”。［牵头单位：武汉新港管理委员会、市交通运输局；责任单位：湖北机场集团、武汉港航发展集团、中铁联集武汉分公司］

2. 优化口岸通关流程，落实全国通关一体化改革。创新进口货物“提前申报”通关模式，施行“查检合一”作业模式，推行进口矿产品等大宗资源性商品“先验放后检测”检验监管方式，全面推广海关税收自报自缴。实现内外贸集装箱堆场的电子化海关监管。在有效监管、风险可控的前提下，优先办理通关手续，加快时效性商品通关速度。[责任单位：武汉海关、市商务局]

3. 创新监管服务举措，实现口岸通关增速。继续在铁路口岸实施“车边验放”“运单归并”“简化申报”等举措；推动水运口岸阳逻港实现通关业务全程网上办理；支持航空口岸增开国际及地区航线；继续推行“便捷保税货物流转”；研究探索将在中国（湖北）自由贸易试验区武汉片区实施的“先出区、后报关”举措推广至各口岸及海关特殊监管区。落实国内航行船舶进出港报告，做好国际航行船舶进出口岸网上申报、审批；对安全信誉良好的“江海直达”进出港船舶，按照交通运输部海事局诚信船舶管理机制简化检查要求，便利通行。[责任单位：武汉海关、武汉海事局、市商务局]

4. 提升货物流转效率，减少转运时间。加强对运营主体管理，实现 24 小时作业，引导企业在海关监管区外进行集拼箱作业。缩短在场站内堆放时间，督促企业及时办理提离放行手续，尽快提离货物。持续推进水运口岸直航业务开展，尽早开通集装箱直航航线。落实水运、铁路口岸 7×24 小时预约通关机制，继续推行航空口岸 7×24 小时常态化通关。鼓励企业采取一体化通关模式，减少在途时间。[牵头单位：武汉新港管理委员会、市交通运输局；责任单位：市商务局、武汉海关、湖北机场集团、武汉港航发展集团、中铁联集武汉分公司]

5. 协调推动联合检查，深化查验单位协作共管。协调海关、边检、海事等口岸联检单位，统筹使用监管设备设施，遵循“能联尽联”的原则，对进出境的船舶、飞机、火车等运输工具进行一次性联合登临检查，减少重复检查。[责任单位：市商务局]

（二）降低进出口环节合规成本

1. 降低经营服务性收费。贯彻落实国务院、湖北省关于提效降费的工作要求，研究制定有效降低进出口企业综合物流成本的政策措施，引导港口、机场、铁路中心站等口岸现场的代收企业，在保证服务质量前提下，进一步减少涉及进出口环节的收费项目，落实新修订的《港口收费计费办法》，实现收费项目减项、并项。降低报关、货代、船代、物流、仓储、港口服务等环节经营服务性收费 10%以上，公示收费清单（包括收费项目、收费标准、收费主体、服务内容、定价依据）。[牵头单位：市交通运输局、市发展改革委；责任单位：武汉新港管理委员会、市财政局、市商务局，湖北机场集团、武汉港航发展集团、中铁联集武汉分公司]

2. 规范口岸收费行为。加强对港口、机场、铁路中心站口岸现场经营服务性收费行为的监管，严格落实收费公示制度，依法查处价格违法及不正当竞争行为，配合清理整顿利用市场垄断地位的乱收费行为。[牵头单位：市市场监管局；责任单位：市发展改革委、武汉新港管理委员会、市交通运输局]

（三）加强口岸信息化建设

1. 实现中国（湖北）国际贸易“单一窗口”全覆盖。推动“武汉电子口岸”“东湖跨境电商公共服务平台”与中国（湖北）国际贸易“单一窗口”对接，实现中国（湖北）国际贸易“单一窗口”在全市各口岸、综合保税区和跨境电子商务综合试验区等相关区域全覆盖。向全市外贸企业全面推广中国（湖北）国际贸易“单一窗口”，年内实现货物申报、舱单申报、运输工具申报、税务申报、贸易外汇收支企业名录登记等相关业务全部通过中国（湖北）国际贸易“单一窗口”申报。[牵头单位：市商务局；责任单位：武汉海关、国家外汇管理局湖北省分局、武汉新港、武汉东湖新技术开发区、武汉经济技术开发区、武汉临空港经济技术开发区管委会，市税务局、新洲区人民政府，湖北机场集团、武汉港航发展集团、中铁联集武汉分公司]

2. 加快“一网两中心”海关信息化系统建设。以打造“互联网+政务服务”、建设“大数据中心”和“联动指挥调度中心”为抓手，打造“智慧口岸”，实现“智能监管”，促进口岸信息资源整合共享。加快推进各类单证无纸化进程。[责任单位：武汉海关、市商务局]

3. 加快政企信息系统融合对接。推动口岸运营企业及综合保税区、跨境电子商务综合试验区等区域信息化系统，全面对接海关查验系统和中国（湖北）国际贸易“单一窗口”，进一步提高信息化应用水平。[牵头单位：武汉新港管理委员会、市交通运输局；责任单位：市商务局、武汉海关、新洲区人民政府，武汉东湖新技术开发区、武汉经济技术开发区、武汉临空港经济技术开发区管委会，湖北机场集团、武汉港航发展集团、中铁联集武汉分公司]

（四）加强口岸通道建设

1. 加强水运口岸通道建设。2019 年 6 月底之前完成武汉港花山、汉南港区（经开港作业区）口岸设施建设，年内通过验收。加密近洋航线，加大对江海直航的支持力度。推进阳逻港海关监管区外的集并箱及堆放场所建设。加快推进新港海关办公场所及信息化系统改造建设。[牵头单位：武汉新港管理委员会；责任单位：市交通运输局、市商务局、新洲区人民政府，武汉东湖新技术开发区、武汉经济技术开发区管委会，武汉港航发展集团]

2. 加强航空口岸通道建设。增加 1—2 条国际全货机航线，加密北美、亚洲全货机航线，增强客机载货能力。加快推进国际货运快件中心、国际货运集中查验区、邮政快件（专项）通道等项目建设。2019 年 8 月底之前完成机场口岸抵离查验设施建设。[牵头单位：市交通运输局；责任单位：湖北机场集团]

3. 加强铁路口岸通道建设。巩固提升中欧（武汉）班列现有规模水平，拓展中欧（武汉）班列新线路。提升场站装卸作业能力，推进海关监管区扩建工程。探索建设进口货物集散中心，完善铁路中心站功能布局。加快建设夜间作业配套设施；铁路中心站现场大型查验设备 2019 年上半年完成建设并投入使用。加快建设东西湖汉欧国际物流园。加快汉口海关现场办公场所及配套设施建设。[牵头单位：市交通运输局；责任单位：武汉临空港经济技术开发区管委会、武汉港航发展集团]

4. 加强国际多式联运工程建设。加快实现铁路、水运、公路、航空多式联运，推动港口、机场、铁路中心站各口岸与各综合保税区互联互通。建成阳逻多式联运海关监管中心，实现阳逻港与铁路中心站货物运输无缝衔接。［牵头单位：市交通运输局；责任单位：新洲、黄陂、江夏区人民政府，武汉东湖新技术开发区、武汉经济技术开发区、武汉临空港经济技术开发区管委会，武汉海关，湖北机场集团、武汉港航发展集团、中铁联集武汉分公司］

三、工作要求

（一）加强组织领导。充分发挥全市口岸工作联席会议制度作用，统筹推进优化大通关环境工作，协调解决口岸发展中出现的突出问题。进一步加强口岸管理及监督，统筹推进水运、航空、铁路口岸的国际化建设，切实采取有效的提效降费措施，为进出口企业提供便利。

（二）抓好工作落实。各部门和单位要强化服务意识，以服务企业为宗旨，坚持问题导向，积极开展调研，加强与企业的联系沟通；坚持需求导向，协调解决困难问题，服务企业发展；要强化责任意识，根据各自的目标任务，列出项目清单，细化责任分工，明确工作时限，高质量按期完成各项工作；各区（含开发区）要加大招商引资工作力度，充分发挥我市口岸资源优势，促进外向型经济发展。

（三）强化督促检查。实行工作情况月报制，各有关部门和单位于每月底之前将方案落实情况报市商务局，由其汇总后报市人民政府。市商务局要研究制订行之有效的督查考评工作机制，加强工作调度、督查和通报，按月考评，按季度对方案落实情况进行全市通报。

企业名录

截至2019年12月31日，在武汉跨境贸易电子商务公共服务平台完成备案并上线的跨境电商相关企业共103家，具体名录见表2-14。

表2-14　武汉跨境电子商务企业名录

序号	企业名称	企业类型
1	武汉汇海源国际贸易有限公司	电商企业
2	武汉卓贸通进出口服务有限公司	电商企业
3	意尚电子商务（武汉）股份有限公司	电商企业
4	武汉九米通信息技术有限公司	电商企业
5	汉口北进出口服务有限公司	电商企业
6	武汉跨境达科技有限公司	电商企业
7	武汉桐德成电子商务有限公司	电商企业
8	晶语瞳武汉贸易有限公司	电商企业

表2-14 续1

序号	企业名称	企业类型
9	武汉楚创优品科技发展有限责任公司	电商企业
10	武汉鑫兴华海供应链有限责任公司	电商企业
11	弗睿跨境电子商务（武汉）有限公司	电商企业
12	武汉鸿途环宇贸易有限公司	电商企业
13	武汉若邻网络科技有限公司	电商企业
14	东莞市浚峰电子商务有限公司	电商企业
15	欧之萌（武汉）国际贸易有限公司	电商企业
16	武汉汉蒙和商贸有限公司	电商企业
17	武汉澳速购网络科技有限公司	电商企业
18	武汉九云汇跨境商贸有限公司	电商企业
19	重庆渝欧跨境电子商务股份有限公司	电商企业
20	武汉市鼎鑫海洋电子商务有限公司	电商企业
21	武汉梵佐电子商务有限公司	电商企业
22	武汉顺泽易通电子商务有限公司	电商企业
23	高立达供应链管理（武汉）有限公司	电商企业
24	湖北省生态农业有限公司	电商企业
25	武汉荣祥泰商贸有限公司	电商企业
26	酩杏国际贸易（武汉）有限公司	电商企业
27	武汉月之谷科技有限公司	电商企业
28	武汉华领格科贸有限公司	电商企业
29	湖北海中之王国际贸易有限公司	电商企业
30	武汉观通天下跨境贸易服务有限公司	电商企业
31	行吟信息科技（武汉）有限公司	电商企业
32	武汉瑞尔美进出口贸易有限公司	电商企业
33	领格（中国）商贸有限公司	电商企业
34	武汉名和电子商务有限公司	电商企业
35	武汉鸿途环宇贸易有限公司黄石分公司	电商企业
36	湖北科尼贸易有限公司	电商企业
37	武汉美美咖科技有限公司	电商企业
38	世佰跑（武汉）科技有限公司	电商企业
39	武汉思慕斯供应链管理有限公司	电商企业

表2-14 续2

序号	企业名称	企业类型
40	武汉比邻至诚电子商务有限公司	电商企业
41	武汉光羽佳电子商务有限公司	电商企业
42	武汉易达通衢跨境电子商务有限责任公司	电商企业
43	武汉易佰通电子商务有限公司	电商企业
44	武汉中泽亚创科技有限公司	电商企业
45	武汉际晋科贸有限责任公司	电商企业
46	武汉集美会贸易有限公司	电商企业
47	武汉冉斯特电子商务服务有限公司	电商企业
48	泰立逊（重庆）科技有限公司	电商企业
49	雅娜购（北京）电子商务有限公司	电商企业
50	武汉沐果电子商务有限公司	电商企业
51	武汉市宝锦电子商务有限公司	电商企业
52	武汉麦度电子商务有限公司	电商企业
53	武汉岚易电子商务有限公司	电商企业
54	武汉新港雅娜新零售有限公司	电商企业
55	汉兴佰航电子商务（武汉）有限公司	电商企业
56	武汉红袋鼠供应链管理有限公司	电商企业
57	汉邦长兴电子商务（武汉）有限公司	电商企业
58	湖北良志贸易有限公司	电商企业
59	湖北鑫龙吉国际物流有限公司	电商企业
60	武汉综保优品贸易有限公司	电商企业
61	湖北万国洋品电子商务有限公司	电商企业
62	湖北九嗨马电子商务有限公司	电商企业
63	武汉浦洛埔斯电子商务有限公司	电商企业
64	武汉马鲁姆贸易有限公司	电商企业
65	本溪市九越进出口贸易有限公司	电商企业
66	大洋领航科技（武汉）有限公司	电商企业
67	武汉中实欧海供应链管理有限公司	电商企业
68	武汉佳世福康健康产业有限公司	电商企业
69	湖北福升通电子商务有限公司	电商企业
70	珍北鸥（武汉）电子商务有限公司	电商企业

表2-14 续3

序号	企业名称	企业类型
71	武汉两端电子商务有限责任公司	电商企业
72	湖北爱地国际物流服务有限公司	物流企业
73	湖北中邮物流有限责任公司	物流企业
74	湖北顺丰速运有限公司	物流企业
75	上海恒信泓艺国际运输代理有限公司武汉分公司	物流企业
76	港中旅华贸国际物流股份有限公司武汉分公司	物流企业
77	中外运空运发展股份有限公司湖北分公司	物流企业
78	中外运（武汉）供应链物流有限公司	物流企业
79	湖北省快捷通国际货运代理有限公司	物流企业
80	武汉快客国际货运代理有限公司	物流企业
81	申通快递有限公司	物流企业
82	全一快递有限公司武汉分公司	物流企业
83	上海甲申速递有限公司武汉分公司	物流企业
84	湖北圆通速递有限公司	物流企业
85	上海韵达货运有限公司	物流企业
86	武汉速达云仓物流有限公司	物流企业
87	天下支付科技有限公司	支付企业
88	开联通支付服务有限公司	支付企业
89	通联支付网络服务股份有限公司	支付企业
90	杉德支付网络服务发展有限公司	支付企业
91	联动优势电子商务有限公司	支付企业
92	双乾网络支付有限公司	支付企业
93	新生支付有限公司	支付企业
94	深圳市快付通金融网络科技服务有限公司	支付企业
95	广州商物通网络科技有限公司	支付企业
96	交通银行股份有限公司武汉武昌支行	支付企业
97	广州银联网络支付有限公司	支付企业
98	易票联支付有限公司	支付企业
99	易生支付有限公司	支付企业
100	商盟商务服务有限公司	支付企业
101	银盛支付服务股份有限公司	支付企业

表2-14 续4

序号	企业名称	企业类型
102	交通银行股份有限公司湖北省分行	支付企业
103	敏付科技有限公司	支付企业

大事记

2019年1月3日，中国（武汉）跨境电子商务综合试验区在东湖综合保税区正式启动。

2019年1月21日，武汉天河机场国际快件监管中心启动跨境电商进口测试模式。

2019年2月28日，2019武汉跨境电商发展峰会开幕。

2019年5月9日~11日，2019第五届武汉国际电子商务暨“互联网+”产业博览会在武汉国际博览中心隆重举行。

2019年6月28日，武汉跨境电商综试区汉口北园区跨境电商“9610”通关首单。

2019年9月9日，武汉市举行跨境电子商务政策宣介及培训会。

2019年12月19日，2019全国跨境电商人才培养高峰论坛开幕。

长沙地区

长沙市获批跨境电商综试区后，省、市、区三级高度重视，全面铺开了跨境电商综试区建设各项工作。根据长沙市跨境电商产业发展规划布局，形成长沙高新区、金霞保税物流中心和黄花综保区三大核心跨境电商产业园区，并向内五区全面拓展。2019 年，经湖南省商务厅认定的跨境电商试点企业有 264 家，涵盖线上线下通关服务平台、跨境电商进出口企业、物流服务商等，形成了跨境电商发展的强大“生力军”，构建了比较完整的跨境电商发展的产业生态链。

发展现状

一、现实基础

（一）迅速出台相关方案

长沙跨境电商综试区获批后，湖南省商务厅会同长沙市政府第一时间启动了实施方案起草工作，在第三批22个综试区中第一个印发实施方案。并同步出台市级推进方案和市级规划方案，明确各方职责，为长沙未来五年跨境电子商务发展指明了方向。

（二）拓宽通关物流渠道

1. 通关渠道

长沙跨境电商线上综合服务平台自2019年建设运行以来，作为海关通关公共申报通道，为本地跨境电商企业通关申报提供技术保障，也为长沙跨境电商发展提供了重要支撑。

2. 物流通道

通过多式联运，打通航空、铁路、公路等国际物流通道，进一步拓宽跨境电商物流通道。长沙已开通7条货运航线，各园区跨境电商主体也积极协调卡车航班运输跨境电商货物。目前长沙黄花综合保税区已开通了长沙—二连浩特—俄罗斯线、长沙—凭祥—越南卡航线路，后续还将开通长沙—威海—仁川线路，长沙金霞保税物流中心也在积极协调开通长沙—珠海拱北—澳门机场卡航线路。

3. 加大政策资金扶持

为促进跨境电子商务健康发展，长沙市对省级跨境电子商务专项资金遵循公开、公平、公正的原则，充分发挥财政资金的激励和绩效作用。从2018年开始，长沙市商务局和长沙市财政局根据3个主要跨境电商产业园区跨境电子商务发展情况、跨境电商目标任务核定情况、公共性服务平台建设情况、跨境电商业务模式等因素及时将专项资金拨付至相关园区。在政策和资金的大力扶持下，长沙跨境电商业务规模也呈现大幅增长，2019年达到12.8亿美元。

4. 做好政策普及和兑现

为进一步优化跨境电商营商环境，促进跨境电商行业更好、更快发展，为企业提供便利的政策沟通渠道和园区配套落地服务，长沙综试办邀请长沙海关、税务、外汇及省、市相关职能部门在金霞保税物流中心、长沙市高新区、黄花综合保税区举办了3场公开课，为企业开展跨境电商相关政策巡讲，培训人员近1000人次，受到所有参会企业的一致好评。同时围绕实施方案“八体系两平台”建设要求和推进方案工作要求，经多方探讨、研究，长沙市于2019年1月15日正式印发了《长沙市跨境电子商务产业扶持资金管理暂行办法》，在园区建设、平台建设、经营主体培育、支撑服务和孵化体系建设、人才的培养和引进、物流体系建设等方面对跨境电商企业进行强有力的政策扶持。

5. 多部门协调推进

长沙综试办结合长沙产业结构、区位优势和发展重点等多方面因素，积极协调湖南省商务厅、长沙海关和湖南省税务局等相关部门推进跨境电商业务模式和相关优惠政策的落地。与长沙海关协调对接，提请支持网购保税进口模式、跨境电商以“9610”邮路通关、开通中欧班列运邮试点等支持事项；与湖南省税务局对接，协调沟通加快落实《财政部、国家税务总局、海关总署商务部关于跨境电子商务综合试验区零售出口货物税收政策的通知》文件精神，出台长沙市跨境电商企业无票免征的操作办法。

6. 人才培训不断加强

出台了长沙市跨境电子商务孵化基地认定标准及流程。长沙市委组织部与长沙市商务局共同先后认定了长沙学院、长沙商贸旅游职业技术学院为跨境电商人才孵化基地，在本、专科院校正式开设跨境电商专业课程，举办跨境电商人才孵化座谈会，大大缓解了跨境电商人才缺乏难题。长沙市委组织部与长沙市商务局共同举办市、区（县）、园区主要负责人的业务培训，提升了长沙市商贸骨干人员的跨境电子商务业务知识储备。

二、已开展工作

一是建章立制，构筑产业发展框架。成立了中国（长沙）跨境电子商务综试区建设推进工作领导小组，制定下发了《中国（长沙）跨境电子商务综合试验区实施方案》《中国（长沙）跨境电子商务综合试验区发展规划（2019—2023 年）》，指导全市及各区县、园区跨境电商综试区建设工作。

二是出台政策，厚植产业发展沃土。为加大跨境电商发展支持力度，与市财政局联合印发《长沙市跨境电子商务产业扶持资金管理暂行办法》（长商务发〔2019〕4 号），设立了跨境电商专项扶持资金。

三是“招”“培”并举，形成产业发展生态圈。长沙综试区获批后，省市两级政府分别在杭州和深圳举办了两次跨境电商招商推介会，成功引进了考拉海购（杭州）科技有限公司、深圳市递四方速递有限公司、深圳环金科技有限公司等一批优质项目，以及长沙斑鹿供应链管理服务有限公司、长沙有棵树科技有限公司等落户长沙，涉及物流、供应链、总部基地等多个跨境电商领域。鼓励企业开展跨境电商企业认证，开展多种形式跨境电商业务培训。

四是通力合作，营造产业发展氛围。出台《跨境电商人才孵化基地认定办法》，建立政、校、企人才联合培训机制及两家高校培训基地；举办全市县（处）级干部跨境电商业务培训班，提升各区县（市）、园区发展跨境电商的意识和业务水平；借助协会、企业等多方力量，成立“跨境电商产学联盟”，举办高峰论坛、人才双选会以缓解人才供需矛盾等。

三、提升业务规模工作计划

（一）做实产业发展根基

在夯实长沙市三大核心跨境电商产业园区的基础上，充分利用已开展的业务模式和经验，加大政策宣传，将跨境电商业务在全市全面铺开。推动各区、县（市）根据自身实际情况打造跨境特色产品，加快长沙市外贸和制造品牌出海，引导鼓励省内各地市龙头外贸企业在长沙市设立营销总部或办事机构开展跨境电商业务。一是鼓励传统生产型企业从事跨境电商业务，开拓国际市场。联合跨境电商知名平台开展“优商优品”培育，推动跨境电商与长沙市特色产业链（如家纺、智能配件、洗护护肤、家用医疗器械、汽摩配件等）深度融合。二是培养国内电商企业尝试跨境电商。三是孵化一批小微型创新创业团队从事跨境电商业务。

（二）扩充国际物流通道

通过多式联运，打通航空、铁路、公路等国际物流通道。复航长沙—曼谷航线，测试长沙—吉隆坡航线，推动开通3~4条美洲、欧洲、澳洲方向为主、长短结合的跨境电商全货机航线。推动中欧班列运邮快件，开通长沙至中国澳门地区、长沙经二连浩特至俄罗斯、长沙经青岛至韩国等卡航线路。

（三）大力实施“湘商回归工程”

充分利用好湖南籍跨境电商企业家在珠三角集聚的优势，组织开展好专项招商活动，积极推动园区小分队招商，吸引跨境电商出口大卖家、跨境进口大电商平台等大项目落地。将招商引资与招商引才相结合，利用人才优势、人才政策、产业政策打好政策组合拳引导企业返湘。继续推进人才孵化基地建设工作，当年留长沙的跨境电商相关专业毕业生达2000人以上。

（四）做好新政策落地

2019年末，商务部、国家税务局、海关总署出台了邮快件电商包裹入统、跨境电商企业所得税核定征收等多项政策，长沙市统筹相关部门，做好政策细化、落地方案，及时解决相关问题，确保出成效。

配套文件

长沙市商务局　长沙市财政局
关于印发《长沙市跨境电子商务产业扶持资金管理暂行办法》的通知

（长商务发〔2019〕4号）

各区县（市）商务局、财政局：

现将《长沙市跨境电子商务产业扶持资金管理暂行办法》印发给你们，请认真对照该办法，抓好落实。

长沙市商务局

长沙市商多局

2019年1月15日

长沙市跨境电子商务产业扶持资金管理暂行办法

第二章　总　则

第一条　为认真贯彻落实《国务院关于同意在北京等22个城市设立跨境电子商务综合试验区的批复》（国函〔2018〕

93号)、《中国(长沙)跨境电子商务综合试验区建设实施方案》(湘政发〔2018〕26号)等文件精神，扎实推进中国(长沙)跨境电子商务综合试验区(以下简称综试区)建设，全面提升跨境电子商务的集聚效应，加快经济结构调整和发展方式的转变，特制定本办法。

第二条 市跨境电子商务产业扶持资金，是长沙市政府设立的发展跨境电子商务、支持综试区建设的专项资金。

第三条 跨境电子商务扶持对象是指在长沙市依法注册并在税务部门登记纳税的具有独立法人资质的跨境电子商务企业(包括自建跨境电子商务销售平台的电子商务进出口企业、利用第三方跨境电子商务平台开展电子商务进出口的企业、为电子商务进出口企业提供交易服务的第三方平台以及为跨境电子商务提供配套服务的企业)、园区、行业协会、其他经济组织以及政府批准的支持机构。

第四条 专项资金的使用和管理遵循公开、公平、公正的原则，坚持突出重点，择优扶强，示范引导，注重效益，实行专款专用。

第五条 专项资金由市财政局会同市商务局共同管理。

(一)市财政局主要负责审核专项资金年度预算，下达预算批复，配合项目申报工作，参与拟定资金分配方案，按程序下达预算指标、拨付资金，对资金使用情况进行监督检查和重点绩效评价。

(二)市商务局主要负责编制专项资金年度预算和年度使用计划，负责业务指导和项目管理，组织项目申报、审核、评审，拟定资金分配方案，公示相关信息，监督管理专项资金的使用，组织项目绩效评价。

(三)各区县(市)、园区财政、商务部门负责组织本辖区所属企业、单位的项目申报、审核、监督检查等，按要求开展绩效评价工作，以及对按因素法下达的专项资金进行管理和监督，确保财政补贴资金安全高效。

第二章 适用范围及标准

第六条 鼓励跨境电子商务园区建设。

对经省、市商务主管部门认定的跨境电子商务产业园区，且入驻跨境电子商务业绩达1000万美元的企业30家或达1亿美元的企业3家，给予园区不超过500万元的一次性奖励。

第七条 鼓励跨境电子商务平台建设。

(一)支持跨境电子商务线上综合服务平台建设。支持建设中国(长沙)跨境电了商务综合服务平台，承担建设所需硬件、通用性软件购置，以及综合服务平台开发、维护等费用。

(二)支持跨境电子商务业务性公共服务平台建设。对通过海关特殊监管区域或场所认证、与长沙市跨境电子商务线上综合服务平台对接、年度线上交易额超过2000万美元(含)的公共服务平台，每年给予不超过200万元扶持资金。

(三)支持建设跨境电子商务监管中心，为跨境电子商务进出口提供公共通关服务。对查验设备采购、辅助设备采购、管理信息系统、全球质量溯源系统及软件系统开发等给予支持。

(四)支持企业在长沙市跨境电子商务线上综合服务平台备案。经海关确认的在公共服务平台统计跨境电商业务首次达100笔或金额达10万美元的前30家企业，一次性给予不超过3万元的资金扶持。

第八条 大力培育跨境电子商务经营主体。

（一）鼓励龙头企业引进。对引进的跨境电子商务龙头企业按企业规模、经营实绩、税收贡献、发展潜力和企业信用等因素给予落地资金支持。

（二）推动企业做大做强。鼓励企业大力开展跨境电子商务进出口业务。根据跨境电子商务企业经营业绩给予一定奖励。

（三）鼓励跨境电子商务平台吸引传统企业转型。对年进出口额达3000万美元的跨境电子商务平台企业，每新增1家年进出口额达50万美元的企业在平台上开展业务，给予平台企业不超过2万元的资金支持，单个平台企业每年支持资金不超过100万元。

（四）鼓励跨境电子商务平台企业针对特定国家和地区开设子网站或独立页面。对面向" 一带一路" 地区开设子网站或独立页面且与目的地区年成交额超过1000万美元的跨境电子商务平台企业一次性给予不超过50万元扶持资金。

（五）鼓励建立境内O2O线下体验店。对在长沙市建立的跨境电子商务O2O线下体验店，营业面积超过300平方米、1000平方米、2000平方米的，一次性给予不超过50、100、150万元的资金扶持。对开办社区跨境电商O2O体验店且单店年线上营业额超过30万元的企业，每新增1家体验店一次性给予1万元资金扶持，单个企业年度最高支持金额不超过50万元。

（六）鼓励跨境电子商务品牌培育。对在境外注册自有商标，并有跨境电子商务业绩的企业，给予不超过注册费用80%的一次性资金扶持，单个企业扶持总额不超过50万元。

第九条 支持跨境电子商务支撑服务和孵化体系建设。

（一）支持跨境电商支撑服务和孵化体系建设。对带动30家、60家、100家以上且在长沙有实际进出口业绩的中小企业发展跨境电商业务的企业或机构，一次性给予不超过30万元、60万元、100万元的奖励。

（二）支持企业、机构或协会承接为跨境电子商务企业提供产品展览、展示、宣传和课题研究等服务。对经中国（长沙）跨境电子商务综合试验区建设及市场采购贸易试点工作领导小组办公室批准的展览、展示、宣传、行业峰会论坛和课题研究等服务，给予一定支持。

（三）支持跨境电商企业进行融资。对在长沙跨境电商综合服务平台备案且有跨境电商实绩的企业，在跨境电商交易过程中使用跨境金融产品按同期一年期贷款基准利率的20%给予贴息，单个企业每年补贴最高不超过50万元。

第十条 鼓励跨境电子商务人才的培养和引进。

（一）鼓励具备培训资质的社会培训机构及跨境电子商务企业开展跨境电子商务专业培训。对年度开展跨境电子商务培训人数在1000人以上且通过相关职业技能鉴定考试（评）500人以上的企业或社会培训机构，给予不超过30万元资金支持；对培训人数在2000人以上且通过相关职业技能鉴定考试（评）人数在1000人以上的企业或培训机构给予不超过50万元支持。鼓励企业对本企业员工开展跨境电子商务相关业务在职培训，对年度培训费用给予不超过30%的支持，最高不超过10万元。

（二）鼓励跨境电子商务企业引进跨境电子商务专业人才。对跨境电子商务企业引进签订3年以上服务合同，年薪达30万元以上的电子商务高级人才，连续三年每年按年薪的10%给予企业支持。单个企业每年支持资金不超过20万元。

（三）加大专题培训力度。定期面向电子商务人才组织开展有针对性的培训活动；鼓励企业、行业协会、社会机构承办跨境电子商务行业培训活动。对经中国（长沙）跨境电子商务综合试验区建设及市场采购贸易试点工作领导小组办公室同意举办且活动规模在100人以上的给予补助，每场活动给予不超过20万元的资金支持。

第十一条 鼓励跨境电子商务综合配套体系建设。

（一）加速形成跨境电子商务聚集中心。鼓励跨境电子商务企业组货来长沙发展B2C、BBC业务。对在长沙报关且设集货仓的B2C、BBC跨境电子商务企业出口货物给予不超过5元/公斤的综合成本扶持，只报关未设集货仓的B2C、BBC跨境电子商务企业出口货物给予不超过3元/公斤综合成本扶持；对在长沙报关且设集货仓的B2C、BBC跨境电子商务企业进口货物给予不超过1.5元/公斤的综合成本扶持，只报关未设集货仓的B2C、BBC跨境电子商务企业进口货物给予不超过1元/公斤的综合成本扶持。

（二）鼓励跨境电商企业建设公共海外仓。对被商务部列入国家级和湖南省商务厅列入省级公共海外仓建设试点的企业，除享受国家、省扶持资金外，一次性给予不超过200万元的扶持资金。

第十二条 对发展跨境电商有重大意义的企业，根据实际情况采取“一事一议”给予重点支持。

第三章 专项资金申请条件

第十三条 申请专项资金的企业或单位应当符合以下条件：

（一）申报主体必须拥护中国共产党的领导，遵守国家法律法规守法诚信经营，支持中国共产党的建设；

（二）申报主体必须符合本规定第三条的条件；财务会计管理制度健全，无违法或受到行政处罚的记录；

（三）申报材料中的进出口数据应为经省商务厅、长沙海关共同确认的跨境电商数据；

（四）近五年来无严重违法违规行为，未拖欠应缴还的财政性资金；

（五）专项资金的使用单位和项目申请单位必须一致；

（六）同一单位的同一项目不得重复和多头（多部门）申请；

（七）按国家有关规定报送统计资料；

（八）其他按规定应满足的条件。

第十四条 申请专项资金应提供以下申报材料：

（一）法人营业执照副本复印件；

（二）项目申请表；

（三）经会计师事务所审计的企业上年度财务审计报告；

（四）项目资金申请报告。内容包括：项目背景、项目必要性、项目可行性、项目总投资、资金来源及到位情况、资金使用计划及建设进度安排；

（五）项目真实性承诺书，并由法人签字、加盖公章；

（六）营业执照或法人登记证书，以及税务登记证复印件；或个人身份证复印件；开展相关业务的资格证书复印件；跨境电子商务平台合作合同、跨境电子商务平台培训发票以及与第三方合作的发票；

（七）海关报关单、海关及省商务厅认定的进出口数据等；

（八）与项目申报有关的其他材料；

（九）最终申报材料以申报通知要求为准。

第四章　申报及审批程序

第十五条　按因素法申报的项目

（一）申报本办法第八条第一款、第二款和第十一条第一款的项目按因素法申报。由市商务局会同市财政局根据各区县（市）、园区相关业务及上年度完成情况、本年度目标任务情况等因素提出资金分配初步方案报市政府审定；

（二）由市财政局根据经市政府最终审定后的资金分配方案将资金指标下达至各区县（市）、园区财政部门；

（三）各区县（市）、园区商务（招商）部门会同同级财政部门制定资金支持政策，依照相关程序管理、使用和监管下达的专项资金，确保发挥财政资金使用效益；

（四）各区县（市）、园区商务（招商）部门、财政部门要按照相关工作要求，对专项资金使用情况进行总结和绩效评价，形成总结报告（包括资金到位情况、支持项目明细、资金使用效果、存在问题及政策建议等），定期向市商务局、市财政局报备。

第十六条　按项目法申报的项目

（一）项目申报

申报除因素法和“一事一议”的项目外，其他项目需按项目法申报（单个企业最高不超过500万元），申报单位需进入长沙市财政专项资金综合管理平台（http：/61.187.135.174）点击“用户注册”进行注册（在原平台已经注册审核通过的，需在新平台获取新密码，进行项目申报）。注册审核通过的单位，继续操作点击“项目申报”，按照规定的申报格式填报项目基本信息、项目单位基本信息及项目绩效目标，并根据专项资金申报通知的要求，上传相关电子文档，并向项目所在区县（市）商务、财政部门递交相关申报纸质资料（需加盖公章、装订成册）。提交的纸质资料需和平台电子文档保持一致。

（二）项目初审

各区县（市）、开发园区商务部门和同级财政部门对申报项目进行联合初审，形成初审意见，正式行文报送市商务局和市财政局，并在长沙市财政专项资金综合管理平台完成初审操作。

（三）部门审核

市商务局对各区县（市）、开发园区提交的项目进行审核，并将审核合格的项目提交第三方评审。

（四）第三方评审

市商务局聘请第三方机构对审核通过的材料进行评审，评出符合要求的申报项目。

（五）政府审定

市商务局会同市财政局根据第三方评审意见拟定资金分配方案，报请市政府批准。

（六）结果公示

市商务局、市财政局将经市政府批准的资金分配方案在长沙市财政专项资金综合管理平台、长沙市商务局门户网上公示。

（七）集中拨付

结果公示无异议后，市商务局、市财政局根据市政府最终审定后的资金分配方案，按程序将资金拨付至资金使用单位。

（八）绩效评价

市商务局、区县（市）商务部门定期对专项资金进行绩效评价，加强绩效评价结果运用。

第十七条 按“一事一议”政策确定的项目

本办法第七条第一款和第三款、第九条第二款、第十二条项目按“一事一议”项目申报，市商务局根据该项目建设情况，会同市财政局提出资金支持方案报市政府审定后，根据经审定的资金支持方案拨付专项资金至项目单位。

第五章 专项资金监督管理

第十八条 市财政局、市商务局、各区县（市）、园区财政部门、商务部门应加强对专项资金的管理，定期对资金使用情况进行监督检查，确保专项资金发挥效益；市财政局、区县（市）财政部门应在业务主管部门绩效评价的基础上开展重点项目绩效评价，并加强绩效评价结果应用。

第十九条 获得专项资金的单位应加强内部管理，专项资金应专款专用，妥善保管申请和审核材料，建立完整的档案。

第二十条 各部门、项目单位和个人应主动接受有关部门的监督检查。对拒不接受监督检查的单位，检查部门应当责令其改正。拒不改正的，各级财政部门应暂停或停止拨付资金；已经拨付资金的，责令其停止使用，并收回资金；同时取消其今后三年的申报资格。

第二十一条 项目实施单位（企业）对项目申报材料的真实性负责。对于截留、挪用、骗取专项资金等违法行为，按《财政违法行为处罚处分条例》（国务院令第427号）的相关规定进行处理。涉嫌犯罪的，移送司法机关处理。

第六章 附则

第二十二条 本办法依据《中国（长沙）跨境电子商务综合试验区实施方案》制定，由市财政局会同市商务局负责解释。

第二十三条 本办法自2019年1月18日起执行，根据产业发展情况进行实时调整。《长沙市开放型经济发展专项资金管理办法》（长商务发〔2018〕5号）中跨境电商部分同时废止。

第二十四条 各区、县（市）以及各开发园区应结合实际，出台本地区跨境电子商务扶持政策。

长沙市商务局关于印发《长沙市跨境电商人才孵化基地试点单位认定条件及认定流程》的通知

（长商务发〔2019〕23号）

各区县（市）人民政府、各园区管委会：

《长沙市跨境电商人才孵化基地试点单位认定条件及认定流程》已经中共长沙市委人才领导小组同意，现印发给你们，请认真对照该办法，抓好落实。

长沙市商务局

2019年3月18日

长沙市跨境电商人才孵化基地试点单位认定条件及认定流程

为突破跨境电子商务发展人才瓶颈，构建跨境电商专业化、社会化、国际化的人才培养体系。根据《中国（长沙）跨境电子商务综合试验区建设实施方案》（湘政发〔2018〕26号）、《中国（长沙）跨境电子商务综合试验区推进方案（2019—2021年）》要求，结合我市实际，选择符合条件的高校设定跨境电子商务人才孵化基地试点单位。特制定以下认定条件及流程。

一、认定条件

申请认定为长沙市跨境电商人才孵化基地的单位须同时满足下列条件：

（一）资质条件

1. 申请单位必须为长沙市行政区域内专科以上院校；

2. 已开设电子商务、物流、信息技术、市场营销、外语、国际贸易等与跨境电商相关联的专业；

3. 已开展跨境电商领域专业研究课题或开发跨境电商相关项目一年以上，具备相应研究成果；

4. 具有参加各类跨境电商行业的竞赛活动证书及奖项5项以上；

5. 对“长沙市跨境电商人才孵化基地”建设有总体规划和设计方案。

（二）规范管理

1. 遵守国家有关法律法规，五年内未发生过学术造假、腐败等违法违规事件和其他重大责任事故；

2. 具有较强的项目管理能力和高效的组织管理体系，建立了规范的培训管理、财务管理、资产管理、风险管理等制度。

（三）培训能力

1. 培训场所和设施设备符合跨境电商培训体系建设和安全标准，满足年培训1000名以上跨境电商专业人才的需要；

2. 有电教室、多媒体教学设备、电脑及模拟平台软件、实训平台账号、实操产品供应链等配套资源；

3. 培训目标明确，能严格按照跨境电商职业标准要求开展专业技能实操培训，具有能满足2个以上行业发展急需、短缺人才培训的实操课程规划；

4. 有符合培训要求的稳定的专兼职教师队伍，至少拥有5名以上跨境电商相关专业的全职或兼职教师，每名教师须有丰富的实训经验、有相关培训资质证书或企业实操3年以上经验。

（四）与企业合作

1. 与至少5家以上大、中型跨境电商企业建立了稳定的合作关系；

2. 有2个以上专业与合作企业共同研究确定专业建设、课程设置、培养计划、师资建设、研发课题和学生实习方案；

3. 有稳定的人才输送渠道，与至少2家人才服务机构或5家跨境电商企业定向人才输送。

（五）项目产出

1. 构建完备的培训体系。基地建设实施一年后，围绕2~3个专业（职业），在培训模式、课程设置、教材开发、师资建设、培训装备和能力评价等方面，构建成较为完备、系统的专业技能人才培训体系；

2. 提升培训能力。增强规模化、系统化、专业化培训人才的能力。基地建设实施两年后，跨境电商专业人才年培训能力不少于1500人；

3. 提升培训学员留长率。培训的跨境电商相关人才留长就业率达40%以上。

二、认定流程

（一）具备条件的单位根据《长沙市跨境电商人才孵化基地认定条件》向长沙市商务局提出申请，并按要求提交申报材料；

（二）长沙市商务局会长沙市委人才领导小组办公室（以下简称市委人才办）进行审核并实地考察；

（三）长沙市商务局根据实地考察情况提出意向试点单位及试点任务，报市委人才办批准；

（四）长沙市商务局与试点单位签订合作意向书，市委人才办与长沙市商务局联合授牌。

三、奖补标准

（一）每家市级跨境电商人才孵化基地最高可享受奖补资金30万/年。奖补资金从市本级人才新政专项经费中列支。

（二）根据下达的年度试点任务，每年由市商务局会市委人才办联合组织验收。

（三）对孵化效果好的基地给予连续支持，最多不超过3年。验收不合格的当年度不给予资金支持，第二年仍不合格的取消跨境电商人才孵化基地资格。

四、申报学校需提供的材料清单

（一）学院简介；

（二）目前学院已有的专业学科及生源情况说明；

（三）已完成的跨境电商领域的重点课题或合作项目列表，并提供相关证明；

（四）已获得的跨境电商类的奖项、证书，并提供相关证明；

（五）提交本单位的《长沙市跨境电商人才孵化基地》整体建设目标及规划方案；

（六）提交“长沙市跨境电商人才孵化基地”的相关管理制度文件；

（七）计划人才孵化培训场地、教室名称的证明材料；

（八）模拟平台软件、实训平台账号、实操产品供应链资源等相关合作单位名称及背景简述；

（九）跨境电商专业课教学设计及课程设计方案；

（十）培训教师名称及个人介绍；

（十一）关于校企合作，已合作的企业名称及具体项目简述；

（十二）本单位跨境电商人才定向输出合作单位和企业列表；

（十三）认定单位要求的其他材料。

五、文件有效期

自 2019 年 3 月 29 日起实施，有效期三年。

企业名录

2019 年，在长沙跨境贸易电子商务公共服务平台上注册的企业名录见表 2-15。

表 2-15　长沙跨境电子商务企业名录

序号	企业名称
1	湖南金霞通跨境电子商务服务有限公司
2	湖南大陆桥供应链服务有限公司
3	湖南百英信息科技有限公司
4	湖南美乐购网络科技有限公司
5	湖南德润物流有限公司
6	湖南千鼎电子商务有限公司
7	湖南云平购电商服务有限公司
8	湖南睿望电子商务有限公司
9	湖南速可德电子商务有限公司
10	湖南派菲顽电子商务有限公司
11	湖南一达通企业服务有限公司
12	湖南客达易供应链有限公司
13	长沙市灿阳电子商务有限公司
14	湖南睿迪购电子商务有限公司
15	湖南英华易购电子商务有限公司
16	湖南创境网络技术有限公司
17	湖南速易得供应链有限公司
18	湖南中海仓供应链管理有限公司
19	长沙雅娜购电子商务有限公司
20	长沙李顺供应链管理有限公司
21	湖南天天阿布电子商务有限公司

表2-15　续1

序号	企业名称
22	湖南迷秀电子商务有限公司
23	上海瑟尚贸易有限公司
24	湖南盛世华锦供应链管理有限公司
25	湖南新航路跨境电子商务服务有限公司
26	湖南安铂睿网络科技有限公司
27	湖南飞石电子商务有限公司
28	湖南洋葱头国际供应链管理有限责任公司
29	长沙市宏汇嘉贸易有限公司（泽汇）
30	湖南友阿亿奢国际贸易有限公司
31	湖南世联航空货运承揽有限公司
32	长沙准时达供应链管理有限公司
33	长沙三竹进出口贸易有限公司
34	湖南连年有鱼进出口有限公司
35	长沙世世有鱼进出口贸易有限责任公司
36	湖南天河新丝路国际贸易有限公司
37	安克创新科技股份有限公司
38	湖南联科电子商务有限公司
39	湖南利云达智能科技有限责任公司
40	湖南易达企业服务有限公司
41	湖南卓跃生物技术开发有限公司
42	湖南卓跃云商贸易有限公司
43	湖南梦洁家纺股份有限公司
44	长沙三诺生物传感股份有限公司
45	湖南和天盛生物科技有限公司
46	湖南创购电子商务有限公司
47	长沙幻音电子科技有限公司
48	湖南利达实业发展有限公司
49	长沙市苍南博弈工艺品有限公司
50	长沙鹏登生物陶瓷有限公司
51	湖南友阿云商网络有限公司
52	长沙市泽宝科技有限责任公司

表2-15 续2

序号	企业名称
53	湖南艾瓦特网络科技有限公司
54	湖南森贝电子商务有限公司
55	湖南万成云商科技有限公司
56	湖南数魔网络科技有限公司
57	长沙非拓信息技术有限公司
58	湖南山猫吉咪传媒股份有限公司
59	御家汇股份有限公司
60	长沙来来信息技术有限公司
61	湖南连途信息科技有限公司
62	湖南澳鹏网络科技有限公司
63	湖南西子电商品牌管理有限公司
64	长沙有棵树商务信息咨询有限公司
65	湖南通华彬业电子商务有限公司
66	湖南领逸信息科技有限公司
67	湖南省众智职业培训学校
68	长沙世碁电子商务有限公司
69	长沙赛康进出口贸易有限公司
70	中湘嘉德外贸服务有限公司
71	长沙通程电子商务有限公司
72	湖南嘉德教育咨询有限公司
73	湖南嘉德电子商务有限公司
74	浩通供应链管理（湖南）有限公司
75	湖南缔造者电子商务有限公司
76	湖南华友时代企业管理服务有限公司
77	湖南鲸鱼跨境电子商务有限公司
78	湖南华友丝路供应链有限公司
79	湖南西班优生活电子商务有限公司
80	长沙千朵电子商务有限公司
81	湖南云途电子商务有限公司
82	长沙吉洋美佳进出口贸易有限公司
83	长沙乌兹进出口贸易有限公司

表2-15 续3

序号	企业名称
84	长沙吉兰康贸易有限公司
85	湖南卡基兔科技发展有限公司
86	长沙中海仓数字供应链有限公司
87	湖南澳新亿天贸易有限公司
88	长沙云畅贸易有限公司
89	湖南千友供应链管理有限公司
90	湖南欧于美供应链管理有限公司
91	湖南天朗供应链管理有限公司
92	湖南爱利森电子商务有限公司
93	湖南德聚汇供应链管理有限公司
94	湖南海拓通供应链管理有限公司
95	长沙环发跨境电子商务有限公司
96	长沙风火轮智慧供应链管理有限公司
97	湖南湘港电子商务有限公司
98	长沙旺途贸易有限公司
99	长沙合寿跨境电子商务有限公司
100	湖南荔滋贸易有限公司
101	湖南阿非利加企业管理服务有限公司
102	湖南高朋供应链管理有限责任公司
103	长沙亚优跨境电子商务有限公司
104	长沙巨广国跨境电子商务有限公司
105	湖南新长海供应链管理有限公司
106	湖南凌顶国际贸易有限责任公司
107	湖南云航供应链管理有限公司
108	湖南乐奕佳电子商务有限公司
109	长沙川福物流有限公司
110	长沙兰谱跨境电子商务有限公司
111	湖南酷可布进出口贸易有限公司
112	湖南华升工贸有限公司
113	湖南省蓝海探索网络科技有限公司
114	湖南好护士医疗器械连锁经营有限公司

表2-15 续4

序号	企业名称
115	长沙百世华成网络科技有限公司
116	湖南中谷科技股份有限公司
117	湖南金洲茶叶有限公司
118	湖南湘梅花电子陶瓷有限公司
119	湖南闪晶贸易有限公司
120	浏阳市孝文电子科技有限公司
121	湖南以翔科技有限公司
122	浏阳市月半湾工艺品制造有限公司
123	长沙羽翼服饰有限公司
124	长沙天为工程机械制造有限公司
125	浏阳市欧阳科技贸易有限公司
126	长沙威尔保新材料有限公司
127	湖南九典制药股份有限公司
128	湖南澳融网络科技有限公司
129	长沙文启供应链管理有限公司
130	湖南安克电子科技有限公司
131	湖南华宽通科技股份有限公司
132	湖南金格瑞工贸有限责任公司
133	湖南丁香花贸易有限公司
134	湖南神雀网络科技有限公司
135	湖南冠超智能科技有限公司
136	湖南湘拓信息科技有限公司
137	艺文小镇（长沙）陶艺有限公司
138	长沙市环金网络科技有限公司
139	湖南全软软件科技股份有限公司
140	湖南诺西自动化工程有限公司
141	长沙探非电子商务有限公司
142	湖南熠晟医疗美容科技有限公司
143	长沙翼虎机电科技有限公司
144	长沙新臻橙企业服务有限公司
145	湖南贤达企业管理顾问有限公司

表2-15 续5

序号	企业名称
146	湖南钛克尼克电子有限公司
147	湖南格仑进出口有限公司
148	湖南建屹国际贸易有限公司
149	长沙凡凌电子商务有限公司
150	湖南百吉电子商务有限公司
151	长沙比高工具有限公司
152	长沙竞茂电子科技有限公司
153	湖南拓一塔跨境电子商务有限公司
154	湖南菱威汽车用品有限公司
155	湖南哈贝比眼镜有限公司
156	湖南诺茗心生物工程有限公司
157	长沙新德包装印务有限公司
158	湖南中谷信息技术有限公司
159	湖南麦格派电子商务有限公司
160	湖南赋能贸易有限公司
161	湖南省马修斯贸易有限公司
162	湖南跑能电子商务有限公司
163	湖南瑞越商贸有限公司
164	湖南向北信息科技有限公司
165	湖南大三湘茶油电子商务有限公司
166	长沙高新开发区锦德电子科技有限公司
167	湖南激灵猫电子商务有限公司
168	湖南悦学汇电子商务有限公司
169	湖南乐手雅电子商务有限公司
170	长沙斑鹿供应链管理服务有限公司
171	长沙跨无止境电子商务有限公司
172	长沙启南信息科技有限公司
173	湖南非亚供应链管理有限公司
174	湖南乐牛跨境电子商务有限公司
175	长沙凯满电子商务有限公司
176	长沙高鼎电子商务有限公司

表2-15 续6

序号	企业名称
177	长沙航盈佩电子商务有限公司
178	长沙秒鲜电子商务有限公司
179	长沙勇网电子商务有限公司
180	长沙越鸟巢南电子商务合伙企业（有限合伙）
181	湖南创循通跨境电子商务有限公司
182	长沙益庄德跨境电子商务有限公司
183	湖南沃克菲尔电子商务有限公司
184	湖南爱悉悉电子商务有限公司
185	长沙驰罗电子商务有限公司
186	湖南霏霆电子商务有限公司
187	长沙宝时供应链管理有限公司
188	长沙市奥魔电子商务有限责任公司
189	长沙大澜电子商务有限公司
190	湖南金世捷供应链有限公司
191	长沙丰卖网跨境电子商务有限责任公司
192	长沙斑点供应链有限公司
193	长沙喵君电子商务有限公司
194	长沙宝物供应链管理有限公司
195	长沙圣赛虹电子商务有限公司
196	长沙市恒智电子科技有限公司
197	长沙海之容电子商务有限公司
198	长沙市攸品汇网络科技有限公司
199	长沙中尧电子商务有限公司
200	长沙沙仑电子商务有限公司
201	长沙华纺电子商务有限公司
202	长沙布魁电子商务有限公司
203	湖南富视康网络科技有限公司
204	湖南丝路通供应链管理有限公司
205	湖南龚记进出口贸易有限公司
206	长沙吉乐福电子商务有限公司
207	湖南省恒源沣贸易有限公司

表2-15 续7

序号	企业名称
208	湖南罗布长风供应链管理有限公司
209	湖南连年有鱼供应链管理有限公司
210	长沙泽利好进出口贸易有限公司
211	长沙好方电子商务有限公司
212	长沙金友网络科技有限公司
213	长沙班杰进出口贸易有限公司
214	长沙奈亚菲进出口贸易有限公司
215	长沙布石理进出口贸易有限公司
216	湖南倍力供应链管理有限公司
217	长沙悦湘虹供应链有限公司
218	长沙纽拓贸易有限公司
219	长沙越鸟创盈电子商务合伙企业（有限合伙）
220	湖南华狮特威供应链管理有限公司
221	湖南嘉德物流有限公司
222	湖南湘聚供应链管理有限公司
223	湖南海磊国际电子商务有限公司
224	长沙兵呈进出口贸易有限公司
225	长沙卓成心念供应链管理有限公司
226	长沙市圣特商务有限公司
227	长沙协顺商务有限公司
228	湖南正佳供应链管理有限公司
229	长沙智联云网络科技有限公司
230	欧客国际电子商务有限公司
231	长沙小鹰吉翔供应链管理有限公司
232	湖南百事泰电子商务有限公司
233	湖南洹隆国际贸易有限公司
234	长沙阿卡夫进出口贸易有限公司
235	长沙易佰通电子商务有限公司
236	湖南普奇地质勘探设备研究院（普通合伙）
237	长沙生易圈供应链有限公司
238	湖南麓威供应链有限公司

表2-15 续8

序号	企业名称
239	湖南湘欧朋朋进出口贸易有限公司
240	长沙澳家电子商务有限公司
241	长沙铭辉电子商务有限公司
242	湖南西班优生活电子商务有限公司
243	长沙曼景商贸有限公司
244	湖南准时达供应链管理有限公司
245	湖南环优国际贸易有限公司
246	湖南斯云森电子商务有限公司
247	湖南赐鹏电子商务有限公司
248	湖南鲸鱼跨境项目管理有限公司
249	湖南国开国际发展有限公司
250	湖南北欧投资管理有限公司
251	长沙鸿崇科技有限公司
252	湖南新思洋健康科技有限公司
253	长沙市麦伦仪嘉饰品有限公司
254	湖南汇鸿经贸有限公司
255	湖南麓山国际贸易有限公司
256	长沙万融智联供应链管理有限公司
257	湖南卓尔金桥贸易有限公司
258	湖南创力包装有限公司
259	长沙固盟机械设备有限公司
260	湖南敏锶壮科技有限公司
261	长沙市斑点照明有限公司
262	湖南哥伦思特外贸有限公司
263	湖南劲朗金刚石制品有限公司
264	湖南铜官海旭陶瓷有限公司

统计数据

2019 年长沙跨境贸易电子商务服务试点进出口业务报表见表 2-16。

表 2-16　2019 年长沙跨境贸易电子商务服务试点进出口业务报表

业务类型	验放清单（万票）	消费者（人）	货值（万元）	增长率（%）	税款（万元）	上线商品种类（个）	商品种类（进口量前五位）	备案电商企业（个）	上线企业（个）
进口	19.5	13.94 万	5369.99	321.2	501.78	—	奶粉、纸尿裤、美妆用品、保健品、油制品	237（海关备案企业）	101（含外地企业）
出口	628.1	—	5973.94	4754.33	0	—			

典型案例

案例一：阿里巴巴（长沙）新外贸本地化服务中心

阿里巴巴（长沙）新外贸本地化服务中心是由长沙高新区管委会与阿里巴巴集团联合打造，签约落地在本地的一个跨境电商服务中心，旨在打造完善的本地化外贸生态服务体系，为湖南广大中小外贸企业提供更为便捷、高效的跨境电商生态服务，于 2019 年 7 月 22 日试运营。

项目落地以来，举办了“品质湘商 数字出海”“麓谷国际医疗器械峰会”两场大型峰会，引导传统企业转型和升级。举办外贸业务拓展和平台技能培训 12 场，覆盖 360 人次以上；举办人才双选会活动 6 场，参与企业 26 家，覆盖面试人才 200 人以上；举办湘商线上数据 PK 赛活动 1 场，园区企业共获得 7 名破蛋奖（1000 美元以上订单为破蛋），2 家企业在阿里平台升星成功，获得成星奖。

新外贸本地化服务中心将通过三大聚集撬动 10 项以上新外贸全链路外贸综合服务，聚集 100 家外贸企业，辐射中西部 2000 家以上企业。

案例二：长沙丰卖网跨境电子商务有限责任公司

长沙丰卖网跨境电子商务有限责任公司于 2019 年 8 月 9 日在长沙黄花综合保税区注册成立，注册资本 100 万元人民币，企业性质为有限责任公司（非自然人投资或控股的法人独资），股东单位为深圳市丰卖网科技网络有限公司，占比100%。主要经营范围为自营和代理各类商品及技术的进出口；纺织、服装及日用品零售；服装互联网销售；电子产品互联网销售；电子产品、散装食品、预包装食品、玩具、乳制品的销售；婴儿用品、鞋帽的批发；供应链管理与服务、国际货物运输代理、货物报关代理服务、电子商务平台的开发与建设；市场营销策划、商务信息咨询；软件技术服务等。

长沙丰卖网跨境电子商务有限责任公司主要在长沙黄花综合保税区开展"9610"一般出口业务，是黄花综合保税区引进的重点企业之一。在海关注册备案的业务身份为跨境电商企业和跨境电商平台企业。主要合作物流企业为湖北顺丰速运有限公司。长沙丰卖网跨境电子商务有限责任公司与湖北顺丰速运有限公司均为三级节点申报通道企业。其订单和收款单、运单以及清单总分单和离境单通过三级节点申报通道申报，清单是以港航的身份通过一级节点申报。

长沙丰卖网跨境电子商务有限责任公司与湖北顺丰速运有限公司均是2019年9月12日获批三级节点申报通道，并完成客户端的安装。9月25日顺利完成第一次实单业务申报（28149票），货物顺利完成三单申报和清单放行，由公路运输至二连浩特转关出运，此票的顺利出运也标志着湖南省与二连浩特在跨境电商公路转关业务过程中实现无缝衔接。

案例三：长沙斑鹿供应链管理服务有限公司

长沙斑鹿供应链管理服务有限公司于2019年4月4日在长沙黄花综合保税区注册成立，注册资本1000万元人民币，企业性质为有限责任公司（自然人投资或控股），股东单位为罗键鑫占比60%、湖南止点供应链管理有限公司占比40%。主要经营范围为供应链管理与服务，货物报关代理服务，电子商务平台的开发与建设，国际货运运输代理，货物仓储（不含危化品和监控品）、打包、装卸、运输全套服务代理。

长沙斑鹿供应链管理服务有限公司主要开展"1210"保税备货进口业务，在海关注册备案的业务身份有电商企业、仓储企业和代理报关企业。主要代理的电商企业有御家汇、友阿、雅娜购。主营商品有手表、化妆品、母婴用品和红酒等。

长沙斑鹿供应链管理服务有限公司于2019年4月落地长沙，是长沙黄花综合保税区首家落地的"1210"服务企业，自备全套业务系统，且实现与长沙综试区线上综合服务平台的系统对接。是首批申请长沙综试区三级节点加密机数字证书并获得海关总署批复的企业，也是首批尝试到加密机更快业务性能红利的企业。2019年5月24日公司完成资质备案和长沙黄花综合保税区首票"1210"保税进口货物实单备货入库。

大事记

2019年1月23日，中国（长沙）跨境电子商务综合试验区启动仪式及授牌仪式在长沙金霞保税物流中心举行，长沙综试区线上综合服务平台正式上线。湖南省人民政府副省长何报翔授牌长沙高新区、黄花综保区、金霞保税物流中心3个园区为“中国（长沙）跨境电子商务综合试验区重点园区”。

2019年1月，《长沙市跨境电子商务产业扶持资金管理暂行办法》正式印发。

2019年4月16日，“2019年湖南—粤港澳大湾区投资贸易洽谈周跨境电商合作对接会”在深圳五洲大酒店举行。本次合作对接会由长沙市人民政府和湖南省商务厅联合举办，成功推介了长沙市投资环境和跨境电商重点园区和项目。

2019年3月、7月，分别授牌长沙学院、长沙商贸旅游职业技术学院为“中国（长沙）跨境电商综合试验区人才孵化基地”。

珠海地区

2018 年 7 月 13 日，珠海获国务院批复成为跨境电子商务综合试验区，同年 11 月，广东省政府印发《广东省人民政府关于印发珠海、东莞跨境电商综试区实施方案的通知》。

发展现状

2019年2月，经珠海市政府同意，珠海市商务局出台了《中国（珠海）跨境电子商务综合试验区发展规划》《关于促进中国（珠海）跨境电子商务综合试验区发展的政策措施》。2019年3月，珠海市成立由市政府主要领导担任组长的中国（珠海）跨境电子商务综合试验区（以下简称珠海综试区）建设工作领导小组，加大领导和协调工作力度，统筹解决珠海综试区建设遇到的问题。

当前，珠海综试区正按国务院批复要求，复制推广前两批综试区成熟经验做法，因地制宜，突出特色，全力推进相关建设。线上依托中国（珠海）国际贸易“单一窗口”建设珠海市跨境电商通关服务平台（http：//www. zheport. com/index. action），与海关总署跨境电商通关服务平台系统对接；线下建成开展跨境电商零售进出口业务的海关监管作业场所共5个，实现对跨境电商网购保税进口（监管代码“1210”）和直购进口、一般出口（监管代码“9610”）业务的全面支撑。

2019年，珠海市纳入海关统计的跨境电子商务零售进出口2482738票，总货值9. 15亿元，同比增长435%。

配套文件

关于印发《关于促进中国（珠海）跨境电子商务综合试验区发展的政策措施》的通知

（珠商〔2019〕51号）

横琴新区管委会，各区政府（管委会），市政府各部门、各直属机构：

《关于促进中国（珠海）跨境电子商务综合试验区发展的政策措施》经市人民政府同意，现印发给你们，请认真贯彻实施。

珠海市商务局

2019年2月16日

关于促进中国（珠海）跨境电子商务综合试验区发展的政策措施

为加快推进中国（珠海）跨境电子商务综合试验区建设，促进对外贸易转型升级，培育跨境电子商务产业链，打造跨境电子商务集聚区，根据《国务院办公厅关于促进跨境电子商务健康快速发展的指导意见》（国办发〔2015〕46号）、《国务院关于同意在北京等22个城市设立跨境电子商务综合试验区的批复》（国函〔2018〕93号）和《广东省人民政府关于印发中国（珠海）、中国（东莞）跨境电子商务综合试验区实施方案的通知》（粤府函〔2018〕394号）精神，结合我市实际，特制定如下政策措施。

一、支持公共服务平台建设

完善珠海跨境电子商务公共服务平台功能，对在通关申报、信息共享、产品溯源、金融服务、快递物流、电商诚信和统计监测等方面获得国家复制推广的首创应用项目，每个项目给予不超过100万元的一次性奖励。

二、支持跨境电子商务聚集发展

鼓励跨境电子商务产业园、珠港澳物流合作园，以及有条件的各类产业园区、楼宇等大力发展跨境电子商务，对入驻有纳税的跨境电子商务相关企业达到20家且跨境电子商务交易额达到1亿元的园区（楼宇），给予该园区（楼宇）运营单位不超过200万元的一次性奖励；对入驻有纳税的跨境电子商务相关企业达到50家且跨境电子商务交易额达到5亿元的园区（楼宇），给予该园区（楼宇）运营单位不超过400万元的一次性奖励（含前档），并优先推荐其申报国家和广东省电子商务示范基地。

三、鼓励引进龙头项目

对新引进在我市注册，且实缴注册资本（仅限货币出资）达到1000万美元或1亿元人民币以上的跨境电子商务交易平台、物流供应链平台、物流分拨配送中心、国际快件中心等项目，按我市现行的实体经济招商引资政策或总部经济政策给予支持。

四、鼓励企业开展跨境电子商务

对利用第三方电子商务平台或自营平台开展跨境电子商务，年度跨境电子商务交易额达1000万元及以上的企业，按年度交易额的1%，给予最高不超过500万元的奖励；后续年度交易额与上一次奖励的交易额相比，增幅达20%及以上的，增幅部分按1%给予最高不超过500万元的奖励。对符合招商引资政策已申报“主营业务收入补贴”的先进实体企业不按该条款再作奖励。

五、鼓励为跨境电子商务提供综合配套服务

支持各类服务供应商为跨境电子商务提供通关、物流、结算、融资、信用保险、代运营等综合配套服务，支持税务、咨询、财会、人力资源等专业机构为跨境电子商务提供专项服务。符合条件的企业和项目享受我市外贸政策支持，并优先推荐申报广东省、珠海市外贸综合服务平台。

六、支持线上线下（O2O）融合发展

鼓励企业通过保税展示与完税销售相结合、线下体验与线上购物相结合的运营模式，开设跨境电子商务进口商品展示交易中心（体验中心）。对在我市开设面积达到500平方米及以上的跨境电子商务进口商品展示交易中心（体验中心），按实际使用面积给予最高不超过每平方米300元的一次性资金扶持，每家企业扶持金额最高不超过 200 万元。

七、支持企业建设海外营销体系

鼓励企业通过自建或租用海外仓，实现境外当地销售、当地配送，售后服务等，融入境外零售体系。支持企业建设公共海外仓，为跨境电子商务企业提供仓储集配、O2O 展示、退货维修等相关服务。对列入省级及以上跨境电子商务公共海外仓建设项目的企业，市级给予不超过 100 万元的一次性资金扶持。

八、支持跨境电子商务物流发展

加快物流基础设施建设，鼓励拓展“一带一路”沿线国家港口直航和货运包机业务，支持开展珠港澳陆空联运和国际快递业务，发展冷链物流。对符合条件的项目可享受我市现行的政策支持。

九、支持跨境电子商务通关监管场所建设

对经海关验收通过的跨境电子商务通关监管场所，且配套一条 X 光机分拣线的，给予场所建设投资方不超过 200 万元的资金扶持；每多配套一条 X 光机分拣线，在上述基础上再增加不超过 50 万元的扶持，该项目扶持总金额最高不超过 400 万元。

十、鼓励开展跨境电子商务人才培养

对开设“跨境电子商务方向”专业，纳入全国高等院校统一招生计划（全省技工院校招生计划）且招生人数在 50 人以上的珠海院校，给予 100 万元的一次性奖励。支持市人力资源社会保障部门通过购买服务形式组织开发跨境电子商务实用技能培训包。对本市企业或培训机构开展经行业主管部门认可的跨境电子商务培训，按申报年度实际取得培训合格证书的人数，按 1000 元/人的标准给予培训主办方最高不超过 50 万元的年度资金扶持。

本政策自发布之日施行，有效期至 2021 年 12 月 31 日。原有关政策与本政策不一致的，以本政策为准。

各区可结合本区域实际情况，制订并实施促进跨境电子商务发展的扶持政策。

本政策由市商务局负责解释。

企业名录

截至 2019 年 12 月 31 日，在珠海跨境电子商务公共服务平台备案的本地企业名录见表 2-17。

表 2-17　在珠海跨境电子商务公共服务平台备案的本地企业名录

序号	企业名称	企业类型
1	东莞市金泰辉国际货运代理有限公司	物流
2	港珠澳电子商务（珠海）有限公司	仓储

表2-17 续1

序号	企业名称	企业类型
3	广东京邦达供应链科技有限公司	物流
4	广东易成信息科技有限公司	电商、平台
5	广州富华健康产业投资有限公司	平台、物流、电商
6	广州聚合跨境供应链有限公司	平台、电商
7	广州市贸通天下跨境电商供应链服务有限公司	电商、平台
8	黑龙江佳茂隆国际贸易有限公司	电商
9	洽群（珠海珠澳跨境工业区）仓储有限公司	仓储
10	申通快递有限公司	物流
11	深圳市优仓酷供应链科技有限公司	电商、平台
12	通联支付网络服务股份有限公司	支付
13	通联支付网络服务股份有限公司珠海分公司	支付
14	易宝支付有限公司	支付
15	珠海澳之城贸易有限公司	电商、平台
16	珠海百家达供应链服务有限公司	电商、平台
17	珠海保盛控股有限公司	平台、电商
18	珠海朝曦速腾科技有限公司	平台、电商
19	珠海大横琴口岸实业有限公司	监管场所、仓储
20	珠海港琴跨境供应链管理有限公司	监管场所
21	珠海横琴蔚蓝海域国际贸易有限公司	平台、电商
22	珠海横琴一步达供应链管理有限公司	监管场所、平台、电商、仓储
23	珠海宏基行供应链服务有限公司	电商、平台
24	珠海汇真商务有限责任公司	平台、电商
25	珠海如水创意科技有限公司	电商、平台
26	珠海世纪金联投资有限公司	电商
27	珠海市百年远洋电子商务有限公司	平台、电商
28	珠海市汇美跨境供应链有限公司	电商
29	珠海市金鸟电子商务有限公司	平台
30	珠海市珠澳通供应链管理服务有限公司	仓储
31	珠海市珠海港报关行有限公司	监管场所
32	珠海通宇物流有限公司	仓储
33	珠海想要科技有限公司	平台、电商

表2-17 续2

序号	企业名称	企业类型
34	珠海亚卡儿商贸有限公司	电商、平台
35	珠海蚁族软件开发有限公司	电商、平台
36	珠海优仓酷供应链科技有限公司	平台、电商
37	珠海中通大盈物流有限公司	物流
38	珠海怡速供应链管理服务有限公司	电商
39	珠海鑫彩拓电子科技有限公司	平台

统计数据

2019 年珠海跨境电子商务进出口业务报表见表 2-18。

表 2-18　2019 年珠海跨境电子商务进出口业务报表

进口票数（万票）	进口货值（万元）	增长率（%）	出口票数（票）	出口货值（元）
248	91481	440	12	439

大事记

2019 年 2 月 3 日，跑通网购保税进口第一单，标志着珠海市跨境电商进入“1210”时代。

2019 年 2 月 16 日，经报请市政府同意，珠海市商务局出台了《关于促进中国（珠海）跨境电子商务综合试验区发展的政策措施》（珠商〔2019〕51 号）。

2019 年 6 月 17 日，珠澳跨境工业区（珠海园区）跨境电商监管场所通过海关验收，正式开展跨境电商网购保税进口（“1210”）业务。

2019 年 9 月 30 日，珠澳跨境工业区（珠海园区）易跨境监管场所通过海关验收并投入使用，开展跨境电商直购进口和一般出口（“9610”）业务。

2019 年 10 月 21 日，由澳门贸易投资促进局、珠海市商务局主办的“澳珠跨境商贸对话会”在珠海国际会议中心十字门 B 厅成功举办。两地企业家代表分享了澳珠跨境商贸在资金、物流、通关等方面的实操情况，并对未来两地跨境商贸合作作出展望。

成都地区

成都市于2016年1月获批成为国家跨境电子商务综合试验区。近年来，成都综试区坚持以习近平新时代中国特色社会主义思想为指引，紧抓“一带一路”建设和“四向拓展、全域开放”战略机遇，按照《中国（成都）跨境电子商务综合试验区实施方案》和《成都市加快跨境电商发展三年行动计划》文件精神，以“一府一都三中心”为建设目标，以成都全球跨境电商服务资源中心为核心，依托双流航空经济功能区、青白江国际铁路港、成都高新航空经济区、西部电商物流产业功能区、天府国际临空经济产业功能区、天府国际商贸商务功能区、武侯电商产业功能区等功能区多极推进跨境电商发展，依托城市商圈建设多点布局O2O体验中心和展示中心，形成了“一核多点多极”全景布局、差异发展的良好态势。成都市已实现跨境电商进出口双向全业务模式落地，交易规模已连续4年实现倍速增长。截至2019年年底，成都市拥有126条国际及地区航线，蓉欧快铁已成为辐射“一带一路”沿线国家（地区）最广、开行线路最多、频率最稳定的中欧班列；随着成都天府国际机场投入使用，成都市将成为中西部唯一、中国第3座拥有双国际机场的城市，成为中国面向欧洲、东南亚、南亚、中东和中亚的重要国际枢纽。

发展现状

自2016年1月12日成都获批成为国家跨境电子商务综合试验区以来，成都市跨境电商交易规模呈几何级增长，已成为推动区域外贸转型升级的关键动力。目前全市跨境电商备案企业1007家，带动传统企业运用跨境电商近2000家，跨境电商交易金额同比连年倍增：2017年跨境电商交易规模超50亿元，2018年跨境电商交易规模超110亿元，2019年成都跨境电商交易规模202.51亿元，连年实现翻倍增长。

一、积极推进成都全球跨境电商服务资源中心建设，引领行业高增长、高质量发展

根据成都市委、市政府工作要求，市商务局以跨境电商服务资源集聚为核心内容，积极打造引领性、地标性专业特色楼宇，招引一批国际国内知名的营销服务、交易服务、交付服务、物流服务和技术服务等跨境电商企业集聚发展，打造形成成都全球跨境电商服务资源中心（以下简称中心）竞争新优势，做实产业发展核心载体支撑。中心自2018年10月揭牌以来，承载了成都综试区帮带传统实体经济转型升级、助力打造西部国际门户枢纽城市、加快建设内陆开放经济高地的历史使命。截至2019年年底，中心已招引入驻40余家跨境电商企业和机构，意向入驻企业50余家，入驻企业累计完成交易额达12.8亿万元。同时，中心开展了各类专业培训80余场、累计培训1万余人次，频繁接待来自国家部委、地方政府、国际商业团体和相关企业来访，已经成为成都综试区一张亮丽的产业名片。接下来，将继续推进成都全球跨境电商服务资源中心建设，全面覆盖全产业链的优质生态中心，进一步夯实中心核心竞争力和引领辐射力。

二、线上公共服务体系不断完善，推动成都跨境电商进出口通关便捷化、智能化发展

不断优化成都跨境贸易电子商务公共服务平台功能，不断提升与海关跨境电商监管系统交互对接能力，加速推动与税务、外管部门的信息共享互认。目前平台已具备跨境电商直购进口、一般零售出口、网购保税进口和特殊监管区域出口4种模式的绿色阳光通关服务能力，基本形成“一门户、两监管、一验证、三网络”体系，即“跨境电商一站式统一门户、海关总署跨境电子商务进口和出口统一版信息化系统、公安个人身份验证系统、海关通关通检和公安的跨境电商专用网络”，实现与全国统一标准相接轨的高效通关通道，并已在双流邮办、双流空港快件、双流保B、双流综保、青白江铁路、天府新区保B、龙泉公路、泸州、绵阳等口岸实际投运。2019年，成都跨境贸易电商公共服务平台对接与备案的跨境电商企业新增608家（累计共1007家），完成跨境电商进出口申报共计351.76万单，申报货值11.1958亿元，同比增长64.89%（单量）、65.23%（货值）。

三、延伸线下服务触角，搭建成都跨境电商行业线下一体化、全链条孵化平台

依托成都高新航空经济区、双流航空经济区、青白江国际铁路港、西部电商物流产业功能区、天府国际临空经济产业功能区、天府国际商贸商务功能区、武侯电商产业功能区等产业功能区，大力发展国际供应链、国际物流、智能仓储、技术服务、金融服务等跨境电商配套服务，完善跨境电商重点配套产业布局。推动双流综保、双流空港、青白江铁路港、天府新区保B等跨境电商产业园区大力发展网购保税进口及特殊区域出口业务，四川邮政、武侯女鞋跨境电商产业园区重点发展直邮进口及一般出口业务。其中，邮政跨境电商创业孵化实训基地于2019年10月正式投入使用，致力于推动高校跨境人才培养、跨境企业入驻孵化，并引进结汇及税务公司，疏通通关、结汇、退税各环节，为跨境企业、卖家提供专业培训，打造西南地区首个邮政跨境电商上市企业赋能和优质跨境人才培养孵化器。

四、拓展双向国际物流，促进成都跨境电商内外衔接多维度、高效能发展

大力发展铁路枢纽建设和航空运输，实施国际国内互联互通战略，为跨境电商加快发展提供有力支撑，为跨境贸易提供更多选择通道。在铁路方面，2019年，中欧班列（成都）开行超1000列，已连续3年领跑全国。经过6年多运营，中欧班列（成都）累计开行超过4600列、年复合增长率达120%，约占全国开行总量1/4，成为全国运行最稳定、运行时间最短、发班频率最高的中欧班列，累计带动217亿美元进出口贸易。成都国际班列已连接26个境外城市、15个境内城市，打造7条国际铁路通道、5条国际铁海联运通道，形成了以国际铁路班列、国际铁海联运班列为支撑的陆上物流体系；在航空方面，2019年，成都双流国际机场已开通国际（地区）航线126条，先后开通了定期直飞芝加哥、温哥华、罗马、伊斯坦布尔、德里、赫尔辛基等国际客运航线，以及至布鲁塞尔、金奈、德里、大阪等定期直飞国际全货机航线，全年新开定期直飞国际航线达15条，创下历年之最。成都双流国际机场累计实现旅客吞吐量5585.9万人次，同比增长5.5%。在全球机场排名中，比2018年上升一个位次，位居全球第25位。

五、强化人才队伍建设，培育成都跨境电商行业专业化、实用型人才梯队

进一步深化“校企地”合作，加强跨境电商人才队伍培养，筑牢行业发展基石。依托高校和知名互联网企业开展跨境电商、国际物流配送、互联网金融等领域的中高端复合人才培养；支持在蓉高校和职业技术院校设置跨境电商相关专业，鼓励跨境电商企业与在蓉高校联合办学，培养“接地气”的实用型技能人才；支持行业协会、专业机构以及跨境电商企业开展跨境电商培训。成都市商务局依托行业协会，联合30余所高校以及广大企业、专业培训单位成立了成都市跨境电商人才培育联盟，开展了一系列人才培养、资源对接等活动，创新探索产教融合发展，取得了一定成效。截至目前，已开展各类培训、资源对接活动80余场次，参训人员达5000余人次；组织召开全球跨境电商2019成都大会，专业参会人员近2000人次；举办首届成都跨境电商人才双选会，联合40余家企业提供就业岗位200余个，吸引高校学生300余名参会，实现就业意向100余人；与多数高校联动，驻校开展人才双选12场次，实现就业意向1000余人。

配套文件

四川省优化口岸营商环境促进跨境贸易便利化措施

（川府发〔2019〕13号）

为深入贯彻落实《国务院关于印发优化口岸营商环境促进跨境贸易便利化工作方案的通知》（国发〔2018〕37号）精神，主动服务外向型经济发展，切实降本增效，营造更加公开、公正、透明的口岸营商环境，促进跨境贸易便利化，结合我省实际，特制定以下措施。

一、压缩进出口货物整体通关时间

（一）大力推广运用提前申报模式

加大对进出口收发货人和报关企业关于进出口货物报关采取“提前申报，运抵验放”通关模式的宣传力度，采取措施鼓励、引导企业在进口货物启运后抵港前、出口货物进入海关监管场所前，提前向海关办理手续并递交有关单证，实现单证手续办理与货物转移并联运行。〔牵头单位：成都海关；责任单位：有关市（州）人民政府〕

（二）积极倡导使用一体化通关模式

加大一体化通关模式宣传力度，加强一体化报关模式培训，积极引导鼓励企业选择一体化通关模式，切实提高企业数据申报、通关效率。〔牵头单位：成都海关；责任单位：有关市（州）人民政府〕

（三）切实提高口岸场站作业服务能力

改善口岸通关环境，加强口岸场站仓储、堆场等基础设施建设，加大人力资源配置、物流监控等方面投入力度，构建布局合理、功能完善、设施先进、服务高效的现代口岸作业体系。协调好场站内物流调度，优化场站内货物分类和分流作业程序，确保进出口货物有序进入各通关环节。提高场站理货技术水平，实现进出口货物入区即时理货，公开口岸场站内转运、吊箱移位、掏箱理货及提箱等作业时限标准，便利企业合理安排生产、制定运输计划等，有效缩短进出口货物在口岸场站内的停留时间。〔牵头单位：省政府口岸物流办；责任单位：有关市（州）人民政府〕

（四）提高海关通关保障能力

深入推进口岸监管“查验合一”和后续监管“多查合一”，继续深化“五统一”，完善一体化作业流程。全面推广“双随机、一公开”监管。进出口货物由一般监管拓展至常规稽查、保税核查和保税货物监管等全过程执法。推进全链条监管“选、查、处”分离，提升“双随机”监管效能。优化口岸通关保障机制，全面推行“互联网+预约通关”模式，允许进出口收发货人或其代理人（失信企业除外）在货物符合海关预约通关公告规定的情形下，提前通过互联网在海关工作时间以外申请办理通关手续。全面推进关铁信息共享，加快实现铁路运输货物无纸化通关。加快实现航空器一次性登临、联合查验。建立冰鲜水产品快速通关“绿色通道”。〔牵头单位：成都海关；责任单位：四川出入境边防检查总站、中国铁路成都局集团有限公司，有关市（州）人民政府〕

（五）加大行业培训指导力度

加强对报关协会的业务指导，充分发挥报关协会行业自律作用，组织报关人员认真学习国家相关政策法规和开展系统性业务培训，实时对新发布的法规政策并进行解读，指导报关企业规范申报业务和建立规范申报复核制度，提高报关员规范申报业务能力，降低报关差错率，避免报关过程中出现单证不齐、数据错误等情况，提升报关质量。引导企业在货物运抵海关监管作业场所后及时申报，大力压缩货物申报前通关时间。〔牵头单位：成都海关；责任单位：商务厅、省政府口岸物流办，有关市（州）人民政府〕

（六）加快发展多式联运

推动各口岸进一步深化与长江中下游港口以及沿海自由贸易试验区、港口合作，大力发展集装箱多式联运物流体系。加快国家多式联运示范工程项目建设，推进泸州港参与的成都国际铁路港集装箱铁公水多式联运示范工程建设，推进宜宾港参与的中国西部汽车物流多式联运示范工程建设。切实加快泸州港铁水联运信息平台建设，实现铁水联运信息交换和共享。〔牵头单位：交通运输厅；责任单位：省政府口岸物流办、成都海关，中国铁路成都局集团有限公司，有关市（州）人民政府〕

（七）深入实施“7×24 小时”通关保障

优化勤务组织模式，采取分类查验、迟到免排等“小单元”执勤模式，确保“7×24 小时”通关保障措施落地落实，并常态化运行。〔牵头单位：四川出入境边防检查总站；责任单位：成都海关、省政府口岸物流办，有关市（州）人民政府〕

（八）探索建立通关评价机制

委托第三方机构对全省各口岸营商环境总体情况进行全面分析评估，通过分析货物在口岸的进出口通关作业操作流程，建立口岸进出口货物通关时效评估体系。推动建立常态化监测机制，不断提升口岸通关操作效率。对基础设施建设投入力度大、作业效率提升快、服务水平高的口岸场站，要及时宣传推广经验做法，并予以表扬。（牵头单位：省政府口岸物流办；责任单位：成都海关、四川出入境边防检查总站、公安厅出入境管理局）

二、规范和清理口岸收费

（九）建立口岸降费工作机制

建立口岸管理、海关、财政、发展改革、交通运输、商务、市场监管、国资等相关部门（单位）组成的清理降低口岸收费协作机制，负责研究制定相关措施，分析和协调解决口岸清费降费工作中的实际问题，协作推进集装箱进出口环节合规成本明显降低。（牵头单位：省政府口岸物流办；责任单位：成都海关、财政厅、省国资委、省发展改革委、交通运输厅、商务厅、省市场监管局）

（十）建立口岸收费目录清单制度

进一步核查和清理各口岸收费目录清单，并在口岸现场及口岸主管部门网站公布本地区口岸收费目录清单，清单之外一律不得收费。对清单实行动态管理，清单内容需调整时，属地口岸主管部门要按相关要求对清单进行审核把关，并报省政府口岸物流办审核或备案；相应口岸要及时对审定后的清单进行公示。（牵头单位：省政府口岸物流办；责任单位：成都海关、财政厅、省发展改革委、交通运输厅、商务厅、省市场监管局、省国资委）

（十一）开展降低集装箱进出口环节合规成本专项治理行动

组织开展集装箱进出口环节合规成本收费的日常监管、重点检查和反垄断检查工作，对各口岸公示的收费目录清单中明显超出服务成本、价格偏高的口岸服务企业收费项目进行全面清理，对可能存在的垄断性收费进行彻底清查，对服务内容相近的收费项目进行合并，切实优化收费项目，把收费降到合理范围。（牵头单位：省政府口岸物流办；责任单位：成都海关、财政厅、省发展改革委、交通运输厅、商务厅、省市场监管局、省国资委）

（十二）强化口岸有序竞争

区分口岸基础性公共服务和企业市场化服务，积极引入竞争机制，打破垄断，提升口岸竞争能力，促进提效降费。（牵头单位：省政府口岸物流办；责任单位：成都海关、财政厅、省市场监管局、省发展改革委、交通运输厅、商务厅、省国资委）

（十三）加强信用体系建设

探索搭建覆盖全省口岸的信用信息系统，加快推进口岸信用服务机构建设，建立口岸企业信用制度和联合激励惩戒机制。〔牵头单位：省政府口岸物流办；责任单位：省发展改革委、成都海关、省市场监管局，有关市（州）人民政府〕

（十四）发挥社会监督作用

设立并在口岸现场、口岸管理部门、市场监管部门和价格主管部门网站公示投诉、举报电话和邮箱，主动接受社会监督。（牵头单位：省政府口岸物流办、成都海关、省市场监管局；责任单位：各地口岸管理、价格主管等相关部门）

（十五）加大政府购买服务力度

口岸所在地人民政府要加大财政支持力度，采用政府购买服务的方式，强化口岸综合服务保障和降低企业通关成本。〔责任单位：有关市（州）人民政府〕

三、进一步优化办证流程

（十六）提升原产地证办理效率

简化出口原产地证办理流程，严格原

产地证审核、办理时限要求。创新“原产地签证管理模式”，继续推广原产地电子签字、签章，企业签证时可直接打印有电子签字、签章的证书，无须到海关办理签字、签章手续。〔牵头单位：成都海关；责任单位：省贸促会，有关市（州）人民政府〕

（十七）落实“多证合一”改革要求

加快推进“三十三证合一”改革工作，申请人办理注册登记时，需要同步办理海关进出口货物收发货人备案的，由申请人补充填写相关备案信息，海关确认接收到企业相关信息后完成备案，企业无须再到海关办理备案登记手续。〔牵头单位：省市场监管局；责任单位：成都海关，有关市（州）人民政府〕

（十八）推动监管证件验核无纸化

除安全保密需要等特殊情况外，其余监管证件全部实现联网核查。对实现联网核查的监管证件，除特殊情况外不再进行纸面签注。重点跟进进出口动植物、食品监管证件精简工作，加强风险分析，确定动植物、食品相关证书的核查种类和数量。〔牵头单位：成都海关；责任单位：有关市（州）人民政府〕

四、务实推进相关重点改革举措

（十九）创新海关税收征管模式

大力推进集中汇总征税、自报自缴、“先放行后改单”等改革举措。组织银行机构推行财关库银横向联网，开展税单无纸化改革，提高关税电子缴税业务量。〔牵头单位：成都海关；责任单位：有关市（州）人民政府〕

（二十）创新税收担保模式

在已实施的关税保证保险、总担保的基础上，落实海关总署关于创新担保方式改革要求，扩大担保适用范围。稳步推进集团财务公司担保，针对不同企业情况制定个性化担保方案，切实推进税收担保方式改革。〔牵头单位：成都海关；责任单位：省地方金融监管局，有关市（州）人民政府〕

（二十一）提升口岸通关监管技术水平

总结“智能审图”试点经验，优化审图算法和流程，加强现场智能审图运用。将CT机智能审图试点拓展到快件、跨境电商等相关作业现场。〔牵头单位：成都海关；责任单位：有关市（州）人民政府〕

（二十二）加快中国（四川）国际贸易“单一窗口”建设

推进中国（四川）国际贸易“单一窗口”标准版API基础平台及微服务开发工作，提高应用功能与第三方平台、口岸场站接入能力，2019年年底前实现货物贸易外汇收支企业名录登记网上办理，提升业务申报效率。完善自动进口许可证的申请、查询、签发、核销等功能。加快进出口企业应用无纸化委托模块电子授权委托功能应用。夯实平台运行环境保障，提高平台各业务系统的运行效率。〔牵头单位：省政府口岸物流办；责任单位：成都海关、财政厅、省发展改革委、交通运输厅、商务厅、省市场监管局、省国资委、国家外汇管理局四川省分局、四川省税务局，有关市（州）人民政府〕

四川省人民政府关于促进综合保税区高水平开放高质量发展的实施意见

（川府发〔2019〕25 号）

为落实《国务院关于促进综合保税区高水平开放高质量发展的若干意见》（国发〔2019〕3 号）精神，结合四川加快构建“5+1”现代产业体系，推动外向型经济高质量发展的实际，提出如下实施意见。

一、总体目标

到2023 年，我省综合保税区高水平开放高质量发展取得重要进展：综合保税区数量增加，区内外向型重大项目数量增长，形成优势产业带动全省配套产业发展的格局；新业态、新模式、新技术、新产业快速发展，营商环境明显改善，贸易和投资自由化便利化水平位居全国前列；建成我省新时代全面深化改革开放的新高地，成为具有国际影响力的加工制造中心、研发设计中心、物流分拨中心、检测维修中心、销售服务中心。

二、主要任务

（一）拓展两个市场

落实综合保税区企业增值税一般纳税人资格试点，总结评估前期经验，让更多综合保税区内企业享受政策红利，指导试点区域符合条件的企业自愿申请成为试点企业，在税务部门办理增值税一般纳税人资格登记。开展一对一辅导，帮助企业熟悉业务。（四川省税务局，财政厅、成都海关、有关市人民政府负责。逗号前的为牵头单位，下同）

（二）提前适用政策

自国务院批准设立综合保税区之日起对入区企业进口符合条件的机器设备，在确保海关有效监管的前提下，可按现行规定暂免征收进口关税、进口环节增值税和消费税，实现新企业尽早入区、尽早投产。（成都海关，财政厅、四川省税务局负责）

（三）释放企业产能

支持综合保税区内加工制造企业利用剩余产能承接境内区外委托加工业务，建立综合保税区内外企业市场联动机制。指导企业设立并使用专用电子账册申报，充分释放企业产能。（成都海关、商务厅，省政府口岸物流办、经济和信息化厅、有关市人民政府负责）

（四）促进内销便利

将在综合保税区内生产制造的手机、汽车零部件等重点产品从自动进口许可证管理货物目录中剔除，便利企业内销。探索区内生产的惠民药品内销简化手续。（商务厅、成都海关，省药监局负责）

（五）强化企业市场主体地位

按照综合保税区“四自一简”监管制度改革要求，实现企业自主备案、自定核销周期、自主核报、自主补缴税款。加大招商引资力度，鼓励引进外资企业、维修检测企业，重点推进外向型制造业项目入驻，延长产业链条，促进综合保税区产业集聚发展。（成都海关、省经济合作局，商务厅、省发展改革委、有关市人民政府负责）

（六）促进研发创新

支持符合条件的企业开展保税研发。除禁止进境的外，执行综合保税区内企业从境外进口且在区内用于研发的货物、物品，免于提交许可证件，进口的消耗性材料根据实际研发耗用核销。支持综合保税区与中国（绵阳）科技城、省内外高新技术产业开发区、国际知名科研机构建立科技联动机制。（成都海关、商务厅，科技厅、省政府口岸物流办等有关部门，有关市人民政府负责）

（七）建设创新高地

积极申建国家进口贸易促进创新示范区。争取更多国家产业创新中心、国家技术创新中心、国家工程研究中心、国家制造业创新中心等国家级创新平台落地并与综合保税区实现联动发展。引导一批新型研究机构、省级产业创新中心、省级技术创新中心等产业创新平台入驻综合保税区。（省发展改革委、科技厅，成都海关、经济和信息化厅、有关市人民政府负责）

（八）优化信用管理

进一步加大信用管理措施落实力度。对综合保税区内新设立的研发设计、加工制造企业，按照规定符合高级认证标准的，直接赋予高级认证企业资质，落实高级认证支持政策。加强部门间企业信用信息互通，利用国家企业信用信息公示系统等平台，做好综合保税区内研发设计、加工制造企业信用管理。（省市场监管局、成都海关，省发展改革委负责）

（九）支持医疗设备研发

对区内企业从境外进口医疗器械，在区内用于研发、展示使用的，入区环节暂不办理相关注册或备案手续。进入国内销售、使用的医疗器械，应当申请注册或办理备案。（省药监局，成都海关负责）

（十）简化进出区管理

实现进出区管理信息系统升级，对境内入区不涉及出口关税、不涉及贸易管制证件、企业不要求退税且不需纳入海关统计的货物、物品，实现便捷进出区。（成都海关负责）

（十一）便利货物流转

推广应用信息系统，实现区内企业自行发送转入转出信息，系统自动合规比对数据，卡口自动核放，企业自行运输，保税货物自由流转，提升监管效能。加强综合保税区国际国内物流场站、通道和体系建设，积极发展保税物流仓储、国际物流配送、物流信息处理等业务。（成都海关，省政府口岸物流办、有关市人民政府负责）

（十二）试行汽车保税存储

创新综合保税区与汽车整车进口指定口岸合作机制，允许在综合保税区内开展进口汽车保税存储、展示等业务，发展以整车及零配件进口为核心的汽车产业链，探索打造进口汽车及零配件贸易基地。

（省发展改革委、成都海关，省政府口岸物流办、有关市人民政府负责）

（十三）促进文物回流

优化文物及文化艺术品从境外入区监管模式，简化文化艺术品备案程序。对海关特殊监管区域之间、海关特殊监管区域与境外之间进出货物的备案环节，文化和旅游部门不再核发批准文件。实施文物进出境登记审核，促进文物及文化产品进口和保税存储、展示。在区内探索建设博物馆。（成都海关、文化和旅游厅，省文物局、商务厅、有关市人民政府负责）

（十四）开展检测维修

允许综合保税区内企业开展高技术、高附加值、符合环保要求的全球维修业务，支持符合条件的区域整体开展高技术含量、高附加值商品境内外维修业务试点，支持发展保税检测业务。支持第三方检验检测认证机构在综合保税区开展区内外企业进出口检验认证服务。（商务厅、经济和信息化厅，生态环境厅、成都海关，有关市人民政府负责）

（十五）支持再制造业

允许综合保税区内企业开展高技术、高附加值的航空航天、工程机械、数控机床等再制造业务，推进实施一批再制造业重点工程和项目，鼓励再制造企业向综合保税区集聚，推动形成再制造业产业集聚区。积极支持具有较强技术实力的国际先进再制造业企业入驻综合保税区。（商务厅、省经济合作局，省发展改革委、经济和信息化厅、成都海关，有关市人民政府负责）

（十六）创新监管模式

优化食品、人用疫苗、体外诊断试剂及动植物产品检验放行流程，对符合条件的进境食品实施“抽样后即放行”监管，需要检验的动植物产品可先进入综合保税区监管仓库，再进行检验项目的抽样检测和综合评定。在区内探索设立国际展品监督服务中心，针对入境国际展品提供报关、查验、仓储等一站式服务。（成都海关、省经济合作局，有关市人民政府负责）

（十七）发展租赁业态

对注册在综合保税区内的融资租赁企业跨关区进出口大型设备，在确保有效监管和执行现行相关税收政策前提下，按物流实际需要，实行海关异地委托监管。积极争取区内开展经营性租赁业务收取外币租金试点。（成都海关、国家外汇管理局四川省分局，财政厅、四川省税务局、省发展改革委、有关市人民政府负责）

（十八）促进跨境电商发展

积极支持区内企业开展跨境电商业务，支持新设综合保税区适用跨境电商综合试验区零售进口政策。（商务厅，成都海关、有关市人民政府负责）

（十九）支持服务外包

支持区内企业探索开展服务外包业务，促进区内跨境服务贸易发展。（成都海关，财政厅、商务厅、有关市人民政府负责）

（二十）探索保税期货交割

积极开展保税期货交割业务可行性分析。探索设立交割仓库，对参与期货交割、套期保值上规模的企业，确保按现行税收政策规定及时享受税收优惠。（成都海关、四川证监局，四川省税务局、有关市人民政府负责）

（二十一）推广创新制度

将国务院公布的自贸试验区改革政策逐步复制推广到综合保税区，跟踪成效，总结案例；学习借鉴其他自贸试验区自主创新改革措施。（成都海关、四川自贸办，商务厅等有关部门、有关市人民政府负责）

三、有关要求

各地区各有关部门要充分认识促进综合保税区高水平开放高质量发展、打造全面深化改革开放新高地的重要意义，切实强化组织领导，加强协同配合，积极推动本意见落地见效。

省直相关部门（单位）要统筹协调、密切配合推动工作，学习借鉴东部地区改革创新经验，积极促进省内有条件的地方承接加工贸易产业转移，加快提高开放水平。及时跟踪政策动态，协同推动符合条件的各类型海关特殊监管区域优化为综合保税区，建设更多开放平台。

各级人民政府要切实落实主体责任，强化安全监管，加强管理，优化服务，全力推进综合保税区制度创新，促进综合保税区高水平开放高质量发展。

本意见自公布之日起施行，有效期五年。

2019年成都市深化“放管服”改革优化营商环境工作要点

（成办发〔2019〕24号）

为持续深化“放管服”改革，加快推进政府职能转变，营造国际化、市场化、法治化和便利化营商环境，按照国务院、省政府部署安排，结合我市实际，制定以下工作要点。

一、聚焦企业关切，建设国际化营商环境先进城市

（一）切实推进“市国际化营商环境建设年”各项工作

切实推进《深化营商环境综合改革打造国际化营商环境先进城市的行动方案》及10个配套行动计划的落地落实，打造创新创业、政务效能、产业服务、对外开放、权利保护五大环境优势，深化企业全生命周期服务各项制度综合改革。［牵头单位：市网络理政办，责任单位：市级有关部门、各区（市）县政府（含成都天府新区、成都高新区管委会，下同）］

（二）建立营商环境评价机制

建立符合国际规则、具有成都特色的营商环境指标体系和分类评价机制。开展全市营商环境建设工作评价，强化结果运

用。［牵头单位：市网络理政办，责任单位：市级有关部门、各区（市）县政府］

（三）全面提高市场开放度

全面实施市场准入负面清单制度、外商投资负面清单管理，确保“非禁即入”普遍落实。提高市场竞争开放度，进一步规范工程建设招标投标，组织开展招投标领域专项整治，消除在招投标过程中对不同所有制企业设置的各类不合理限制和壁垒。（牵头单位：市发改委，责任单位：市商务局、市投促局、市国资委）

（四）推进跨境贸易便利化

深化自贸试验区建设，加快建设国家服务贸易创新发展试点城市，深化中国（成都）跨境电商综合试验。全面推广应用国际贸易“单一窗口”，航空口岸实行“7×24 小时”通关服务。实施“一次申报、分步处置”通关模式，提高系统自动审核放行比率，出口查验率不超过 2%，货物整体通关时间压缩 1/3 以上。实行口岸收费目录清单公示制度，进一步降低进出口环节合规成本。（牵头单位：市口岸物流办，责任单位：市发改委、市财政局、市商务局、市市场监管局、成都海关）

（五）清理规范审批中介服务

清理规范审批中介服务事项，明确申报条件、流程时限、收费标准。打造中介服务超市，拓展服务范围，推进中介服务机构信用信息公示公开。建设“市场主导、行业自律、政府监管”三位一体的中介服务质量评价体系，研究制定中介服务末位淘汰机制。（牵头单位：市网络理政办，责任单位：市级有关部门）

（六）持续推进减税降费减负

优化办税流程，推进涉税服务事项网上办理，落实税收优惠，提升缴纳税费便利度。继续清理规范政府性基金和行政事业性收费，加快收费清单“一张网”建设。继续推进行业协会商会与行政机关脱钩改革，清理整顿事业单位、行业协会商会收费。（牵头单位：国家税务总局成都市税务局，责任单位：市发改委、市财政局、市人社局、市经信局、市民政局）

（七）加快水电气、银行等公用事业领域改革

进一步优化流程，压缩时限，取消申请费、手续费等收费，引入社会评价，及时督促解决群众反映强烈的问题，提升企业用电、用气、给水接入便利化水平。按照中国人民银行统一部署，做好取消企业银行账户许可相关工作。（牵头单位：市水务局、市经信局、人行成都分行营管部，责任单位：市发改委）

（八）完善社会信用体系建设

建立覆盖全市的征信系统，完善信用信息共享归集、异议处理和信用修复机制，落实法人和其他组织统一社会信用代码制度。健全信用信息应用机制，拓展信用信息应用场景。推进企业信用监管制度改革，将信用承诺纳入市场主体信用记录，实施守信联合激励、失信联合惩戒。强化诚信建设，认真履行在招商引资、政府与社会资本合作等活动中与投资主体依法签订的各类合同，开展产权保护领域和政务诚信专项督查，健全“政府承诺+社

会监督+失信问责”机制。（牵头单位：市发改委，责任单位：市市场监管局）

（九）提升企业获得信贷便利度

实施提升企业信贷获得便利化水平行动计划，推广交子金融“5+2”平台，持续降低企业尤其是中小微企业获得信贷的难度和成本，持续提升企业直接融资便利度，构建中小微企业全生命周期金融服务体系。（牵头单位：市金融监管局，责任单位：市经信局、市科技局、市农业农村局、人行成都分行营管部）

二、精简行政审批，释放更大活力和动力

（十）动态管理权责清单

根据法律法规规章“立改废”以及国家、省行政权力事项调整情况，动态管理全市行政权力清单和责任清单。（牵头单位：市委编办、市司法局）

（十一）动态调整公共服务事项

动态调整全市公共服务事项指导目录，推动目录内公共服务事项纳入全省一体化政务服务平台规范办理。（牵头单位：市发改委、市网络理政办）

（十二）清理整改变相审批和许可

开展变相审批和许可自查整改工作，重点规范备案、登记、行政确认、征求意见，消除审批和许可“灰色地带”。（牵头单位：市司法局，责任单位：市级有关部门）

（十三）大幅压减工程建设项目审批时间

深入实施工程建设项目审批制度改革，全面实行“一张蓝图、一个系统、一个窗口、一张表单、一套机制”，建立工程建设项目并联验收制度，将工程建设项目从立项到竣工验收全流程审批总用时减至90个工作日内。在全市产业功能区和自贸试验区内试点推行“区域评估”，变独立评为集中评，企业入园后即可共享评估评审结果。（牵头单位：市住建局、市规划和自然资源局，责任单位：市经信局、市生态环境局、市交通运输局、市水务局、市文广旅局、市应急局、市网络理政办）

（十四）开展企业投资项目承诺制改革

在全市产业功能区推进“先承诺后审批”管理模式，推进“政府定标准、企业作承诺、过程强监管、失信有惩戒”。（牵头单位：市发改委，责任单位：市住建局）

（十五）全面提升网络理政效能

持续深化全网理政，实现全市公共数据集中统一管理，网络理政工作全面实现回复办理率达95%以上，群众诉求解决率超过85%，群众满意率达85%以上。深入推进“仅跑一次”“不见面审批”事项清单，推进“一网通办”服务模式，分类分层探索服务审批事项“全域通办”，实现市、区（市）县两级政务服务事项网上可办率达到100%。（牵头单位：市网络理政办）

（十六）全面压减不动产登记时间

全面压减房屋交易、税务、不动产登记时间。推行“房屋交易、税务、不动产登记一窗受理、集成服务、多点布局、全城通办”，房屋交易、税务、不动产一般登记业务的办理时限压减至 4 个工作日以内，实现不动产权抵押登记业务办理时限压减至 2 个工作日内，不动产抵押权注销登记、查封登记、异议登记实现当日办结。（牵头单位：市规划和自然资源局，责任单位：市住建局、国家税务总局成都市税务局）

（十七）持续开展减证便民行动

及时公布证明事项取消和保留清单，实行清单之外无证明。积极开展证明事项告知承诺制试点。（牵头单位：市司法局，责任单位：市级有关部门）

（十八）加强材料共享复用

推进办事材料目录化、标准化、电子化，推动证照、办事材料、数据资源共享互认，减少不必要的重复举证。实行“一表申请”，将企业和个人基本信息材料一次收齐、后续反复使用。年底前，企业和群众到政府办事所提供的材料减少 60% 以上。（牵头单位：市网络理政办，责任单位：市级有关部门）

三、激励创业创新，推进新旧动能接续转换

（十九）改进科研管理方式

建立完善符合科研规律的科技计划管理体系，优化科研项目组织实施、评审管理、经费使用等办法，落实国家、省、市科研单位和人员更大自主权有关规定，进一步激发科研机构和人员创新创业积极性。开展科技人员减负行动。（牵头单位：市科技局，责任单位：市教育局、市财政局）

（二十）优化科技成果转移转化服务体系

建立主体多元化、服务专业化、覆盖全链条的科技成果转移转化服务体系。推进成德绵国家科技成果转移转化示范区建设，推动国家技术转移西南中心、成都知识产权交易中心等建设。持续推动在蓉高校院校与区（市）县利用校园内及周边土地、楼宇等资源共建环高校院所知识经济圈。完善科技服务体系，扩大科技企业创新券补贴范围，提高补贴比例。（牵头单位：市科技局，责任单位：市经信局、市农业农村局、市商务局）

（二十一）建立市场导向的创新创业生态

支持在蓉高校院所开展职务科技成果权属混合所有制改革。明晰创新主体和市场主体间的产权关系，推动更多创新成果进入市场。发挥市场对技术研发方向、路线选择和创新资源配置的导向作用，推动市场主体间联合创新、创业。推动产业技术体系创新，以技术的群体性突破支撑引领新兴产业集群发展。（牵头单位：市科技局，责任单位：市发改委、市经信局）

（二十二）培育新产品新模式新业态

完善创新产品推广示范目录，对目录内创新产品采购人给予一定风险补偿、保费补贴支持，加大在成都平原经济区的推广示范力度。探索建立新经济产品（服务）供需对接机制、推广应用容错机制，开展新产品（服务）推广应用保险补偿机制试点。（牵头单位：市新经济委，责任单位：市发改委、市经信局、市科技局、市口岸物流办、市农业农村局、市商务

局、市文广旅局、市金融监管局、市网络理政办、市公资交易中心）

（二十三）着力破解创业创新融资难题

落实创业担保贷款贴息政策。有条件的地区可通过财政出资引导社会资本投入，设立就业创业基金，支持高校毕业生等群体创业创新。（牵头单位：市财政局、市人社局）

（二十四）深化职业资格管理制度改革

做好与国家职业资格证书管理信息化系统数据对接，推行专业技术人员职业资格电子证书。逐步承接和下放行业职称评审权。（牵头单位：市人社局）

（二十五）推动知识产权创造、保护和运用

加快推进“互联网+”知识产权维权保护，探索新技术、新模式、新业态知识产权保护方式，强化网络游戏、网络小说等重点新兴产业的知识产权维权保护。（牵头单位：市市场监管局，责任单位：市级有关部门）

四、深化商事制度改革，维护市场公平和秩序

（二十六）大幅压减企业开办时间

实行企业开办“一窗通办”，健全市场监管、公安、人力资源社会保障、税务等部门（单位）的数据共享机制，将企业开办时间压缩至4个工作日以内。（牵头单位：市市场监管局，责任单位：市公安局、市人社局、国家税务总局成都市税务局）

（二十七）统筹推进“证照分离”“多证合一”“首证通”改革

持续推进“证照分离”改革，对“证照分离”改革后属于信息采集、记载公示、管理备查类的事项，原则上要通过“多证合一”改革尽可能整合到营业执照上。对全市“多证合一”改革涉企证照事项实行动态管理，条件成熟一批，纳入整合一批。推广“首证通”新模式，将证前现场审查改为证后核查。（牵头单位：市市场监管局、市网络理政办）

（二十八）深入推进工业产品生产许可证制度改革

按照国家、省对工业产品生产许可改革的部署，进一步压减实行工业产品生产许可证管理的产品种类，规范和完善现行产品认证制度。（牵头单位：市市场监管局）

（二十九）加快推进企业注销便利化

进一步拓展企业简易注销适用范围，压减办理时间。改革和完善企业注销制度，建立企业注销网上服务专区，实行企业注销“一网”服务。简化企业注销程序，探索企业市场退出机制，降低企业退出成本。（牵头单位：市市场监管局，责任单位：市级有关部门）

（三十）全面推行“双随机、一公开”监管

在市场监管领域全面推行部门联合“双随机、一公开”监管，健全以“双随机、一公开”监管为基本手段、以重点监管为补充、以信用监管为基础的新型监管机制。（牵头单位：市市场监管局，责任

单位：市级有关部门）

（三十一）推进包容审慎监管

加快健全新型监管机制，探索智慧监管新模式，推行柔性执法，持续开展守信联合激励和失信联合惩戒，打造大数据监管平台，探索完善行政管理的容错机制，全面推广行政处罚“三张清单”制度，推进包容审慎柔性执法。（牵头单位：市司法局，责任单位：市市场监管局、市新经济委、市网络理政办）

（三十二）加快实施“互联网+监管”

梳理形成“互联网+监管”事项清单，实现与省一体化政务服务平台对接，利用大数据支撑各区（市）县各部门（单位）协同监管、重点监管、风险预警，逐步推动实现精准监管和智慧监管。（牵头单位：市网络理政办、市市场监管局，责任单位：市级有关部门）

五、改善社会服务，提供便捷高效、公平可及的公共服务

（三十三）开展政务服务对标行动

推广自贸试验区优化政务服务试点经验。强化对政府窗口服务的监督，提升市、区（市）县、乡镇（街道）三级政务服务大厅标准化、规范化水平，加强窗口工作人员培训，切实改进工作作风，打通政务服务“最后一公里”。建立政务服务满意度调查机制和“好差评”制度，并纳入绩效考核。（责任单位：市网络理政办）

（三十四）优化整合提升政务服务大厅“一站式”功能

完善市、区（市）县两级政务服务集中服务模式，除因安全等特殊原因或对场地有特殊要求外，政务服务事项进入综合性实体大厅基本实现“应进必进”，原则上不再保留各部门（单位）单独设立的服务大厅。（责任单位：市网络理政办）

（三十五）简化优化高频政务服务事项办理流程和手续

深化“最多跑一次”改革，聚焦不动产登记、市场准入、企业投资、建设工程、民生事务等办理量大、企业和群众关注度高的重点领域重点事项，在各级政务服务大厅整合设置综合受理窗口，实行“一窗受理、分类审批、统一出件”工作模式。年底前，70%以上政务服务事项实现“一窗分类受理”。（牵头单位：市网络理政办，责任单位：市发改委、市住建局、市规划和自然资源局、市市场监管局）

（三十六）调动市场力量增加公共服务供给

制定优化社会办医疗机构跨部门审批工作实施办法。积极推进“互联网+医疗健康”“互联网+教育”等新模式发展，组织实施“教育信息化 2.0 行动计划”，扩大远程医疗、远程教育在边远地区的覆盖面。制定涉外个人金融服务提升工作实施意见，优化本外币兑换、外卡支付等涉外金融服务环境。（牵头单位：市发改委、市教育局、市卫健委、人行成都分行营管部）

成都市融入“一带一路”建设三年行动计划（2019—2021年）

（成府发〔2019〕11号）

为全面贯彻落实习近平总书记关于对外开放的重要论述精神和省委省政府、市委重大战略部署，深度融入全面服务“一带一路”建设，高水平建设国际门户枢纽和内陆开放高地，制定本计划。

一、总体要求

（一）指导思想

坚持以习近平新时代中国特色社会主义思想为指导，坚定不移贯彻落实习近平总书记来川视察关于对外开放的重大要求，着力增强国际门户枢纽和国际创新中心、国际贸易中心、国际消费中心、国际交往中心等节点城市功能，加快建设泛欧泛亚国际门户枢纽城市和内陆开放高地，更好地在全省形成“四向拓展、全域开放”立体全面开发新态势中发挥引领辐射带动作用，为共建和平、繁荣、开放、创新、文明之路贡献成都力量。

（二）主要目标

——立体多向战略通道基本形成。国际通达、洲际中转、国内联通能力大幅提升，国际航空十线、国际铁路班列、国际铁海联运等通道网络实现协同运行，服务“一带一路”的国际供应链体系基本形成，国际门户枢纽功能全面增强。

——开放型经济质量和水平全面提升。以成都为核心的跨境跨区域产业链、价值链、创新链加快形成，跨国公司在蓉投资规模水平再上新台阶，服务贸易、新外贸和新经济实现跨越式发展，国际化消费水平大幅提升，国际创新中心、国际贸易中心、国际消费中心功能全面增强。

——城市国际交往能力显著增强。与“一带一路”沿线国家（地区）的国际友好往来更加频繁，“三城三都”品牌建设成效更加凸显，国际影响力和美誉度大幅提升，国际交往中心功能全面增强。

二、重点任务

（一）立体多向战略通道建设专项行动

1. 构建覆盖“一带一路”沿线国家和地区的国际航空门户枢纽。以“一市两场”为载体，全面构建以成都为网络中心的国际航空大通道。加快形成“一市两场”航空枢纽格局。建成投运成都天府国际机场一期工程，推进形成成都天府国际机场、双流国际机场一体化衔接、协同化运行格局，提升成都国际航空枢纽的客货运输能级、服务保障能力和运营管理水平。优化国际航空战略通道布局。每年新开通5条以上国际（地区）客货直飞航线，新开通成都至罗马、伊斯坦布尔等城市的商务航线，至阿姆斯特丹、新加坡等城市的全货机航线，至胡志明、仰光等城市的文旅航线，以通程值机方式开行至南美的联程航线；重点加密成都至巴黎、阿姆斯特丹等城市的商务航线和至法兰克福、莫斯科的全货机航线。增强洲际中转能力。重点培育欧洲与东亚、南亚、东盟、澳新间经成都中转的洲际航线，提升机场中转设施能力和高峰小时流量，优化机场内部中转流程，缩短中转时间。［牵头单位：市口岸物流办；责任单位：市交通运输局、市发改委、市经信局、市商务局，相关区（市）县］

2. 构建以成都为战略支点的四向铁海大通道。加快形成7条国际铁路通道和5条国际铁海联运通道，加快建设西部陆海新通道的主通道，构建以成都为枢纽、联系太平洋和大西洋的新亚欧大陆桥。打造国家高铁枢纽城市。优化提升高铁通道结构功能，加快高速铁路建设和实施干线铁路扩能改造，全力打通东向、南向高铁大通道，加快成自宜、成南达等高铁建设，全面融入国家高铁大动脉，打造“148”高铁圈。优化国际班列“四向拓展”网络布局。稳定开行成都中欧班列和中亚班列，持续加大国内互联互通班列开行密度，加快布局境内外枢纽节点、分拨中心和货物集疏服务点，完善覆盖欧洲主要商贸物流中心、主要铁路场站的线路和网络。加快建设国际铁路枢纽。协调推进成昆铁路扩能改造，畅通成都经攀西通往昆明经河口、磨憨、瑞丽衔接孟中印缅和中国—中南半岛经济走廊的铁路货运大通道；常态化开通成都经广西凭祥或云南河口至越南河内的“成都—泛亚”东线国际跨境铁路班列；适时开行成都至老挝等东南亚国家的国际铁路直达班列。共建铁海联运大通道。鼓励推行大宗货物中长期协议运输，加密开行成都至北部湾港口的高频次班列直达线；协调推进四川叙永至贵州毕节铁路建设，形成成都—隆昌—叙永—毕节—黄桶—南宁—钦州港铁海联运通道；协调推进成渝—隆百线铁路扩能改造，联通经缅甸皎漂港至印度洋的铁海联运西线。［牵头单位：市口岸物流办；责任单位：市交通运输局、市发改委、市商务局、市国资委，相关区（市）县］

3. 建设服务“一带一路”沿线国家和地区的供应链枢纽城市和供应链资源配置中心。着眼产业转移趋势和跨国企业全球布局要求，打造与全球接轨的国际供应链服务保障体系。增强国际供应链服务能力。整合国际铁路港自贸通平台和国际航空港跨境贸易电商公共服务平台功能，推动全球生物医药供应链服务中心和全球跨境电商服务资源中心建设，集成供应链一体化服务，推动供应链业务办理“上线上网”。建设供应链总部基地。支持全球制造、贸易、物流企业以及供应链采购分销企业在蓉设立总部基地和分拨中心，支持成都优势产业龙头企业和供应链链主企业平台化发展，提供从国内端至国际端、生产端至销售端的供应链一体化服务。推动物流园区（中心）转型升级。深入开展国家供应链体系建设和现代供应链创新应用试点，推动成立供应链协会、供应链联盟、供应链研究院等行业组织，提供现代供应链优质服务和资源整合平台。（牵头单位：市口岸物流办；责任单位：市商务局、市金融监管局、市国资委、市科技局）

（二）国际创新合作专项行动

4. 建设“一带一路”人才自由港。依托“一带一路”沿线国际友城链，加强海外引智工作，改进外籍人才服务方式，提升成都创新创业人才集聚能力。大力引进国际创新人才。加快在“一带一路”沿线主要城市设立海外人才工作站，开展“‘一带一路’青年人才感知成都行”活动，实施国家外国专家局年度引进外国技术、管理人才项目。完善外籍人才服务机制。全面推进外国人来华工作许可制度，设立国际人才培训和职业资格认证中心，推动国际执业资格双边或多边互认。推进国际化社区示范创建。持续实施外籍人士“家在成都”工程，加快国际化社区的高标准规划与建设，建成一批海外人才聚集、机制灵活、创新活跃的人才社区。加强本土人才国际化培育。支持在蓉高校与“一带一路”沿线国家和地区一流高校、科研院所开展学位联合培养项目、师资培训项目；引进国际知名人力资源机构海外培训师资和课程，实施本土人才国际化培训项目。[牵头单位：市人才办；责任单位：市人社局、市委社治委、市教育局、市住建局、市规划和自然资源局、市公安局、市政府外办、市科技局、市财政局，相关区（市）县]

5. 构建面向“一带一路”协作创新网络。广泛开展与“一带一路”沿线国家和地区国际创新协作，建立健全协作平台和机制，实现与“一带一路”沿线国家和地区创新资源的深度链接。高水平打造协作创新平台。大力引进“一带一路”沿线世界知名大学和企业在蓉建立研发机构和创新平台；支持本地重点科研机构与“一带一路”沿线国家和地区特色优势的科研机构共建高水平国际联合研究中心和实验室；加快“中国—欧洲中心”“一带一路”对外交往中心和“一带一路”产业合作园建设；支持有条件的企业与科研机构、高校合作，在“一带一路”沿线国家和地区建设研发中心，开展关键核心技术研发和产业化应用研究。多渠道开展国际科技合作。鼓励有实力的科技企业孵化器全球布局，鼓励有条件的科研机构、企业与“一带一路”沿线国家和地区开展绿色经济方面技术研发和产业合作。完善政府间科技创新协作机制。推进与“一带一路”沿线国家和地区政府、高校、科研机构、企业等创新主体建立长期战略协作关系。（牵头单位：市科技局；责任单位：市人才办、市人社局、市投促局、市教育局、市经信局、市发改委）

6. 打造“一带一路”知识产权保护高地。以创建国家知识产权强市为契机，加快形成知识产权多元保护、跨区域协作的大保护格局。提升知识产权保护能级。深化与世界知识产权组织合作，参与或承办“一带一路”知识产权高级别会议，加强对外国知识产权人合法权益的保护；建强国家级知识产权运营平台、国家知识产权局“双创”示范基地转移转化平台。加强海外知识产权保护协作。探索建立与“一带一路”沿线国家和地区优质知识产权服务资源对接机制；深化中国（成都）知识产权维权援助中心建设，加强海外知识产权预警与海外知识产权维权援助；支持重点行业、企业建立海外维权联盟；引导行业协会、中介组织等第三方机构参与解决海外知识产权纠纷。（牵头单位：市市场监管局；责任单位：市投促局、市经信局、市商务局、市发改委、市金融监管局、市住建局）

（三）国际经贸往来专项行动

7. 推动服务贸易创新发展。深化国家服务贸易创新发展试点建设，努力培育服务贸易新增长点。培育成都服务贸易特色优势。大力发展研发设计、检验检测、国际结算、展览等服务贸易，对服务出口实行免税，符合条件的可实行零税率；开拓文化、教育、中医药等新兴服务贸易；推动以“互联网+”为先导的新兴服务出口；加快建设服务贸易公共服务平台，开展服务贸易国际促进活动。深化服务贸易创新发展试点。重点在电信、旅游、工程咨询、金融、法律等领域细化服务贸易创新举措；探索完善跨境交付、境外消费等模式下服务贸易准入制度，逐步取消或放宽限制措施，为相关货物进出口、人才流动等提供通关和签证便利。（牵头单位：市商务局；责任单位：市口岸物流办、市金融监管局、市经信局、市科技局、市文广旅局、市博览局）

8. 促进新兴贸易快速发展。开拓“一带一路”沿线国家和地区新兴市场，拓宽国际营销渠道，释放贸易合作潜力。全力汇聚跨境电商服务资源。打造一批跨境电子商务产业园区和专业楼宇，引进培育一批骨干跨境电商企业和独角兽企业；建设全球跨境电商服务资源中心；推进供应链金融、跨境电商支付结算业务发展，支持公用型保税仓、海外仓建设和利用成都物流配送体系开展面向“一带一路”沿线国家和地区的跨境贸易。全力做强本地市场主体。落实成都市跨境电商资金扶持政策，支持外贸企业开展技改和研发创新。开展“成都造·全球行”等经贸拓展活动，巩固欧美日等传统贸易市场，拓展东南亚、南亚、非洲、拉美等新兴市场。（牵头单位：市商务局；责任单位：市口岸物流办、市金融监管局、市投促局、市博览局、市科技局）

9. 加强“一带一路”国际产能合作。依托产业功能区和国别园区等重大功能载体，构建以产业生态圈为核心的比较优势，全面提升跨国公司和国际中小企业来蓉发展水平，深度融入国际产业分工体系。精准绘制产业生态圈全球全景图。围绕“5+5+1”现代产业体系，推进产业生态圈开放发展，鼓励我市优秀企业“走出去”开展海外合作，参与“一带一路”基础设施建设，支持有条件的企业建设境外产业合作园区。提升跨国公司在蓉投资规模和水平。实施跨国公司“总部提升”计划，加强新兴行业专业总部和地区性总部的引进，全力支持制造业项目转型升级为地区总部，对区域性研发、物流、销售、财务中心等功能性总部给予更大的政策支持；实施跨国公司“增资激励”计划，对落户企业增加资本金、利润再投资等给予政策支持。促进国际中小企业来蓉发展。支持成立专业的管理机构和服务团队，建立面向全球的公共信息服务平台，制定服务国际中小企业的流程体系；实行产业功能配套清单管理制度，适度超前建设基础设施，建设具有合作国家文化特点的标志性工程和地标式建筑。（牵头单位：市发改委；责任单位：市投促局、市经信局、市商务局、市农业农村局）

10. 提升成都新经济品牌的国际影响力。聚焦功能平台、产业生态和场景供给三大重点环节，全面提升成都新经济发展的国际化水平。强化全球品牌效应。以全球双创成果交易会为平台，推动创意、产品与资金、市场精准对接，打造创新资源、创新成果实时便捷交易的国际化交易品牌。培育壮大新经济人才优势。支持在蓉高校开办新兴学科、培养专业人才，规划建设“类海外”高层次外籍人才服务岛和创业园。打造新经济国际化应用场景。聚焦“六大形态”规划新场景、创造新场景、培育新场景，形成成都在新经济领域的领先优势。（牵头单位：市新经济委；责任单位：市商务局、市经信局、市农业农村局、市人才办、市投促局、市教育局、市人社局）

（四）国际化消费专项行动

11. 创新消费供给体系。深度推进产品创新、模式创新和平台创新，全面提升成都消费的特色化、便利化和国际化水平。创新特色消费供给。推动文商旅体跨界融合，集中力量、集成功能、集合空间、集约资源、集聚业态，全面优化商品和服务供给。探索消费业态和商业模式创新。加快口岸进境免税店、跨境电商线下实体店、保税商品展示中心等建设，大力促进定制服务、绿色服务、智慧服务、体验服务等新兴服务形态发展，推动人工智能示范应用以及共享经济、众筹定制等服务模式创新，探索绿色技术的普及应用，推动绿色消费。搭建一批消费领域开放平台。借助“蓉欧+”和“一带一路”建设，构建一批贸易互通开放平台，提升进出口商品通关效率和通关便利度，深化与国际友城等在消费领域的资源互通和合作交流。（牵头单位：市商务局；责任单位：市文广旅局、市体育局、市经信局、市农业农村局、市口岸物流办、市政府外办）

12. 打造标识性消费场景。打造彰显天府文化特色、引领国际时尚的消费场景，全面提升成都消费的承载力。建成一批标识性商圈和商业街区。打造特色地标汇集国内外一线品牌，建设引领带动消费时尚、体验成都特色的消费核心区；融合熊猫、美食等成都元素，形成一批具有国际影响力、成都辨识度的潮流时尚街区、历史文化街区、特色美食街区。建设一批成都休闲体验消费场景。加快天府锦城、天府中心、天府奥体城、龙泉山城市森林公园等一批重点项目建设；推进新兴消费设施合理布局，为消费新业态和新模式发展提供或预留设施及土地。（牵头单位：市商务局；责任单位：市发改委、市文广旅局、市体育局、市经信局、市住建局）

13. 营造开放便利的消费环境。增强跨境消费、体验消费、便利消费的服务能力，全面提升成都消费的软实力。加快国际消费配套设施建设。完善全市主要消费区域交通站点，加强城市新区、产业园区餐饮、购物、医疗、教育等功能载体建设；增加大数据、AR、VR等现代技术在各类消费区域的覆盖和应用，加快5G应用场景建设。全面提升国际消费配套服务。健全金融基础设施服务体系，提高支付与结算的便利性；建立多语种服务呼叫中心，在主要交通枢纽、大型商圈、旅游景区、酒店、文体场馆等区域实现双语图文标识和多语种语音服务基本覆盖；培育高素质志愿服务队伍或公益服务群体。（牵头单位：市商务局；责任单位：市网络理政办、市新经济委、市文广旅局、市经信局、市民政局、市政府外办、市住建局、市交通运输局、市规划和自然资源局、市公安局）

（五）国际人文交流专项行动

14. 深化国际友好往来。拓展与“一带一路”沿线国家和地区人文交流渠道，提升交流合作紧密度，不断增强国际交往资源的全球配置能力。实施“国际资源引入”计划。主动承接国家主场外交和重大涉外会议，吸引“一带一路”沿线国家和地区国际机构、跨国公司、旅游代表处等落户成都，高标准建设成都领馆区，加入具有国际影响力的世界城市和地方政府国际组织，完善驻蓉领馆和国际机构定期联系机制。推进国际友城建设。实施全球友城优选计划，持续推进国际友城、外国商协会等涉外机构入驻“中国—欧洲中心”。提升国际交往承载能力。加快成都国际会议中心建设，努力争取中欧峰会、“一带一路”国际合作高峰论坛等高级别高层次会议落户，承办全球创新创业交易会等高层次国际会议和活动，推动“一带一路”产业合作园亚欧文化交流中心建设。深化教育医疗领域合作。加快建设“一带一路”高校教育联盟、“一带一路”教育协同创新研究中心，运营好“一带一路”国际培训中心、国际预科中心；做优“留学成都”品牌，用好“一带一路”留学生政府奖学金；推动成都传统老字号品牌及优质中医医疗机构到“一带一路”沿线国家和地区开办中医医院（诊所）。（牵头单位：市政府外办；责任单位：市教育局、市卫健委、市金融监管局、市科技局、市博览局、市文广旅局）

15. 推进世界文创名城建设。统筹对外文化交流、传播和贸易，全面提升天府文化的国际影响力、辐射力、集聚力。深化文化交流合作。实施“一带一路”沿线国家和地区中国文化中心合作计划，与沿线国家和地区合作新建一批“海外中国文化中心”；依托拉巴特中国文化中心，开展系列对外文化交流活动；搭建国内外优秀艺术院团、艺术家高端交流平台，实现中国—中东欧国家艺术合作论坛永久落户成都。开展天府文化推广。实施“一带一路”天府文化推广计划，大力开展“大熊猫与世界”“蓉港澳合作周”等重大活动，举办“天府文化周”主题交流活动，打造“一带一路”沿线国家和地区媒体联盟和“媒体访友城”等外宣品牌。建设对外文创贸易平台。加快文化保税区、对外文化贸易基地、文化贸易物流中心建设，优化提升艺术品保税仓功能，建设中国西部蓉欧文化创意港。（牵头单位：市文广旅局；责任单位：市政府新闻办、市商务局、市博览局、市投促局、市政府外办、市国资委）

16. 推进世界旅游名城建设。增强旅游开放能力，塑造特色旅游品牌，加快提升旅游吸引力和竞争力。加强旅游开放合作。实施构建亚太旅游总部基地发展战略，建设亚太旅游枢纽港；加强与国际旅游组织、境外旅游名城、国际国内行业组织等交流合作，做好世界旅游组织成都旅游可持续发展观测点工作。打造成都旅游品牌。推进熊猫之都、天府绿道建设，打造“成都熊猫之旅”；持续开展“PANDA成都走世界”活动。提升旅游服务水平。加快建设国际旅游购物离境退税和便捷支付体系，加大144小时过境免签政策和配套旅游产品的推广力度，加快国际化旅游咨询集散服务体系建设。推进旅游国际营销。借助境外大型国际展会活动、节事平台在“一带一路”沿线国家和地区开展城市形象推介活动，策划引入世界顶级媒体资源。（牵头单位：市文广旅局；责任单位：市商务局、市博览局、国家税务总局成都市税务局、市金融监管局、市政府外办、市住建局、市公安局）

17. 推进世界赛事名城建设。高标准建设赛事场馆体系，形成一批有重大影响力的高级别品牌赛事，国际体育赛事承办能力大幅提升。以赛事活动促交流合作。加强与“一带一路”沿线国家和地区在体育装备设计研发等领域的国际合作，加强与国际体育组织和行业协会、国际顶尖体育管理和运营团队联系合作，引进国际高级别赛事。增强国际赛事承办能力。高标准推进天府奥体城等重大赛事场馆规划建设，完成中国乒协西部国际培训中心、城北体育馆的改造升级，合理布局中小型体育项目赛事场馆，加快相关运动项目国家级训练基地建设。提升品牌赛事影响力。全力筹办2021年第31届世界大学生夏季运动会、2022年第56届世界乒乓球团体锦标赛、2025年世界运动会；持续办好“一带一路”成都国际乒乓球公开赛等重大赛事；创办天府绿道系列赛事。（牵头单位：市体育局；责任单位：市公安局、市博览局、市规划和自然资源局、市住建局、市政府外办）

18. 推进国际美食之都建设。集聚“一带一路”国际美食品牌，全力推进成都美食文化传播，全面提升成都“国际美食之都”品牌知名度、影响力。加快集聚海外美食企业。推动“一带一路”沿线国家和地区高品质特色餐饮企业来蓉发展，设立“一带一路”美食文化专区，建设一批国际美食载体。积极拓展海外市场。大力支持成都老字号和本土美食企业拓展“一带一路”沿线海外市场；举办海内外美食节会活动，策划实施“成都国际美食大会”；赴“一带一路”沿线国家和地区开展成都美食文化周等海外美食文化推广活动，新建一批“成都川菜海外推广中心”。（牵头单位：市商务局；责任单位：市文广旅局、市博览局、市投促局、市规划和自然资源局、市政府外办、市住建局）

19. 推进国际音乐之都建设。全面增强成都服务“一带一路”沿线国家和地区优秀民族音乐、原创音乐的汇聚、生产、发布能力，大幅提升城市音乐文化的知名度、美誉度。深化音乐对外交流合作。邀请海外知名音乐艺术家及演艺团体、精品音乐剧目来蓉展演；争取国家艺术基金支持，鼓励本地音乐人、音乐团体参加“一带一路”沿线国家和地区赛事、音乐节（艺术节）等活动。加快城市音乐演艺设施载体建设。加快建设城市音乐厅、凤凰山露天音乐广场等基础设施，推动交子（城南）艺术中心、成都大剧院等重点项目规划建设，建成一批音乐园区小镇。推进音乐品牌塑造。持续培育提升“蓉城之秋”成都国际音乐季、成都国际音乐（演艺）设施设备博览会、成都国际友城青年音乐周、“金芙蓉”音乐比赛等品牌影响力；推动中国音乐金钟奖、柴可夫斯基国际青少年音乐大赛等国内外音乐品牌赛事在蓉举办。（牵头单位：市文广旅局；责任单位：市博览局、市规划和自然资源局、市住建局、市商务局、市政府外办）

20. 推进国际会展之都建设。推进名展、名企的集聚与培育，增强成都会展服务“一带一路”建设功能。努力拓展国际会展市场。组织开展“一带一路”沿线国家和地区推广活动，支持成都会展龙头企业在“一带一路”沿线国家和地区设立分支机构或办事处，“走出去”举办展会、并购展会。增强本土品牌国际影响力。将“西博会”打造成为国家主场外交开放合作的重要平台，将“欧洽会”打造成为中国对欧投资贸易科技合作国际舞台；深化与“一带一路”沿线国家和地区知名会展公司合作，策划举办一批产业会展项目。提升会展国际化服务水平。引进英国、德国等国家的国际化会展企业在蓉设区域总部和分支机构，吸引更多“一带一路”沿线国家和地区国际机构、跨国公司、外资会议的服务企业落户成都。（牵头单位：市博览局；责任单位：市农业农村局、市经信局、市投促局、市商务局、市科技局、市政府外办）

三、保障措施

21. 加强组织领导。强化规划研究、统筹协调、检查督导、资源配置等职能，健全全市深度融入“一带一路”重大项目库、重点项目会商机制；推进深度融入“一带一路”统计监测工作；加强指挥调度，督促各项目标任务落地落实。［牵头单位：市发改委；责任单位：市级各部门，各区（市）县］

22. 加强风险防范和安全保障。制定全市深度融入“一带一路”建设境外安全保障工作实施方案；加强涉外突发事件应急指挥机制建设，鼓励引导有实力的安保企业在“一带一路”沿线国家和地区提供专业化服务；建立成都“一带一路”海外风险评估中心和国别法律查明中心，完善风险预警机制；建立“一带一路”国际仲裁中心和“一带一路”国际商事纠纷调解中心，完善涉外商事仲裁和争议解决机制；引导企业有序参与“一带一路”建设，规范企业投资行为，加强国有企业境外投资监管。（牵头单位：市政府外办；责任单位：市商务局、市投促局、市国资委、市发改委、市司法局、市公安局、市文广旅局）

23. 健全“五外联动”体制机制。健全外事、外资、外经、外贸、外宣“五外”部门联动机制，按照“外事总统筹、分口抓落实、集中解难题”原则，制定年度工作总体方案和任务清单，建立定期报送机制、专题协调会机制，做到计划方案统一审核，出访任务统一安排，信息数据统一共享，工作进度统一督导。建立“五外”全域联动机制，加强市级部门和区（市）县、国别合作园区、产业功能区互动，共享全市涉外资源，联动市、区（市）县两级协同开展融入“一带一路”建设相关工作。［牵头单位：市政府外办；责任单位：市发改委、市投促局、市商务局、市政府新闻办，各区（市）县］

附件：融入“一带一路”建设三年行动计划目标

融入“一带一路”建设三年行动计划目标

类别	重点	目标	2019 年	2020 年	2021 年
战略通道	国际门户枢纽	国际（地区）客货航线（条）	117	122	127
		航空旅客吞吐量（万人次）	5500	5900	6300
		航空货邮吞吐量（万吨）	70	75	80
		国际往返班列（列）	2100	2300	2500
		国际铁路港集装箱吞吐量（万标箱）	80	100	110
		“国际+国内”服务网络的供应链企业（家）	10	20	30
开放型经济	国际创新合作	引进外籍人才（人/年）	800	800	800
		国际化社区（个）	17	45	45
		“一带一路”国际研发平台（个）	1	3	5
		战略性新兴产业增加值 GDP 占比（%）	17	18	19
		高新技术产业产值（亿元）	11000	12000	13000
开放型经济	国际经贸往来	服务贸易规模（亿元）	1200	1350	1600
		实际利用外资到位额（亿美元）	≥120	≥130	≥140
		跨境电子商务交易额（亿元）	200	400	700
		世界 500 强企业落户数（家）	≥288	≥291	≥293
		国际中小企业（个）	≥3220	≥3700	≥4250
		独角兽企业（个）	5	6	7
	国际化消费	千亿级的国际影响力商圈（个）	/	1	1
		国际知名一线品牌入驻率（%）	80	85	90
		国际化消费特色街区（个）	/	1	2
国际交往	国际人文交流	国际友城（个）	36	37	38
		“海外成都”工作站（个）	24	26	28
		“一带一路”等国际文化交流合作（次/年）	10	15	20
		文创产业增加值 GDP 占比（%）	9.5	10.0	11.0
		年度入境游客（万人次）	380	420	450
		全市旅游总收入（亿元）	4650	5800	6400
		举办“一带一路”国际重大赛事（次/年）	2	2	1
		“一带一路”知名美食品牌引进/培育（个）	6	8	10
		全市餐饮零售额（亿元）	1000	1100	1210
		举办“一带一路”国际化音乐活动（项/年）	10	15	20
		全市音乐产业产值（亿元）	470	570	680
		举办“一带一路”重大展会活动（项/年）	60	70	80
		会展业总收入（亿元）	1320	1530	1700

典型案例

案例一：宝妈环球购全面布局新零售

宝妈环球购是成都宝妈乐购电子商务有限公司旗下进口新零售体验店连锁品牌，其甄选全球优质商品，坚持线上线下相结合的新消费模式，致力为国内消费者提供快捷、高品质、值得信赖的国外正品平价购物体验，先后在德国、荷兰、新西兰、澳大利亚、美国、日本、韩国等多个国家和地区建有分支机构或采货渠道，拥有完善的全球采购和供应体系，主营高端护肤品、家居日用品、母婴产品等。

宝妈环球购进口新零售体验店以社区店为主、商场店为辅，经营思路融入互联网思维，以门店作为社区营销和信用的支点，以社交网络和线上线下互动作为拓展与维护消费者群体的根基。据宝妈环球购的数据统计，门店消费者的复购率高达90%以上，平均每月到店不低于4次。

受成都自贸试验区成立的影响及政策扶持，宝妈环球购发展迅速，现已开设超过1500家线下体验店，为国内数十万终端消费者带来方便、快捷、足不出户的免税购物体验。鉴于宝妈环球购在西南地区的重大影响力，2017年8月，成都宝妈乐购电子商务有限公司被成都市跨境电子商务协会授予副会长单位。

据全球顶级战略管理咨询公司罗兰贝格数据预测，未来5年，中国母婴市场将以每年15%的速度增长，整体市场规模将在2020年增长至3.6万亿元。但是，在各个行业都已经深度互联网化的情况下，母婴市场显得较为滞后。随着行业竞争日趋白热化，以及消费者需求的不断升级，产品与服务融合、线下与线上融合成为母婴零售渠道发展趋势。自2016年马云提出“新零售”概念开始，新零售便如火如荼。

面对势如破竹的新零售发展趋势，宝妈环球购全面布局新模式，其拥有10多年经验的技术团队自主研发功能齐全、操作简单的ERP系统，并将ERP系统与现有线上商城相结合，利用大数据真正意义上实现商品数字化、交易数字化、员工数字化、顾客数字化、管理数字化，大大提升了门店管理效率和盈利能力，全方位提升加盟门店收入，切实增加消费者黏性。

案例二：越过山海，看见世界
——瓦拉比环球购与
天府之国的高度一同崛起

成都澳康川优国际贸易有限公司于2015年成立，专业从事网购保税进口业务和直邮进口业务。2018年创建了自有跨境电商平台“瓦拉比环球购”。同年经商务、发展改革部门审批通过，由成都澳康川优全额投资，在中国香港地区设立了香港澳康川优国际贸易有限公司。

公司积极贯彻跨境电商新政要求，是西南地区首批与海关总署系统对接，实现订单、支付单、物流单“三单对碰”的企业，在重庆保税区和成都保税区设有保税仓库。公司秉承“想要给你全世界最好

的”商业情怀，坚持不懈地为消费者提供优质的海外商品，创造美好的购物体验，为社会创造价值。

公司先后与澳大利亚、德国、荷兰、法国、意大利等国家的厂家和经销商建立了合作关系，在德国、荷兰、澳大利亚分别建设了海外仓库。公司获美赞成、小安素、合生元等国际知名品牌授权经销旗下品牌商品。成都澳康川优国际贸易有限公司经营的产品品牌有德国爱他美、荷兰牛栏、澳大利亚 A2、澳大利亚贝拉米、德国喜宝等原产国奶粉，保健品有澳大利亚 Swiss、Blackmores、Nature’s Way、Bioisland、Ostelint 等。化妆品品牌有香奈尔、迪奥、圣罗兰、卡诗、德国世家、菲洛嘉、CARTICE、ESSENCE、KIKO、TF 等。

经过 4 年的匠心经营，稳扎稳打，公司打造了小而美、可持续性发展的跨境电商线下体验店。店铺聘用知名设计师打造视觉空间效果，简约而时尚，给消费者带来了美妙的购物体验。目前，在成都地区建设了自营门店 12 家，平均店铺面积不到 20 平方米，单店月销售额可达 20 余万元，遥遥领先于同行业水平，实现了可持续性发展。年内公司将启动跨境电商线下体验店加盟模式，将这种成熟开店模式复制，让更多的创业者享受到福利。4 年的务实创新，科技赋能，公司开发了自有线上商城系统，包括公众号、小程序、APP、分销系统等。它是结合了传统电商功能和社交电商功能的新型电商系统，给消费方和销售方带来了极大的便利。

大事记

2019 年 1 月 23 日，行业发展大会暨成都市跨境电子商务协会两周年年会成功举办。

2019 年 2 月 19 日，四川绿茶依托跨境电商首次直接出口中亚，在国际茶叶出口中形成“互联网+茶”的新型地位。

2019 年 3 月 15 日，成都市跨境电子商务协会获得成都市市场监督管理局、市消费者协会“消费者投诉站”授牌。

2019 年 3 月 21 日，天府新区成都片区保税物流中心（B 型）顺利通过联合验收，正式投用。

2019 年 4 月 12 日，首届成都跨境电商人才双选会在成都全球跨境电商服务资源中心成功举办。

2019 年 5 月 14 日，跨境电商进口母婴新零售体验店连锁品牌宝妈环球购在双流举办成都分拨中心启动仪式。

2019 年 6 月 5 日，2019 全球跨境电商·成都大会成功举办。

2019 年 6 月 24 日~28 日，“2019 成都国际商务体验行——东盟专场”在双流启动。

2019 年 6 月 29 日，中国女鞋之都第一届订货节电商专场在中国女鞋之都展示中心开幕。

2019 年 7 月 11 日，商务部财务司副司长束珏婷一行赴成都调研跨境电商发展情况。

2019 年 8 月 27 日，商务部电子商务司朱炼副巡视员一行调研全球跨境电商服务资源中心。

2019 年 9 月 25 日，成都天府新区首个外向型经济载体——成都天府新区保税物流中心（B 型）正式封关运营。

2019 年 10 月 9 日，中国银行四川省分行实现全省首批“单一窗口”国际结算业务成功落地。

2019 年 12 月 28 日，成都国际铁路口岸跨境电商零售出口（“9610”）首单业务测试启动。

2019 年 12 月底，国务院正式发文批复海关总署、四川省人民政府，同意设立成都国际铁路港综合保税区。

西安地区

2019年，中国（西安）跨境电子商务综合试验区（以下简称“西安综试区”）跨境电商交易额达132亿元，其中出口110.8亿元、进口21.2亿元。目前全市跨境电商及相关企业有1200多家，从业人员3万余人，已引进阿里巴巴、京东、蜜芽、敦煌网、麦邦网等国内知名电商平台入驻，跨境电商产业链和生态圈初步形成。跨境电商作为贸易新业态发展迅速，已经成为拉动省、市外向型经济发展的新动能，为西安市稳外贸提供了有力支撑。

发展现状

西安综试区获批以来，在陕西省商务厅、西安海关的大力支持和各先行示范区的共同努力下，西安市商务局把培育跨境电商贸易新业态作为稳外贸的重要抓手，切实履行跨境电商综试区建设的牵头职责，积极协调、整合各方面资源，形成合力加快推进西安综试区建设各项工作。借助跨境电商综试区政策优势，大胆探索，创新发展，积极打造跨境电商完整产业链和最优生态圈，形成了日益浓厚的产业氛围。2019 年，西安综试区跨境电商交易额达 132 亿元，其中出口 110.8 亿元、进口 21.2 亿元。2019 年经西安海关监管的跨境电商零售进出口（海关监管代码“1210”“9610”）总额为 1416.6 万元，交易单量 12 万单。全市跨境电商及供应链企业 1200 多家，从业人员超过 3 万余人，产业聚集效应进一步凸显，跨境电商作为贸易新业态发展迅速，已经成为拉动省、市外向型经济发展的新动能，为稳外贸提供了有力支撑。

一、扩大跨境电商综试区试点范围，新增 4 个开发区为第二批创新示范先行区

目前，西安综试区设立了 7 个创新示范先行区。2018 年批准西咸新区空港新城、国际港务区、曲江新区为第一批创新示范先行区。2019 年 12 月 19 日，西安综试区建设推进会上，授予高新区、经开区、航空基地、航天基地为西安综试区第二批创新示范先行区，跨境电商试点范围进一步扩大，西安综试区建设发展再上新台阶。

二、大力推进跨境电商线下园区建设，形成各具特色的产业发展格局

获批以来，西安市商务局积极引导首批 3 个示范先行区充分发挥本区产业优势，加速资源聚集，打造完整产业生态圈，全市跨境电商加速发展，形成了各具特色的产业格局。

先后建设了国际港务区保备跨境电商产业园、空港新城保备跨境电商产业园、邮政跨境电商产业园、曲江跨境电商数字文化产业园等 6 个跨境园区及两个国家跨境进口展示展销分拨中心。国际港务区依托西安综保区和“长安号”国际班列等平台，积极拓展哈萨克斯坦、俄罗斯等“一带一路”沿线国家市场，全年实现跨境电商进出口额 1.08 亿美元。曲江新区着力打造“政、产、学、研、用”五力协同的跨境电商示范园区，集聚各类产业链上下游企业，形成了一定规模的产业聚集。曲江跨境电商产业园已入驻企业 63 家，开票金额超过 1 亿元，累计纳税 600 多万元。空港新城结合地缘和政策优惠，实现了跨境电商零售进口（“1210”）业务首单，已建成跨境电商国际快件产业园和进口商品展示交易分拨中心，2019 年完成进口单量 5.27 万单，货值 1872.22 万元。

三、重视顶层设计，加大跨境电商政策支持

西安综试区先后出台了《中国（西安）跨境电子商务综合试验区实施方案》

和《西安市关于促进中国（西安）跨境电子商务综合试验区发展的若干政策》，完成了西安综试区顶层设计，从跨境电商产业链聚集、产业发展、仓储物流、金融服务、业务培训等方面给予政策资金支持。2019年1月23日，为了规范中国（西安）跨境电子商务综合试验区零售出口货物增值税、消费税免税管理，明确管理模式和岗位职责，规范操作程序，省税务局出台了《国家税务总局陕西省税务局关于中国（西安）跨境电子商务综合试验区零售出口货物免税管理有关事项的公告》（国家税务总局陕西省税务局公告2019年第2号）。各先行区也出台了支持跨境电商发展配套政策。

四、积极推进“网上丝绸之路”“陆上丝绸之路”“空中丝绸之路”建设

依托铁路口岸和中欧班列“长安号”，国际港务区开创了“长安号+跨境电商”贸易模式，建成“1210”保税监管仓及相关配套产业服务链，相继开通了西安至哈萨克斯坦、德国汉堡、匈牙利布达佩斯、俄罗斯莫斯科、芬兰科沃拉等12条中欧班列线路，基本实现中亚、欧洲货物运输全覆盖。2019年5月28日，开通了中欧班列（长安号）西安—明斯克跨境电商出口专列，搭建了我市与“一带一路”沿线国家跨境电商合作的新平台。12月30日，考拉海购在西安市首单业务走通。

空港新城依托航空口岸，发挥“临空+保税+跨境+口岸+第五航权”优势，开辟了阿姆斯特丹—西安、芝加哥—西安等跨境电商货运直飞航线，构建了以国际快件和国际冷链运输为主的跨境电商新模式。2019年4月8日，完成了跨境电商保税备货业务全省首单。5月13日，陕西首条第五航权货运航线（首尔—西安—河内）正式开航。11月27日，西安—德里全货运航线正式开航，南亚货运新通道的开通为西安市发展跨境电商提供了优质的物流解决方案。

五、积极构建跨境电商科研体系和专家智库

西安市成立了西安综试区专家智库，建立起多元、综合、开放的研究咨询机制，凝聚专家智慧，破解建设难题。APEC电子商务工商联盟专家委员会主席王健、商务部国际贸易经济合作研究院杜国臣、西安海关技术专家等15位专家被聘任为西安综试区智库专家。同时，积极与西安邮电大学、西安交通大学、西京学院等高校开展合作，设立了西部数字经济研究院跨境电商研究分院、跨境电商国家重点实验室等专业研究机构，并依托曲江新区打造“政、产、学、研、用”五力协同为特色的跨境电商产业孵化基地。

六、大力营造跨境电商产业发展氛围

西安市积极组织全国性跨境电商论坛、峰会、展会及产业交流等活动，大力营造浓厚的跨境电商创业氛围，激活本地创业人才，吸引更多省内外精英人才到西安创业。2019年2月26日，举办了2019西安跨境电商数字化出海商家峰会，跨境电商企业及金融、媒体等800余人参会。3月13日，举办了跨境电商政策解读会。3月26日，举办了“中欧班列（西安）集结中心合作论坛暨共建陆海联运大通道建议倡议发布仪式”。12月19日，举办了中国（西安）跨境电子商务综合试验区建设

推进会暨2019中国（西安）数字丝路跨境电商合作交流会。

七、整合各方资源，加快推进“两平台六体系”建设

2019年7月18日，陕西省商务厅召开专题协调会，明确由西安市商务局牵头建设跨境电商线上综合服务平台。随后，西安市商务局迅速成立了线上综合服务平台工作专班，组建了专家顾问团队，和海关、外汇、税务、财政、邮政、大数据等部门多次上门对接，先后三次和西安海关口岸电子公司对接座谈，调研了曲江、港务区等7个开发区，举行多场企业对接座谈会，深入了解企业的困难和诉求，并专程赴宁波、杭州、郑州等地考察跨境电商线上综合服务平台建设先进经验。通过政府采购公开招标确定了项目设计咨询单位和建设单位，制定了《西安跨境电商综合试验区线上综合服务平台规划方案》，并通过省市两级评审。12月19日，西安市商务局联合陕西省商务厅举办了西安跨境电商线上综合服务平台建设启动仪式。目前已制定了详细周密的需求调研计划，项目需求调研工作全面展开。

八、加大招商力度，吸引知名电商落地

积极引进阿里巴巴、考拉海购、京东、蜜芽、敦煌网、双信集团等电商龙头企业入驻，建成了一批国家级、省级电子商务示范基地，全市跨境电商及供应链企业近千家，从业人员超过3万余人，产业聚集效应进一步凸显，以龙头电商企业带动区域跨境电子商务产业B2C、B2B发展，形成良性生态圈。

配套文件

国家税务总局陕西省税务局关于中国（西安）跨境电子商务综合试验区零售出口货物免税管理有关事项的公告

（国家税务总局陕西省税务局公告2019年第2号）

为了规范中国（西安）跨境电子商务综合试验区零售出口货物增值税、消费税免税管理，明确管理模式和岗位职责，规范操作程序，根据《财政部 税务总局商务部 海关总署关于跨境电子商务综合试验区零售出口货物税收政策的通知》（财税〔2018〕103号）的规定，结合我省工作实际，经商陕西省财政厅、陕西省商务厅、西安海关，现就中国（西安）跨境电子商务综合试验区零售出口货物免税管理有关事项公告如下：

一、国家税务总局陕西省税务局负责清分下发跨境电商零售出口数据。综试区内各主管税务机关负责综试区电子商务出口企业出口货物免税的管理。

二、对综试区电子商务出口企业零售出口未取得有效进货凭证的货物，同时符合下列条件的，试行增值税、消费税免税

政策：

（一）电子商务出口企业在中国（西安）跨境电子商务综合试验区注册，并在注册地跨境贸易电子商务线上综合服务平台登记出口日期、货物名称、计量单位、数量、单价、金额等出口信息。

（二）出口货物从国内各设综试区所在地海关办理跨境电子商务零售出口申报手续。

（三）出口货物不属于财政部和国家税务总局根据国务院决定明确取消出口退（免）税的货物。

三、电子商务出口企业应于首次免税申报时，向主管税务机关办理出口退（免）税备案手续，退（免）税计算方法为免税。

四、对符合上述第二条规定的零售出口货物，电子商务出口企业应在货物报关出口之日次月起至次年5月31日前的各增值税纳税申报期内按规定向主管税务机关办理零售出口货物免税申报。增值税一般纳税人应在当期《增值税纳税申报表》（适用于增值税一般纳税人）附列资料（一）第18栏相应位置填报上述适用免税政策货物销售额，将出口货物销售额填报于《增值税纳税申报表》主表第8栏“免税销售额”和《增值税减免税申报明细表》中的“免税项目—出口免税”项下。增值税小规模纳税人应在当期《增值税纳税申报表》（小规模纳税人适用）第13栏填报上述适用免税政策货物销售额。

五、电子商务出口企业逾期未申报免税的，应视同内销货物征收增值税、消费税。

六、电子商务出口企业对应征增值税的销售额、免征增值税的销售额应分别进行核算，未分别核算的，不得免税。

七、电子商务出口企业主管税务机关应于当年6月底前对所辖跨境电商企业上一年度申报的免税事项与相关信息进行比对。

八、本公告自发布之日起施行。本公告发布前发生的综试区电子商务零售出口货物免税事项，按照《财政部 税务总局 商务部 海关总署关于跨境电子商务综合试验区零售出口货物税收政策的通知》（财税〔2018〕103号）执行。

国家税务总局陕西省税务局

2019年1月23日

企业名录

截至2019年底，西安跨境电商综试区线上综合服务平台尚未建成，未开展跨境电商企业注册。

大事记

2019年1月23日，陕西省税务局出台了《国家税务总局陕西省税务局关于中国（西安）跨境电子商务综合试验区零售出口货物免税管理有关事项的公告》（国家税务总局陕西省税务局公告2019年第2号）。

2019年1月25日，西安海关隶属关中海关在西安出口加工区A区正式揭牌开关。

2019年2月26日，西安市商务局与陕西省商务厅、阿里巴巴联合举办了“2019西安跨境电商数字化出海商家峰会”。

2019年4月8日，西安跨境电商综试区保税备货进口（海关监管方式“1210”）首单在空港新城顺利完成。

2019年5月13日，陕西首条第五航权货运航线（首尔—西安—河内）正式开航。

2019年5月28日，首趟中欧班列长安号（西安—明斯克）跨境电商出口专列从西安港新筑车站始发，前往白俄罗斯首都明斯克。

2019年11月27日，西安—德里全货运航线正式开航，南亚货运新通道的开通为西安市发展跨境电商提供了优质的物流解决方案。

2019年12月13日，西安海关新设隶属车站海关、邮局海关揭牌开关，陕西省副省长徐大彤、西安市市长李明远出席揭牌仪式。

2019年12月19日，中国（西安）跨境电子商务综合试验区建设推进会暨线上综合服务平台建设启动仪式成功举办，高新技术产业开发区、经济技术开发区、航空基地、航天基地被授予西安跨境电商综合试验区第二批创新示范先行区。

2019年12月30日，考拉海购在西安首单业务走通。

兰州地区

2019年，中国（兰州）跨境电子商务综合试验区（以下简称“兰州综试区”）以高度的责任感和使命感，全面、有力、有序推进兰州综试区建设。

发展现状

一、落实实施方案，健全组织机构

2019年1月，甘肃省政府办公厅正式印发《中国（兰州）跨境电子商务综合试验区实施方案》，按照该方案精神，成立了由兰州市政府主要领导担任组长的中国（兰州）跨境电子商务综合试验区领导小组，设立了领导小组办公室，制定下发了《中国（兰州）跨境电子商务综合试验区建设重点工作分工方案》，明确职责分工，强化部门协作。

二、进一步建立健全“六体系两平台”

（一）不断完善“六体系”建设

信息共享服务体系：兰州跨境电商公共服务平台完成了与海关、税务、外汇等监管部门及相关企业的数据对接，功能覆盖跨境电子商务全部服务环节，实现企业、服务机构、监管部门等信息互联互通。金融服务体系：与通联支付等机构对接，引进跨境电商第三方支付企业；对接浙商银行，已出台流水贷业务，为跨境电商企业提供金融服务。正在对接兰州银行等金融机构，加快开展在线小额融资、在线金融借贷、在线保险等金融服务，解决中小微企业融资难问题。智能物流体系：对接本地物流企业（EMS、顺丰等）为用户提供邮包、快件等相关物流服务，实现物流运作各环节全程可验可测可控。电商诚信体系：与兰州市发展改革委、兰州市大数据局协调联动，对接信用中国网站、兰州市信用查询系统、海关信用查询体系，建立了兰州跨境电商企业信用查询体系，实现了跨境电商企业信用信息公开。统计监测体系：2019年7月，制定印发了《中国（兰州）跨境电子商务综合试验区统计制度（试行）》，建立了跨境电商综试区全口径统计监测体系，实现了跨境电商数据与海关数据交叉验证。风险防控体系：建立风险信息采集、评估分析、预警处置机制，有效防控经济、技术和交易风险，进行风险管理和持续的监控评估，确保国家安全、网络安全、交易安全和商品质量安全。

（二）加快打造线上线下两个平台

兰州跨境电商公共服务平台：2016年，兰州市政府与省商务厅、海关、国检、国税、外汇六部门共同签署了《兰州跨境电商公共服务平台共建框架协议》，建立了共建机制，明确了建设内容和分工，形成了省市跨部门共同推进跨境电商发展的合力。兰州市政府主导组建了国有控股的兰州三维跨境电子商务公司，承担跨境电商公共服务职能，具体负责兰州跨境电商公共服务平台的建设、运营和招商，2017年兰州跨境电商公共服务平台建设完成，承担注册备案、业务申报、查询跟踪、数据统计、数据共享、信用查询功能，业务范围不断扩大，功能不断提升。截至2019年年底，兰州跨境电商公共服务平台已入驻企业94家。线下产业园区：2016年兰州丝路跨境电商产业园建成运营，截至 2019 年年底入驻跨境电商企业 34 家；2019 年启动兰州高新区跨境电商产业园建设。

三、完善跨境电商进出口统计

根据前两批综试区统计工作的成熟经验做法，结合兰州跨境电商综试区发展实际情况，初步形成了一套适合本地的跨境电商统计办法，制定印发了《中国（兰州）跨境电子商务综合试验区统计制度（试行）》。利用兰州跨境电商公共服务平台与海关、外汇等系统及跨境电商企业数据对接的特点，通过平台进行统计数据的采集和汇总，同时与海关等部门进行数据交叉核验，保证统计数据真实、准确。

四、深入进行跨境电商基础性研究

根据商务部撰写专题报告的要求，针对选题《跨境电商 B2B 发展现状、存在的问题与对策》，组建课题研究团队，制定计划，深入剖析跨境电商发展的内在规律，多层次、多方位、多渠道开展调研，完成研究报告，指导综试区工作创新，并在规定时限内将研究报告报送商务部。

五、营造公平竞争的发展环境

在遵守我国法律法规及世界贸易组织等我国参与的多边组织和协议协定规则的前提下，制定了《兰州市跨境电商人才孵化中心认定办法（试行）》和《中国（兰州）跨境电子商务综合试验区扶持政策（试行）》，依法合规支持本地跨境电商发展，营造公平公正、公开透明的发展环境。

六、积极稳妥推进海外仓建设

根据国家商务部和省厅要求，兰州市积极在“一带一路”地区布局建设海外仓。目前已建成海外仓 2 个，分别是兰州瑞达宏宇进出口贸易有限公司在哈萨克斯坦阿拉木图市建成 2 万平方米的海外仓、中境国联进出口贸易（甘肃）有限公司在哈萨克斯坦中哈合作中心建成 2 万平方米的海外仓，两个海外仓都能为仓内入驻企业提供通关物流、入库分拣、营销推广等公共服务。

七、打造本地自主品牌跨境电商平台

鼓励企业结合实际情况自建跨境电商平台，提升竞争力，截至 2019 年年底建成并开展跨境电商业务的平台有 4 个。一是兰州新区综合保税区商贸有限公司建设的“兰州新区进口商品批发中心”电商平台，实现了跨境商品从保税入区、理货、三单对碰到最终报关出区全流程服务，对接日本、韩国、澳大利亚、美国、加拿大等多国优质跨境供应商，实现跨境商品海外直采，为跨境电商企业开展经营积累了宝贵经验。二是兰州新区穆萨国际物流有限公司“珠峰网”，是面对尼泊尔消费者设立的主营服装鞋帽、针织品、箱包等生活消费品的中英文网站。三是甘肃国合技术经贸进出口有限公司“ Persia mall”，是为适应伊朗市场的特殊性而建立的进出口贸易平台，平台销售种类分为国内产品和伊朗产品，其中国内产品主要为机械设备、塑料产品、化工、日用品等，伊朗产品包括伊朗特产藏红花、波斯挂毯、手工艺品、坚果等，所有产品均为自营。四是方大炭素新材料科技股份有限公司“方大炭素电商平台”，是面向欧洲市场设立主营石墨电极等机电产品的多语言网站。

八、加大招商引进培育经营主体

2019年，赴成都、武汉、郑州等综试区观摩学习，开展招商活动，积极引进跨境电商优势企业落户兰州。引进深圳远洋公司落户兰州注册佳信易通公司，开展跨境电商出口业务。引进阿里巴巴（甘肃）服务中心落户，为企业提供拓展海外市场、外贸人才培养、通关退税结汇、海外仓储、国际物流、订单融资等专业服务。2019年，兰州市有11家企业通过阿里巴巴国际站开展跨境电商业务。在“内贸转外贸，外贸转跨境”工作中也涌现了一批优秀企业。

2019年，兰州综试区实现跨境电商进出口额29309.45万元。其中B2C进口12.54万元，主要产品为奶粉和面膜；B2B出口29296.91万元，主要产品为服饰、家居用品、电子产品、机械和农副产品等。

配套文件

甘肃省人民政府办公厅关于印发中国（兰州）跨境电子商务综合试验区实施方案的通知

（甘政办发〔2019〕5号）

各市、自治州人民政府，兰州新区管委会，省政府各部门，中央在甘有关单位：

《中国（兰州）跨境电子商务综合试验区实施方案》已经省政府同意，现印发给你们，请认真组织实施。

甘肃省人民政府办公厅

2019年1月15日

中国（兰州）跨境电子商务综合试验区实施方案

为全面有序推进中国（兰州）跨境电子商务综合试验区（以下简称“兰州跨境电商综试区”）建设，根据《国务院关于同意在北京等22个城市设立跨境电子商务综合试验区的批复》（国函〔2018〕93号）精神，制定本实施方案。

一、总体要求

（一）指导思想

以习近平新时代中国特色社会主义思想为指导，全面贯彻党的十九大和十九届二中、三中全会精神，围绕统筹推进“五位一体”总体布局和协调推进“四个全面”战略布局，坚持新发展理念，按照党中央、国务院和省委、省政府决策部署，深入实施创新驱动发展战略，以供给侧结构性改革为主线，以推动形成全面开放新格局为目标，依托兰州区位和通道枢纽优势，积极借鉴先行地区经验做法，因地制宜、突出特色，通过制度、管理、服务创新，优化政策和发展环境，提高跨境电商监管、服务能力和水平，探索内陆城市跨境电子商务发展新模式，扩大国际国内合作，促进外贸优进优出、转型发展，形成辐射西北、面向“一带一路”沿线国家和地区乃至全球的跨境电商发展格局，切实提升甘肃对外开放水平。

（二）基本原则

1. 坚持市场主导、政府引导。正确处理政府与市场的关系，强化企业在发展中的主体地位，体现市场在资源配置中的决定性作用。发挥政府在政策创新和环境建设方面的推动作用，研究制定针对性强的政策措施，把握产业发展趋势，扶持创新创业，推动跨境电子商务快速发展。

2. 坚持创新发展、有序规范。着力在跨境电子商务企业对企业（B2B）方式相关环节的技术标准、业务流程、监管模式和信息化建设等方面先行先试，在物流、仓储、通关等方面进一步简化流程、精简审批，完善通关一体化、信息共享等配套政策，推进包容审慎有效的监管创新，推动国际贸易自由化、便利化和业态创新。

3. 坚持协同配合、多方联动。加强海关、税务、外汇管理、商务、金融等部门横向协同与政策衔接，形成推进合力。推动兰州跨境电商综试区与其他综合试验区的全方位、跨区域合作交流，加强资源共享、优势互补，实现重点领域和关键环节的突破，推动区域经济转型升级与协同发展。

（三）发展目标

经过3~5年的建设，培育一批拥有自主品牌、竞争力强的跨境电子商务企业；打造一批规模布局合理、服务功能完善、企业聚集发展的跨境电商产业园；形成一批创新适用的跨境电商监管服务规则，跨境电商便利化、规范化程度明显提升。

二、重点工作

（一）实施跨境电商经营主体培育行动

加大对跨境电商的政策支持力度，坚持培育与引进相结合，开展针对京津冀、长三角、珠三角及华南地区跨境电商定向招商活动。鼓励境内外知名跨境电商企业和交易平台落户兰州跨境电商综试区，形成示范引领效应。大力培育跨境电商经营主体，提升本土跨境电商品牌的竞争优势，支持本土跨境电商企业扩大进出口规模，做大做强。鼓励传统外贸企业利用跨境电子商务拓展国际市场。成立甘肃跨境电商企业联盟，鼓励跨境电商企业共享资源、抱团发展。支持成立不同形式的行业组织，共同推进跨境电商产业快速发展。

（二）实施打造跨境电商品牌行动

加快建立“政府推动、市场导向、企业主体、产业融合”的跨境电子商务品牌建设培育和激励机制。深度挖掘本地优势机电产品、特色农产品、中医药等适合跨境电商运营产品和品牌，培育本土品牌企业，创新国际化营销模式。加快推进新加坡甘肃特色产品展销中心、新加坡甘肃中药材国际分拨中心等线上线下平台建设，探索通过建立海外体验店等渠道拓展海外市场、降低物流成本、提升用户体验、扩大客户群体。引导企业加强自主技术研发，根据市场需求开发出更多个性化和定制产品，鼓励在境外注册商标、开展国际认证、培育自主品牌，扩大优质产品出口。举办各类专场培训和推介活动，帮助企业提升品牌价值，重点开拓“一带一路”沿线国家市场，通过参加中国进出口商品交易会、东盟博览会、哈萨克斯坦—中国商品展览会、亚洲国际水果蔬菜展览会等重点展会，扩大品牌影响力。推动跨境电商线上线下融合发展，开展跨境商品和保税商品展示交易，在主要商圈、综合保税区、机场、火车站开设跨境 O2O 体验店、展示展销中心。

（三）实施跨境电商服务创新行动

优化兰州跨境电商公共服务平台，建立跨境电商金融服务、电商信用、风险防控、统计监测体系。加强与银行业金融机构、第三方支付机构合作，为跨境电商交易提供在线支付结算、在线小额融资，扩大出口信用保险覆盖面，为跨境电商企业提供全方位金融服务；依托甘肃省信用信息共享平台和“信用中国（甘肃兰州）网站”，建立健全电子商务领域信用体系，及时归集电子商务领域市场主体信用信息记录，对经营假冒伪劣商品和诚信缺失的商家，经行业主管部门或市场监管部门认定后列入“黑名单”，采取限制措施，实施联合惩戒。梳理跨境电商各业务环节的风险点，建立分类分级风险预警系统和多部门联动、跨区域管控的风险联控机制。开设海外信用风险预警信息专栏，协助跨境电商企业及时识别、处置及有效防控市场、交易、产品质量安全等风险，确保跨境电商交易“安全规范、风险可控”；在 B2B 认定等方面努力创新，加强线上数据整合和应用能力，建立跨境电商统计监测体系。

（四）打造跨境电商大数据信息中心

提升兰州跨境电商公共服务平台功能，建立跨境电子商务大数据应用系统，完善线上综合服务功能，对接海关、税务、外汇管理、商务、金融等相关部门和各类市场主体，集成在线通关、退税、支付、融资、物流、信用、统计、风控等多种服务，实现“一站式服务、一平台汇总”。通过跨境电商企业备案、三单申报一口接入，集成监管信息，增强监管力度和时效性。将跨境电子商务数据进行汇总、交换整合及研究利用，为跨境电子商务发展提供大数据信息服务，为跨境电子商务智慧物流、金融服务、统计分析、监测预警、风险防控、信用服务等提供有力支撑。

（五）打造综试区跨境电子商务产业聚集中心

提升兰州丝路跨境电商产业园，加快建设兰州新区等跨境电商产业园区。完善线下园区的服务功能，提供跨境电商全产业链服务，汇聚制造生产、电商平台、仓储物流、金融支付、外贸综合服务等各类企业，实现跨境电商生产要素和产业集聚，促进跨境电商与制造业融合发展，推动传统产业提质增效、创新升级。支持三维跨境电商孵化基地、高新区电商孵化大厦、甘肃双创空间科技孵化园建设，提升跨境电商孵化功能。鼓励各县市区结合本地对外开放平台整体功能布局及跨境电商发展现状，突出重点，错位发展，建设一批具有特色的跨境电商产业园区，与兰州新区、甘肃（兰州）国际陆港、各类经济开发园区融合发展，打造跨境电子商务产业聚集中心。

（六）打造面向“一带一路”的跨境电商智能物流中心

充分发挥兰州、武威、天水三大国际陆港和兰州、嘉峪关、敦煌三大国际空港对外开放功能，依托兰州“一带一路”节点城市和通道枢纽优势，支持开通中川机场国际货运定期航线，推进多式联运和空空联运，构建高效通畅的跨境电商航空物流通道。支持开通兰州国际邮件互换局或国际小包集中收寄点，加快建设国际快件监管中心，加快推进综合保税区跨境电商保税仓业务，引进有资质的企业入驻并开展业务，优化进出境邮件和快件通关流程，提升寄递时效。加快快递物流业发展，推进跨境电子商务快递物流配送网络建设。依托兰州新区和甘肃（兰州）国际陆港，发挥“多式联运”优势，以多种模式开展跨境电商进出口业务，形成布局合理、衔接顺畅、功能齐全的跨境物流分拨配送和运营服务体系；依托中欧、中亚、南亚国际班列和国际陆港贸易新通道等连接“一带一路”沿线国家和地区的国际通道，开展以“一站式进出口供应链服务”为核心的跨境电商进出口业务，支持国际班列带运国际邮件，加快在“一带一路”沿线国家和地区布局建设海外仓。在中川国际机场、兰州新区综合保税区、兰州铁路口岸等特定区域和具备条件的区域建设一批跨境电子商务仓储物流中心，提升国际物流货运保障能力，进一步完善智能仓储体系；依托流通领域现代供应链体系试点城市建设，引进和培育一批物流供应链服务企业，围绕跨境电子商务服务需求，形成过程可视、无缝衔接、功能齐全、运转高效、辐射西北、连接“一带一路”沿线国家和地区的智能化跨境物流体系，建设跨境电商智能物流中心，打造西北地区跨境电商物流大通道。

（七）打造跨境电商人才培训创业中心

加强专业院校、培训机构、协会与企业间合作，支持开设各类跨境电商课程，开展专业培训。依托兰州交通大学跨境电商人才孵化中心、三维跨境电商孵化基地、高新区电商孵化大厦、甘肃双创空间科技孵化园等跨境电商孵化基地，为跨境电商创业人员提供场地支持和创业孵化服务，建设跨境电商实用型人才线上线下培育基地。引入专业培训机构，推行定制式、公司式等孵化模式，进一步完善“政、校、协、企”四位一体跨境电商人才培训机制。鼓励阿里巴巴等知名跨境电商企业、媒体、研究机构等在甘举办大型培训、交流活动和人才双选会、技能大赛等创新创业活动。建立电子商务人才创新创业支持平台，支持创新人才开展跨境电子商务商业模式创新和技术创新。

三、创新举措

（一）创新监管模式

探索跨境电商采用 B2B 交易海关信息申报方式，优化 B2B 通关手续；通过设立标识等手段，区分 B2B 出口与一般贸易出口；扩大网购保税和跨境直购业务规模。创新退换货流程和管理制度，支持开展跨境电子商务进出口商品退换货业务，设立跨境电子商务售后服务实体，整合国内外信息资源，实现退换商品的集中收货、整理、重新发货等相关作业，降低物流成本、减少商品损耗；允许跨境电商零售进口商品在单证相符的情况下在线申报退换货；探索建立跨境电商消费纠纷解决机制。简化归类，对不涉及出口征税、出口退税、许可证件管理且单票价值在人民币5000元以内的跨境电商B2C出口商品，电商企业可按照进出口税则4位税号简化申报；推动落实跨境电子商务零售进口商品清单管理制度，对B2C商品以申报清单办理出口通关手续。通过采取“简化申报、清单核放、汇总统计”等方式简化出口通关手续，实现通关全程无纸化，缩短跨境电商进出口货物线上申报时间；简化网购保税进口商品一线入区申报手续，可入区理货后再报关。落实自贸实验区复制推广便利化措施，推行国际海关经认证的经营者（AEO）互认制度，给予互认AEO企业相应通关便利措施。实施信息备案和信用分类管理，深化关企合作，关区高资信企业和跨境电商重点企业享受优先办理、简化审核和较低查验率等通关便利措施。实行企业和商品信息“一地备案、全国共享”。

（二）提升出口退税效率

优化跨境电商企业出口退（免）税分类管理，对评定为一类和二类的出口企业，实行快速便捷退税。对信誉良好的新办跨境电商企业可纳入二类出口退（免）税企业管理。按照企业自愿的原则，对出口退（免）税管理类别为一类、二类的跨境电商出口企业全面推行无纸化退税申报，企业通过“出口退（免）税综合服务管理平台”实现退税申报、证明办理、税款退库等出口退（免）税业务网上办理。对符合条件的跨境电商出口企业出口未取得有效进货凭证的货物，按有关规定试行增值税、消费税免税政策。

（三）便利外汇交易结算

简化跨境电商收结汇手续，允许在综试区备案的从事跨境电商业务的个人对外贸易经营者或个体工商户开立外汇结算账户。在确保交易真实合法以及风险可控的基础上，允许线上综合服务平台实现“三单合一”的个人或个体工商户自行收结汇。支持第三方支付机构参与跨境外汇支付试点，为第三方支付机构和银行业金融机构向跨境电子商务企业和个人办理跨境外汇支付和结售汇业务提供便利。探索将第三方支付机构跨境支付、结算业务范围拓展至进出口及B2B、B2C等交易形态。

（四）创新跨境电商认定制度

建立对跨境电商企业认定机制，确定交易主体的真实性并建立交易主体与报关服务的关联体系，网上交易记录、物流记录、支付记录、海关清关记录等都可作为跨境电子商务进出口货物认证依据；推进统一社会信用代码和物品编码在电商领域应用，建立物品溯源体系和跨境电商产品追溯机制。研究制定跨境电商产业园区认定办法，认定一批示范园区，形成逐级管理机制；积极制定和落实跨境电商相关鼓励政策，完善园区基础设施，提升园区外贸综合服务能力，增强对外招商吸引力。

四、保障措施

（一）强化组织领导

省政府统筹领导和协调推进兰州跨境电商综试区建设工作。兰州市要成立专门机构，精心组织，健全机制，明确分工，落实责任，扎实推进兰州综试区建设各项工作，涉及重要政策和重大建设项目按规定程序报批。

（二）加大政策扶持

省直各有关部门要研究制定兰州跨境电商综试区支持政策，充分利用现有资金、基金渠道，支持兰州跨境电商综试区创新发展，引导传统外贸企业创新模式，鼓励跨境电商企业做大做强。

（三）坚持合力推进

各有关部门要强化全局观念，进一步解放思想，认真履责，加强沟通协作和政策衔接，协调推进综合试验区建设的重点工作，合力推动综合试验区创新发展。

（四）营造良好氛围

各有关市州和相关部门要加强跨境电子商务的宣传，充分利用主流媒体和新媒体，创新宣传形式，丰富宣传内容，拓宽宣传阵地，努力营造跨境电子商务发展的良好舆论环境。

关于印发《兰州市跨境电商人才孵化中心认定办法（试行）》的通知

（兰商字〔2019〕37号）

新区商旅局、各区县商务局，相关企业：

为全面贯彻落实《甘肃省人民政府办公厅关于印发中国（兰州）跨境电子商务综合试验区实施方案的通知》（甘政办发〔2019〕5号）文件精神，推动中国（兰州）跨境电子商务综合试验区建设，以市场需求为导向，促进兰州跨境电商人才培养，加快跨境电商人才孵化中心建设并加强管理，我局制定了《兰州市跨境电商人才孵化中心认定办法（试行）》，现印发给你们，请遵照执行。

兰州市商务局

2019年3月15日

兰州市跨境电商人才孵化中心认定办法（试行）

第一章 总则

第一条 为全面贯彻落实《甘肃省人民政府办公厅关于印发中国（兰州）跨境电子商务综合试验区实施方案的通知》（甘政办发〔2019〕5号）精神，推动中国（兰州）跨境电子商务综合试验区建设，以市场需求为导向，为促进兰州跨境电商高质量发展提供人才支持，特制定本办法。

第二条 本办法所指的跨境电商人才

孵化中心是以培育跨境电商专业人才、孵化跨境电商小微企业为目标，具备跨境电商专业人才培训和孵化跨境电商小微企业的软硬件条件，具有一定规模和较强示范效应的载体。

第三条 兰州市跨境电商人才孵化中心建设坚持“政府引导扶持、社会力量参与、市场机制运作”的原则，可依托本地专业院校、培训机构以及跨境电商产业园区等创建。

第四条 兰州市商务局为兰州市跨境电商人才孵化中心认定和监督管理的主管部门。

第二章 认定标准

第五条 兰州市跨境电商人才孵化中心应具备以下条件：

（一）兰州市跨境电商人才孵化中心的申办方为在本地依法注册、经营的企业、事业单位或经民政部门批准注册成立的社会组织，有固定的办公场所和健全的管理制度、财务制度，配备具有相应专业知识、技能的管理和服务队伍。

（二）有固定的跨境电商专业人才理论培训和实操场所，场地作为跨境电商人才孵化中心使用期限不少于3年，在使用期内不得变更或者变相改变用途。

（三）有跨境电商培训师资队伍，为跨境电商企业提供专业人才培训，孵化跨境电商小微企业，为孵化对象提供市场需求信息和就业创业指导等专业化服务。

（四）定期举办跨境电商人才培训和人才交流活动，促进孵化对象与企业实现供需对接。

第三章 申报和认定程序

第六条 兰州市跨境电商人才孵化中心的申报主体为本孵化中心的经营管理机构。

第七条 兰州市跨境电商人才孵化中心采取主体申报、区县商务主管部门推荐、市商务局审核认定的程序，具体如下：

（一）由市商务局发布申报通知，组织申报。

（二）各申报主体按照有关要求提供申报材料，上报各区县商务主管部门。申报材料包括：

1. 申报主体的申请报告（原件，需加盖单位公章）；

2. 兰州市跨境电商人才孵化中心申报表；

3. 统一社会信用代码证等相关证件（复印件）；

4. 孵化中心规模（建筑面积、楼宇数量、软硬件设备、工作人员等）证明文件、发展规划；

5. 跨境电商培训师资队伍名单；

6. 其他有关证明材料。

（三）各区县商务主管部门根据申报情况，认真查验相关材料，形成推荐意见，以正式文件报送市商务局。

（四）市商务局对申报主体和孵化中心建设运营情况进行审核，提交局党组会议审议，确定认定名单。

（五）对认定的兰州市跨境电商人才孵化中心予以授牌。

第四章 管理

第八条 经认定的兰州市跨境电商人

才孵化中心，符合国家、省、市、区相关资金扶持条件的，可予以相应支持。

第九条 兰州市跨境电商人才孵化中心认定有效期为三年，期满后需重新认定，经重新认定不符合兰州市跨境电商人才孵化中心条件的，限定在3个月内予以整改，整改后仍不达标的不再予以认定。已获认定的兰州市跨境电商人才孵化中心，如出现以下情形之一的，取消其资格，收回授牌并向社会公布：

（一）违反国家法律法规并受到处罚的。

（二）不具备相应的功能，人才孵化中心的性质发生改变的。

（三）经查实提供虚假材料取得孵化中心认定的。

（四）存在消防安全隐患，被公安消防机关责令停业整顿超过3个月的。

第五章 附则

第十条 本认定办法实施期间，如国家、省、市相关政策发生调整，则依据国家、省、市政策相应调整。

第十一条 本认定办法自发布之日起试行，有效期三年。有关政策法律依据变化或有效期届满，根据情况依法修订。

企业名录

截至2019年12月31日，兰州主要跨境电子商务企业见表2-19。

表2-19 兰州主要跨境电子商务企业名录

序号	企业名称	主营业务	地址	类型
1	兰州新区综合保税区国际贸易有限公司	奶粉、面膜	新区	B2C进口
2	兰州新区众聚电子商务有限公司	日化	新区	B2C进口
3	甘肃亚盛国际贸易有限公司	农副产品	兰州	B2B出口
4	甘肃阜林机电设备成套有限公司	3C、宠物、家居用品	兰州	B2B出口
5	甘肃宇盛农产品开发有限公司	农副产品	兰州	B2B出口
6	甘肃赑屃国际贸易有限公司	饰品	兰州	B2B出口
7	甘肃荣江酒店用品有限公司	酒店用品	兰州	B2B出口
8	甘肃迈峰乐电子商务有限责任公司	3C、宠物、家居用品	兰州	B2B出口
9	兰州佳信易通电子商务有限公司	服装、鞋子	新区	B2B出口
10	甘肃商赢佰联商业管理有限责任公司	灯具及配件	新区	B2B出口
11	甘肃天一祥和贸易有限责任公司	餐具、瓷具、灯具、服饰类	兰州	B2B出口
12	甘肃大风维业贸易有限责任公司	日用消费品	兰州	B2B出口
13	甘肃四维高欣贸易有限责任公司	电子产品	兰州	B2B出口
14	甘肃正合白安贸易有限责任公司	纺织、汽配、鞋服产品	兰州	B2B出口

表2-19　续

序号	企业名称	主营业务	地址	类型
15	方大炭素新材料科技股份有限公司	超高功率石墨电极	兰州	B2B 出口
16	甘肃千众世纪进出口贸易有限责任公司	机械、汽配、服装、文化用品	兰州	B2B 出口

统计数据

2019 年兰州跨境电子商务 B2C 进口业务报表见表 2-20。

表 2-20　2019 年兰州跨境电子商务 B2C 进口业务报表

验放清单（万票）	消费者（人）	货值（万元）	增长率（%）	税款（万元）	上线商品种类（个）	商品种类（进口量前五位）	备案电商企业（个）	上线企业（个）
0. 047	527	12. 54	135. 27	1. 1978	11	奶粉、面膜、纸尿裤、保温杯、护肝片	41	2

典型案例

内贸转外贸，外贸转跨境——甘肃亚盛国际贸易有限公司触网上线

甘肃亚盛国际贸易有限公司（以下简称亚盛国贸公司）成立于 1998 年，注册资本 8000 万元，隶属于甘肃亚盛实业（集团）股份有限公司。甘肃亚盛实业（集团）股份有限公司是中国西北部一家大型的现代化农业企业，拥有先进的农业设备和丰富的土地资源，有权属的土地面积达 342 万亩，其中耕地 47. 51 万亩，是一家拥有大量土地资源储备的农业类上市公司（股票代码：600108）。亚盛国贸公司依托亚盛集团雄厚的土地资源，不断建立绿色食品生产基地、无公害农产品生产基地，建设农产品可追溯体系，全面提高基地建设的质量，实现了统一品种、统一标准、统一收购、统一销售的规模化、标准化的经营模式，不断提高深加工产品的安全生产及高质量水平，不断升级改造设备和工艺水平，加强品牌建设，为企业参与国际竞争打下了坚实、良好的基础。公司主营葵花籽、葵花籽仁、孜然、小茴香、辣椒、红枣等本地特色农产品。2017 年，亚盛国贸公司把自营出口作为外贸出口的重点工作，以公司自有商品为突破，积极开拓国际市场。2018 年 5 月，亚盛国贸公司与阿里巴巴（中国）网络技术有限公司签订了战略协议，正式入驻阿里巴巴

国际站，2018 年通过阿里巴巴平台发展了以色列客户、日本客户，实现订单从无到有。2019 年出口额达到 560 万元，同比增长 808%。

跨境电商极大拓宽了该企业进入国际市场的路径，加快了海外拓展的步伐。借助统一品种、统一标准、统一收购、统一销售的规模化、标准化的经营模式，公司具备了产品研发能力和产品质量控制权，通过高质量的同类产品赢得竞争，积极拓展产品销往更多的国家。

大事记

2019 年 1 月，印发《中国（兰州）跨境电子商务综合试验区实施方案》。

2019 年 1 月，兰州新区综保区保税备货业务常态化运营。

2019 年 3 月，成立首家“兰州市跨境电商人才孵化中心”。

2019 年 4 月，相关负责人赴成都等跨境电商综试区观摩学习。

2019 年 5 月，阿里巴巴国际站甘青宁服务中心落户兰州市。

2019 年 7 月，启动兰州中川机场“跨境电商、国际邮件、国际快件三合一分拨监管中心”筹备建设工作。

2019 年 7 月，印发《中国（兰州）跨境电子商务综合试验区统计制度》。

2019 年 8 月，成立中国（兰州）跨境电子商务综合试验区领导小组办公室。

2019 年 8 月，印发《中国（兰州）跨境电子商务综合试验区扶持政策》。

2019 年 9 月，兰州新区进口商品批发中心线上平台建成运营。

2019 年 9 月，兰州新区北站跨境电商监管场地出口实单通关。

跨境电商专题研究篇

国内外跨境电子商务平台比较优势

中国（杭州）跨境电子商务综合试验区

一、跨境电商平台的发展阶段

跨境电商作为电子商务的分支，最早只是电子商务平台的业务方向，其商业模式发源于美国，亚马逊、eBay是全球电商平台的鼻祖。亚马逊网站于1995年7月正式上线，eBay于1995年9月4日创立。

中国跨境电商平台的雏形追溯到马云在美国接触互联网后回国创立的阿里巴巴网站，1999年上线的阿里巴巴国际站是现今阿里巴巴集团早期唯一的电子商务平台，这个时候的主要商业模式是网上展示、线下交易的外贸信息服务模式。阿里巴巴国际站也与环球资源、中国制造网等几大平台一起，可以统称为中国跨境电商平台的雏形，即外贸电商平台。

随后，2007年兰亭集势成立、2009年大龙网成立、2010年全球速卖通成立、2011年东南亚最大跨境电商平台LAZADA成立、2012年亚马逊全球开店设立。这一时期跨境电商平台以零售方式外销，被业界形象地称为“国际版淘宝”。当然，这一时期值得称道的事件即为阿里巴巴全球速卖通的成立和亚马逊全球开店的设立。

2014年以来，跨境电商平台竞争加剧，随着全球互联网技术的进步，特别是大屏智能手机的普及，移动互联网的崛起，跨境物流、通关、支付等跨境电商配套运营体系日趋完善，全球网购迎来爆发式增长，具体表现为大型工厂纷纷上线，B类买家成规模，中大额订单比率提升，大型服务商加入，移动用户量爆发。

2019年，线上线下融合、社交营销、直播带货成为新的营销趋势，包括速卖通、亚马逊、Shopee、Lazada等电商平台均已踏上这波直播带货浪潮，正在成为跨境电商新的营销风口。

二、全球主要电商平台发展规模

本章节通过全球重点龙头电商平台业务规模的个案比较来反映跨境电商发展状况。

（一）阿里巴巴集团

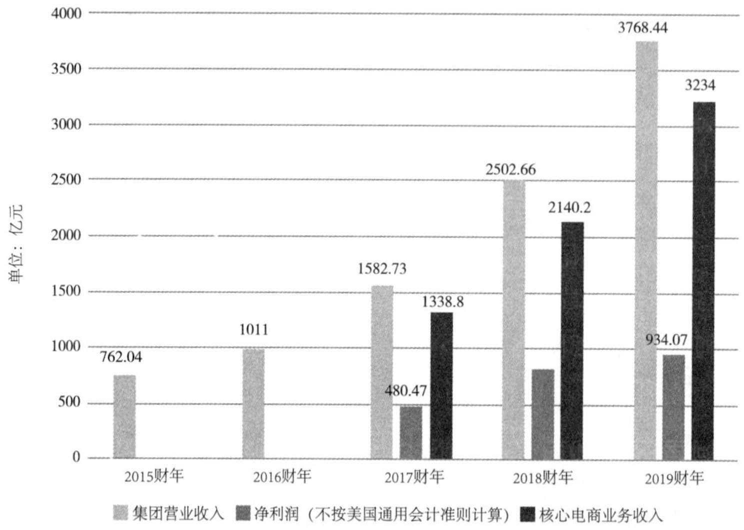

图 3-1 阿里巴巴 2015~2019 财年①集团营收情况

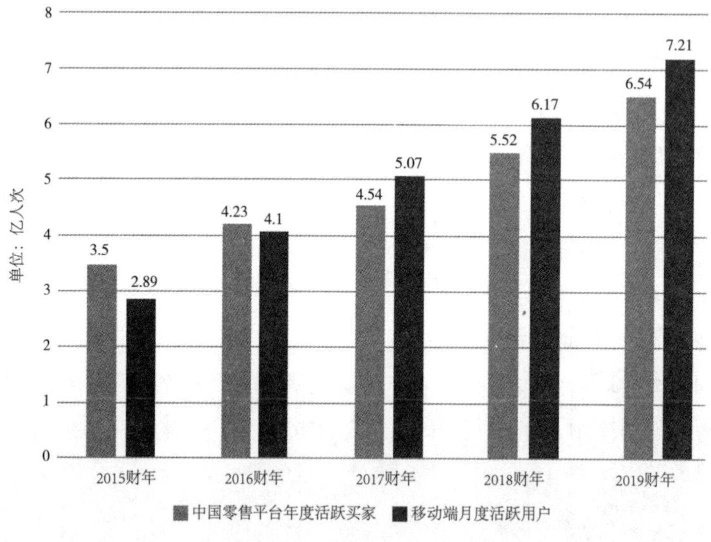

图 3-2 阿里巴巴 2015~2019 财年活跃用户

① 阿里巴巴财年与自然年不同步，从每年的 4 月 1 日开始，至第二年的 3 月 31 日结束。

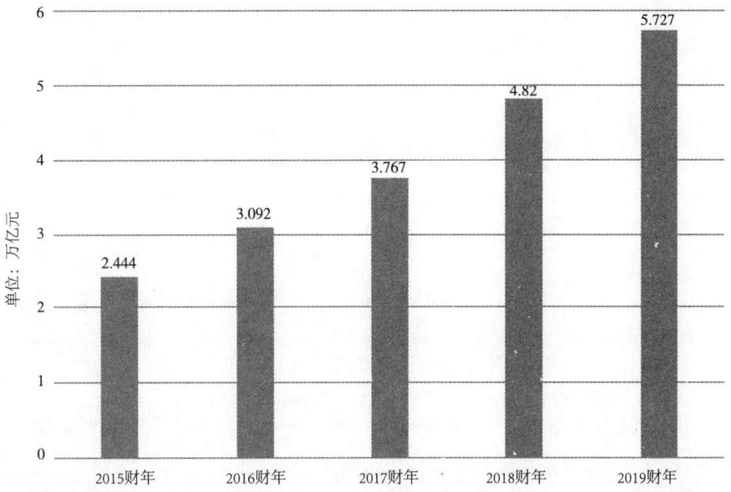

图 3-3　阿里巴巴 2015~2019 财年中国零售市场全年商品交易额（GMV）

从阿里巴巴集团赴美上市后历年财报数据可以看出，阿里巴巴集团营业收入，从 2015 财年的 762.04 亿元增长到 2019 财年的 3768.44 亿元，中国零售平台全年商品交易额（GMV）从 2015 财年的 2.444 万亿元增长到 2019 财年的 5.727 万亿元（2017 年，全国网上零售额 71751 亿元，阿里巴巴约占 67%的份额）。中国零售平台年度活跃买家从 2015 财年的 3.5 亿人增长到 2019 财年的 6.54 亿人，移动端月度活跃用户从 2015 财年的 2.89 亿人增长到 2018 财年的 7.21 亿人。

（二）亚马逊

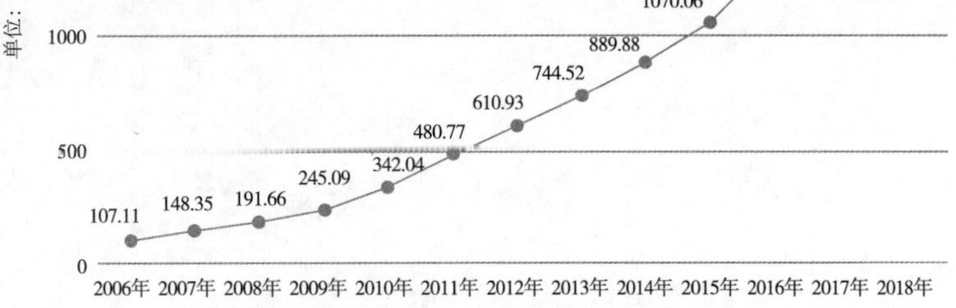

图 3-4　2006~2018 年亚马逊净营收

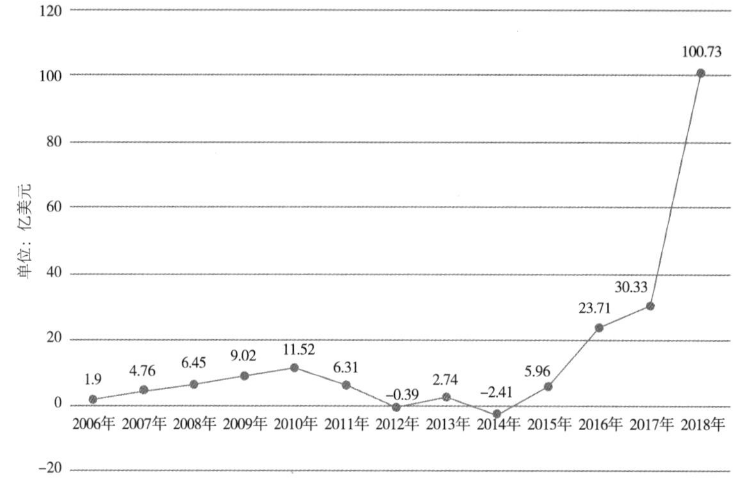

图 3-5　2006~2018 年亚马逊税后净利润

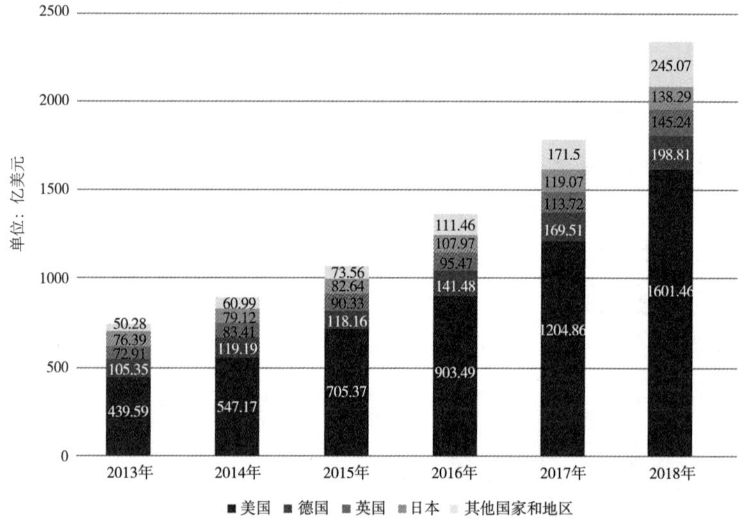

图 3-6　2013~2018 年亚马逊在主要地区的销售收入

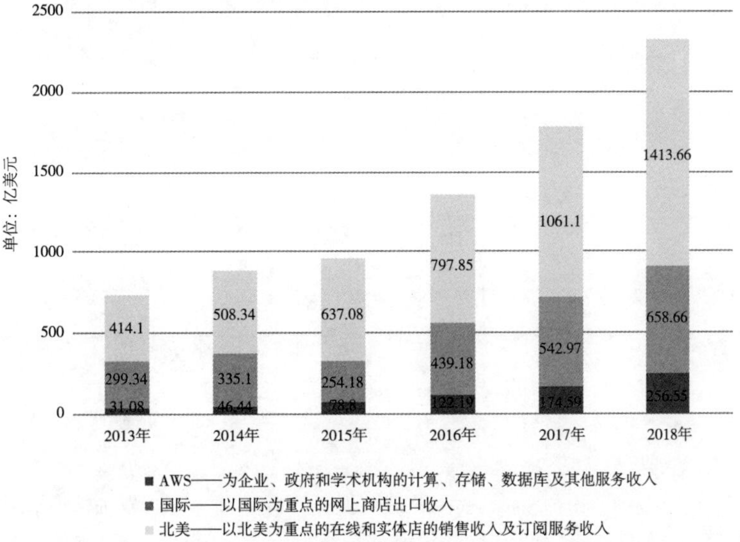

图 3-7　2013~2018 年亚马逊各运营分部营业收入

亚马逊从 2006 到 2018 年的净营收保持年复合增长率 29.25%，从 2006 年的 107.11 亿美元增长到 2018 年的 2328.87 亿美元。税后净利润从 2006 年的 1.9 亿美元增长到 2018 年的 100.73 亿美元，年复合增长率为 39.22%。美国市场的占比增长最快，从 2013 年的 439.59 亿美元，增长到 2018 年的 1601.46 亿美元，年复合增长率为 29.51%。国际业务从 2013 年的 299.34 亿美元增长到 2018 年的 658.66 亿美元，年复合增长率为 17.08%，说明 2012 年亚马逊全球开店向中国市场开放以来，跨境电商业务取得了飞速发展。

（三）eBay

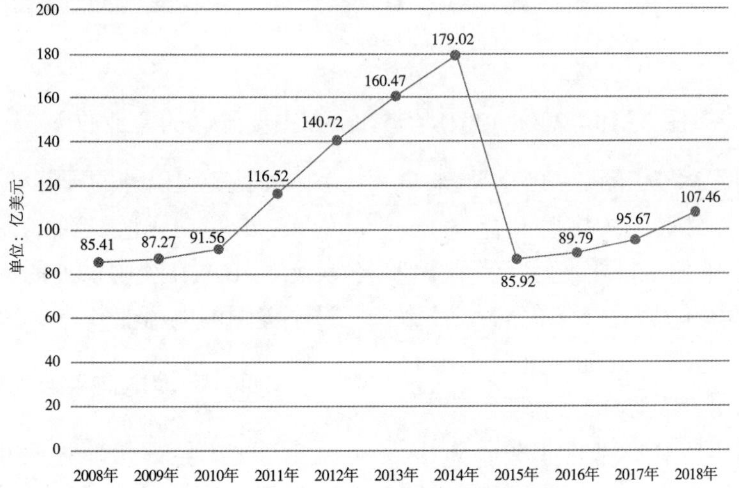

图 3-8　2008~2018 年 eBay 净营收

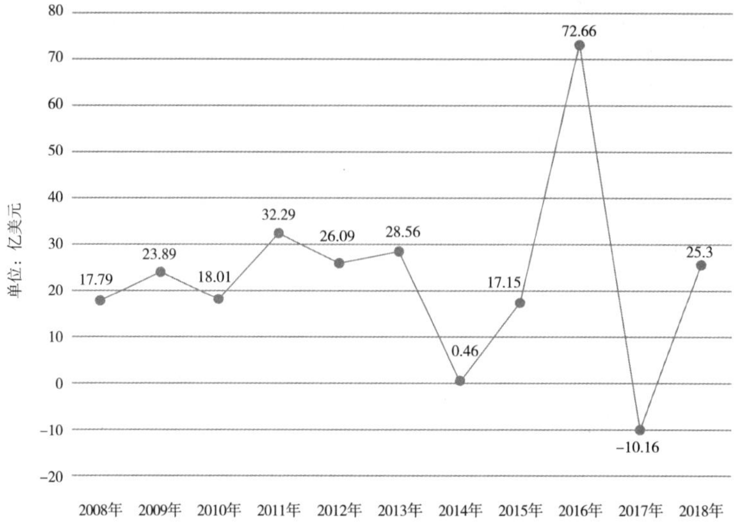

图 3-9　2008~2018 年 eBay 税收净利润

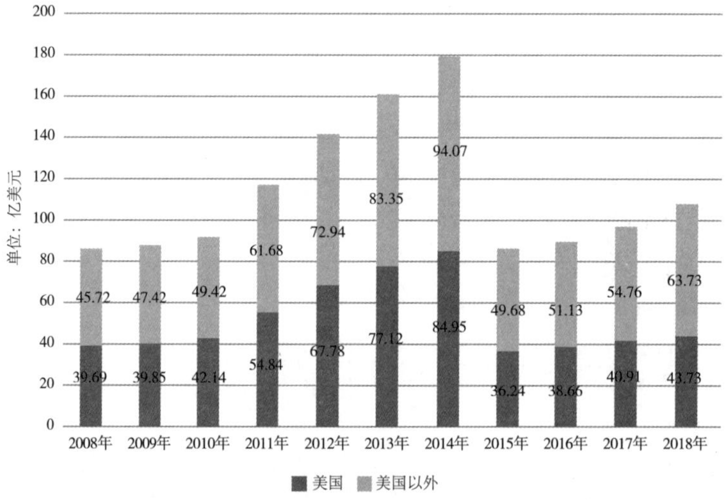

图 3-10　2008~2018 年 eBay 在主要地区的营业收入

图 3-8、图 3-9、图 3-10 主要来自 eBay 历年的公开财报，从数据上看，eBay 净营收从 2008 年的 85.41 亿美元增长到 2018 年的 107.46 亿美元，年复合增长率 2.32%。税后净利润从 2008 年的 17.79 亿美元增长到 2018 年的 25.3 亿美元，年复合增长率 3.58%。主要地区业务收入中，美国地区由 2008 年的 39.69 亿美元增长到 2018 年的 43.73 亿美元，年复合增长率 0.97%；美国以外的国际业务，由 2008 年的 45.72 亿美元增长到 2018 年的 63.73 亿美元。eBay 在美国以外的国际业务已经超过了美国的电商业务。

（四）跨境电商平台规模比较

过去十年，无论对于电商还是跨境电商都是黄金十年，抓住发展机遇的阿里巴巴、亚马逊得到了快速发展，eBay 业务增长非常缓慢，其在美国市场停滞不前，在美国以外的国际业务超过了在美国本土的电商业务。从20世纪90年代设立之初，eBay和亚马逊可谓是并驾齐驱，经过多年的发展，eBay被亚马逊远远地甩在了身后，双方的数据对比已不是一个数量级。2018年，亚马逊平台国际业务收入为658.66亿美元，eBay平台国际业务收入仅有63.73亿美元。

通过对国内外电商平台财报分析，各个电商平台往往既从事所在国国内业务，也从事跨境网购的国际业务。各个平台财报中，像亚马逊和eBay明确区分了美国业务和国际业务，而阿里巴巴并没有单独列出国际商业零售业务，只是在2018财年的财报中注明同比增长94%，说明了两个问题，一是阿里巴巴国际商业零售（即跨境电商）业务增长较快，二是其规模与整个电商业务收入相比较小，其国际业务收入规模与亚马逊尚不具有可比性。

三、全球跨境电商平台模式比较

（一）主要跨境电商平台模式比较分析

1. 亚马逊全球开店、全球速卖通、eBay、Wish

（1）盈利模式

亚马逊全球开店、eBay、全球速卖通、Wish第三方平台，主要盈利模式包括收取月租或年费及销售佣金，并提供物流、金融、引流推广等增值服务。在收取方式和费用方面，四者有所不同。

通过亚马逊全球开店项目开设店铺需要收取店铺月租和销售佣金。美国站为39.99美元/月，欧洲站为25英镑/月，日本站为4900日元/月，根据不同品类，亚马逊平台会收取不同比率的佣金，一般为订单总金额的8%~15%。

入驻速卖通平台需要缴纳技术服务年费和销售佣金，不同经营大类技术服务年费不同，一般在10000元到50000元之间，拥有良好的服务质量及不断壮大经营规模的优质店铺有机会获得年费返还奖励，不同品类销售佣金不同，一般为订单总金额的5%~8%。

开设eBay店铺需要支付店铺月租，基础、高级、超级店铺月租依次递增，刊登商品需要支付商品刊登费，不同等级的店铺每月有不同额度的免费刊登数量，超过免费额度外的收费部分也不同，商品售出后需要支付销售佣金。

在Wish上创建账户、开设店铺都是免费的，上传商品信息也不会被收取任何费用，但会在卖出物品之后收取订单总额的15%作为佣金。

除平台月租或年费及销售佣金外，各个平台通过完善自身生态，提供物流、金融、引流推广等服务，收取服务费用。对于中国卖家而言，如果没有可靠的第三方物流积累，可以选择平台提供的物流解决方案，由后者负责仓储、订单处理、发货及逆向物流。而随着各大平台在全球范围内扩张自建运营中心，平台也从不断扩张的物流体系中获益。

（2）运营模式

运营模式方面，其他平台一般以店铺为中心，亚马逊与之不同，采取的是以商品为中心的架构。亚马逊不为店铺开辟专门的二级域名，大多数店铺的首页就是商品列表，以此淡化店铺。统一商品详情页的做法在很大程度上节省了卖家的工作量，也减少了卖家利用不实介绍来促成交易的情况，引导卖家将精力和时间放在价格、配送与售后等服务上。eBay、速卖通、Wish 卖家进入平台普遍采用铺货的模式，这在亚马逊平台上则行不通。在亚马逊平台上，卖家面对的是购买决策更理性，且有一定消费能力的人群，他们更看重品质与体验，卖家需要摆脱爆款、热搜词、流量、买广告等思维，把更多精力放在产品上，打造出自主品牌才会有自主定价权。

（3）排名算法

排名算法方面，和亚马逊相比，eBay 和速卖通的排名算法基因中，价格权重占比相当大。Wish 则根据用户在 Facebook 等社交平台上的喜好与兴趣进行数据分析和挖掘，精准推送合适的产品。A9 算法是亚马逊平台运行的底层算法，目的是让用户以最短的时间找到产品，并且让商家利益最大化，提高转化率，减少客户流失。因此，A9 算法主要取决于两个因素：绩效因素决定了产品的受欢迎程度，此因素重要的方面是点击率、转化率和销售额；关联因素中关键词的使用和定位非常重要，与搜索相匹配的亚马逊产品排名会更高。

（4）销售方式

销售方式方面，其他平台一般为定价销售，eBay 提供拍卖方式、一口价方式和拍卖+一口价方式。“拍卖”是 eBay 卖家常用的销售方式，卖家设置商品的起拍价格和在线时间，对商品进行拍卖，商品下线时出价最高的买家就是该商品的中标者，商品即可以中标价格卖出。一些卖家将拍卖当作自己产品的主要销售方式，有的卖家利用拍卖辅助账号安全，有的卖家用来推广新品，也有的卖家利用拍卖引流关联营销。“一口价”即定价销售的方式。

（5）优势市场

不同的平台有着不同的优势市场，亚马逊在欧美等主流市场占有优势，以美国、加拿大、墨西哥组成的北美市场和以德国、法国、英国、意大利、瑞士为代表的西欧市场是 Wish 平台最大的两个区域市场，GMV 占比呈现出绝对优势。俄罗斯、美国、西班牙、法国、巴西是速卖通 TOP5 交易国家，占据平台 2/3 的交易额；eBay 在全球将近 30 个国家和地区有站点，其美国以外的销售收入占到其总贸易额的近 60%。

（6）渠道通路

渠道通路方面，与其他平台源于 PC 端不同，Wish 是一个源于移动端的平台，超过九成的订单来自移动客户端，针对苹果、安卓、微软视窗等系统的移动设备有不同的版本，具备很好的适应性和极佳的使用体验。此外，速卖通无线交易额占比超过 60%，eBay 61%的交易都使用移动设备。可见，移动端是未来跨境电商发展的方向。

表 3-1　各大跨境电商零售平台业务模式比较一览表

项目	亚马逊	eBay	速卖通	Wish
入驻门槛	个人和企业	个人和企业	必须企业和品牌	个人和企业
收费模式	月租+销售佣金	月租+刊登费+销售佣金	年费+销售佣金	销售佣金
业务规模	全球有 12 个站点对中国卖家开放，支持 27 种语言	在全球近 30 个国家和地区有站点	覆盖 230 个国家和地区，拥有 18 个语种的站点	覆盖 71 个国家和地区，支持超过 30 种语言
运营方式	重商品	重店铺	重店铺	重店铺
销售方式	定价	拍卖、定价	定价	定价
优势市场	欧美	国际业务超过在美业务	俄罗斯、美国、西班牙、法国、巴西	北美、西欧
排名算法	A9 算法	价格权重较大	价格权重较大	千人千面
移动端	—	超过六成	超过六成	超过九成
收款产品	—	PayPal	国际支付宝	—
物流产品	FBA	亚太物流平台	AliExpress 无忧物流	Wish Express
站内引流推广产品	商品推广广告 头条搜索广告	促销管理 付费广告 邮件营销	橱窗推荐/速卖通直通车/店铺自主营销活动/平台活动推广/联盟营销	ProductBoost

综上所述，在优势和缺陷方面，亚马逊是国内企业打造国际品牌的捷径，但相对应的操作要求和资金要求对于新卖家来说有一定的门槛，试错成本相对较高。

速卖通的核心资源是阿里系资源掌握的海量中国卖家，迫切需要解决的是普遍存在的同质化竞争和价格竞争。

Wish 的卖点是丰富而平价的产品，不过产品质量和交付时间则成为被业内诟病的地方。

eBay 进入电商市场早，积累了一批忠实用户，但自从在中国市场被阿里巴巴打败、在全球市场被亚马逊赶超后，eBay 与二者的差距越来越大，主要的商业模式依然是成立之初的 C2C，在瞬息万变的互联网时代，不主动进化是远远不够的。

2. Amazon Business、阿里巴巴国际站

Amazon Business 是亚马逊在 2015 年 4 月于美国发布的、面向企业和机构买家的一站式商业采购站点。截至 2017 年 8 月，企业及机构买家突破 100 万，覆盖医院、教育机构、政府机构、实验室、日托中心、餐馆等，提供数百万件企业专享特惠商品，全球入驻卖家超过 85000 家。目前，中国卖家可以触及来自亚马逊北美、欧洲、日本站点的企业和机构买家。

Amazon Business 的入驻要求，从绩效和资质方面来说，对于卖家的审核更加严

格。当然加入 Amazon Business 的好处也是显而易见的，能让卖家的产品在两类买家（企业和个人）面前有更高的曝光率，使产品页面流量最大化，潜在市场更大。Amazon Business 还可以帮助卖家突出整体品牌，让全球买家了解所提供的产品，从而让品牌和产品有更高的曝光率。

最早一批入驻 Amazon Business 的中国卖家大多是那些已经通过“全球开店”在亚马逊海外站点上做过零售端生意、积累了电商运营经验的人。Amazon Business 业务在分享早年建立起来的 B2C 红利基础上，让 Amazon Business 站上了更高的起点。

阿里巴巴国际站在 1999 年成立，发展初期它仅利用线上供求信息平台撮合供求双方。过去 20 年，阿里国际站沉淀了大量技术和数据，以及丰富的跨境交易场景，其业务也不再局限于交易撮合，转而利用数字化产品、工具、平台、生态去赋能中小企业，帮助企业适应产业升级和数字化升级的两个潮流。

阿里国际站“数字化出海”是一揽子的数字化产品、工具和服务，覆盖了跨境贸易所有环节，聚合了金融（蚂蚁金服）、物流（菜鸟）、云计算（阿里云）、移动办公（钉钉）、科研（达摩院）等力量，为中国中小企业搭建一条数字化外贸新链路。

很多业内人士将 Amazon Business 称为“亚马逊 B2B 业务”，由于涉及跨境，很容易将其与阿里国际站的业务相比较。不过，Amazon Business 并不是企业将商品销售给国外的 B 端卖家再分销给 C 端消费者的批发分销模式，而是商业卖家与商业买家之间的直销模式，这也是两者最大的区别。

另外，Amazon Business 于 2015 年在美国上线，2016 年年底在中国成立招商团队。虽然入局较晚，但它绕过了早期 B2B 平台在线洽谈、线下交易的黄页阶段，直接开通了交易功能，搜索、询盘、下单、支付、评价整个闭环都在平台上完成。这与欧美个体消费者在亚马逊上的购物路径和体验相似，这种惯性可以让企业采购者更顺畅地进行在线采购。而阿里巴巴国际站更像一个为全世界的中小型企业提供商机信息的发布平台，以此赚取中小型企业的广告费，平台通过会员费制度完成商业模式的构建，不同的会员费提供不同等级的服务，没有完全实现交易闭环。过去的 20 年，阿里巴巴国际站从数据的积累开始，驱动和拓展贸易，又借助贸易的开展带动服务的提供，再从服务的发展中积累和扩展数据，以此促进和完成更大的贸易和服务，从而形成了良性循环。

总体来看，阿里巴巴国际站的优势在于成立时间长，知名度高；买家和卖家数量庞大；功能完善，拥有优质的客户服务和销售系统；生态完善，综合能力强，中小企业发展潜力巨大。劣势在于诚信通会员扎堆，恶意竞争激烈；采购商良莠不齐，客户含金量低；无效询盘多，客人回复率低，价格竞争激烈。

亚马逊的优势在于庞大、忠实且优质的客户群体；打通交易闭环；亚马逊强大的物流体系 FBA，帮助客户打理发货，管理后期的仓储、配送、物流，包括可能出现的退货问题；利润相对较高。劣势在于门槛高，本土化市场不足。

(二) 各大跨境电商平台发展路径分析

2019年上半年，全球电商界最值得关注的事件是亚马逊宣布将退出中国电商业务，全球电商巨头在中国电商市场为什么会失败？同样，在跨境电商业务方面，亚马逊全球开店远远甩开 eBay、全球速卖通，Amazon Business 短短几年为什么能够持续增长？这需要我们对各大跨境电商平台的发展路径加以分析。

1. 中西文化和价值观差异

“文化共通性”是企业成功输出产品和品牌的诀窍。当一个品牌来到完全陌生的土壤，面对截然不同的文化，不愿意融入当地文化的基因，那也只能是“异类”。亚马逊在中国电商业务失败的最大原因就在于缺乏融入中国文化的意识。当亚马逊将在欧美市场沿用的一套商业模式复制到中国而不知道变通时，强劲的竞争对手顷刻就将其蚕食，使其失去了绝地反击的机会。同样，业务比亚马逊全球开店开展得早的全球速卖通在欧美主流市场发展不如亚马逊，最大的原因在于缺乏融入欧美文化的意识。

亚马逊主推的都是品牌产品，小品牌、小商家生存的空间狭隘。中国消费者和国外消费者在消费时最大的理念区别就是国外消费者愿意为品牌付费，而中国消费者更看重产品的“性价比”。产品有无赠品、附带的售后服务如何都是中国消费者重点关注的问题。中国消费者不愿意为品牌多出的溢价付费，再加上所谓的“牌子货”和“义乌小商品”相比，不具备性价比优势。全球速卖通成立之初，就将注重性价比作为其基本定位，立足于国际版淘宝，入驻速卖通的卖家以中小个人卖家为主，虽然之后过渡到了企业，但是错过了与亚马逊全球开店竞争的最佳时机。

2. 运用并购所在国家（地区）公司驱动国际化扩张

从成立之初提出成为全球最大书店，到1997年提出成为最大综合网络零售商，2001年提出以客户为中心提供更好体验，全球化贯穿于亚马逊发展历程之中，而收购欧美所在国电商平台并按照亚马逊商业模式进行基因改造成为主要手段。从亚马逊历年的收购金额来看，1998年、1999年、2009年、2011年、2012年、2014年、2015年、2017年及2018年是收购大年，其中2017年以137亿美元收购全食超市，成为收购金额最大的一个年份。通过并购，亚马逊不断在食品杂货、服装饰品等方面拓展商品品类，稳固欧美市场后发力于印度、中东等新兴海外市场，最终形成了拥有18个站点、12个对中国卖家开放、支持27种语言、消费者覆盖185个国家和地区的全球化版图。全球速卖通最值得关注的事件是与俄罗斯当地的电商巨头合作成立全球速卖通俄罗斯公司，速卖通母公司阿里巴巴集团虽然最近两年通过 eWTP 战略推进在全球主要新兴市场加大并购力度，如收购东南亚电商平台 Lazada，但其内部各平台之间尚未完全整合。从2019年5月起，阿里巴巴向外国商家开放全球速卖通平台，并已允许俄罗斯、土耳其、意大利和西班牙四国的中小企业在平台注册销售。显然，全球速卖通已经逐步意识到存在的问题，加快全球化扩张步伐。

3. 基于完善的数据链下不同盈利模式

亚马逊自成立以来一直注重仓储物流体系的建设和发展，仓储面积从1997年的2.65万平方米增长到2017年末的1940万平方米，年均复合增长率达 39.1%，超过国内京东仓储面积（1000 万平方米）和苏宁仓储面积（686 万平方米）的总和，随着业务在全球的不断扩展，亚马逊仓储物流的点也遍布全球。其中美国是亚马逊最主要的市场，2017 年美国的亚马逊仓储面积为 1284 万平方米，占全球的比率为 66%；仓储数量为 359 个，占全球的比率为 57%。亚马逊对零售第三方卖家的收入主要包括佣金收入和 FBA 物流收入。根据测算，亚马逊的 Prime 会员费收入占订阅服务收入的 84.82%。基于全流程数据链的在线闭环、物流及会员体系的不断创新，亚马逊在全球跨境电商零售方面的地位不断稳固，而其将在跨境电商零售方面的成功经验复制到 Amazon Business 后，直接开通了交易功能，搜索、询盘、下单、支付、评价整个闭环都在平台上完成。

全球速卖通物流主要依托菜鸟网络提供，其全球仓储面积尚无法与亚马逊相比，全球速卖通的主要盈利点仍以第三方服务费和成交佣金为主。阿里巴巴国际站作为最初的营销在线平台，也开始向全链路在线转型，围绕买卖双方精准匹配、品牌营销、信用担保、支付金融、基础物流和跨境供应链等环节，对商家数字化赋能。

（三）跨境电商平台特点

1. 内外贸融合发展

国内有不少电商平台同时开展进出口业务。天猫不仅有天猫国际跨境零售进口业务，还推出“天猫出海”。专门从事内贸 B2B 业务的 1688 于 2017 年开设跨境专供专区，为阿里速卖通、亚马逊、Wish、eBay、Lazada 等跨境出口平台提供进货及相关服务，一年时间内，跨境专供市场的交易规模和买家增长超过了 4 倍。2018 年 9 月，一直活跃在出口 B2B 领域的阿里巴巴国际站宣布进口 B2B 贸易平台启动，正式开展进口业务，引入国外优质供应商，对接国内分销渠道。

一些全球化程度高的平台不仅开展了进出口的双向业务，更实现了将海外商品卖到海外。阿里巴巴国际站在 2015 年开始就在全球招募国外知名品牌商及代理商，帮助海外商户把产品卖到全球。2019 年 5 月，速卖通首次向海外零售商开放平台，允许俄罗斯、土耳其、意大利和西班牙 4 个国家的中小型企业在速卖通上注册并销售产品。在亚马逊、eBay 等平台上，消费者遍布全球，同时商品也来自全球各地。

2. 线上线下联动

不管是跨境电商平台寻求线下零售布局，还是线下实体零售巨头寻求跨境电商平台的渠道布局，都说明线上线下融合发展是大势所趋。

国内一些跨境出口电商平台正在通过布局线下销售渠道，来解决单一在线零售渠道所面临的问题，如嘉云 Club Factory 在印度设立线下体验店，前店后仓服务。天猫国际、考拉海购等进口电商平台则将“前店后仓”搬进了商场，依托新零售技术解决方案，打造整体化的海淘消费创新体验，所有的商品均采用电子价签，保证全球同步、全球同价、线上线下同价，并提供配送服务。

沃尔玛作为全美最大的连锁零售商，将其遍布全美的实体店当成线上订单的履行中心，一体化整合线上虚拟店和线下实体店，将业务触角延伸到最大范围的顾客群体，同时大幅度提高购物的便利性，以最终提高营收额。

3. 注重跨境供应链管理和境外本地化服务

一方面，跨境电商平台正在搭建现代智慧供应链体系，运用大数据指导供应链策略，消费洞察、选品决策、补货预测，提升供应链效率，减少不必要的库存及加速商品流转。运用区块链、物联网、大数据等信息技术对跨境商品进行全程跟踪溯源，将跨境商品的物流动态可视化、透明化，实现物流链条管理、商品防伪等功能。通过设立海外仓、开通跨境专线、智慧化多式联运等方式，实现体验和效率的双重优化，缩短全球商品的“距离”。

另一方面，境外本地化服务中心建设和最后一公里服务也是各大平台布局的重点。境外本地化服务中心可以帮助跨境电商平台做好物流、售后、客服、运营、研发等本土化工作，克服水土不服之症。最后一公里则是提升消费者体验的关键，在俄罗斯，速卖通的解决方式是在俄罗斯100个城市提供自取提货和自助快递柜服务，总共设有1800个自取提货网点，把订货派送期缩短至8~15天。

4. 注重生态构建和一站式综合服务平台发展

跨境电商的发展不仅仅需要电商平台，平台的上游需要信息技术的引领，下游还需要跨境物流的支撑。目前软件公司、代运营公司、跨境收款、物流企业等配套服务都开始围绕跨境电商平台集聚，服务内容涵盖网店装修、图片翻译描述、网站运营、营销、物流、退换货、金融服务、质检、保险等内容，整个行业生态体系越来越健全，分工越来越清晰。

同时，跨境电商平台围绕跨境电商企业产生的物流、商流、资金流等需求，也逐步形成了完整且高度市场化的服务生态，主要在交付、交易、营销环节提供服务，一方面帮助平台中的企业成长，另一方面也成为平台的盈利点。

5. 新技术、新业态、新模式加速涌现

运用大数据技术优化服务。通过大数据可以分析全球消费趋势，用于企业选品和营销，此外，跨境电商平台通过积累贸易双方的身份信息、行为模式和能力数据，搭建信用体系，以便更好地匹配供需，优化服务。

运用AI技术提升效率。通过人工智能复杂的算法分析，可将杂乱无章的数据条理化，不断评估市场动态和竞争环境的变化，帮助卖家选出适合的产品并及时给产品重新定价；通过人工智能机器人，提高跨境电商物流的配送效率；AI实时语音翻译工具基于自然语言处理技术和海量的互联网数据，帮助用户跨越语言鸿沟，畅享交流和获取信息，实现无障碍沟通。

包括视频、AR、VR、360全景等形式的应用，帮助买卖双方实现信息对称，如线上展会可以直播，边看边买，帮助全球买家更全面、快速地了解卖家及其产品，减少时间和距离带来的隔阂。

6. 跨境电商平台双向开放

中国品牌纷纷出海寻求更多商机的同时，越来越多的海外平台如亚马逊、eBay、Wish也开始向中国卖家招商，开放全球站点。Wish从2013年进入电商领域，在3~4年的时间里增长速度非常快，得益于中国卖家的青睐，Wish逐渐成为耳熟能详的全球跨境电商主流平台。

由于欧美等地区的跨境电商业务趋于成熟，很多中国企业将目光放在了新兴市场，俄罗斯、巴西、印度等国家的本土电商企业不发达，消费需求旺盛；中国制造的产品物美价廉，在这些国家的市场上优势巨大。大量中国电商平台积极拓展东南亚市场，中东欧、拉丁美洲、中东和非洲等地区电子商务的渗透率依然较低，有望在未来获得较大突破。

（四）全球主要电商平台一览

全球主要电商平台见表 3-2。

表 3-2　全球主要电商平台一览表

国家和地区	名称	目标市场	所属公司	主要产品
中国	阿里巴巴国际站	200 多个国家和地区	阿里巴巴	综合
	速卖通	200 多个国家和地区	阿里巴巴	综合
	网易考拉	中国	网易	综合
	Daraz	南亚	阿里巴巴	综合
	Lazada	东南亚	阿里巴巴	综合
	京东	中国、西班牙、俄罗斯、印度尼西亚	京东	综合
	DHgate	220 多个国家和地区	敦煌网	综合
	newegg	北美	联络互动	综合
	Jollychic	中东	浙江执御	综合
	kilimall	非洲	深圳齐力	综合
	Club Factory	印度	杭州嘉云	综合
美国	Amazon	180 多个国家和地区	亚马逊	综合
	eBay	190 多个国家和地区	eBay	3C
	Wish	全球	Wish	综合
	Walmart	美国	沃尔玛	综合
	Jet	北美	沃尔玛	综合
	Flipkart	印度	沃尔玛	综合
	Souq	中东	亚马逊	综合
	Bestbuy	美国	Bestbuy	电子产品
	GittiGidiyor	土耳其	eBay	综合

表3-2 续1

国家和地区	名称	目标市场	所属公司	主要产品
欧洲	Cdiscount	法国	Casino Group	综合
	La Redoute	法国	La Redoute	综合
	OTTO	德国	Otto	综合
	Allegro	波兰	Allegro	综合
	Bol	荷兰	Bol	书籍、玩具、电子产品
	Cel	罗马尼亚	Cel	综合
	Folksy	英国	Folksy	手工制品、创意品、工艺品
	ASOS	英国	ASOS	时尚
	Tesco	英国	Tesco	综合
	Fyndiq	北欧	Fyndiq	综合
东南亚	Shoppee	东南亚	Shoppee	综合
	Qoo10	东南亚	Qoo10	综合
	zalora	东南亚	Central Group	综合
	zilingo	东南亚	zilingo	综合
中东	noon	阿联酋、沙特阿拉伯和埃及	noon	综合
印度	Paytmmall	印度	Paytm	综合
	snapdeal	印度	snapdeal	综合
非洲	jumia	非洲	jumia	综合
	Konga	尼日利亚	Konga	综合
俄罗斯	joom	俄罗斯	joom	综合
	Ulmart	俄罗斯	Ulmart	综合
	Umka	俄罗斯	Umka	综合
	Mymall	俄罗斯	Mymall	综合
日韩	乐天	日本、巴西、法国、德国、美国和中国台湾	乐天	综合
	11street	日韩	11street	综合
澳大利亚	Trademe	新西兰	Trademe	综合
	Catch	澳大利亚	Catch	综合

表3-2　续2

国家和地区	名称	目标市场	所属公司	主要产品
拉丁美洲	Linio	墨西哥、巴拿马、委内瑞拉、哥伦比亚、厄瓜多尔、秘鲁、智利和阿根廷	Linio	综合
	Americanas	巴西	Americanas	综合
	MercadoLivre	巴西	MercadoLivre	综合

四、跨境电商平台发展面临的问题、趋势及建议

（一）跨境电商平台发展面临的问题

跨境电商平台的发展，除了平台自身的规则、平台卖家和买家的成长，还受到所在国的政治环境、经济环境、税务环境、电商业务相关的国际规则、跨境业务许可、货币兑换限制、语言、文化差异、互联网接入等因素影响。在电商竞争激烈的今天，全球跨境电商仍是一片新蓝海，但跨境电商平台发展仍然面临诸多问题。

1. 站内营销和站外引流问题

随着跨境电商平台上开店的卖家越来越多，大量的卖家仍然面临接不到单的现象，在平台上盈利的只有少数卖家，大多数平台卖家除了站内高成本广告之外，对自己店铺有效的站外推广方式并不多，而且成本高。站外推广引流是困扰着每一个跨境电商卖家的难题。

2. 品牌培育与知识产权问题

在跨境电商平台上，一个没有品牌的商品终究要陷入被跟卖的泥潭，唯有打造具有品牌的精品才是运营成功的制胜之道。同时，知识产权保护一直是个难题，假货问题、质量问题困扰着跨境电商平台和买家。一些中国卖家没有产权意识，不仅不保护自己的产权，还随意模仿抄袭，给外国市场留下了糟糕印象，而一些国家对知识产权的保护更不能容忍侵权产品的进入。

3. 增值税问题与合规化监管

随着邮路的收紧以及多国对跨境电商进口业务管理趋严，合规和阳光化运营成为行业可持续发展的必然选择。凡是不以邮政包裹通道出海的，商品到达目的国边境都会面临清关的问题。每一个国家和地区的清关规范化程度有异，不同产品品类涉及的准入报关文件、进口贸易方式和对应的税率也各不相同。如何根据不同国家和地区的清关要求准备相关的文件至关重要，需要应对各种潜在风险。

4. 物流不畅和支付便利问题

“一带一路”沿线新兴市场的电子商务发展较快，跨境电商国际物流的退换货问题和最后一公里物流配送问题成为制约跨境电商平台发展的关键。同时，“一带一路”沿线新兴市场跨境支付体系不完善，普遍采用货到付款等方式带来的风险需要规避。

（二）跨境电商平台发展趋势

1. 跨境电商平台社交化发展

最初的 Instagram 只是用户分享内容的社交平台，具有种草的功能，并不允许用户将链接放在图片或标题中。2019 年，Instagram 推出了名为 Checkout 的功能，通过 Checkout，消费者可以直接在 Instagram 内购买结算，而不是直接进入零售商的网站。目前与 Instagram 合作的企业包括阿迪达斯、巴宝莉、迪奥和 MAC 等诸多国际品牌商。谷歌对所有卖家开放 Google Shopping，允许用户同时浏览多个品牌的产品，而无须在搜索结果中来回切换，商户在使用 Google Shopping 时需要和 Merchant Center 账户即商户中心关联，搜索引擎和电商平台的“混战”拉开帷幕。而 LAZADA 率先在泰国上线红人网红直播，并在多个国家开通直播功能，由卖货平台往生态、社区、内容发展。在俄罗斯，跨境电商平台 JOOM 已于 2019 年 2 月向卖家开放博主营销功能。

在中国，除了云集、贝贝等入局跨境社交电商并已尝到了甜头外，阿里旗下的跨境电商平台全球速卖通把拼团当作站外社交最为重要的玩法，通过两人成团的形式进行站外拉新。而“快手”“抖音”等短视频社交模式正成为年轻一代的生活方式，并已开设海外社交账户，快手在菲律宾社交软件的下载量排名第一，超过了 Facebook 等。有投资人断言，全球跨境电商平台社交化将成为新的风口。

2. 跨境电商平台细分化发展

跨境电商行业正面临洗牌，第三方电商平台正在优化自己的服务，电商巨头纷纷布局新兴市场，独立站重新赢得关注。在中东海湾六国，浙江执御的独立站 APP Jollychic 用户数突破了 5000 万，而就在 2018 年，亚马逊收购了中东电商平台 Souq，Souq 的用户可以直接购买美国亚马逊网站上的商品。eBay 和 Noon 平台签署了合作协议，从 2018 年下半年开始，中东、北非地区的用户可以在 Noon 上直接下单购买 eBay 上的商品。在印度市场，亚马逊也对 Flipkart 发起了竞购，但最终还是败给了沃尔玛。来自中国杭州的独立站平台 Club Factory 凭借在跨境智慧供应链体系上的创新，在巨头的冲击下赢得了生存空间，在印度电商市场排名第三。在东南亚市场，阿里巴巴收购 Lazada、腾讯入股 Shoppe。电商巨头“买买买”的背后，是大平台越来越强，专注于某个国家和地区的跨境电商独立站夹缝中求生存。

3. 跨境电商平台品牌化发展

做跨境出口电商，卖家们往往会选择第三方电商平台，如亚马逊、eBay、速卖通、Wish 等，但随着入驻卖家数量的几何式增长，平台越来越强势，门槛也在不断提高，平台流量瓶颈日渐凸显。当平台上的卖家增长速度大于平台本身增长速度，那卖家必须寻找另外的途径实现更快的增长，跨境电商品牌等概念开始被提出，打造自己的品牌效应成为卖家引流的关键。那些聚焦于少数的品类、拥有良好的产品设计、品牌形象和售后服务的商品往往成为畅销的商品，而不少成长起来的大卖家开始专注于建立跨境电商独立站，专注于核心产品，把销量高的、供应链稳定的、可以把控好的产品锁定下来，优化购物、支付、物流、产品体验，探索建立起渠道品牌和产品品牌体系。同时，一些直接面对全球工厂的品牌电商平台也将成为跨境电商平台发展的新增长点。

（三）跨境电商平台发展对策建议

1. 跨境电商平台发展应坚持包容审慎的态度

跨境电商平台发展是跨境电子商务发展的核心驱动力，应以包容审慎的态度支持跨境电商平台发展，坚持监管和服务并重，发展和规范同步。在强化平台商品质量安全监测和风险防控，维护公平竞争市场秩序，保障消费者权益的前提下，给跨境电商平台稳定的政策预期。

2. 跨境电商平台发展应与实体经济相结合

跨境电商平台是渠道和工具，目的在于通过电商平台将中国制造和中国品牌展现给全球消费者。在支持各地跨境电商平台发展中，应积极与平台联动，共同培育品牌，推动跨境电商平台与外贸、制造业的融合，带动对外贸易存量的优化和增量的提升，在全国形成一个个跨境电商产业集群。

3. 跨境电商平台发展与创业创新相结合

随着互联网技术的进步，跨境电商平台新业态、新模式不断涌现，应把跨境电商平台发展作为推动大众创业、万众创新的新渠道，建立有利于跨境电商平台发展的创业孵化、投融资和人才培训体系，加快跨境电商平台及网店装修、图片翻译描述、网站运营、营销、物流、金融服务、质检、保险等关联产业的创业创新。

海外仓发展现状和创新发展前景分析

北京市商务局

近年来，我国跨境电商保持快速增长态势，市场规模再上新台阶，跨境电商生态链进一步优化。海外仓模式作为跨境电商发展的重要环节，在降低跨境电商企业运营成本、提升行业运营效率、增强消费者体验等方面发挥越来越重要的作用已成为各地跨境综试区建设的重要抓手。经过多年探索与发展，我国海外仓市场规模迅速增长，新方式、新模式加速涌现，服务范围不断延伸，正成为跨境供应链的核心节点，将有效提升跨境电商企业核心竞争力。

本报告基于国内外海外仓理论研究和技术创新成果，在充分调研国内主要海外仓建设和应用企业的基础上，通过收集整理行业相关数据，指出国内外海外仓发展现状、发展瓶颈、面临形势、发展趋势和政策建议等，为有关部门和企业提供决策参考。

一、海外仓概念与分类

海外仓模式，是指跨境电子商务中，电商企业根据历史消费大数据，先按照一般贸易方式将需求量比较大的商品规模化出口至境外仓储基地，电商平台接到订单后，再将商品从当地仓库直接送达消费者。

（一）从经营主体看

按照建设经营主体不同，通常将海外仓分成亚马逊 FBA[①] 仓、第三方海外仓和自建海外仓三种类型。

1. FBA 仓：基于大数据服务实现精准高效配送。FBA 仓是指卖家把自己在亚马逊上销售的产品库存直接运送到亚马逊当地市场的仓库中，客户下单后，由亚马逊系统自动提供后续的仓储、拣货打包、配送、收款、客服与退货处理等一条龙式的物流服务。基于 AWS（Amazon Web Service）平台的大数据和云服务体系与高科技、自动化仓储管理设施，通过强大的自建物流体系，亚马逊可以比消费者更精准地预测到消费者需求什么、何时需求和需求多少，从而“以储代运”低成本、高响应地满足消费者配送需求，提供几乎所有 FBA 仓的到门服务，实现订单当天发货、全美 48 小时内超快速送达的要求。

2. 第三方海外仓：提供“全品类”一站式增值服务。第三方海外仓是由国内跨境电商出口企业与第三方合作的海外仓模式，由于采用集中运输的方式，大幅降低了单件商品的平均运费，同时突破了商品重量、体积和价格的限制，使跨境电商进入“全品类”时代。

① FBA，英文全称为 Fulfillment by Amazon。

3. 自建海外仓：出口大卖家自己建设运营，进行定制化服务。自建海外仓是指跨境电商企业或出口大卖家自己在海外设立公司，解决仓库、通关、报税、物流配送等一系列问题。也有自建海外仓是由传统进出口企业的海外仓库转型而来。自建海外仓模式除了满足自身跨境贸易海外仓储服务需求外，还可以向其他出口卖家开放，提供分销、仓储、物流、配送、保税维修等一站式服务。

（二）从服务方式看

按照贸易方式不同，通常将海外仓分成进口型海外仓和出口型海外仓，满足不同贸易方式下经营主体跨境贸易海外仓储需求；按照服务对象不同，海外仓有 2B 类海外仓和 2C 类海外仓。随着我国跨境电商的快速发展，一些进口海外仓逐步演化成采购海外仓，2C 类海外仓发展迅猛。

二、我国海外仓发展现状及特点

（一）海外仓发展规模迅速扩大

海外仓数量迅猛增长。据艾瑞咨询数据显示，2013~2018 年，我国跨境电商进出口交易规模由 3.1 万亿元增长到 9.1 万亿元，预计 2019 年将达到 10.8 万亿元。跨境电商卖家也逐渐从 C2C 向 B2C 转型，2016 年 B2C 模式以 58.6%的占比首次超越了 C2C 模式。这为海外仓带来了高速发展的契机。我国企业建设的海外仓数量在 2013 年有 50 个左右，到 2017 年，已经有超过 300 家企业在境外设立了海外仓，数量达到 600 个。根据课题组全国抽样调研的情况，综合各方数据，不完全统计显示，2018 年我国海外仓建设数量已接近 1000 个，到 2020 年预计将超过 1500 个。

订单处理能力飞跃发展。随着全球跨境电商迅猛发展，以及在云仓储、大数据等技术推动下，我国海外仓企业订单处理能力取得飞跃式发展。根据易仓科技对国内 200 多位跨境卖家和 210 个仓库的调研结果显示，中国企业在全球的海外仓订单处理能力已经达到 733 万单/每天。

仓储面积不断扩大。海外仓的平均单仓面积从 2016 年的 2343 平方米，大幅增长到 2017 年的 5549 平方米，到 2018 年已增至 7831 平方米。

（二）海外仓发展正向“3.0 时代”迈进

1. 海外仓 1.0 模式。海外仓最初的形式是海外华人和中国留学生在海外的自住场所、车库等，逐步演进为租赁的仓储设施，是中国进出口企业自营产品的海外物流服务场所，仅具有代发货、贴换标、中转调拨功能。

2. 海外仓 2.0 模式。在全球跨境电子商务迅猛发展的趋势下，小额日用品 B2B 交易主要通过阿里巴巴、敦煌网等互联网平台完成，形成了专业服务于跨境电商的智能化仓储物流中心，可以完成退换货、简单维修、滞销处理、提供库存的金融解决方案等。

3. 海外仓“3.0 时代”。近年来涌现的新型跨境电商海外仓复合型服务模式，通过国际电商平台与仓储物流服务平台、外贸厂家及电商卖家的多方订单信息协同，直接完成商品从国内厂家、运输到境外储存、尾程派送至消费者的“端到端”物流服务，演化为“B2S2C”模式。海外仓已经成为卖家打开和深挖一个海外市场的利器，以海外仓为核心，不断延伸出会展营销、品牌打造、线下广告、客户大数据分析反馈、海外本土维修、货到付款、税务支持等更多业务模式。技术升级方面，海外仓企业主要在仓储管理系统升级、射频识别（RFID）、货物追踪系统、自动化分拣配送、智能调度等方面投入加大。

（三）海外仓建设成为各地跨境电商综试区有力抓手

跨境电商综试区是跨境电商发展的重要载体，便捷高效的物流服务是跨境电商快速发展的重要支撑。随着跨境电商的迅猛增长，海外仓建设成为各地跨境电商综试区发展的重要抓手，各地在优化海外仓布局、创新海外仓建设模式、设立公共海外仓方面进行大胆探索。据不完全统计，北京跨境电商综试区跨境电商企业自主在海外租赁或自建海外仓超过 100 个，总面积超过 60 万平方米；宁波跨境电商综试区 52 家外贸和跨境电商企业自主在海外租赁或自建海外仓 106 个，总面积超过 80 万平方米，覆盖全球主要国家和地区。郑州跨境电商综试区 50 多家企业探索应用“海外仓”模式，成功开辟了美国、大洋洲、非洲市场。

（四）海外仓全球布局成中国—全球跨境供应链关键节点

根据易仓科技进行的海外仓抽样调查数据显示，欧美传统市场仍然是海外仓布局的重点，其中美国市场占比达到 40%，美国、英国、德国、日本、澳大利亚、俄罗斯、西班牙、波兰全球八大海外仓布局热点国家占比接近 80%。订单处理能力方面，中国企业全球海外仓订单处理能力已经达到 733 万单/每天，其中美国占 350 万单/每天。来自中东、南美、印度、非洲市场的跨境电商消费市场增长很快，中国企业在上述地区的海外仓的布局也正在加快。2018 年，速卖通平台上 56%的买家来自“一带一路”沿线国家和地区，这些国家和地区的消费者贡献了速卖通平台 57%的订单量和 49%的交易金额。

（五）海外仓模式有效提升跨境电商企业核心竞争力

海外仓模式成为我国跨境电子商务企业提升核心竞争力的重要手段，在降低物流成本、提高运营效率等方面发挥重要作用。调研资料显示，海外仓物流环节成本可比零售直邮方式降低 20%～50%；亚马逊 Kiva 系统能够将物流作业效率比传统作业方式提升 2~4 倍，准确率达到 99.99%；近年来亚马逊、eBay、Wish 等纷纷推出给予在消费国本地建有海外仓卖家的流量倾斜政策，有助于增加卖家产品的曝光度，从而提高卖家商品销售量。在同类商品中，从海外仓发货的商品销售量平均是从中国本土直接发货的商品销量的 3.4 倍。海外仓模式已经成为跨境电商物流发展的必然趋势，由海外仓模式衍生出的新服务将不断提升跨境电商价值链，有可能成为未来跨境服务贸易的重要承载平台。

三、我国海外仓发展面临的国际形势

（一）后危机时代全球贸易新形势促进海外仓需求增长

后危机时代，国际多边贸易体制陷入困境，贸易保护主义抬头，贸易订单向碎片化、零售化、移动化的趋势加快演进，传统对外贸易增长乏力，与此同时，跨境电商零售及小额贸易快速兴起。由于“跨境电商+海外仓”能够依托本地仓储设施，为贸易商提供更加灵活、碎片化的供货服务，更好地实现本土化运营支持，从而很好地适应国际贸易形势的新变化，交易规模不断增加。与先拿到订单再生产的方式不同，传统贸易商开始将大量的商品提前运输并储存至目的国国内，再以现货交易的形式随时为客户提供供货服务，形成“按需采购”的新型贸易模式，促进大批中国制造产品由传统的“订单贸易”模式向目的国本土的“现货贸易”转化。因此更加需要海外仓为其提供及时供货及本土化的配送服务，使中国企业能够参与目的国本土的供应链竞争。传统贸易模式转型促进海外仓需求暴涨，从而进一步推动了传统贸易与跨境电商的深度融合。

（二）海外仓成为全球跨境电商巨头争相布局的关键领域

根据国际邮政公司（IPC）发布的《跨境电商消费者调查（第二版）》（2016年）及艾媒咨询最近一次的全球消费者调查（2018年）显示，亚马逊（Amazon）、eBay、阿里巴巴旗下全球速卖通（AliExpress）、Wish已经成为全球跨境电商消费者首选的四大平台，其中Amazon、eBay和阿里巴巴在全球跨境电商消费中所占份额达到了2/3。四大跨境电商平台发展势头迅猛，其中海外仓的布局和建设起到了推波助澜的作用。

（三）全球各国展开针对新一代跨境贸易规则的竞争

新一代跨境贸易规则制定引发了全球各国的关注。例如美国与欧盟在跨境数据自由流动及数据隐私权保护领域的争夺，美国相继在WTO、双边及多边贸易谈判中要求各国（地区）提高针对跨境网络零售的最低豁免额度，列入与技术转移相关的投资准入标准等。中国也于2019年1月与75个WTO成员共同签署《关于电子商务的联合声明》，确认有意在WTO现有协定和框架基础上，启动与贸易有关的电子商务议题谈判，并与17个重点国家（地区）签署了电子商务合作谅解备忘录、建立合作机制等。跨境电商模式认定、标准化监管流程、跨境电商外资准入条件等成为各国（地区）关注的焦点。

新兴跨境电商市场持续收紧。2019年2月1日，印度正式实施针对电商平台的一系列新规，包括禁止电子商务玩家在其平台上销售独家产品，不允许电商企业销售其所拥有股份的公司产品，每年9月30日前向法定审计师提交合规指南等。据悉，新规实施造成了亚马逊平台超40万件产品被迫下架、价格上涨。此外，印度政府还颁布了管理国内电商领域的新草案，要求外国公司将数据储存在本地，并在印度国内建立更多的数据中心和服务器，外国电子商务公司必须成为在印度注册的商业实体，才能继续在印度销售产品。俄罗斯跨境电商个人进口免税“门槛”持续降低，2018年7月1日起，免税额度从每人每月1000欧元降至500欧元，2019年1月起降至200欧元。印度尼西亚财政部也在2018年推出新规，印度尼西亚进口商品的免征税额度从每人每天100美元下调至75美元，超过金额就需要额外缴纳进口税。

海外仓及及其跨境物流领域逐渐成为

新的争夺焦点。2017年欧洲地区率先对海外仓征税，并且持续加大力度对海外仓的税务合规性、交易数据、货物侵权等进行严格审查。位于英国、德国的海外仓由于VAT问题频频接受调查，陆续因货物问题被核查、关停。2018年4月，英国税局（HMRC）再次升级对电商税务的监管手段，要求海外仓与英国税局数据对接。该条例要求每一个仓储都要提供VAT税号，并使用匹配的EORI清关号码清关，提供产品类别及具体数量，此外eBay销售数据将会被英国税局通过海外仓发货数据校对完整。邮政快递领域，2018年10月，美国启动了退出万国邮政联盟的程序，2015年以来，俄罗斯邮政也曾多次对我国沿边地区进入俄罗斯的邮政小包单方面提高终端邮费。从目前观察到的情况看来，这些单边政策已经造成中国企业对部分国际市场海外仓投入放缓，可能导致相关跨境物流成本大幅上升，并对全球范围内跨境电商持续健康发展以及公平竞争的市场环境造成严重影响。

四、我国海外仓发展存在的主要问题

（一）资源整合问题

首先是对供应链各环节相关资源的整合，其核心是“零库存”和“本土化”。一是对物流资源的整合，包括对仓库软硬件设施及其运营管理，铁海空各类运输线路节点、清关过程及保税区和海外邮政快递渠道等本地配送资源的整合；二是商业资源的对接，包括与各大国际跨境电商平台及目的国（地区）平台资源的对接，与海外本地分销商、零售商等线下资源的对接，以及与海外合作园区等产业资源的对接等，中国投资的海外仓发展缺乏当地供应链支持是一大难题；三是经营管理资源的整合，包括关务、法务、税务知识和境外操作经验，海外劳务、人才资源的对接整合等。而由于供应链整合的工作没有做好，当前许多第三方海外仓在经营过程中面临跨境物流缓慢不稳定、仓储面积空置率高、不合规被封库或遭受巨额罚款、运营成本较高、货物滞销严重等问题，导致经营不善。

其次是我国跨境电商平台与第三方海外仓的整合，其目标是互利共赢、形成发展合力。与国际跨境电商巨头亚马逊以自建物流体系为主，以及eBay和Wish的官方认证海外仓体系相比，中国“走出去”的跨境电商巨头全球速卖通、京东等与中国第三方海外仓及跨境物流企业之间的联系比较松散，合作模式不够紧密，对于整体资源的整合不足，对于海外仓的全球化布局也才刚刚开始。加之我国第三方海外仓的产业集中度较低，标准化程度落后，因而平台与海外仓之间难以在业务上得到互相补充和支持，没有形成发展的合力，使得中国企业在全球跨境电商和仓储物流服务市场上总体处于竞争劣势。

（二）政策机制掣肘

由于跨境电子商务是全球贸易发展的新模式、新业态，面临着众多的与国内、国际的政策机制的不适应、不协调，而在整个跨境电商生态系统中，海外仓企业主导能力既低于国际买家，也低于国内供应商，属于跨境供应链中的弱势群体，因此往往成为各类经营问题和风险的最终承担者。例如跨境电商海外仓模式交易过程中，从货物垫资、跨境清关、代缴关税、贸易结汇，到滞销商品处理等通常都由海外仓经营主体负责承担，对于海外仓企业经营造成了巨大风险。

（三）缺乏资金支持

海外仓属于资金密集及技术密集型的产业，企业经营管理过程中经常面临流动资金压力过大、缺乏投入资金来源的问题。由于海外仓前期建设投资巨大，中期运营过程中场地租金贵、货物垫资占用资金多、系统升级研发投入高、海外劳动力及运营管理成本高，因此经常出现企业资金流动性紧张的状况，影响了企业的正常经营和业务拓展。多数中小型民营海外仓企业属于轻资产模式的技术公司，无法利用固定资产获得抵押贷款，融资难成为影响发展速度的重要因素。当前针对这类企业的融资政策，包括知识产权贷款、政府财政给予的贷款贴息政策等，操作性不强，融资门槛过高，且作用不够精准，导致难以产生明显效果。

（四）面临海外风险

由于海外仓企业逐步成为跨国公司，海外仓储基地项目及其所属的分公司就成为跨境电商企业进行海外投资的重要方式之一，因此面临海外投资的众多风险。根据易仓科技的调研数据显示，在海外建仓的挑战中，前期投入资金过大成为挡在建仓企业面前的一道门槛，此外，不熟悉目的国家政策法规及海外员工管理难、难以招聘海外员工占比、不知该如何进行海外仓库选址都是在海外建仓常遇到的挑战。海外建仓还面临跨国经营的诸多难题，包括本土税务，本土公司注册，在海外的本土商标注册、专利申请等，都是关注的焦点。法律、税务、海外员工招聘和管理方面困难重重。

五、我国海外仓发展未来发展前景展望

（一）海外仓市场的发展空间依然巨大

1. 交易规模还有很大的提升空间。海外仓从出现到发展至今仅仅有5~6年的时间，整个行业还处在发展的初级阶段，即使是全球跨境电商巨头亚马逊、eBay的海外仓系统也远远未能覆盖全球所有的国家和地区，中东欧、中东、南美、非洲，以及很多欧洲的小语种国家都是亟待开拓的潜力市场，一些相对落后的国家上网人数依然在以很快速度的增长，即使是法国、西班牙这样的欧洲发达国家，电商渗透率也不足10%，因此海外市场依然有极其庞大的市场空间等待中国海外仓企业去开拓。

2. 服务效率的提升空间也很大。根据eBay委托Forrester Research做的调查显示，目前阻碍跨境电商用户购买的两大主因是“物流成本过高”（占总调查人数的51%）和“派送时间过长”（占总调查人数的47%）。当前即使在欧美发达市场，多数海外仓的本地派送的时间都要3~6天，最快的也要1~2天，距离国内社区电商、新零售模式等1小时极速达的服务效率，以及京东物流接近于“零库存”的“仓配一体化”服务还有很大的距离。

3. 从“小件”到“大件”再到“超大件”，销售品类加速扩展。跨境电商最初通过直邮出口的方式发展，商品类别都是1千克以内的小件商品。随着海外仓模式进入市场，突破了直邮模式的重量、尺寸和类别的限制，30千克以内的大件商品

也进入市场，跨境电商销往海外的品类因此变得更加多样化，从主流的3C类、服饰类、饰品类、假发类和家居类，逐渐拓展到家具类、电器类、汽配类、宠物用品类、户外用品类等。海外仓的服务功能也根据市场需求而发生很大变化，现在超大件商品也要进入市场，各行各业的品牌商都通过海外仓出货，甚至包括建筑材料、工程机械、成套装备、大型生产线等也通过海运提前储存在目标市场的仓储物流基地，实现了本地的线上线下引流、展示与销售一体化、送装与维修一条龙的服务。大型商家进入市场，使海外仓市场迎来新一轮快速增长。这也对海外仓存储空间的利用、操作的规范化，以及末端渠道匹配等，提出了更高的要求。

4. B2B跨境电商市场是亟待开发的蓝海。当前我国跨境电商线上达成交易支付的仍以B2C、B2B2C模式为主，随着跨境电商相关配套产业进一步成熟，未来B2B跨境电商实现全流程线上化成为大势所趋。B2B跨境电商及大宗商品分销市场规模巨大，对物流仓储设施需求更加庞大，为海外仓提供了新的场景。

5. 新的本土化运营服务需求不断增长。根据调查显示，本土产品工艺开发、海外加工组装、本土市场调研、反馈报告、本土包装设计等不断发展，随着品牌商逐渐熟悉并决定深度挖掘一个海外市场，新的本土化服务需求就不断被提出，这也为未来海外仓发展提出了新的发展需求。

（二）海外仓模式成为下一代新型贸易方式的起点

随着跨境电商快速发展，大数据、智能化、物联网、移动互联网、云计算等新一代信息技术加速迭代，海外仓成为跨境电商海外功能的一站式载体，集约化、智能化成为其未来不断进化的主要方向，海外仓不仅成为货物贸易的平台，还成为未来海外服务贸易发展的重要承载平台。以智能供应链和海外仓服务运营平台系统为技术支撑，不断集成新的服务功能和相应链路，海外仓将提供一个开放包容的新生态，以货物贸易+服务贸易一体化的模式服务于进出口企业和本地客户，并朝着供应节点效率无限提升、无限接近“零库存”的方向快速发展，并最终成为“跨境电商+新零售”“跨境电商+新制造”等新型贸易方式的起点，逐步进化为极具市场发展活力的新物种，为我国打造贸易强国提供新方向。

（三）以5G、物联网、AI技术为代表的智能物流科技成为未来竞争的焦点

近年来，海外仓发展过程中管理系统升级及技术研发方面投入越来越大，受到的关注也越来越多，IoT、AI、智能语音、柔性自动化、无人科技等得到空前发展。作为全球电子商务企业的引领者之一，亚马逊就以其技术为核心驱动力，形成了电商、物流、AWS、新零售协同发展的完整生态圈。而在一马当先的物流服务背后，是其全球最大云服务商AWS的超级计算能力，由此，亚马逊公司也实现了从零售商到科技公司的质变。阿里巴巴相关研究资料表明，网络技术的高度发展标志人类社会即将迎来智能经济时代。未来社会中，“数据+算法+算力”构成的决策系统将对世界的各行各业加以改造，5G、AI、IoT等技术高速迭代、交融，云智能、端

智能推动“机器觉醒”。协同网络将成为智能经济的生产关系，推动实现供需“零错配”。京东物流规划设计的5G智能物流园中，将实现高智能、自决策、一体化，搭建5G技术在智能物流方面的典型应用场景。毫无疑问，技术研发将成为海外仓未来发展的核心，所有海外仓公司都将成长为科技公司。

（四）海外仓将成为跨境电商综试区服务向海外延伸的平台

由于海外仓的概念并不仅仅局限于仓储设施，而是为我国跨境电商进出口提供了一站式的跨境物流整体解决方案，因此也受到各级政府的高度重视。2015年以来，国务院政府工作报告，商务部《“互联网+流通”行动计划》，财政部、商务部发布的《关于外经贸发展专项资金重点工作的通知》，以及国家邮政局、商务部、海关总署联合发布的《关于促进跨境电子商务寄递服务高质量发展的若干意见（暂行）》等政策文件，纷纷提出支持跨境电子商务海外仓的建设，并且将其纳入外经贸发展专项资金支持范围。与此同时，部分跨境电商综试区也表示将推动建设公共海外仓运营管理平台，加快建设跨境电商海外物流仓储、分拨配送和营销服务体系，以完善遍布全球的海外营销网络，将国内跨境电商综试区的综合配套服务向海外延伸。

六、支持我国海外仓发展的政策建议

（一）将建设以海外仓为核心的全球跨境供应链协同体系纳入国家发展战略层面

全球跨境电商平台作为跨境电商时代全球贸易的枢纽，其作用和影响力不可小觑，而全球跨境电商巨头纷纷组建自身的海外仓服务体系，极大程度上是要在线上线下全渠道经营时代争抢并获得线下资源入口，其背后是对全球贸易和消费数据流量的争夺，也是对未来国际贸易主动权的竞争。如果国家层面及企业层面没有对此形成足够的重视，我国将很有可能错失发展的良机。因此有必要将以海外仓为核心的全球跨境供应链协同体系建设列入国家发展战略层面，实现统一规划与引导，增强我国未来数字贸易领域整体竞争力。

（二）进一步加大对海外仓政策支持的投入力度、精准度和可操作性

我国当前已经出台的对海外仓企业的支持政策较少，一是按照商务部《关于外经贸发展专项资金重点工作的通知》，各地区商务局和跨境电商综试区每年对符合规定的海外仓建设和升级费用给予一定限度的资金支持。二是符合要求的海外仓企业可以申请由各地区发展改革委对符合高新技术企业的认定，以及对具有“双软认证”资质的企业提供的研究开发资助。三是关于轻资产型技术企业融资政策方面，当前提供的知识产权贷款、贴息贷款等，存在政策操作性不强、融资门槛过高等问题。因此，为减轻企业发展负担，鼓励海外仓企业在国外经营、投资的积极性，建议针对海外仓企业遇到的实际困难，进一步加大对海外仓支持政策的投入力度、精准度和可操作性。

（三）密切关注和积极参与海外仓相关的国际贸易规则制定

一是积极参与WTO组织的与跨境电

商及海外仓相关的议题谈判。将跨境电商及海外仓企业跨国数据隐私保护、各国针对跨境网络零售的最低豁免额度、与技术转移相关的投资准入标准、数字安全等列为双边及多边谈判的重要议题。国家间就跨境电商 B2B2C 及 B2B 业务模式的认定规范、业务流程、技术标准和监管模式等方面实现统一国际共识。

二是积极关注国际上有关国家和组织在跨境物流相关领域的动作和政策。积极通过国际邮联组织做好协商工作，通过 EWTO 贸易体系（即 WTO+ UPU 优化升级后形成的贸易体系）对本国跨境电商及海外仓企业利益进行合法维护。

（四）加强对海外仓企业在跨国经营领域方面的培训和引导

许多海外仓企业母公司在国内，子公司在国外，不同业务分属不同国家完成，其本质上已经成为跨国公司，其在海外投资的仓储设施及经营管理业务成为跨境电商对海外投资的重要形式。针对我国海外仓企业相关知识储备及管理水平欠缺的问题，应该由相关管理部门组织本地企业，着力加强海外投资经营管理策略、海外投资的风险规避、海外法律文化等方面的专业知识培训，提高企业的跨国经营水平，提升风险防范意识，促进海外仓企业实现健康可持续发展。

跨境电商对国际贸易支付结算的影响

——跨境电商发展推动支付结算格局演变

杭州市跨境电商综试办、连连银通电子支付有限公司

近年来，国家“一带一路”倡议和人民币国际化有效促进了相关国家和地区的互联互通，以跨境电商为代表的跨境贸易迅速增长，改变了传统的世界贸易格局，促进了全球贸易便利化，也引发了世界经济贸易的巨大变革。跨境电商作为我国外贸的新增长点，得到了中央政府的持续关注。2019 年 3 月，国务院总理李克强再次在政府工作报告中提及跨境电商，提出要改革完善跨境电商等新业态扶持政策。根据知名国际支付机构 Worldpay 发布的《2018 年全球支付报告》预测，未来四年体量最大的电子商务市场分别是中国（1.78 万亿美元）、美国（1.15 万亿美元）和英国（3145 亿美元）。跨境电商巨大的增长空间，已然成为未来的蓝海市场，不仅催生了巨大的支付需求，驱动银行、第三方支付机构等支付结算机构纷纷布局跨境支付市场，而且跨境电商越来越倾向于通过网络电子化的手段完成支付结算，推动了跨境支付结算市场格局的演变，并使得新型的第三方支付工具成为主流。本文希望能够从跨境电商发展的角度权衡出支付结算格局演变的重要影响因素，并从跨境支付业务监管角度提出一些切实可行的建议，以促进跨境电商良性发展。

一、跨境贸易的发展前景

在传统的国际贸易中，商家要想把商品卖到国外，往往会经历谈判、报关、交付等一系列复杂的流程。如果商家想把商品卖到全世界，更要花费大量资源去研究不同国家的销售标准、关税政策、物流渠道，这对于单个商家而言是很困难的。随着互联网信息科技和经济全球一体化的发展，各国之间的经贸往来更加便捷，亚马逊、eBay 等跨境电商平台的出现，不仅让商家服务更加标准化，还准确匹配了全球消费者的需求，使得国家贸易的门槛大大降低，大量的中小跨境电商参与到国际贸易的大潮中。

跨境电商不仅具备部分压缩中间环节、便利消费者、化解产能过剩、为中小企业提供发展之道等优势，还具有重塑国际产业链、促进外贸发展方式转变、增强国际竞争力等作用，是未来竞争的制高点，同时也给相关上市公司带来长足发展空间。出口跨境电商是我国当前跨境电商的主要类型，由于我国制造业在成本及规模上具有较高优势，同时受到“一带一路”倡议、人民币国际化及资本市场的推动，出口电商行业发展迅速，越来越多的传统外贸企业加快触网力度。出口电商能够帮助中国制造业更加便捷地拓展国际化市场，促进“中国制造”借助互联网的方式实现更好的转型升级。商务部统计 2018 年全面外贸进出口总值为 30.51 万亿元，而根据艾媒咨询发布的《2018—2019 中国

跨境电商市场研究报告》统计数据显示，2018 年中国跨境电商交易规模为 9.1 万亿元，占整个外贸比重的近 30%，预计到 2020 年，将占整个外贸比重的 40%以上。未来，跨境电商将成为最主要的国际贸易模式之一。

在国家政策支持方面，跨境电商的政策利好不断释放。2013 年 8 月，商务部、发展改革委、人民银行等九部委发布《关于实施支持跨境电子商务零售出口有关政策的意见》（国办发〔2013〕89 号），正式全面开放跨境电子商务出口，为发展跨境电商指明了方向，各相关部委纷纷出台跨境电商行业配套政策。2015 年 4 月，国务院发布《关于促进跨境电子商务健康快速发展的指导意见》（国办发〔2015〕46），要求监管部门完善跨境电商的配套监管措施，鼓励有实力的企业做大做强，推动跨境电商试验区建设。目前，我国已经设立几十个跨境电商综合试验区，覆盖全国各个区域，试验区建设成为了跨境电商发展的重要催化剂。2018 年 1 月，人民银行发布《关于进一步完善人民币跨境业务政策促进贸易投资便利化的通知》（银发〔2018〕3 号），提出要进一步完善和优化人民币跨境业务政策，服务“一带一路”建设，推动形成全面开放新格局。2018 年 9 月，财政部、税务总局、商务部、海关总署发布《关于跨境电子商务综合试验区零售出口货物税收政策的通知》（财税〔2018〕103 号），对跨境电商综试区符合条件的出口货物试行增值税、消费税免税政策，进一步降低了跨境电商的成本。这一系列政策红利为跨境电商的发展带来实质性重磅利好。随着跨境电商运营环境的不断改善和相关扶持政策的不断出台，将为跨境电商的发展提供更大机遇，未来跨境电商行业有望继续保持强劲增长态势。

二、跨境电商支付结算需求变化

（一）传统跨境支付结算方式的优劣比较

传统跨境贸易以大额低频为主，对支付安全性的要求比较高，商家更愿意选择银行汇款、信用证、专业汇款公司等方式作为支付结算手段，但是成本高、时效差。下面对银行汇款、信用证、专业汇款公司三种传统结算方式的劣势进行分别介绍：

1. 银行汇款模式。全球大多数国家的大多数银行都已接入环球同业银行金融电讯协会（SWIFT）系统，资金的流转主要经过银行通道，虽然汇款方式比较灵活，但是由于要经过多个中间银行（代理行）进行清算，费用较高，速度较慢，且有不全额到账的风险。银行汇款的手续费在是 20~30 美元加上 1%手续费。此外，通过银行汇款进行结算，交易双方还需要考虑商业信用，安全性较差。

2. 信用证结算模式。信用证是国际贸易中被广泛使用的最为重要的一种结算方式，主要适用对象是中大型贸易企业。虽然信用证主要依赖的是银行信用，安全性有保障，但是银行对单据的审查要求比较严格，除了必须的发货、交单、收款、付款环节以外，还增加了申请开证、通知、议付、审单等环节，不仅结算手续烦琐、周期长、费用高，还要求进口方缴纳一定保证金，占用买方资金，占用时间较长。

3. 专业汇款公司汇款模式。专业汇款

公司以西联、速汇金为代表，通过与银行合作，在全球各地设立资金池，再通过SWIFT电汇进行轧差结算，可以做到即时汇款。汇款人无须在银行开立账户，收款人也可以直接凭借身份证和取款密码进行取款，结算流程更加简便，到账时间更快。以速汇金为例，全球有数十万的代理点，覆盖200多个国家和地区，虽然到账时间可以达到10分钟以内，但是汇款人需要到线下网点办理汇款，时效性较差，而且手续费在13~33美元，普遍较高。

（二）跨境电商青睐第三方支付的原因分析

国际贸易市场中比较主流的结算方式是银行电汇、信用证、专业汇款公司及第三方支付。互联网科技的兴起使得跨境电商呈现平台化发展趋势，主要通过在亚马逊、Wish等第三方电商平台上入驻开店销售产品，以及通过自建B2C、B2B平台的方式销售产品两种方式，如网易考拉、速卖通。此类跨境电商对支付效率和费率的要求非常高，使用银行汇款、信用证、专业汇款公司汇款等时效性较差且手续费较高的传统支付结算方式，显然是不现实的。而依托第三方支付机构的新型跨境支付可以解决传统模式的痛点，其创新性在于凭借先进的信息科技手段降低金融服务的成本和门槛，支持银行账户、信用卡银行账户、电子钱包等多种支付方式，满足跨境电商小额高频的交易需求，大大提高了支付效率，降低了支付成本。

例如，在跨境收单业务（即帮助一个国家的商户从另一家国家的客户收钱）中，提供本土化、高效率的支付工具对跨境电商卖家而言至关重要，而第三方支付还可以直接面向C端客户进行点对点线上支付，支付成功率、时效性较高。以网易考拉为例，其公司主体注册在中国香港地区，收单环节在内地，C端客户可以自由选择微信、支付宝、借记卡、信用卡等方式进行支付。

目前，第三方支付已经在深入服务平台型B2C、小额B2B、自营B2C三种模式的跨境电商，部分支付机构也服务了传统的B2B贸易模式，为其提供多种高度定制化的行业解决方案。近几年，跨境电商逐渐转向借助第三方支付这类高效、便捷、安全的支付工具，相较于银行电汇、信用证、专业汇款公司汇款等传统支付结算方式，第三方支付机构具有以下优势。

1. 支付费用低，到账速度快。跨境电商的特性使得其更看重自身现金流管理，供货方的账期长短、库存量等都是潜在的现金流，对资金结算的效率要求较高，在选择支付方式时，不会首先考虑银行电汇、信用证等传统贸易结算方式。支付机构可以通过金融科技手段，与境外相关机构合作等形式不断简化中间流程，降低交易费用，提高交易速度，保证资金及时到账。

2. 统一汇差，多平台统一结算。跨境电商涉及的国家（地区）、交易方、平台往往不止一个，各国（地区）支付体系、汇率等差异极大，在跨国（地区）、跨平台进行收付款时经常需要付出高额的支付成本。支付机构不仅可以增加可兑换币种，锁定汇率，还能够提供统一的收款账户，满足跨境电商从不同国家（地区）、不同平台收付款的需求。

3. 以支付为基础，提供更多衍生服务。很多商家不了解清关、报税等流程，导致操作中频繁出现意外，造成极大损失。支付机构可以运用金融科技手段，围绕跨境电商的物流、仓储、报关、退税、融资等需求，打通与物流企业、仓储企业、报关企业、税务代理企业、贷款企业等服务商的信息与资金链路，建设一站式的综合性跨境电商服务平台，帮助跨境电商卖家不断提升运营效率，降低服务成本。例如，行业著名的跨境支付服务商连连支付推出了 LianLianLink 平台，整合物流、融资、仓储等服务商资源，通过连接跨境电商和服务商，可以高效、快捷地帮助跨境电商匹配适合的服务商，跨境电商只需要登录平台，即可一站触达海量服务商资源。

表 3-3　四种跨境支付方式比较

支付通道	结算速度	费用情况	适用场景
银行电汇	较慢，2~3 天	手续费高，多项费用（电报费、中转费等），有封顶	B2B 大额贸易，传统的进出口贸易
信用证	较慢，数十天或数月	手续费高，多项费用（议付费、承兑费等），按照交易金额比例	B2B 大额贸易，传统的进出口贸易
专业汇款公司汇款	较快，10~15 分钟	手续费高，分档计算	1 万美元以下的小额支付
第三方支付	较快，可以 T+0	手续费较低	小额高频交易，跨境电商

来源：中泰证券《跨境支付行业深度报告》

三、对跨境支付结算市场的影响

跨境电子商务支付业务是互联网金融行业落实“走出去”和“一带一路”等国家建议的“先手棋”，也是商业银行推动“利率市场化”和“人民币国际化”的重要突破口，已被业界广泛视为我国外贸竞争新优势之一。新兴的跨境电商的迅猛发展在一定程度上推动了跨境支付业务的兴起。根据人民银行发布的《2018 年支付体系运行总体情况》统计数据显示，2018 年，境内外币支付系统共处理业务 213. 52 万笔，处理业务金额 1. 25 万亿美元，同比分别增长 5. 88% 和 24. 07%。日均处理业务 8 243. 87 笔，金额 48. 25 亿美元。而在支付机构的跨境交易规模方面，根据中国支付清算协会统计数据显示，2018 年国内第三方支付机构跨境互联网交易金额约 4900 亿元，比 2017 年的 3200 亿元增长 55%，根据易宝研究院发布的《2018 年第三方跨境支付行业研究报告》分析预测，今后数年跨境支付规模还将保持每年逾 50% 的增速，预计到 2020 年，行业规模将超过万亿元。

近年来，我国不断出台政策支持跨境支付业务发展，通过推动“一带一路”倡议和人民币国际化建设，完善支付基础设施建设，开放支付机构跨境支付业务范围等措施，为跨境电商创造了越来越多的便利条件。

（一）“一带一路”倡议和人民币国际化带动了沿线跨境贸易的发展，推动了货币结算方式变革

经济全球化推动了跨境电商的发展和大量中小企业的生存壮大，越来越多中国电商进军海外市场。由于从事电子商务的主要是中小企业和个人，采用人民币计价结算以规避汇率风险、降低汇兑成本的动力更强，人民币结算的需求不断提升，在国际贸易中的地位不断提升。根据中国人民银行调查统计司发布的《2018年金融统计数据报告》显示，2018年，以人民币进行结算的跨境货物贸易、服务贸易及其他经常项目分别为3.66万亿元、1.45万亿元，同比增长12%、33%。2011~2014年，“一带一路”倡议推动人民币直接投资和金融交易快速增长，人民币国际化出现爆发式增长。根据中国人民大学国际货币研究所发布的《人民币国际化报告2018》显示，2017年，我国对“一带一路”沿线国家和地区直接投资金额达144亿美元，双边贸易规模为7.4万亿元，同比增长17.8%。人民币在双边贸易结算中的使用份额显著提升，我国通过货币互换机制向沿线212个经济体提供人民币流动性支持，对沿线国家和地区货币直接报价交易增多，人民币的锚货币职能显著增强。

（二）国家大力完善跨境支付基础设施建设，为跨境电商的快速发展提供了支付结算保障

2015年，人民币跨境支付系统（CIPS）成功上线运行，为境外金融机构人民币跨境和离岸业务提供资金清算和结算服务，为人民币国际化铺设“高速公路”，是符合国际标准的重要金融基础设施。2016年10月，人民币正式加入国际货币基金组织特别提款权货币篮子，标志着人民币又向着国际化方向迈出了重要一步，此后我国消费者可以直接用人民币在境外旅游、购物、投资，降低汇兑成本并避免汇率风险。2018年5月，CIPS（二期）全面投产，采用更为节约流动性的混合结算方式，人民币跨境资金的清结算效率更高，系统运行时间将实现对全球各时区金融市场的全覆盖，满足广大用户的人民币业务需求。此外，随着全球一体化发展，世界各地的商务活动、旅游、生活等不再局限于一个国家，支付作为基础需求，需要不同国家之间实现双向跨境可能。2018年11月，人民银行批准了首家由美国运通与连连数字合资成立的银行卡清算机构连通公司的筹备申请，标志着我国银行卡清算市场向国际市场开放迈出了重要一步。国际化的清算组织作为跨境电商支付结算的底层基础，带来了双向跨境支付的机会，将更好地推动跨境支付市场创新发展。

（三）国家不断放开支付机构跨境支付业务限制，简化业务流程，促进支付机构不断契合跨境电商需求

从2013年国家外汇管理局开启支付机构跨境外汇支付试点工作以来，监管机构不断规范跨境支付行业的相关业务，持续放开对跨境支付业务限制。2014年6月，人民银行发布《关于贯彻落实〈国务院办公厅关于支持外贸稳定增长的若干意见〉的指导意见》（银发〔2014〕168号），正式开放支付机构与银行合作开展货物和服务贸易项下的跨境人民币支付结算业务。2015年2月，国家外汇管理局发布《关于开展支付机构跨境外汇支付业务试点的通知》（汇发〔2015〕7号），进一步提高了跨境外汇单笔交易的额度，简化了国际收支申报的流程，使得跨境电商支付结算成本显著降低。2018年3月，人民银行发布《中国人民银行公告〔2018〕第7号》，正式放开了外商进入国内支付市场的准入限制，标志着支付服务市场全面开放，有助于进一步优化产业结构，提升我国支付市场竞争和服务水平。2019年4月，国家外汇管理局在总结开展近6年的支付机构跨境外汇支付业务试点经验的基础上，正式发布了《支付机构外汇业务管理办法》（汇发〔2019〕13号，以下简称13号文），不仅明确和完善了跨境外汇支付业务的展业规则，还进一步放宽了业务范围限制，是国家顺应跨境电子商务蓬勃发展的潮流，主动适应跨境电子商务新业态的业务特点，推动跨境支付市场走向阳光、健康、合规发展的又一重大举措。在13号文出台之前，我国仅有30家支付机构获得跨境外汇支付业务试点许可。13号文由原来的单个试点到全面放开支付机构申请，还加入了银行作为市场参与主体，创造了一个公平的市场竞争环境，对于跨境电子商务市场主体而言，拥有了更多可选择的支付渠道，使得银行和支付机构更加专注业务创新，提升服务质量，给消费者和企业等跨境电子商务市场主体带来了真正实惠。同时，广州、上海、安徽等省市也相继出台了鼓励跨境支付发展的相关政策。跨境电商、留学、旅游等快速发展进一步刺激了跨境支付的需求，支付机构纷纷开始抢占跨境支付市场，跨境支付进入高速发展期。

自加入WTO以来，我国在全球经贸往来中的重要性和比重已经大幅度提升，跨境电商承担着我国传统外贸转型升级的重任，未来跨境电商不断取代传统贸易市场，有望成为全球贸易的主要形式。正是因为跨境电商的迅猛发展，国际贸易结算方式也在发生快速变化，推动了支付结算格局的演变。基于第三方支付的电子钱包，通过提供无缝的便利支付，走在了支付的最前沿。根据Worldpay发布的《2018年全球支付报告》统计数据显示，在全球电子商务支付偏好方面，2018年使用电子钱包进行支付的市场份额为36%，超过信用卡的22%和银行转账的11%，而在以人口众多的中国为代表的亚太地区，这一数字达到了52%。预计到2022年，全球电子钱包市场份额将达到47%，而亚太地区将高达66%。随着支付基础设施的不断完善，未来在跨境电商领域，除了传统的银行以外，以支付宝、PayPal等C端服务，以及连连支付、PingPong等B端服务为代表的新型跨境支付必将成为普及、成熟的支付方式。

四、第三方支付方式对跨境电商发展的推动作用

跨境电商推动了支付结算格局的演变，使得第三方支付成为跨境电商交易的主流支付方式已经是无可争议的事实。反过来，支付作为跨境电商交易的基础和交易实现不可或缺的环节，跨境支付的发展也对跨境电商的发展有着巨大的推动作用。具体从以下两个层面进行分析。

一是从跨境电商自身层面，相比银行汇款、信用证、专业汇款公司等传统结算方式，第三方支付依托高水平的数字技术和网络科技，不仅支付高效、安全和费率

低，还构建出了以支付服务为基础的生态链，提供缴税、物流、融资等一揽子衍生服务，帮助众多跨境电商大幅降低成本，提升效率，扩大生产经营。

二是从消费者层面，支付体验是一个非常重要的因素，在北京工商大学的《电商新趋势下影响网络消费者购买行为因素研究》论文中分析认为，当今社会追求高效率，网络消费者进行网络购物无疑是抱着方便、便捷的心态，因此支付操作的便捷性也显得尤为重要。消费者表示在对某个商品产生了购买意愿后，会由于付款的操作太麻烦，流程太复杂，方式不够齐全，而放弃购买该商品。根据中国互联网络信息中心发布的第 43 次《中国互联网络发展状况统计报告》统计显示，截至 2018 年 12 月，我国网络购物用户规模达 6.10 亿，手机网络支付用户规模达 5.83 亿。而第三方支付方式是网络购物的绝对主流，支付宝和微信支付已分别在 40 个以上国家和地区合规接入，跨境电商在开展业务时考虑的重要问题是用户支付体验。因此，便捷的支付方式无疑是跨境电商发展的重要推力。

五、困难与建议

跨境电商与跨境支付相互依存、彼此影响，跨境支付是跨境电商交易实现的重要环节。当前我国跨境电商发展迅速，尤其是中小电商规模增长较快，带动了跨境支付市场的蓬勃发展。而跨境支付方式作为跨境电商的支持角色，也受到跨境电商发展的影响。从当前跨境支付业务的政策监管角度来看，跨境支付的发展仍落后于跨境电商平台，无法匹配与适应跨境电子商务的需求，并反向制约着跨境电商的发展。当前，跨境支付业务中主要存在业务规则不适应当前跨境电商支付需求，贸易真实性核验手段不完善的问题，银行、支付机构往往面临较大的合规压力。因此，跨境支付对快速变化、创新改革的跨境电商的发展至关重要，对跨境支付机构的业务监管宜疏不宜堵，建议从以下方面入手，推动支付机构更好地为跨境电商交易保驾护航，促进跨境支付与跨境电商协同发展。

（一）在审慎监管的前提下，有条件地放开单笔外汇支付 5 万美元限制

虽然支付机构服务的跨境电商多是中小企业，单笔金额较小，但是从经营实践来看，出口跨境电商卖家在境外电商平台上回笼销售资金时，会先由电商平台归集 15~30 天的销售款项，扣除费用后再统一结算，因此会造成无法控制批量结算的资金中是否包含超过 5 万美元的交易以及单次结算资金总额本身超过 5 万美元的情况。以连连支付合作的“亚马逊海外购业务”为例，亚马逊中国网站海外购板块的商品来自亚马逊美国、亚马逊日本、亚马逊德国等，中国 C 端客户购买商品并支付后，亚马逊中国委托连连支付将人民币资金定期归集，并汇至亚马逊美国、亚马逊日本、亚马逊德国等银行账户，单笔金额远远超过了 5 万美元。此外，跨境电商平台上也有部分销售标的物价格非常高昂，特别是高端商用光学仪器、无人机及云台操控设备、私人定制化妆品等有市场需求的商品单价较高，客户基于这类交易的时效性和运输成本考虑，往往会集中下单，也使得 5 万美元额度对真实、正常的交易予以了限制。受限于支付机构跨境外汇单

笔交易额度5万美元和业务范围限制，无法更好地满足跨境电商的实际需求，使跨境电商的发展受到一定限制。目前，市场上的30家跨境外汇支付试点业务许可支付机构的批准业务范围主要集中在货物贸易、服务贸易的航空机票、酒店住宿、留学教育和旅游服务等，而13号文的出台放宽了支付机构的外汇业务范围限制，允许开展经常项目下的全部货物贸易和服务贸易，还对于有真实、合法超限额需求的支付机构，允许申请单笔交易限额超过5万美元，这对跨境电子商务尤其是B2B跨境电子商务的发展是一个重大利好。但是13号文并未明确单笔交易限额超过5万美元的前提条件，这给了监管机构一定的监管操作空间。因此，建议结合现有的支付机构的分类评级制度或建立专门针对外汇业务的监管评级制度，根据其评级情况，有条件地放开对单笔外汇交易5万美元的限制，实施差异化的单笔交易限额管理。例如，对于评级情况优秀的支付机构，可以允许单笔交易金额放开到10万美元，以帮助不断做大做强的一些电商卖家更好地拓展国际市场，形成外汇业务合规、健康发展的良性循环。

（二）建立以海关、物流等数据为核心的平台化共享机制，促进外汇管理合规效能提升

在以往的监管实践中，因为海关部门不能及时、完整、原始地获取跨境电商平台上的相关数据，跨境电商通过伪造物流、信息流、资金流“三单”的全部或者部分信息，对平台上的订单价格进行造假以偷逃关税，一直是海关监管跨境电商的难题。作为加强实时数据监管的措施，海关总署已经在2018年11月出台了《关于实时获取跨境电子商务平台企业支付相关原始数据有关事宜的公告》（海关总署公告〔2018〕179号），要求参与零售进口业务的跨境电商向海关开放支付订单相关原始数据，包括商品名称、交易金额、收款人相关信息、商品展示链接地址等，供海关验核。跨境电商将支付订单相关的原始数据开放给海关后，海关可进行实时抓取与验核，“三单一致”不再仅仅依赖于备案企业上报的数据，而是由海关对原始数据的交叉验证，使海关对于跨境电商的监管更为积极主动。无独有偶，银行、支付机构在为跨境电商提供支付服务时，也必须依赖支付订单、物流等信息等开展贸易真实性审核，履行国家外汇管理的合规义务。而支付、物流、报关、税务等系统的不互通，导致银行、支付机构较难全面获取贸易真实性信息，给国家外汇管理带来挑战。因此，建议由相关部门牵头组织协调，充分利用信息化管理手段和技术整合物流、海关、支付、税务等数据，成立数据共享公共服务平台，实现海关、快递公司、银行或支付机构、税务机关等系统的互联互通，银行、支付机构接入后，可以基于公共服务平台开放的数据进行实时动态分析，将原有贸易真实性佐证要素线上化，便于核查交易中存在的异常点，提高贸易真实性审核的效率和准确性，并促进跨境电商业务领域互利共赢的良性循环。

（三）探索基于支付账户的综合金融服务模式，拓展支付服务场景丰裕度

在跨境电商业务发展过程中，由于平台结算周期各不相同，跨境电商卖家对资

金流转速度的要求越来越高。尤其对于多平台、多品类发展的中大型卖家来说，资金效率和资金丰裕度直接决定了其业务发展的速度与广度。有鉴于此，业内多家银行、保理公司等金融机构都针对跨境电商供应链融资进行了有益探索，但由于存在资金流、信息流的信息不对称问题，这些产品通常存在申请难度大、资金成本高、风险可控性不足等短板。此外，跨境电商对于汇率风险管理、保理、保险、财务顾问服务等方面均有一定的需求，但该类金融配套服务的可获得性也较差。因此，建议在监管上明确跨境资金结汇并进入客户支付账户后，外汇业务环节即告结束，后续操作均为基于人民币的境内业务，支付公司可在客户支付账户余额的基础上开展后续业务，以避免客户资金须首先落地银行账户，再根据需要返回支付账户的反复操作；探索以实际掌握跨境电商经营信息、交易订单信息及资金流信息的支付公司为牵头主体，开展银行、保险、融资、物流、上游供应商等各行业的系统性流程整合探索，以期为我国跨境电商卖家提供一站式的金融配套服务。

打造跨境电子商务质量安全生态圈多元共治格局

丁佳乐

近年来，随着互联网技术的普及和飞速发展，中国跨境电子商务迎来了高速发展期，目前已覆盖食品、化妆品、奢侈品、家用电器等消费品领域。作为中国经济社会发展中出现的重要的市场新形态，跨境电商已经成为促进中国经济增长的新引擎。跨境电商的快速发展，吸引了大批社会资本进入该领域，各类跨境电商平台、企业如雨后春笋涌现。据不完全统计，中国跨境电商企业超过 20 万家，平台企业超过 5000 家，海淘用户规模达到 4100 万人次。

一、中国跨境电商质量安全生态发展存在的问题及原因分析

跨境电商是电子商务与外贸行业的结合体，这种新型业务形态的出现为传统外贸发展注入了新鲜血液。跨境电商的业态发展相较传统贸易，具有很大优势，它打破了贸易壁垒，开拓了对外贸易的新渠道，减少了贸易环节，缩短了贸易时间，提高了贸易效率，增强了中国对外贸易的整体竞争力，推动了中国对外贸易高质量的发展。并且它与传统的交易方式不同，具备独有的五大特征：第一，全球性，它是跨国境、跨关境的主体间的交易活动，不受国界的限制；第二，无形性，它通过互联网完成交易；第三，匿名性，交易双方可以使用昵称进行交易，可以隐藏自己的真实信息，具有很大的交易自由；第四，即时性，通过互联网交易，下单成功的一瞬间买卖即达成；第五，无纸化，跨境电商信息传递不需要通过纸质媒介，纸质交易文件信息被互联网通讯记录替代。这些特征促进了贸易信息的传递，促使跨境电商与相关产业链的联系更加紧密，优化了跨境电商的贸易环境。然而，跨境电商作为一种新兴业态，在监管方面仍存在许多空白，每年有大量的跨境商品通过不正规的渠道流入国内，并在各大电商平台销售。因此，跨境电商的生长急迫地需要适宜的“制度土壤”来管控质量安全风险，从而促进跨境电商健康有序地发展。目前，有以下几个方面的问题制约着中国跨境电商的质量安全和生态发展。

（一）跨境电商质量安全存在的风险

随着跨境电商的迅猛发展，每天有数以亿件的跨境电商产品涌入，由于跨境电商产品具有批次多、来源渠道复杂、销售模式多样等特点，因此在进口交易规模不断扩大的同时也带来一系列质量安全问题。

一是疫病疫情产品违规进口的风险。作为一种新型的贸易形态，跨境电商领域的监管仍存在许多空白，每年有大量的跨境商品通过不正规的渠道流入国内，并在各大电商平台销售。一些携带有疫病疫情风险的动植物（有害生物、植物种子等）、特殊物品（微生物、生物制药、血液等）违规进口，直接威胁着中国公众的卫生健康，并给中国生物安全带来严峻挑战。

二是国外假冒伪劣产品存在质量安全隐患。由于跨境电商正品产品进口与仿品进口有着高额利益差，加之国内一些企业的知识产权意识淡薄，因此，一些假冒伪劣产品就在国外形成了制售链。由于网络购物是基于互联网中的数字信息，消费者购买时只能看到图片、视频、文字，对代购身份、个人买手以及产品的真伪很难进行辨别确认，消费者有可能会买到假冒伪劣的商品。因此这类产品不仅存在质量安全隐患，也导致了跨境电商生态发展的不平衡。

三是国内外标准差异。跨境电商进口产品是按照生产国标准进行生产，与国内标准存在差别（如食品中一些营养成分含量上的差异），中国尚未发布针对跨境电商及其产品的质量安全标准，因此有不法分子钻标准缺失的空子，导致“假洋货”“劣质货”涌入国内市场，造成一定的安全隐患。

四是跨境产品来源多、难追溯。跨境电商平台中所销售的商品数量、种类繁多，不同产品之间有着较大的差异，从而导致监管溯源的难度增大，加之国内产品冒充跨境电商进口产品，一些国内造假产品经快递公司伪造信息，人为制造正品海淘货物的假象，堂而皇之以进口身份欺骗消费者，使得跨境电商产业遭遇到了严峻的信任危机。

五是跨境产品难以有效召回。由于跨境电商经营环境的虚拟性和流通服务跨国境等特点，一旦发生产品质量安全事故或者疫情风险，对产品的召回难以落实。

（二）我国跨境电商监管现状

跨境电商涉及多个国家之间的交易，由于其具有网络隐蔽性、匿名性以及全球性的特征，因此对其监管难度较大。再加上政府部门、企业之间的信息不对称，有些监管部门还在用传统的监管模式去解决跨境电商的发展问题，导致监管形成闭环，无法进入良性循环。因此，为了提升电子商务监管方面的效能，除了需要不断完善和稳步实施跨境电子商务监管制度，还需要加大力度培养跨境电商方面的专业人才和开发相关信息化系统，从而促进跨境电子商务的健康有序发展。在监管过程中具体存在的一些问题从以下三方面进行阐述。

一是监管的碎片化。对跨境电商的监管并非是某个部门的责任，而是需要多个部门整合监管资源，实施协同监管。然而，目前国内外的工商、外汇管理、海关、食药等机构对跨境电商的监管思路不同，导致各方采取的具体措施不同步、不一致。这就需要打通“信息孤岛”，实现跨层级、跨部门、跨业务的协同服务与监管。建立统一的跨境电子商务监管信息平台，平台内部可对具体监管职责进行详细划分，各部门在自身权责范围内实施监管行为，补足监管漏洞，避免重复监管，实现跨境电商企业、海关和其他监管部门信息的共享和交换，达到多部门联动，有效监管跨境电子商务企业及其进出口货物的目的。

二是监管政策的滞后性。监管政策出台的速度始终跟不上跨境电商的发展速度，缺乏监管政策多部门联合快速反应机制。例如：海关推出跨境电商进口 B2C 包裹退货监管新模式，在跨境电子商务零售进口商品自海关放行之日起 30 日内的前提下允许保税仓直接退货模式，使企业不必再设置单独的区外退货专用仓，将全部退货流程转到区内，有效地加快整体退货时间。然而，跨境电商企业实际运营中，又提出 30 天以外的退货需求，必须重新逐级向海关总署提出监管政策需求，海关总署还必须征求商务部、财政部等六部委的意见，政策反应时间难以满足企业实际需求。

三是风险防控各自为政。跨境电商监管涉及商务、税务、海关、外汇管理、银行、邮政等多部门，而各部门监管政策出发点和风险防控侧重点各有不同，目前在中央层面由商务部牵头联合发文，但在基层执行层面还需要明确责任部门进行整合管理，统一政策措施的发力方向，起到连接政府、企业、消费者的桥梁纽带作用。

（三）跨境电商法律法规建设的滞后

跨境电子商务发展历程虽短，但其变化迅速，现行相关法律法规体系建设与其发展相比相对滞后，传统的监管模式程序复杂、效率较低，已经无法应对多变的跨境电商发展情况，主要体现在以下两个方面。

一是中国现有法律法规体系建设不适应当前跨境电子商务的新形势。目前，《中华人民共和国电子商务法》虽已出台，但跨境电商规则多变复杂，除涉及消费者和经营者双方的交易以外，还会涉及非消费者，如本国的商品生产企业、国际运输公司、海关部门等。为了能给跨境电商的发展提供根本保证，需根据跨境电子商务的发展形势，尽快完善法律法规。比如，一些特殊的食品像奶粉、保健食品等需要经过特定备案程序，这给跨境电商的交易带来一定的障碍。在监管过程中还没有有效的监管法规和制度的支持，这需要上层立法和制定一系列的法规制度，“量身定制”监管政策和权力，使得对跨境电商的监管有法可依。

二是各国有关电子商务的法律不一致。由于跨境电商具有全球性的特征，存在无边界的限制因素，各国法律对跨境电商的执行尺度是不一致的，消费者很难通过法律来维护自身利益。因此，对跨境电商法律动态的掌握不能局限于国内出台的法律，还需要及时关注国际法律的现状和动态，吸取国际经验，加强国际间的监管合作，积极参与国际标准化组织或机构制定跨境电商标准规范相关工作，支持推动 eWTP 建设，多部门在执行法律时建立有效沟通，研究国际公约在中国的适用性，及时预防国际公约与中国现有法律间的差别所导致的纠纷，更好地规范和明确跨境电商中商品质量安全的法律责任，实现对跨境电商商品的有效监管，从而增强中国跨境电商在国际上的影响力和话语权，促进跨境电商的健康发展。

二、海关部门对质量安全生态健康的推动

为针对跨境电商发展带来的质量安全方面的风险，海关部门主动采取措施，构建多渠道的风险防控体系。一是准入把关。围绕行业监管和产品准入，制定了跨境电商产品正面清单、企业备案规范等制度。二是事中监管。对进入保税园区的跨境电商货物实施一次性口岸集中检疫，保障口岸公共卫生安全、国门生物安全，并在保税仓和保税区对进境跨境电商商品实施线下抽样监测工作。三是开展线上抽样监测工作，在综试区内，依托跨境电子商务商品质量安全风险国家监测中心（以下

简称国家监测中心），利用大数据分析风险信息，针对高风险敏感商品，开展质量安全抽样检测，发布监测预警信息。

以杭州地区为例，杭州作为全国首批5个跨境电子商务试点城市之一，在跨境电商业务试运行以来，多项指标居全国各试点城市首位，持续不断的创新，引领着跨境电商产业可持续发展，成为跨境电商行业发展的“风向标”。杭州海关尊重市场规律、强化社会监督，按照“遵循电子商务规律，发挥电子商务全程数据留痕、可追溯的特性，创新理念和方法，改革通关监管模式，支持和促进跨境电子商务健康、快速、有序发展”的工作思路，在跨境电子商务零售进出口方面大胆实践，探索出促进跨境电商健康有序发展的制度和方法。

（一）开展风险监测工作的成果

自2016年起，国家监测中心开展了对跨境电商商品的风险监测工作。2019年全年，国家监测中心已执行跨境进口商品抽样监测1195批，其中进口消费品883批，进口食品化妆品312批。包括儿童用品、学生文具、燕窝、保健品、葡萄酒、宠物食品共6个专项抽检计划，进口消费品监测到质量安全风险158批（其中食品化妆品40批、工业消费品118批），食品化妆品风险比率13.7%，工业消费品风险比率13.4%。同时，与天猫国际、网易考拉建立了常态化的跨境商品质量监督抽查合作机制。天猫和网易基于强大的大数据能力，不仅与CCC数据、有机认证数据等对接，而且向国家监测中心输出商品入仓、商品数量、消费者反馈、“神秘抽检”数据等信息，供海关在原有布控基础上完善抽检机制，最后由合作的技术机构负责抽检样品的检测。

（二）溯源管理机制的探索

国内跨境电商行业溯源系统经过几年的发展，逐渐得到推广，但目前仍存在信息片面化、产品单一化、溯源链条短、运营成本高等问题，通过之前的调研，初步拟定了基于二维码的第三代跨境电商溯源体系建设的工作方案，其核心思想是在参考现有单一类型产品溯源系统主要技术的基础上，吸取现有溯源系统的经验，充分发挥后台优势，整合产品全供应链上下游数据，实现复杂环境下数据信息采集、实时传送，追溯内容包含但不限于产品的生产信息、检测信息、物流信息（包括运输环境参数）、通关信息等，并实现终端同步实时更新。通过对加贴溯源码的企业实施认证考核采信，设定准入门槛，以此来规范电商平台和电商企业。

（三）构建质量安全风险联合防控机制

一是与市场监管局签订合作备忘录，共同开展质量共治活动。完善了跨境电商后端的治理，一方面是可以杜绝跨境电商产品再次流入流通领域，在发生举报投诉等情况时双方可共同加强流通领域检查；另一方面是双方对销售假冒伪劣商品行为的查处，多方联动对跨境电商行业进行监管，提升跨境电商产品质量示范效应，推进跨境电商产业健康持续发展。

二是与平台企业建立合作机制。依托跨境电商国家监测中心，先后与天猫国际、网易考拉签署了合作备忘录。通过建立双方的信息互通、数据共享、质量共治、协同处置等机制，探索创立跨境电商平台产品质量治理和跨境电商产品质量安全监管的有效对接模式，开启了海关与电商平台的质量共治行动。

三是建立跨境合作机制。推动杭州市政府、澳大利亚维多利亚州政府、阿里巴巴三方开展跨境电商“互认机制、采信机制、追溯机制、预检机制”的实践，通过国际协作、监管前移、海外预检、全程追溯，突破了产品保质期短、质量安全风险高的生鲜跨境电商产品进口的瓶颈，解决了检测互认、口岸通关、第三方采信、二维码追溯等问题，破除了传统检验监管方式与产品安全风险不匹配的矛盾，实现了“源头可溯、去向可查、风险可控、责任可究”。在关检融合的新时期，今后可利用现有的海关国际合作机制，推进海关AEO互认机制在跨境电商领域内的应用。

三、推动跨境电商生态圈形成多元共治格局的建议

提升产品质量，净化网购环境，光靠一个监管部门或一家企业都是不可能做到的，这需要多方参与，建立责任清晰的制衡机制，打造“政府牵头、部门合作、企业主责”的跨境电商产品质量共治生态体系。根据《关于完善跨境电子商务零售进口监管有关工作的通知》(商财发〔2018〕486号）的要求，地方政府对跨境电商产品质量监控应发挥总牵头的作用；监管部门制定跨境电商产品监测计划，开展产品检测数据分析和评估，实施风险监测和相关调查；跨境电商企业作为产品质量安全的责任主体，为质量安全责任可追溯提供保障。“政、关、企”共治的格局，为企业诚信、产品质量的全程跟踪追溯，维护消费者质量安全利益提供了基本保障，也促使跨境电商告别“成长的烦恼”，走进高质量发展的电商新时代。在构建共治格局上，应重点关注以下方面。

（一）回应企业参与共治的合理诉求

传统意义上的政府监管，是政府职能部门对电商企业的单方面管理，在政府职能转变的当下，质量安全领域方面，需要社会各方的积极参与。督促电商企业落实消减质量安全风险的法定责任的同时，也应正视其在参与质量安全治理方面的合理诉求。从监管向治理的转变，已经从理念逐步转向实践，企业参与共治从发展趋势上已经成为必然，重大监管事项在出台前必须向社会公示就是一个明证。而从跨境电商企业角度来看，一方面面对跨境电商商品的品类杂、来源广、假冒伪劣产品泛滥的情况，单打独斗办不成事，只有多方参与共治，形成制约假冒伪劣的“天网”，才能促进跨境电商产品质量的提升；另一方面，跨境电商企业没有执法权，无法对违规违法行为进行及时、有效的处罚，因此企业迫切需要与监管部门建立联动机制，开展质量共治。

（二）形成多元共治的统一理念

我们认为，在监管转向治理的过程中，关键点在于，习惯于分别监管的政府部门要形成质量安全多元共治的统一理念。首先，需要加强政府监管的同向性。面对海量的跨境电商产品，依靠常规的监管模式和监管机构有限的监管力量，是难以进行有效监管的。传统的监管模式较为分散，海关部门监管（法检商品的）生产领域以及出入境环节，工商部门监管流通领域，商务部门监管宏观规划等，各自监

管职责边界难以闭环，往往会出现各自为政的现象，急需涉及的各行政执法部门厘清各自的权利义务边界，把监管理念从分别监管转变为多元共治，发挥各自优势，形成职能互补。在实现口岸各相关监管部门在准入、申报、查验、监管、放行以及诚信管理等方面的信息互换，在货证核查、后续监督等方面进行监管互认，在资源共享、打击违法、监督抽查等方面进行执法互助的基础上，还需要在监管方向上发出统一的声音，明确市场参与各方的政策预期，从而达到事半功倍的效果。其次，要由政府部门各自监管转变为多方共同治理。跨境电商的监管不是"单行线"，打破现各行政职能部门的职能管理范围，加强政府、行业之间的合作交流。海关对跨境电商的监管仅仅是跨境电商整个链条的一环，尤其是对跨境电商产品质量安全的监管，需要政府部门的共同参与和把控，更需要平台企业自身对跨境电商商品质量的品控，最终在执行层面要做到"并轨"，形成推动质量提升的叠加效应和强大合力，以助力跨境电商产业的可持续发展。最后，要由行政部门执法变为各方依法履行责任。对跨境电商质量安全的监管不仅仅是行政部门的职责，更需要多方履行各自责任。《关于完善跨境电子商务零售进口监管有关工作的通知》对政府、电商企业、电商平台、境内服务商、消费者等各方的责任做了初步的规定，今后还需要在执行细节方面加以完善和明确。例如，要求跨境电商企业建立信息发布机制，可在网站相关页面发布海关检疫提示信息、违法违规行为公示等内容，确保消费者知情权，让企业同行、社会公众对电商企业进行监督。

（三）在综试区率先探索建立质量共治智慧体系

杭州综试区作为全国第一个跨境电子商务综合试验区，应依法履行跨境电商产品质量安全监管职责，先试先行，促成并建立电商企业、监管部门、地方政府三方互动的质量监管机制，推动在杭州综试区率先探索建立质量共治智慧体系，形成可复制、可推广，引导跨境电子商务向自由化、便利化和规范化发展，能在全国推行的"杭州模式"，不负李克强总理的期望，把杭州打造成"跨境电商全国第一城、跨境电商全球第一流"。一是信息共享。应充分利用"互联网+"技术，以大数据分析、物联网、云计算等新兴技术为依托，研究开发全国统一的跨境电商信息化服务平台和通关管理平台，引导各部门在平台上开展跨境电商监管协作，在满足实际监管工作需求的同时，还可以与其他信息化平台进行对接，实现信息共享、数据互通。二是指令集中发出。目前，国家监测中心"一张网、六大平台、九个系统"的信息化应用构架应初具雏形，在全国各大网站、电商平台开展自主监测。下一步，可通过与大型电商平台建立一对一机制，逐步将各平台的监测数据纳入其中，实现"大数据、大统一、大集中、大集成"的功能，为今后监测指令集中发出奠定技术基础。三是政府主导后续处置。应落实地方政府部门担负起监管政策试点工作的主体责任，组织对跨境电商平台在售商品进行网上巡查，及时收集产品的负面评价、退货率、热点商品等信息，牵头建立舆情监测和处置机制，开展多维度的风险评估，向社会做好监测数据的发布。

跨境电商对自主品牌培育的带动作用

杭州市跨境电商综试办、杭州跨知通知识产权服务有限公司、浙江工商大学

在国际贸易摩擦日益严峻的大环境下，跨境电商在全球范围内越来越普及，也受到越来越多的重视，跨境电商的竞争也逐渐激烈，平台和海外仓的红利已逐渐释放，各国对跨境电商的监管也逐渐严格，已占据市场优势地位的企业对小企业的压力也逐渐加大。跨境电商企业将不得不在市场、人才和品牌建设方面投入更大的力量，从拼价格向拼品牌转变。目前正是中国企业通过“一带一路”走向全球的时代，跨境电商是中国企业走出去、开展全球在线零售、建立全球品牌的最好工具。

出口跨境电商经过数年的孕育和发展，已经让一部分工厂型的跨境卖家意识到了培养品牌的重要性，他们开始从后端走向前台，开始构建自身的海外销售渠道，试图改变传统的 OEM 贴牌模式，在扩大出口交易额的同时构建起独特的竞争壁垒，建立海外客户对自身品牌的认知。同时，平台自有品牌化战略将会进一步缩短原有小型卖家的生存空间。供应链管理水平与产品品牌经营能力将成为出口跨境电商卖家的核心竞争力。就卖家自身而言，品牌化将成为其持续竞争的内生动力。

一、中国自主品牌的发展现状

自主品牌（Self-owned Brand）是指由开发主体自主开发，拥有自主知识产权的品牌。自主品牌不仅可以从企业层面包括管理、创新、组织、文化等方面着手建设，而且可以通过产业集群参与国际分工构筑的集群品牌或区域品牌进行建设。我们发现，中国自主品牌建设正在从单纯的产品质量阶段、广告营销阶段、技术和模式创新阶段向品牌个性阶段、体系质量阶段、品牌生态培育阶段、国家整体品牌形象塑造阶段转型升级。中国自主品牌经过改革开放 40 年的积累和由粗放向精细的发展，在新旧动能转换中发挥着引领作用，中国自主品牌建设迎来了真正的以世界眼光、国际标准、中国特色塑造品牌的科学发展新阶段。

本部分将结合传统国际贸易发展自主品牌的背景，从发展现状、走出去的壁垒和难点三个方面，对自主品牌发展现状进行分析评价。

（一）自主品牌在传统贸易环境下培育现状

改革开放 40 年来，我国经济取得了举世瞩目的成就，我国经济总量和进出口总额位居世界第二，是世界第一出口大国、第一制造大国。伴随改革开放的持续深入，一大批中国品牌已在世界舞台崭露头角，中国正在由制造大国崛起成为品牌大国，我国企业的规模与品牌价值正在快速上升。我国自主品牌在传统贸易环境下的发展呈现四大亮点：一是自主品牌建设全面升级；二是“中国制造”向高品质迈进；三是自主品牌国际影响力大幅提升；

四是创新引领品牌发展成为共识。

诚然，我国自主品牌建设取得了骄人的成绩，但由于传统贸易环境固有的模式缺陷影响，中国外贸出口生产商和贸易商，往往很难直接针对境外消费市场开展营销，这加大了培育自主品牌、提升国际竞争力的难度。主要存在如下问题。

1. 传统贸易模式已成为制约自主品牌高速发展的主因之一。我国传统对外贸易的形式在诸多方面已表现出不符合新零售业态和新贸易模式发展的趋势：中间环节过于烦琐，交易成本居高不下；割裂的国际产业链，信息不畅造成产能过剩，品牌效应不强；新技术、新手段无法依托传统模式释放出最大效用。以上这些因素制约着我国自主品牌的建设和发展，无法进一步提升自主品牌的国际竞争力。

2. 传统贸易模式不适合新的国际贸易规则。中国自主品牌企业特别是小微企业面临着新型国际贸易规则的适应压力。在传统贸易环境下，自主品牌企业处于一个相对稳定的贸易竞争和贸易关联状态。但随着跨境电商的发展，逐渐打破旧有的贸易网络，诸多原有的贸易关系不复存在，新的贸易关系不断呈现。这些变化都成为中国自主品牌企业面临的挑战。

3. 传统贸易模式不利于小微企业塑造自主品牌。传统的贸易环境下，小微企业处于相对弱势的地位，话语权很小甚至没有话语权。国内众多小微企业在传统贸易模式下，长期处于贴牌加工生产的地位。小微企业受渠道、资金、产品、技术等方面的制约，面对跨国大公司的竞争，无法通过集聚各类资源，发展自身的品牌，进行品牌的塑造。

（二）自主品牌并购国际品牌过程中的壁垒

中国自主品牌开始频繁地开展国际品牌并购的主因在于，一是国内市场饱和，各企业纷纷通过兼并等方式，吸收开拓国际市场，将跨国经营品牌作为企业未来发展的主要动力；二是企业把吸收国外品牌背后的新技术作为兼并重点，几乎所有被兼并企业都拥有众多专利或前沿技术；三是一些大企业借海外兼并实施企业结构调整。诚然国际品牌并购可以提升自主品牌的建设与发展，但并购过程并非会一帆风顺，常常遇到一些壁垒。

1. 东道国政治与政策保护。近年来，随着中国对外投资覆盖行业及国家和地区的不断增广，中国企业跨国并购国际品牌的投资规模越来越大，并购涉及的高端技术项目增加，而一些东道国出于意识形态的偏见，出于对本国品牌的保护，对来自中国的并购投资设置各种政治与政策壁垒，以国家安全等理由进行干预，对中国企业的跨国并购行为过度解读。

2. 缺乏国际品牌并购的政策引导。由于中国跨国并购起步较晚，跨国品牌并购经验尚不足，实践中存在跟风冒进的现象，有一部分实际上跟我国对外投资的产业政策要求不符合，比如大规模盲目投向体育、娱乐等领域的品牌并购，对国内产业进步的意义不大。自主品牌并购国际品牌要符合国家产业政策，要根据我国各产业的国际竞争力状况，对外进行投资并购。

3. 企业跨国并购构建服务体系不完善。跨国并购涉及东道国法律、财务等规则，而由于国内中介服务不够完善，企业通常需要高价聘请国外中介提供服务，国内自主品牌跨国并购过程中获得中介服务的成本过高，对企业顺利推进跨国并购不利。

4. 跨国并购中的“中国溢价”现象。所谓“中国溢价”现象是指在跨国并购中，多家中国企业为了竞购目标企业，常报出大大高于目标公司正常市场价值的竞标价格的现象，甚至有些国外企业为了抬高并购价格会有意邀请中国企业参加竞价，其目的是多拉几家中国企业去相互抬价，甚至只要中国竞购者加入，海外卖家就直接抬高收购价。

5. 跨国并购后的整合问题。跨国并购并非国内外企业的简单相加，涉及企业全球战略、组织结构和企业文化等多方面的整合，必须通过有效地整合使得被并购的国外企业和原有企业形成一个有机的整体，这样才能实现并购的目标，最终达到促进国内产业升级的作用。

（三）自主品牌培育过程中遇到的难点

当前，在中国经济从要素规模驱动向创新引领驱动转变的关键时期，自主品牌战略的地位和作用正在从辅助、支持向引领、支撑升级，在推动供需结构升级的整体战略中，品牌正在成为发展的新动能、驱动的新模式、增长的新力量。但自主品牌培育过程中依然存在一些难点，特别是小微企业由于自身实力和资源的不足，面临的困难更大。

1. 培育时间短，品牌缺少强势效应。自主品牌是企业自主开发、拥有自主知识产权的品牌，是实现企业价值的核心能力，也是行业发展水平的重要标志。国外的品牌建设都经历长时间的波折和探索才形成强大的品牌影响力。我国的品牌建设，除少数大型企业有长达 30 年的培育，大部分小微企业创立时间短，面临培育时间短，品牌效应不足的困境。

2. 核心技术缺乏支持，资本与人才投入不足。过去“中国制造”大多处于制造业价值链的低端，核心技术不足，缺少自主知识产权的专利和技术标准的产品。当前国内企业的创新能力与研发能力日益增强，但与欧美发达国家的企业相比，还存在一定的差距。特别是小微企业，在核心技术研发投入上捉襟见肘，难以进行大规模的核心技术创新升级。

3. 自主品牌的营销策略不成熟。品牌营销是通过市场营销使客户形成对企业品牌和产品的认知过程。长期以来，我国多数企业主要以产品和价格的策略来参与并赢得国际市场竞争，而忽视了品牌营销的策略。随着互联网的发展，酒香不怕巷子深的时代已经成为过去，品牌营销的重要性不言而喻。小微企业相对于大型企业而言，更加缺乏营销方面的人才和储备。

4. 国际分销渠道掌控力缺失。传统贸易模式下，国际分销渠道的最后一段，往往掌握在国外渠道商的手中。在这种情况下，具有渠道管理能力的企业，才有通过分销渠道影响境外消费者的能力。渠道的缺失，还包括了在中间环节的批发、分销等系统中的掌控能力，形成了在行业中的各种渠道的管控能力。传统的贸易模式下，我国企业对分销渠道缺失的掌控较弱，造成无法开展品牌运营。

5. 疏于管理，影响品牌形象。品牌形象是指企业或其某个品牌在市场上、在社会公众心中所表现出的个性特征，它体现公众特别是消费者对品牌的评价与认知。中国自主品牌企业，无论是大型企业还是小微企业，对品牌形象的重视程度均落后于国外企业，多数不成功的品牌建设源于对企业自身的管理经营不善，从而影响企业品牌形象。

二、跨境电商对自主品牌培育的带动作用

跨境电子商务是指分属不同关境的交易主体，通过互联网平台达成交易、进行支付结算，并通过跨境物流送达商品、完成交易的一种国际商业活动。跨境电商平台作为交易磋商与服务的载体，具有跨空间、跨文化、跨社会心理的特点，在平台各种规则机制的调整下，卖家和买家之间有平等的交易模式，消除虚假影响，卖家可以更专注于做好产品、营销和服务，从价格竞争阶段，进入差异化“品牌竞争”阶段，从而推动自主品牌的培育。

（一）跨境电商对传统贸易流通环节的变革

随着信息技术的进步和经济全球化发展，消费者的消费行为和消费习惯已发生显著变化。跨境电子商务崛起迅速，加快了全球商品贸易流通速度，从而有效缩短了传统贸易流通的环节，使其产生了重大变革。传统的订单模式也正在悄无声息地发生着变化，越来越多的大额订单被小额订单所取代，这些小额订单正是小微企业在互联网模式下生存发展壮大的见证。依据我国商务部的统计：我国小微企业在跨境电商平台注册的比率已经达到的95%以上，充分说明跨境电商平台已经成为我国小微企业发展重要的阵地。跨境电商在国际贸易流通环节的优势主要体现在如下几个方面。

1. 跨境电商有效地缩短了贸易流通的环节，商品交易的效率不断提升。以国内小微企业生产的商品销售给国外的消费者为例，传统贸易的模式由国内小微企业制造商生产产品作为起点，需要首先将产品销售给外国的进口商。之后，贸易流通过程中的环节，均不由我国的国内生产商或出口商控制。后续的营销、品牌培育等过程，俱为外国进口商、外国批发商以及外国的零售商所控制（见图3-11）。品牌培育的过程，以及品牌价值的收益，均由外国的企业所获取。

图3-11　传统贸易的流通环节与过程

跨境电子商务提供了多样性的国际流通环节的组织，既可以通过跨境电商平台直接面对国外消费者（如图3-12的第三条路径）；也可以商品大批量地卖给国外网商（如图3-12的第一、二条路径），即使采用了第一、二条路径，仍然可以对外国消费者开展营销，培育消费者的品牌忠诚度。

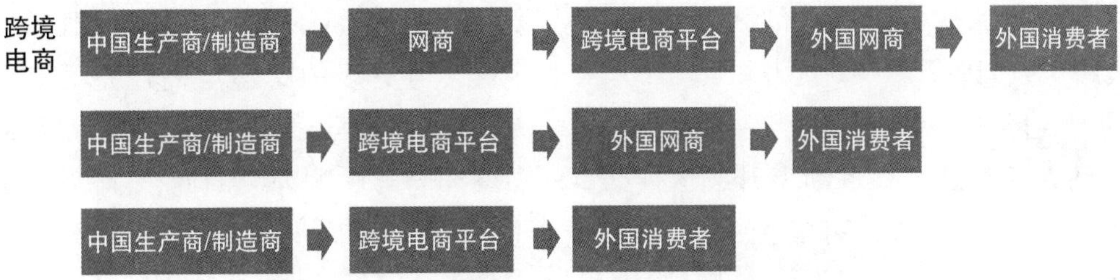

图 3-12 跨境电商的贸易流通环节与过程

通过对图 3-11、图 3-12 的传统贸易和跨境电商贸易流通环节与过程的比较，可知跨境电商组织了多种形式的商品传递过程，以及直接的信息传递与沟通，从而为品牌营销提供了便利。

2. 跨境电商的贸易模式有效地提高了企业的盈利能力。在我国传统的贸易模式中，生产企业仅仅需要做好生产工作，其他工作全部由代理公司来完成，国内外的消费者与生产商之间隔着多个交易环节，每经过一个环节都会被分走一层利润，小微企业可获取的利润很低。通过跨境电商平台，中小企业打破了中间商的垄断，消费者可以在互联网平台上挑选适合自己的产品，跨境电商平台已经取代了中间商成为为小微企业服务的平台，不断为小微企业提供服务，降低其成本，增加利润。

3. 小微企业参与跨境电商门槛较低，参与外贸的机会变得越来越多。跨境电商平台 Amazon、eBay、Aliexpress 等 B2C 平台在为小微企业提供通关、集货配送等服务方面提供成本低廉的解决方案，为其在不具备进出口资质情况下提供高效低价服务方面做出了重要的贡献。

4. 跨境电商有效增强了小微企业产品市场定位能力。发展相对成熟的跨境电商平台有专业的团队对小微企业产品进行把控和操作，有效引导小微企业开展有针对性的创新，帮助其对客户进行精准定位，寻找到真正有需求的客户。

（二）跨境电商对传统外向型制造业变革的推动

制造业是人们认识和解释中国经济增长的一个主要切入点。对于中国制造业的一个基本判断是：在经济发展日益全球化的今天，许多跨国企业为了重新调整资源在价值链上的分布结构，舍弃了利润越来越低的制造环节，而凭借低廉的劳动力成本和巨大的市场潜力等优势，中国制造业承接了这一产业转移。结果是在过去 30 年，中国很多开放地区大量地吸收了国际跨国公司的直接投资、产业转移和外包订单，使一些劳动密集的、附加价值较低的、加工贸易为主的制造业得到了迅速的成长。目前中国的许多出口产品也都是以 OEM 方式进行外贸出口。在美国商场里，诸如纺织品、玩具、电话机等几乎一半以上是贴着外国商标的中国制造。中国已经成为世界制造业大国，名副其实的“世界工厂”。

但是，企业从事多年的 OEM 生产之后，有可能对市场失去了应有的敏锐性：设计和销售都与自己无关。而市场始终是企业经营的风向标，一个忽视了市场的企业必将受到市场的淘汰。特别是技术这一关键生产要素控制在对方手中，使得企业只能从事低附加值生产，利润中的70%～80%被跨国公司收入囊中。

同时，随着我国经济发展与社会进步，劳动力成本已经在逐渐上升，这样必然逐渐失去相对优势，跨国企业的OEM业务已经转向越南、印度为代表的东南亚和南亚等国家和地区。

为了实现我国制造业的持续发展，必须突破现有的全球分工中的地位，逐渐地从OEM向OBM过渡，通过自主研发向附加值高的环节攀升，拥有自主产权并建立自己的品牌，从而获得长久的竞争优势。

而跨境电商正为制造业的这种变革提供了可能。在跨境电商模式中，中国电商卖家直接从制造商购入商品，或者电商卖家本身就是产品制造商，可以自行决定销售商品的种类和品种，掌握商品的销售信息和顾客的需求状况，决定商品的促销方式和策略。如此便减少了与过去中间商之间的利益协商与偏差，降低追求品牌效益的过程中不必要的损耗和浪费，从而部分实现品牌无形资产的升级。

（三）跨境电商背景下发展自主品牌的机遇

各跨境电商的品牌发展体系仍不完善、不成熟是当前的一个重大历史机遇，说明自身的品牌建设空间非常大。截至2019年9月，我国跨境电商平台企业已超过5000家，境内通过各类平台开展跨境电子商务的企业已超过20万家，并且这一数据随着“一带一路”倡议的提出和国际贸易的深化发展还在不断扩大。这其中虽然有Aliexpress、DHgate、Banggood、Lightinthebox等自身成长发展起来的知名跨境电商平台，也有依托原有品牌发展起来的Anker、Ecovacs、Oneplus等知名跨境电商企业，但更多的跨境电商还是无名之辈，无论在国际上还是在国内都没有较高的知名度和品牌影响力。因此，以品牌建设谋求企业的长远发展是我国跨境电商今后的一个重要发展方向。

1. 以各国政策与平台规则为导向，强化品牌意识

随着“一带一路”倡议的提出，越来越多的中国企业借助跨境电商模式进军全球市场，中国品牌也逐渐撕掉了贴在中国制造产品上“廉价”“无新意”的标签。近年来，“品牌出海”也成为跨境电商行业的主旋律，各大电商平台也将工作重心放在助力卖家实现品牌化上，如阿里速卖通启动“国货之光”计划，打造国产美妆出海品牌；eBay推出“千帆计划”，助力具有制造能力和品牌基础的传统出口企业建立品牌效应；亚马逊全球开店推出“品牌+计划”，有利推动中小卖家的“品牌出海”。

2. 以产品创新为核心，增强品牌竞争力

随着跨境电商品牌意识的进一步强化，越来越多的中国品牌凭借产品质量、技术创新和品牌沉淀在国际市场上站稳脚跟，成为中国品牌出海的成功典范。在跨境电商的发展初期，传统的“铺货”模式一定程度上能够帮助跨境卖家打开市场，但在自主品牌建设方面存在巨大风险。近年来，越来越多的跨境电商卖家基于我国供应链资源优势和生产制造能力，不断优化自身的产品。企业与消费者之间的关联是通过产品建立起来的，如何打造产品直接关系到消费者的体验，更是自主品牌建设的核心动力，越来越多企业打造精品模

式，推动自身的产品创新，提升自主品牌的核心竞争力。

3. 以渠道拓展为路径，提升品牌认知度

在跨境电商背景下，企业能够通过跨境电商平台和自有独立站将产品对接到全球市场，同时借助互联网媒介进行跨媒介的数字化营销。随着跨境电商的发展，近年来，越来越多的企业基于跨境电商线上渠道，进一步拓展海外市场的线下渠道，与此同时，多样化的互联网媒介成为企业产品展示和品牌宣传的有效渠道。多渠道的销售模式和多媒介的推广模式逐渐成为跨境电商背景下的企业运营模式，多渠道的拓展极大提升了企业与消费者的沟通效率，优化产品的服务质量，品牌的认知度也得到进一步的提升。

（四）跨境电商背景下小微企业直面消费者有助于自主品牌培育

跨境电商以其自身的市场发展潜力和影响力在全球中处于领先地位。我国的小微企业借助跨境电商环境，减少了中间流通环节，直面消费者，有助于对自主品牌的培养，具体如下：

1. 跨境电商能使小微企业在国际营销中节省大量时间和资源

跨境电商是一种新的商业模式，它对企业营销活动的深远影响，具体表现在两个方面：一是跨境电商改变了营销方式，跨境电商帮助企业将业务拓展到全球市场，买家和卖家可以通过互联网进行谈判和签订合同，跨国交易时间和空间上的障碍被网上交易过程消除了，数字形式的信息和资金也得以顺利流动，交易效率大大提高。企业的采购、生产、宣传、销售等也将相应调整；二是跨境电商改变了营销模式，电子商务交易是即时的，超越了时间和空间的限制，这些特点使得企业与客户之间能够建立点对点的沟通渠道，企业可以针对消费者的个性化需求，制定相应的营销策略。电子商务能够帮助企业打破大众营销模式，建立基于消费者个人需求的营销关系。

2. 跨境电商能使小微企业在自主品牌培育中降低成本、增强互动性

中国的小微企业不擅长做广告，跨境电商提供了一个广阔的平台，方便他们推广自己的产品。电子商务作为新兴的商业模式和终端渠道，正在改变着传统的品牌运营模式。由于替代传统的物理空间与交易流程，在线的跨境电子商务有效地节省了企业的宣传成本，如展览的成本、滚动、传单等。利用跨境电子商务构建自主品牌不仅可以节约宣传成本，还可以实现即时更新品牌和产品信息。跨境电商可以帮助小微企业降低广告成本，提高自主品牌建设的营销效率。同时，电子商务可以利用图像、视频等为小微企业的产品和品牌进行宣传，强化宣传效果。无论是品牌建设还是品牌维护，都需要与客户、外部企业和内部员工进行双向互动。跨境电子商务具有互动性的特点，可以实现双向沟通和信息共享，满足小微企业的互动需求。

（五）跨境电商自主品牌的成长模式

在跨境电商环境下，我国企业出现了多种模式的自主品牌成长模式，我们根据典型企业、成长轨迹和发展类型，归纳为四种最为典型的跨境电商自主品牌成长模式。包括：产品品牌成长模式、品类品牌

成长模式、渠道品牌成长模式和服务品牌成长模式，跨境电商不仅能为产品塑造品牌，还能为社交形象、传统老字号、区域经济，以及传统专业市场等培育国际品牌。

1. 跨境电商产品品牌成长模式——以安克 Anker 为例

跨境电商产品品牌是指企业以产品创新为核心，不断提升产品品质，完善产品功能与设计，在优质产品迭代的过程中打造自主品牌，从而形成以产品优化为特征的跨境电商自主品牌成长模式。特点是有很强的产品研发和设计能力，产品的 SKU 相对比较少。如安克创新，主要生产移动电源、充电器、蓝牙外设、数据线等智能数码周边产品，用技术创新来满足消费者对于产品品质、功能、设计等方面的需求，以产品创新来提升安可品牌在国际市场上的竞争力，从而在北美、日本以及欧洲市场实现自主品牌的快速成长。在 Google 联合 WPP 发布的《2019 年中国出海品牌 50 强报告》中，Anker 在榜单中排名第十，不但超过了格力电器、中国石油、南方航空等一些国内知名的品牌，也以领先两名的优势超越了深耕国际市场多年的中国银行。

产品品牌成长模式的代表还有：Ecovacs、Oneplus、Wantdo、Aukey、Soufeel 等。

2. 跨境电商品类品牌成长模式——以 SHEIN 为例

跨境电商品类品牌是以生产或销售某垂直类别相关的产品为主的品牌。特点是产品的类别比较聚焦，核心优势是深耕垂直行业供应链和用户深度运营。但在这一类别中，提供比其他百货渠道更丰富、更全面、更专业的选择。在跨境电商背景下，借助新型贸易模式和互联网媒介，根据海外消费者的需求，设计、生产对应的上下品类产品，从而打造自有品牌。如 SHEIN 服饰精准把握海外消费者需求，以休闲时尚风格女装为主要产品，通过品牌化运营，实现跨境电商的快时尚自主品牌成长模式，业务范围辐射美洲、欧洲、亚洲、大洋洲和非洲等英语、葡萄牙语、俄语和西班牙语等市场，在全球范围内拥有超过上千万粉丝，在中东移动端 App 下载量长期雄居前五，2018 年通过自建独立站 SHEIN，实现销售额 2 亿元。

品类品牌成长模式代表还有：ZAFUL、Gearbest、Baseus、Songmics、Stylewe 等。

3. 跨境电商渠道品牌成长模式——以执御 Jollychic 为例

跨境电商渠道是指企业在海外市场搭建的跨境电商平台，借助跨境电商模式对接国内供应商和海外消费者，通过平台建设与运营，实现海外消费者的购买。围绕着购买过程和用户体验，提升平台的服务质量，打造跨境电商平台的渠道品牌。如执御扎根中东市场，以自营模式为主，通过搭建跨境电商平台，建立价格机制，并负责后续的运营、推广、头程和物流等环节，成为中东最大的跨境电商渠道品牌，实现了跨境电商渠道品牌的创建与成长，近五年 GMV 持续保持每年 300% 以上增长，累计注册用户数 3500 万以上，Jollychic 所覆盖中东地区海湾六国的互联网用户在 82%左右。

渠道品牌成长模式代表还有：Club factoy、Tomtop、Banggood、Aosom、Lightinthebox 等。

4. 跨境电商服务品牌成长模式——以连连支付为例

跨境电商服务是指在企业与海外消费者进行跨境电商交易过程中，服务于整个过程的支撑环节，如支付、物流、法律等。跨境电商的服务质量直接影响海外消费者的购买体验，服务品牌的打造关系到跨境电商交易过程的效率和质量。如连连支付面向跨境电商企业端，为全球跨境电商中小企业提供优质、高效的服务，占据了跨境收款市场，并逐渐形成跨境电商的服务品牌效应。

服务品牌成长模式代表还有：递四方、跨知通、亿邦动力、一达通、Ping-Pong 等。

（六）跨境电商对自主品牌培育的优势与特色

我国跨境电商企业利用跨境电商培育品牌的优势与特色如下：

1. 有效减少跨境电商企业进行自主品牌培育的市场风险

依赖跨境电商平台为中国跨境电商开拓海外市场提供了便捷的渠道，同时依托跨境电子商务平台背后的“互联网+”的力量，依据平台操作过程中积累的大量数据进行统计分析，使我国跨境电子商务企业从依赖经验转变为依赖数据分析结果进行自主品牌培育，从而决定企业的市场定位和品牌选择。同时通过交易数据进行风险调控，进行风险管理，降低了企业进行自主品牌培育的市场风险。

2. 降低跨境电商企业进行自主品牌培育的成本

相比于传统的对外贸易方式，跨境电商平台可以将企业的采购、销售、服务、消费反馈、营销策略及品牌培育等环节联系起来，从而在平台上直接进行自主品牌培育，无疑借助跨境电商平台进行跨境贸易是中国跨境电商企业打造线上品牌和建立全球化网上品牌营销渠道的最佳途径，可以在很大程度上减少跨境电子商务企业进行自主品牌培育和构建营销网络的成本。

3. 使“互联网+”的力量与“中国制造”实现优势互补

根据 2018 年《中国电子商务报告》，我国出口跨境电商产品中 3C 电子产品占比较大，比例高达 37.7%，说明“中国制造”的优势仍然突出，借助“互联网+”的力量，利用交易数据能够更精准把握消费者喜好，实现精准生产，降低成本，加之借助跨境电商交易平台有效降低中间成本，从而提高“中国制造”的利润率水平。

（七）跨境电商背景下自主品牌建设的政策建议

1. 我国跨境电商品牌发展面临的挑战

随着跨境电商行业的迅猛发展，跨境电商企业与日俱增，跨境电商间的竞争日趋激烈。激烈的市场竞争使得跨境电商间的竞争模式不谋而合地走向了传统行业的价格战，使得跨境电商的利润率持续下降，跨境电商企业的生存与发展受到严重阻碍，究其原因，有以下两个方面：一方面，跨境电商与传统贸易的相似性，价格战的根源在于跨境电商与传统贸易的区别只是在于从销售方式上进行了技术革新，或者称为一种新型的同质化竞争，其本质属性并未有所差别；另一方面，品牌建设意识不强，我国许多跨境电商企业的经营管理人员将主要精力放在了平台建设、物流体系建设、投融资等方面，对品牌等无形资产的重视不足，造成品牌知名度低，只能依赖于在价格上相互厮杀。因此，树立品牌意识，加强品牌建设，获得品牌溢价，用品牌作为企业的差异化竞争策略是跨境电商企业取得长期稳定发展的必由之路。

2. 我国跨境电商品牌发展的建议

（1）建议依托“一带一路”倡议，发挥我国跨境电商企业的先发优势，为相关沿线国家培养跨境电商人才，提供跨境电商品牌展示基地，构建中国“跨境电商品牌”软实力体系。

（2）在中美经贸摩擦的大背景下，参照出口保险等模式，建议设立国家跨境电商品牌海外维权基金，应对国际贸易摩擦对企业带来的冲击。并联合国家部委探索跨境电商品牌出海促进政策，为自主品牌优化营商环境。

（3）为配合国家“普惠金融”政策，建议设立国家“普惠金融”跨境电商白名单制度，为优质跨境电商企业自主品牌培育过程中市场推广、设计研发、形象维护等活动，提供资金支持。

（4）依托世界知识产权组织（WIPO），构建跨境电商自主品牌的保护规则。在跨境电商背景下，自主品牌的创建形式和传播方式具有了新的特征，推动世界知识产权组织构建跨境电商自主品牌的保护规则，有利于跨境电商企业创立自主品牌，合理有序地参与国际竞争。

（5）进一步完善区域品牌的设计与推广，融合集群企业产品优点，鼓励小微企业充分利用政府打造的区域品牌整体形象，发挥资本、技术、人才等要素的集群效应，带动中小微企业自主品牌的推广与宣传。

（6）探索跨境电商出海品牌价值评估体系建设，每年发布品牌影响力指数。比如，跨知通出海品牌研究院连续两年在5月10日发布“OutrunBrand 中国跨境电商出海品牌30强推荐榜”。可以引导更多的品牌研究机构参与到这样有益的探索和实践中去。

（7）充分利用好企业所在地的“商会网络”资源，联合各地商会组织跨境电商企业了解跨境电商品牌运营、推广先进经验，形成自主品牌的创新优势。

（8）企业应运用数字技术创新跨境电子商务交易模式，建立跨境电商产品质量控制、售后服务等品牌塑造体系，积极应对跨境电商平台规则调整所带来的风险，保障跨境电商自主品牌长远发展。

（9）充分挖掘高校人才资源，利用在国内外留学生资源，了解不同文化环境下产品品牌的建设内涵，发挥口碑效应，为品牌出海夯实人文环境。

课题承担单位（排名不分先后）：杭州市跨境电商综试办、杭州跨知通知识产权服务有限公司、浙江工商大学

课题组成员（排名不分先后）：施黄凯、陈卫菁、葛一波、潘思蔚、丁玲玲、余坚、杨一然、王苏宁、高进军、周广澜、陈庭贵、许翀寰、费玉莲

执笔人（排名不分先后）：周广澜、高进军

哈尔滨对俄跨境电商优势及对策研究

哈尔滨市商务局　赵凤梧

哈尔滨地处东北亚中心，对俄罗斯经贸合作具有得天独厚的优势。作为全国对俄合作中心城市，2018 年 7 月，国务院批复哈尔滨为国家第三批跨境电商综试区，这一国家重大政策红利，对今后哈尔滨对俄跨境电商产业发展必将产生积极而深远的影响。本文浅谈哈尔滨对俄跨境电商优势及对策，愿与大家一同分享交流。

一、哈尔滨对俄跨境电商优势

（一）地缘优势明显

众所周知，哈尔滨是我国与俄罗斯毗邻的最大中心城市，是第一条欧亚大陆桥和空中走廊的重要枢纽，也是全国对俄经贸合作的前瞻地和“枢纽站”，在黑龙江打造“一窗四区”建设中具有不可替代的优势。这一国内其他城市无法比拟的地缘优势为对俄跨境电商新业态的快速发展创造了积极有利的条件。

（二）政策优势突出

近年来，哈尔滨市先后出台了《哈尔滨市创建国家电子商务示范城市工作方案》《哈尔滨市电子商务行动计划》《哈尔滨市对俄经贸合作战略实施方案》《哈尔滨跨境电商综试区实施方案》等一系列重大举措；哈尔滨综合保税区、哈尔滨新区、哈尔滨自贸试验区、哈尔滨临空经济区和国际十大航空枢纽城市先后设立并突出对俄特色，已经成为承载对俄跨境电商产业发展功能的有力支撑。特别是哈尔滨跨境电商综试区获批后，哈尔滨市委、市政府高度重视跨境电商产业发展，充分利用中央外经贸发展专项资金和地方政府产业扶持资金，大力发展对俄跨境电商产业，努力打造跨境电商生态系统。

（三）物流优势凸显

目前，哈尔滨有对俄航线近 10 条。哈尔滨至俄罗斯叶卡捷琳堡电商物流货运包机是国内首条对俄电商货运包机，开创了国内先例，实现飞行近 700 班次，实现贸易额 14 亿美元，对俄邮政小包出口额占全国对俄小包出口总额的 30%。哈尔滨市现已成为国内对俄电商出口零售额最大的城市。对俄航空通道品牌优势业已确立、对俄电商邮政陆运通道已经开通、哈俄班列位于东线中欧班列发运前列、哈俄公路运输货运量逐年提高，现已形成较为完善的航空、铁路和公路“三位一体”立体化跨境物流运输体系，全国对俄物流集散中心地位初见成效。积极拓展对俄海外仓建设，目前，哈尔滨对俄海外仓 3 个，总面积近 20000 平方米。其中俄速通莫斯科海外仓是国内首个对俄大型海外仓，服务企业上千家，客户覆盖创维电视、小米手机、海尔、华米手环、罗马士等近百个国内品牌，2019 年对俄电商物流及供应链业务出口贸易额 9. 19 亿元，占哈尔滨市对俄出口贸易的 57%，成为拉动哈尔滨市对俄贸易快速增长的重要力量。

（四）金融优势独特

在对俄金融汇兑结算上，哈尔滨银行是全国最大的开办对俄金融业务试点的银行。2013 年，哈尔滨银行成为卢布现钞调运指定银行，构建“中俄跨境电子商务在线支付平台”，开展境外国际卡线上支付收单和俄罗斯境内电子钱包、支付终端机、移动支付业务，为哈尔滨市开展对俄跨境电子商务搭建了安全便捷的金融服务平台。现与俄罗斯 100 余家银行建立了代理行关系，建起覆盖全俄的代理行网络及自由通畅的对俄汇兑结算平台。2018 年哈尔滨银行作为中方发起人及主席单位，联合俄罗斯联邦储蓄银行发起的首个中俄金融机构交流平台——中俄金融联盟，对俄的本外币清结算业务网络覆盖俄联邦全境。在供应链金融服务方面，2018 年 3 月，俄速通公司成立了黑龙江首家商业保理公司，为国内品牌商、制造商出海俄罗斯提供供应链金融服务。

（五）人才优势充足

哈尔滨现有 51 所高校，在对俄跨境电子商务人力资源方面具有极大的优势，拥有众多俄语与信息技术人才。哈尔滨多所高校都开设俄语专业，黑龙江大学俄语专业综合实力居全国前列，哈尔滨工业大学与哈尔滨工程大学培养了大量的信息化人才，而且黑龙江多所高职院校都开设了电子商务专业，培养大量电子商务与信息技术的应用型人才。目前，哈尔滨跨境电商综试区“一区多园”集聚了大批信息技术企业及对俄跨境电商企业，为开展对俄跨境电子商务提供大量的人才储备与优质技术服务。

二、哈尔滨发展对俄跨境电商对策

（一）整合优势资源，培育核心竞争力

充分利用哈尔滨获批国家跨境电子商务综合试验区政策红利，利用哈尔滨市现有跨境电商产业基础和发展优势，突出对俄及北美特色，通过整合对俄跨境包机的物流优势，对俄跨境电商结算平台优势，具有一定俄语基础的电子商务人才优势资源，打造对俄跨境电商核心竞争力。要进一步开辟新的对俄物流通道，开发公路、铁路、水运等国际多式联运对俄物流通道。加强对俄金融服务平台建设，培养复合型电子商务技术技能型人才。在扶植本地对俄跨境电子商务企业亿林网络、赛格文化、中孚伟业、俄速通、航天信和、龙运荟商、陆港公司的同时，积极引进国内外具有较高知名度、有示范引领作用的电商企业落地，形成集聚效应，努力把哈尔滨打造成全国对俄及北美跨境电商集聚中心。

（二）创新发展模式，提高服务质量

哈尔滨市对俄跨境电商产业实现高质量发展，要积极创新发展模式，不断提升竞争优势。要充分发挥外贸综合服务平台优势，做大做强对俄及北美跨境电商进出口业务。在进口方面，充分依托哈尔滨综合保税区保税备货功能，利用航天信和供应链优势，进一步加大对俄罗斯食品进口规模，满足国人对俄罗斯食品消费的需要；在出口方面，发挥俄速通供应链外贸综合服务平台优势，全力打造“物流服务—贸易服务—金融服务”的跨境供应链

模式体系，提供跨境电商产业链服务，汇聚制造生产、电商平台、仓储物流、金融支付、外贸综合服务等各类企业，实现跨境电商生产要素和产业集聚。发挥北美包机物流优势和口岸优势，拓展北美跨境电商进出口业务，从采取低价竞争策略转向高附加值产品竞争、品牌与综合服务竞争。通过强化服务、提供差异化服务，实现品牌溢价，树立良好品牌形象，更好地为对俄跨境电商企业服务。

（三）实施本土经营，防范化解风险

俄罗斯是传统意义上的欧洲国家，有着自己独特的语言体系和民族文化，俄罗斯消费者更容易信任和接受本国电子商务公司。面对合法、合规化运营大趋势及日新月异的俄罗斯电商新政，实施本土化运营，可以吸引俄罗斯本土电子商务人才，既可以减少通关障碍、完善物流和降低支付风险，还可以利用本地人才进行网络营销推广。国内有实力的对俄跨境电商企业，要加强与俄罗斯本土电商企业全方位合作，这样在财税、商检、通关、储运等方面，就可以充分利用当地人才资源等优势，及时有效规避各种风险和贸易壁垒。

（四）完善口岸功能，拓展业务范围

目前，哈尔滨口岸功能还不完善，多数口岸不具备资质，包括进境食用水生动物口岸、进境冰鲜水产品指定口岸、进境粮食指定口岸和进境汽车整车口岸等均未获国家批复。一些已经获得资质的口岸包括进境肉类指定口岸和进境水果指定口岸，由于项目正在建设中、需要完善基础设施等原因，尚未获得国家验收通过，因此至今无法投入运营使用。政府要下大力气加强口岸功能建设，完善口岸功能，拓展业务范围，特别是要积极向国家申请适合跨境电商进口业务的口岸获得资质，彻底解决因口岸功能不完善导致跨境电商进口品类单一和品种不全问题，为跨境电商进口业务快速发展提供强有力的口岸支撑。

跨境电商对自主品牌培育的带动作用

武汉市商务局

在“一带一路”政策和全球经贸一体化的大环境下，跨境电商呈现出惊人的发展潜力。

在跨境电商产业高速发展及其高额红利下，一批批新的跨境电商平台正在快速崛起。据统计，中国跨境电商出口主要目的国为美国（15%）、俄罗斯（12.5%）、法国（11.4%）、英国（8.7%）、巴西（6.5%）、加拿大（4.7%）、德国（3.4%）、日本（3.1%）、韩国（2.8%）、印度（1.6%）和其他国家及地区（30.2%）。这些数据都表明流往新兴国家的出口额在中国跨境出口总额中占比不小。近年来，我国的跨境电商龙头企业无一例外地将势头瞄准了新兴市场。2017年6月，阿里巴巴再次向Lazada（来赞达，东南亚地区最大的在线购物网站之一）注资10亿美元，持股由51%增加到83%。至此，阿里巴巴已向Lazada注资达20亿美元，可见阿里巴巴开拓东南亚市场的雄心；与此同时，2015年年底退出俄罗斯市场的京东正在积极与俄罗斯X5零售集团（俄罗斯第二大零售商）展开谈判，并在2018年年中双方开始联合营销活动，京东计划在俄罗斯设仓，争夺俄罗斯市场。可见中国跨境电商出口企业瞄准的正是潜力巨大、正步入高速发展期的新兴市场。

一方面，中国制造需要拓展“一带一路”新兴市场；另一方面，新兴市场电商也急需优质的中国制造产品，而这对于中国对外贸易产业及中国制造来说都意味着新的机遇，同样也是新的挑战。不少跨境电子商务交易平台商和大卖家均表示，跨境电商市场红利不少但门槛也在不断提高，对于寻求“出海”的中国制造而言，促进中国制造“品牌化”发展刻不容缓。因此来自新兴市场的需求也是促进中国制造加快“品牌化”进程的主要推动力。本文将通过分析我国外向型企业自主品牌现状，探析跨境电商对自主品牌培育的带动作用。

一、跨境电商对发展进出口贸易的基础性作用

随着电子信息技术和经济全球化的深入发展，电子商务在国际贸易中的地位和作用日益凸显。对于我国对外贸易产业而言，发展跨境电商产业已经成为趋势。

（一）进一步扩大我国进出口贸易成交规模

与传统进出口贸易额增速下滑不同，我国跨境电子商务正呈现勃勃生机。

从进出口交易规模及其增速来看，2015年和2016年，我国进出口贸易总额分别为24.6万亿元和24.3万亿元，同比下降6.99%和1.02%。与此同时，2008年到2018年，跨境电商交易规模年复合增速达到25.7%，这大大高于同期进出口贸易总额增速。事实上，中国出口规模已经持续8年呈现增速下降的趋势，2018年出口总额增长率虽有回暖，达到7.1%，但仍

低于跨境电商出口增长率。且从阿里巴巴、环球市场、敦煌网、兰亭集势等大型跨境电商平台目前公布的数据可以看出，跨境电商的同期增长率远远超过国家整体的出口增长率。

从跨境电商进出口额占我国进出口交易总规模的比重来看，2008 年跨境电商进出口额仅占中国进出口总额的 4.4%，根据艾瑞咨询《2012—2013 年中国跨境电商市场研究报告》数据显示，2012 年中国跨境电商进出口交易额为 2.3 万亿元，同比增长 31.5%，占整体进出口贸易额的 9.5%。2013 年我国进出口总额达到了 25.8 万亿元，超越美国成为全球最大的贸易国家。其中，跨境电商模式进出口交易额就达到 3.1 万亿元，同比增长 31.3%，占年度进出口额的 12%。据 2018 年最新数据显示，2018 年中国出口额约为 16.42 万亿元，中国出口跨境电商交易规模约为 7.9 万亿元，同比增长 25.4%，跨境电商出口额占总出口规模高达 48%。其中 B2B 市场出口交易规模为 6.5 万亿元，同比增长 27.5%；B2C 零售出口市场交易额为 1.4 万亿元，同比增长 16.7%，可见跨境电商 B2B 与跨境电商零售同步飞速增长的趋势。我们甚至可以预见到不远的将来，电商模式将主宰中国对外贸易产业。

（二）减少我国进出口贸易成交成本

电商平台作为信息化时代的产物，不仅是便利的交易平台，更是为企业节约成本的利器。在进出口贸易中，运用电商平台可以减少整个贸易流程的交易成本。按照经济学理论，只要进行交往互换活动，就会产生交易成本。以数据收集环节为例，网络大数据时代商业信息的搜索成本不断降低。每一次贸易的进行都需要对大量信息数据进行处理，目前我国有 90% 的企业不同程度地运用计算机网络技术，如商品交易中心或批发市场使用信息网络技术创建商品管理与交易系统，动态发布商品的供给与需求及价格信息，这减少了咨询、交易、统计、财务等传统贸易方式中需大量消耗的时间和人力资源。

在电子商务环境下，由于互联网和信息技术的支撑，贸易活动从展开到结束的每一个流程或者环节的成本都得到降低，从而达到大幅降低交易活动总成本，以此提高企业的生产率与贸易活动的效果。

（三）促进我国外贸转型升级

第一，跨境电商产业发展促进专业外贸服务升级。与跨境电商贸易过程相关的信息流、商品流、物流及资金流已由传统的双边逐步向多边的方向演进，并呈网状结构。目前跨境电商企业可以通过 A 国的交易平台、B 国的支付结算平台、C 国的物流平台，实现国家与国家间的直接贸易。因此，为适应新的贸易发展大环境，需要跨境电商企业对外贸服务及产业链进行专业化升级，并参与到跨境电子商务贸易环节中去。这不仅能带动行业的又一次发展，还能在国际化竞争中不断完善我国跨境电商服务水平，提升我国跨境电商企业的风险应对机制。以创新无限信息技术（武汉）股份有限公司为例，公司位于东湖高新集团旗下园区，公司打造的 Utsource 电商平台在国际电子行业圈中已拥有一定的知名度，目前平台上架 140 万种电子产品，收录产品类型总共 400 万种。法语、西班牙语、德语、俄语等多语言平台已实现上线，加大了市场的覆盖率。历经11年发展，建立起一套高效且完善的线下运营体系，当前平台订单从订单确认、采购、齐套、装箱、发货，完全由平台线下运营团队负责，日处理订单量能力达到1000单，注册用户已超过30万人，活跃用户5万人，用户主要分布在美国、加拿大、俄罗斯、墨西哥、巴西、西班牙、法国、意大利等欧美主要国家和地区，平台拥有高回访率的客户。同时加大了平台的招商力度，让已经为Utsource服务多年的供应商直接入驻自营，并对阿里巴巴的跨境电子频道的电子产品供应商进行招商，并依据Utsource的大流量为其提供客户资源和订单，借此影响到其同行企业跟风来Utsource平台开店，目前平台交易额已达到515万美元。目前我国的几家大型外贸电商巨头无一例外地开展了强化供应链服务的整合和升级转型的工作。从阿里巴巴入资深圳一达通公司，中国制造网在美国创建海外仓，到“出口易”在德国、英国等地建物流仓等等。企业的决策都说明中国跨境电商对供应链环节和专业外贸服务转型升级的重视。可见优化跨境电商平台服务，促进产业链升级，才能进一步开发国际市场及促进跨境电商进出口。

第二，促进外贸方式向直销转型。跨境电商可以通过电商交易与服务平台实现多国企业之间、企业与最终消费者之间的直接交易。与传统国际贸易相比，跨境电子商务进出口环节少、时间短、成本低、效率高。这是因为通过外贸电商的服务，将会使传统贸易中一些重要的中间角色被弱化甚至替代。原来贸易商、批发商等环节的中间成本被挤压甚至完全消失，这部分成本被很大程度转移出来。其中一部分变成生产商的利润，一部分成为电子商务平台的佣金，一部分则成为消费者获得的价格优惠。以此国际贸易的成本大幅度压缩，价格也会随之降低，形成制造商和消费者“双赢局面”。

第三，促进外贸企业向小单、多生产模式转型。相对于传统贸易而言，跨境电商订单呈现小额多单的态势，这是由于跨境电商实现了单个企业与单个企业之间或单个企业与单个消费者之间的直接交易。2008年金融危机后，传统的海外进口商出于缓解资金链压力和控制资金风险的考虑，倾向于将大额采购转变为中小额采购，将长期采购转变为短期采购。因此单笔订单的金额明显减小，大部分不超过3万美元，并集中在小商品行业。在此背景下，互联网的便携优势使网上小额批发或零售的井喷水到渠成；另外，传统外贸“集装箱”式的大额交易正逐渐被小批量、多批次的“碎片化”进出口贸易模式取代。

第四，促进外贸企业向品牌和产品创新转型。目前，跨境电子商务的发展使得知识和技术密集型产品和服务的竞争力更加凸显。各类高科技产品、开发软件、视听产品、法律服务等产品和服务在政府产业扶持下快速发展。跨境电商的“订制化”与“个性化”已成为发展趋势。同时，跨境零售的商品也逐渐趋于体积小、价格高、适合航空运输的产品。随着人力成本、创新成本及原材料价格的不断上升，中国在低成本制造方面的优势不断丧失。在外贸企业面临压力的同时，也促使企业把压力转化为动力，促进产业优化转型。

在这样的大环境下，中国外贸企业必

须加快转型的步伐才能应对国际市场的需求，如何进行产品创新和寻求贸易的长期可持续发展模式，应成为我国现阶段外贸发展的主要题目。

二、跨境电商企业培育自主品牌的作用

（一）提升价格优势

在跨境电商浪潮席卷而来的同时，跨境电商企业也正面临着各种挑战和各种压力。想要拓展海外市场，需要通过加强与国内外知名企业的合作带动自主品牌的研发和建立。这不仅能解决跨境电商企业战略调整的困扰，还能更好地提升跨境电商平台产品的质量和水平。一个极具口碑的电商平台甚至可以作为产品质量的保证官，登录优质的电商平台还能为企业节省广告与营销费用，达成双赢的局面。同时，跨境电商企业对自主研发的产品持有更高的定价自由度，减少中间环节的费用，使终端消费者享受到更多的优惠，从而提升跨境电商企业在海外市场的优势，促成更大的交易量，增加经济效益。

以浙江执御为例，在深度融入全球化的过程中，越来越多的企业搭乘着“一带一路”倡议的快车走向世界。作为杭州跨境电商掘金“一带一路”的开路先锋，浙江执御旗下的 JollyChic App 已经成为在中东排名第一的移动电商平台，产品销往“一带一路”沿线 34 个国家和地区，覆盖了 9 种语言，注册用户超过了 4000 万人，其业绩每年保持 3~5 倍的增长。公司自主研发的“数据大脑”已获得 21 项拥有完整自主知识产权的国际专利，通过大数据、云计算能够做到用户群体的极致细分，精准定位。“数据大脑”每天抓取世界各地的流行趋势进行分析，如接下来流行的袖口样子、领口款式、花形颜色。作为一家自营的平台型企业，执御的“数据大脑”分析预测的用户的喜好和风格会分享给其上游合作的供应商进行制造生产，JollyChic 上有 100 万款在线的商品，发展至今，已有 5000 多家供应商，以长三角和珠三角地区的企业为主，其中浙江的企业将近一半。凭借平台优势，执御实现了数千家中小制造企业的出海愿景，将中国制造产品和中国品牌展现给全球消费者。

在商品的本土化上，由于中东地区的风俗习惯差异化，长袍是当地的必备服装，但是长袍很少有时尚的设计元素，为此，执御专门根据中东用户的需求，请优秀的设计师将时尚元素融入中东长袍中，除了时尚服饰，执御还推出了家居类的高级定制系列，客单价达到 150 美元。以时尚女装为突破口，凭借高品质产品与良好的本地化服务，JollyChic 很快在中东地区打开了市场并站稳了脚跟。在取得成功后，执御又将目标逐步扩张到了男装、鞋包、配饰、家居、母婴童玩、美体护肤与 3C 电子、智能产品等品类，满足用户各方面需求，向全品类平台发展。

基于成熟的商业模式、雄厚的技术基础、企业全球化发展的视野和愿景，2017 年，执御完成了对中东本土电商 MarkaVIP 的收购，2018 年“双向出击”，进一步扩大中东电商市场份额。不同于定位为大众消费群体、价格维度和品类维度都相对较宽的 JollyChic，执御收购后的 MarkaVIP 将通过用户分层和引导，服务于中高端消费群体。到 2020 年，执御希望为“一带一路”沿线国家和地区提供更优质的服务。

（二）提升海外市场份额

跨境电商企业在拓展海外市场的过程中，单纯依赖于“价格战”的营销策略还略显单薄，还要创新自身的生产技术，实现对自主品牌的研发和营销，较好地培养海外终端消费者的忠诚度和信任度，获得终端消费者的更多青睐和喜爱，才能提升海外市场的份额。所以，为了很好地实现跨境电商自主品牌的营销，就要以创新的研发技术为支撑，采用新技术、新方法，实现对传统产品的改良和优化，更好地提升跨境电商企业自主品牌的形象，才能提升跨境电商企业的海外市场竞争力。

以弗睿跨境电子商务（武汉）有限公司为例（以下简称“武汉弗睿”），是首批招商引资回武汉的跨境出口型企业，在跨境细分品类中的服装行业耕耘 10 年，作为最优秀的跨境出口企业之一，海外销售主要渠道为 Amazon、eBay、Wish、速卖通等线上平台及自主开发的跨境分销平台。

目前弗睿在跨境电商服装品类拥有超过 10 个 SKU；连续 3 年处于 eBay 平台服装品类品牌的前三名；集团年度平均服务海外用户超过 700 万用户，主要分布在北美、欧洲和东南亚。出口贸易力压森马、海澜之家、七匹狼等国内知名品牌。武汉弗睿负责人张建波认为在竞争越来越充分、消费者越来越理智的大环境下，爆款没有偶然和侥幸，“每一次产品创新和迭代，都是对消费者需求的充分挖掘和交付”。

弗睿产品创新和迭代的重要来源，就是 Amazon、eBay 的审查和用户反馈。公司建立大数据模型通过分析，以欧美本土化的消费习惯去迭代。弗睿用一整套流程来确保产品开发经理能够从 VOC（Voice of Customer）的分析和总结中提取出产品需要改进和提高的地方。弗睿认为，品牌是消费者在某个特定场景下一种美好的想象，而这些想象的基础来自用户的口碑积累。

树立好口碑一半靠的是产品好，另一半包括像营销、销售、服务，很多方面融合起来，给消费者一个良好的整体体验，品牌的后劲会更大。要提升欧美消费者对中国品牌印象的时候，最基础的是把产品做好，包括产品的定义、设计、研发、制造，并把围绕产品体验的各个环节做好，才能真正让中国品牌的面貌获得改变，单纯的卖货卖不出好品牌。

（三）实现自身的战略调整

在跨境电商浪潮席卷而来的同时，跨境电商企业也正面临着各种挑战和各种压力。随着跨境电商浪潮的不断涌入，企业要想获得自身的长远持续发展，需要通过加强与国内外知名企业的合作来带动跨境电商企业自主品牌的研发和建立。首先，企业必须关注自身的战略调整和经营方式的转型，要转变原有的经营理念和模式，由传统的双边贸易转变为多边贸易，并逐渐联结各个生产链，形成一种自主品牌产品的营销网络。并且要通过在线消费需求分析，促进跨境电商企业的经营方式的转型，增加跨境电商企业自主品牌产品的附加值。

以针对北美、欧洲市场的产品为婚纱礼服的跨境电商企业——武汉乐薇电子商务有限公司为例，企业自己搭建电商网站销售并推广自己的产品，即独立站模式，但是国外市场并不如国内市场的互联网推广手段多，主要以谷歌搜索为主。流量带来的明显增量，使得独立站对流量投入的购买资金占据了跨境电商运营成本的很大比重。武汉乐薇主要通过谷歌的 Google adwords 进行导流。创立之初很长一段时间内，他们将挣的钱用来投入购买 Google adwords（Google 关键词索引），大约购买了 30 万个英文关键词，并在半年内把销售额做到了 200 万美元。对于乐薇而言，Google adwords 和 SEO（即搜索引擎优化）是其主要推广方法，并通过用户搜索时提供的赞助商链接来获取用户注意。业内人士称，早期武汉乐薇得以异军突起，就因砸大笔钱在 Google 买了近 30 万个英文关键词。而 2011 年至 2017 年，武汉乐薇营销费用占净营收比重始终高企，一直在 25%~37% 之间，营收增速也与营销开支增速一致——营销开支多，营收则随之增长。

不可否认，在过去的独立站模式中，最常见的是铺货模式——即在网站上铺设大量极具性价比的 SKU 销售给海外用户。这种铺货式的独立站卖家在品牌构建的投入并不多，更多通过广告和价格去促进销量增长。当平台上的卖家增长速度大于平台本身增长速度，那卖家必须寻找另外的途径实现更快的增长。于是，跨境电商品牌推广的需求开始被激发，定位为欧洲和北美用户的武汉乐薇实现了品牌和供应链的整合，并将武汉乐薇主要经营目标向有较高毛利率的快时尚、家居等领域转变，促进了利润增长。

电子商务法对跨境电商发展的影响

北京市商务局

《中华人民共和国电子商务法》（以下简称《电商法》）于2018年8月31日十三届全国人大常委会第五次会议表决通过，2019年1月1日实施。为充分了解《电商法》的实施对跨境电商的实际影响，促进跨境电商企业规范发展，有效支持跨境电子商务综试区的创新探索，带动我国跨境电商产业健康高质量发展，现开展《电商法》对跨境电商发展的影响课题研究，并就相关的问题和难点进行专题化探讨。

本课题深入调研了《电商法》实施以来对于跨境电子商务发展的影响，说明了跨境电子商务发展的现状和发展趋势，分析了《电商法》涉及跨境电子商务的有关条款及跨境电子商务发展中遇到的问题和障碍，总结了《电商法》实施以来的积极作用和效果，探索在《电商法》框架下基于跨境交易的电子商务纠纷的解决机制，提出了促进跨境电商产业高质量发展的有关建议。本课题的研究结果有助于更好地实施《电商法》，有助于规范跨境电子商务企业、加强国际知识产权保护，促进跨境电子商务的健康发展。

一、跨境电子商务发展现状和发展前景

（一）跨境电子商务的发展现状和趋势

1. 中国跨境电子商务发展情况

随着互联网基础设施的完善和全球性物流网络的构建，人们越来越多地通过网络进行购物，并且逐步实现“买全球、卖全球”。随着消费者购物习惯的变化，跨境电子商务发展速度愈加迅猛。

跨境电商支撑政策促进产业快速发展。商务部、国家发展改革委、财政部、海关总署、税务总局、市场监管总局六部门联合印发《关于完善跨境电子商务零售进口监管有关工作的通知》，财政部、海关总署、税务总局三部门联合印发《关于完善跨境电子商务零售进口税收政策的通知》，进一步明确了对跨境电商零售进口商品的监管要求，提高了单次和年度交易限值。2019年1月1日第一部电子商务的专门法律《电商法》正式实施，这将为电子商务企业的规范发展提供法律支撑，对提升电子商务市场的整体品质具有积极的作用，促进跨境电商的健康发展。

跨境电商综试区范围扩大，影响力逐步显现。目前我国跨境电商综试区的建设和发展逐步形成一套适应和引领跨境电子商务发展的管理制度和规则，形成推动我国跨境电子商务可复制、可推广的经验，支持跨境电子商务的发展。

跨境电商进口规模增长迅速，企业梯队基本形成，跨境网购已逐步成为我国居民习惯的消费模式。根据《2018年度中国进口跨境电商发展报告》显示，2018年包括B2B、B2C、C2C和O2O等模式在内的中国进口跨境电商交易规模达19000亿元，同比增长26.7%。进口跨境电商形成了

“三个梯队”，第一梯队为网易考拉、京东海囤全球、天猫国际等“头部平台”，规模大、流量大、品牌多；第二梯队为洋码头、唯品国际、小红书、聚美极速免税店等；第三梯队大多为蜜芽、贝贝、宝宝树、宝贝格子等母婴类产品平台。该报告还显示，截至 2018 年 12 月底，我国经常进行跨境网购的用户达 8850 万人，同比增长 34%。用户基数日趋庞大，增长率将会逐渐降低然后趋于缓和。

跨境电商出口份额逐年上升，“一带一路”成为新增长点，出口产品更加丰富，B2B 等模式发展趋势明显。“1688 跨境专供”发布的《2019 中国跨境电商出口趋势与机遇白皮书》数据表明，2018 年我国跨境电商出口规模达 1. 26 万亿元，占外贸出口比重上升至 7. 7%。京东大数据研究院发布的《2019“一带一路”跨境电商消费报告》显示，2018 年，中国商品通过跨境电商销往了俄罗斯、以色列、韩国、越南等 100 多个国家和地区。跨境电商出口一直是 B2C 的模式占主导地位，服装、3C 电子、家居占整体产品出口的份额超过 50%。

2. 北京跨境电子商务发展情况

2018 年 7 月，北京市获批成为第三批跨境电子商务综合试验区，2019 年 1 月 1 日起，跨境电商零售进口监管政策适用范围扩大到北京，在京的跨境电商企业可以充分应用跨境电商综试区的相关政策和经验，为北京跨境电子商务发展带来新的机遇。

一是北京跨境电商发展空间巨大，资源丰富。北京跨境电商消费市场发展空间大，消费体验设施逐步完善。北京是消费能力很强的城市，2019 年上半年北京市人均消费支出 21134 元，是全国居民人均消费支出 10330 元的两倍多。随着智能终端的发展、普及，人均通过互联网购买商品和服务的支出在逐年增长，2019 年上半年较 2018 年同期增长 26. 8%，人们消费习惯的改变为跨境电商的消费发展带来了新的机遇。

北京依托全国最发达的铁路、航空运力系统，全国最大的国际邮件处理中心及国际邮件航空交换站，与世界 138 个国家和地区的 240 个城市建立了邮件直封关系和高效的运输系统，峰值处理量达到 90 万件，全国近 20%的国际航空邮件通过北京口岸转运出口。北京拥有两个机场，首都国际机场和北京大兴国际机场。首都国际机场是我国最繁忙的大型国际航空港之一，是连接亚、欧、美的航空枢纽，共有 105 家航空公司联通世界 65 个国家和地区的 296 座机场，2018 年旅客吞吐量超过 1 亿人次，货邮吞吐量超过 200 万吨，位居全国前列。北京大兴国际机场是设在北京市大兴区与河北省廊坊市之间的超大型国际航空综合交通枢纽，控制用地按照终端（2050 年）旅客吞吐量 1. 3 亿人次，飞机起降量 103 万架次，9 条跑道的规模预留，多家航空公司目前已逐步汇聚大兴机场。发达的航空枢纽对于跨境电商的发展具有积极的促进作用。

二是跨境电商发展政策环境逐步完善。北京市已出台《北京市进一步推进跨境电子商务发展的实施意见》以及支持跨境电商平台、海外仓、体验店建设等政策。北京市政府办公厅印发了《中国（北京）跨境电子商务综合试验区实施方案》，提出北京市将力争通过 5 年左右的实践探索，累计培育 100 家跨境电子商务综合服务企业，建设100个跨境电子商务海外仓及保税仓、100个跨境电子商务体验店，打造20个跨境电子商务产业园，跨境电子商务进出口额占外贸进出口额比重达20%以上，并提出了具体任务。北京海关新推出跨境电商“1210”监管模式，让消费者享受到更快捷的“闪购”模式，最快当天就可收到商品。

截至2018年年底，北京市已设立6个跨境电子商务监管场所，培育11家跨境电商产业园，建设了70余个海外仓。2018年，北京跨境电商零售进口18.95亿元，同比增长43.9%保持了快速增长。

三是跨境电商园区企业加速发展。北京天竺综保区是北京市唯一的海关特殊监管区域，天竺综保区充分发挥首都机场国际航线资源优势、海关特殊监管区域政策功能优势以及北京特大型消费城市市场优势，积极发展跨境电商产业。开发完成两个跨境电商监管平台，并与3个国家级系统平台完成对接；建设运营了两条跨境直邮通道以及跨境电商体验中心、跨境电商快件中心公共库、五类进口商品保税查验中心等共计约3万平方米仓储、查验、展示等产业配套设施；十大国际国内跨境电商企业入驻运营。

北京重点跨境电商企业与共建“一带一路”国家和地区贸易往来日益密切，合作成效渐显。京东网购平台在印度尼西亚、泰国等国家相继上线，为当地消费者提供便捷购物体验的同时，也帮助更多当地品牌走向世界；敦煌网与土耳其合作共建“数字丝绸之路”跨境电商综合服务平台，交易额累计超过10亿美元；小笨鸟在俄罗斯、巴林等国家建设运营中心，拓展了海外营销网络；一指遥跨境电商体验店引进“一带一路”沿线几十个国家和地区的数百种商品，有效丰富了跨境商品消费供给，培育了消费新热点。

四是国际特色活动促进跨境电商发展。国际型会议及特色活动带动北京跨境电商发展。京交会、中国电子商务大会等国际性会议搭建了促进跨境电商发展的国际化平台；全国跨境电商领域首创的“北京跨境电商消费体验季”活动已连续举办三届，促进跨境电商线上线下融合，繁荣了首都消费市场，促进消费升级。

3. 跨境电商的发展特点及趋势

（1）跨境电商交易的特点

跨境电商与一般贸易相比，具有链条短、批量小、频次高、数字化、重创新五大特点。

（2）跨境电商的发展趋势

跨境电商商品需合规化发展。合规化发展是跨境电商发展的基石，中国跨境网购用户越来越重视商品品质，正品保障成为跨境电商企业赢得客户和持续发展的关键。

跨境电商企业智能化趋势明显。跨境电商企业不断加强在人工智能和大数据方面的研发和应用，智能机器人分拣中心、自动化智能物流仓库、人工智能客服、基于大数据的精准消费者洞察等先进技术将会降低企业的人工服务成本，持续助力跨境电商行业发展。

跨境电商全渠道发展提升体验。跨境电商平台纷纷开设线下体验店，将渠道从线上发展到线下，开启“线上+线下”的全渠道模式。这种模式能够将线上产品信息与线下用户体验相结合，拉近与用户之间的距离，提高用户互动频率，促进用户购买，提升品牌知名度。

跨境电商综试区带动作用日趋显著。跨境电商综试区的作用日趋重要，企业通过“9610”和“1210”等新型模式开展进出口业务拉动了跨境电商的发展，在品质和规模上都有较大提升。

（二）跨境电商综试区发展情况

1. 国家政策支持跨境电商发展

对于促进跨境电商综试区的发展，国家相关部门出台了促进和规范产业发展的政策。2018 年 10 月 1 日起，财政部、国家税务总局、商务部、海关总署联合发文明确，对跨境电子商务综合试验区电商出口企业实行免税新规，发布《财政部 国家税务总局 海关总署 商务部关于跨境电子商务综合试验区零售出口货物税收政策的通知》（财税〔2018〕103 号）。2018 年 11 月 21 日，李克强总理主持召开国务院常务会议，决定延续和完善跨境电子商务零售进口政策并扩大适用范围，扩大开放、更大激发消费潜力。

2. 跨境电商综试区发展作用日趋显著

2015 年以来国务院批准设立的杭州等 13 个跨境电商综合试验区取得积极成效，跨境电商成交额连续两年增长一倍以上，成为外贸新增长点。各综试区积极努力制定建设方案，推进跨境电商产业落地。

二、《电商法》与跨境电商相关条款分析

（一）《电商法》对跨境电商的规定

1. 《电商法》对跨境电商领域的直接规定

2018 年 8 月 31 日，十三届全国人大常委会第五次会议表决通过《中华人民共和国电子商务法》，自 2019 年 1 月 1 日起施行，其中涉及跨境电子商务的条例主要有以下四条。

第二十六条提出电子商务经营者从事跨境电子商务，应当遵守进出口监督管理的法律、行政法规和国家有关规定。第七十一条提出建立健全适应跨境电子商务特点的管理制度，支持仓储物流、报关等服务发展，支持小型、微型企业从事跨境电子商务。第七十二条提出国家进出口管理部门应当推进综合服务和监管体系建设，优化监管流程，提高跨境电子商务服务和监管效率。第七十三条提出国家推动国际交流合作，参与国际规则制定，推动建立国际争议解决机制。

这四条是《电商法》明确对跨境电子商务的规定，包括跨境电商经营者的管理要求、政府支持和国际参与等方面。明确了跨境电商经营者，还应该遵循的法律规则及要求，规范了跨境电子商务经营者的行为，提出了在跨境电子商务的监管、服务等方面，相关管理部门应当支持配套服务发展、优化监管流程、提升服务和监管效率，并强调了推动国际交流合作、鼓励积极参与国际规则、争议解决机制的建设和发展。

2. 《电商法》适用于跨境电商的规定

除了如上所述的四条明确针对跨境电子商务的规定，《电商法》的其他规定也同样适用于跨境电商领域的管理和规范。

这些规定主要包括以下几个方面：

（1）电子商务活动及经营主体范围的认定；

（2）经营主体资质及许可的规定；

（3）经营主体经营行为的规定；

（4）信息安全与信息保护的规定；

（5）平台经营者对平台要素规范管理

的规定；

（6）知识产权保护的规定；

（7）电子商务合同的规定；

（8）电子商务纠纷解决的规定；

（9）电子商务促进的规定；

（10）电子商务法律责任的规定。

（二）有关跨境电商的其他规定

1. 关于完善跨境电子商务零售进口监管有关工作的通知（商财发〔2018〕486号）

《关于完善跨境电子商务零售进口监管有关工作的通知》针对跨境电商零售进口做出了明确规定，包括明确跨境电商零售进口的范畴、商品及交易流程、参与主体及相关责任，细化了《电商法》中有关跨境电商部分的要求，落实了跨境电商零售进口模式下的具体操作和责任。

2. 关于跨境电子商务零售进出口商品有关监管事宜的公告（海关总署2018年第194号）

194号文在486号文的基础上，对跨境电商的要求进行了进一步的细化和明确。文件对适用范围、企业管理、通关管理、税收征管、场所管理、检疫验查和物流管理、退货管理等做出了详细规定。

三、《电商法》的实施成效及配套落实工作

（一）《电商法》的实施成效

跨境电商经营者更规范。《电商法》要求经营者进行登记注册，有助于对经营者进行管理，规范经营者的行为，并且可以使用网络经营场所进行注册登记，避免了实地注册所增加的成本。跨境电商境外经营者也在《电商法》的约束范围内，要求境外经营者委托境内企业进行注册，以便对其进行管理，使其经营更加规范可控。

商品质量管理更规范。《电商法》明确了商品质量的责任及连带责任，有利于规范对电商平台商品的管理，同样适用于跨境电商平台的管理，使得消费者购买商品能够得到相应的保障，并且在发生问题时进行维权，有了更明确的法律依据。

《电商法》对不法行为做出明确规定。《电商法》对刷单、隐私保护、大数据杀熟等敏感问题提出了明确的规定和处理方式。对跨境电商的平台和商家同样适用，这些规定对经营者的行为的规范，一方面保护了消费者的正当权益，另一方面对于正规商家而言，这些不法行为得到了管理，营商环境得到进一步优化。

强制捆绑搭售减少。对于电子商务平台之前存在的强制搭售现象，《电商法》针对此问题提出了具体规定，此规定对于跨境电商平台及商家同样适用，强制搭售问题得到了明显改善，有效地保护了消费者的正当权益，规范了市场行为。

强制取消订单可维权。《电商法》规定了经营者应按照承诺履行责任的条款，对于之前存在的由于自身原因强制取消客户订单的情况，客户通过维权可以获得赔偿，这促进了相关行业的服务更加规范。

明确要求竞价排名显示“广告”字样。《电商法》明确要求竞价排名要明示“广告”字样，这样有利于消费者甄别实际排名和商业推广，此条同样适用于跨境电商经营者。平台内经营者反馈，这对发展新客户有一定影响，但在整体上影响不大；对消费者而言，可以明显区分竞价排名商品与实际销售排名商品，不被广告所

误导，更好地享受平台提供的产品或服务。

知识产权保护更明确。在线销售商品的知识产权保护比线下管理更加困难，对于跨境电商而言，《电商法》对在境内交易的知识产权的维权责任、处置方式等都进行了明确规定，对于仿冒、盗图等违法行为的管理提供的法律依据，保护了正规商家和消费者的正当权益。

《电商法》及系列跨境电商新政的出台对商品质量安全、交易行为、知识产权保护、消费者权益保护等方面作出了明确规定，有利于改变原有跨境电商平台良莠不齐、行业野蛮生长的状况，使企业有章可循、规范发展，推动市场有序竞争。同时，也加强了对消费者权益的保护，有利于促进购买，推动行业发展。

（二）《电商法》推进实施的配套落实工作

《电商法》的知晓率还需提升。中消协发布了《电商法》消费者认知情况问卷调查报告，《电商法》的知晓率为57.8%，从事微商的人群对《电商法》了解不多，《电商法》在微商中的普及率并不高，因此还需进一步加强对《电商法》的宣传强化。

从事跨境电商的境外经营者需要委托境内企业办理市场主体登记，实行备案登记管理，依法取得许可证。这对中小型境外经营者持续经营可能产生一定影响，相关部门可进一步优化管理方式，减免影响。

目前电子商务经营活动中所出现的职业差评师、恶意消费等行为，对于电子商务平台和平台内经营者的正常经营活动造成了不良影响和经济损失，需要针对此类行为进一步地细化相关管理规定。

跨境电子商务运营规范、企业注销等难题需要进一步落实监管细则。此外，个人代购很难融入现行监管体系，目前仍然缺少有效的监管。

总体来看，《电商法》的实施促进了跨境电子商务的经营规范和市场健康发展，随着《电商法》的颁布实施，各种配套政策及行政条例需进一步细化落地，政府管理部门需要深入调研，在充分互动的基础上发布有关实施条例，配合《电商法》的有效实施。

四、电子商务交易纠纷解决机制

跨境电子商务纠纷的解决按照属地原则，在国内销售的按照国内惯例及《电商法》解决，出口国外销售的按照国际惯例及进口国法律解决。作为配合《电商法》的实施，本部分全面描述电子商务及跨境电了商务交易纠纷的解决机制。

（一）《电商法》对纠纷解决的规定

《电商法》第五十八条至六十三条为电子商务争议的解决提供了法律依据，包括有关消费者保证金的规定、投诉举报机制的规定、争议解决方式的规定、对电子商务经营者和电子商务平台经营者的要求，并鼓励电商平台经营者建立在线争议解决机制。

第五十八条提出鼓励电子商务平台经营者建立有利于电子商务发展和消费者权益保护的商品、服务质量担保机制；明确消费者权益保证金的设立和管理方式；电子商务平台经营者承担先行赔偿责任及事后追偿。

第五十九条要求电子商务经营者应当建立便捷、有效的投诉、举报机制。

第六十条明确了电子商务争议解决的方式，包括协商和解、第三方调解、提请仲裁或者提起诉讼等方式。

第六十一条提出电子商务平台经营者应当积极协助消费者维护合法权益。

第六十二条明确了在电子商务争议处理中的举证责任、证据形式以及违规责任。

第六十三条鼓励电子商务平台经营者建立争议在线解决机制，制定并公示争议解决规则，根据自愿原则，公平、公正地解决当事人的争议。

有关纠纷解决，《电商法》并未针对跨境电子商务的模式做出具体的规定，但《电商法》的规定同样适用于跨境电子商务商业活动的境内部分，跨境电商在涉及跨国交易的过程中，纠纷的发生、处置的流程会涉及不同的国家和地区，在境外部分的纠纷处理，应符合国际法及对方国家和地区的规定，对于跨境电商模式下，境内境外纠纷处理的配合与衔接，仍需要更深入、细致地研究探讨。

（二）电子商务纠纷解决的方案

1. 构建矛盾纠纷化解的预防机制

基于跨境电子商务的特点，构建矛盾纠纷化解的预防机制。在搭建在线纠纷解决平台时，考虑跨境交易的关键因素，加强对海量案件信息的数据检索和采集功能，采集非诉纠纷案例的相关数据，对矛盾纠纷的整体情况和发展趋势进行分析预测，形成矛盾纠纷化解的预防机制。

2. 鼓励寻求社会服务的纠纷解决平台

充分利用面向社会的在线非诉纠纷解决平台，通过互联网标准服务来实现调解资源和调解需求在全国范围的匹配与对接，在线解决跨境电子商务纠纷问题。同时鼓励跨境电子商务平台的个性化纠纷解决方案，在一些专业领域鼓励国际民间专业组织建立在线纠纷解决机制，最大限度化解跨境电子商务交易纠纷问题。

3. 鼓励小额诉讼案件在线化

小额诉讼案件多、金额小，通过在线解决跨境电子商务纠纷，可以大大提升处理效率，降低成本。以《电商法》为基础，配合民事诉讼法可以为在线小额诉讼提供法律依据，我国法院信息化建设的内容也为在线小额诉讼提供了实践基础。

4. 互联网法院提供了跨境电子商务纠纷解决的新途径

《电商法》规范了电子商务的主体、知识产权、信息安全保护等问题，跨境电子商务在境内发生的交易纠纷可以在线提交互联网法院解决。目前我国已经批准成立了杭州互联网法院、广州互联网法院、北京互联网法院等，可以在线处理跨境电子商务境内交易部分所产生的纠纷问题。

五、《电商法》促进跨境电商产业高质量发展

（一）《电商法》对跨境电商发展的积极作用

1. 规范了跨境电商市场主体行为

《电商法》对跨境电商平台经营者和平台内经营者提出了明确的规定，对其经营资质、职责等提出明确要求，对合同的法律效力、具体执行进行了明确，对相关责任方的违规行为规定了相应的处罚措施，进一步规范了市场的主体和行为，有利于市场健康、有序地运行。《电商法》

的执行得到了正规平台和商家的认同和支持，避免不正当竞争的行为，对于平台清理违规商家、管理违规行为提供了法律依据。

2. 进一步保护消费者权益

对于跨境电商，《电商法》中明确了平台及商家在境内开展经营活动时，对境内消费者的责任和要求，要求平台提供通畅的消费者维权途径，对消费者关心的刷单、大数据杀熟、捆绑搭售、商品快递服务、支付服务等行为都做了具体的规定，对所销售的商品和服务质量提出了明确要求，进一步净化市场，保证商品和服务的品质和质量。《电商法》同时也规定了对电商信息安全的管理和消费者隐私的保护。

3. 加强了对知识产权的保护

《电商法》中对电子商务平台经营者、平台内经营者的知识产权保护规则及要求，提出了明确规定，也提出了知识产权受到损害时的处理方式，以及各方应对的措施及责任，对知识产权的保护起到了积极作用。跨境电子商务的境内经营活动遵循《电商法》及相关规定的要求，境外部分还需要满足相关国家和地区知识产权保护及惯例的要求，有助于提高我国跨境电子商务知识产权保护的能力。

4. 促进中小企业群体规范化发展

《电商法》要求平台内经营者规范化发展，随着法律执行的深入，那些不规范的群体为了生存下去必定会向着规范方向发展。如对于代购群体来说，在《电商法》的影响下，如果想要长久发展，便会依据法律改变形式，消除代购行为。中小企业开展跨境电子商务必须规范发展，更需要朝特色化、品牌化的高质量方向发展。

（二）以《电商法》促进跨境电商高质量发展的建议

1. 加强宣传《电商法》，促进其全面普及

加强《电商法》实施的宣传和宣讲工作，使跨境电商规范发展成为各跨境电商企业及每个参与人员的共识；同时建议开展《电商法》实施效果的先进案例总结和编辑成册的工作，形成案例汇编供政府、企业和消费者学习使用，通过实际案例进行宣传引导，普及《电商法》的有关内容，规范跨境电子商务的行为。

2. 加大力度开展知识产权保护工作

开展基于国际背景的知识产权保护的研究，加大保护知识产权的工作力度，促进企业尊重并保护全球知识产权，同时形成自己的知识产权体系，在跨境电商发展中提高知识产权保护力度，也提高自主产品竞争力。

3. 建立跨境电商的诚信系统

建立统计、监测跨境电商诚信行为的跨平台信用体系，将各种信息及违规违法行为统计并公布，对长期违规的企业或个人建立黑名单制度，加强对跨境电商企业、个人信用的社会治理，促进跨境电商产业的健康发展。

4. 建设面向社会的纠纷解决机制

研究符合国际交易要求的在线纠纷解决的规则和标准，参与国际标准的制定和实施。通过建设面向社会的在线纠纷解决机制，提升跨境电子商务的纠纷处理效率。同时鼓励跨境电子商务平台建立自己的交易纠纷解决机制，在专业领域鼓励国际民间专业组织建立在线纠纷解决机制。

5. 加强《电商法》的实施细则的沟通探讨

加强《电商法》的实施细则的沟通和讨论，针对跨境电商平台及企业在实践中提出的新问题，通过细则细化作为法律的补充和完善，加强部门间的沟通，为相关部门的工作配合、完善规章制度、制定产业发展政策提供便利。

6. 加强国际交流促进跨境电商高质量发展

加强国际交流，及时提供跨境电商行业国际规范的重要信息，鼓励企业、产业间的国际交流与合作，探索跨境电子商务领域的国际合作机制，促进我国企业走出去、规范化和高质量发展。